临沧南美乡
拉祜族传统文化研究

杨云燕　著

民族出版社

图书在版编目（CIP）数据

临沧南美乡拉祜族传统文化研究 / 杨云燕著 .
北京 : 民族出版社 , 2024. 12. -- ISBN 978-7-105
-17429-4

Ⅰ . K285.8

中国国家版本馆 CIP 数据核字第 2024EZ1676 号

临沧南美乡拉祜族传统文化研究

策划编辑：杨蜀艳
责任编辑：黎　莉　杨蜀艳
封面设计：金　晔
出版发行：民族出版社
地　　址：北京市东城区和平里北街 14 号
邮　　编：100013
电　　话：010-58130098
　　　　　010-64224782（发行部）
网　　址：http://www.mzpub.com
印　　刷：北京盛通印刷股份有限公司
经　　销：各地新华书店
版　　次：2025 年 1 月第 1 版　2025 年 1 月北京第 1 次印刷
开　　本：787 毫米 ×1092 毫米　1/16
字　　数：420 千字
印　　张：23.5
定　　价：120.00 元
书　　号：ISBN 978-7-105-17429-4 / K · 2962（汉 1696）

南美乡拉祜古村（罗金文／提供）

南美拉祜族乡鸟瞰图（罗金文／提供）

南美乡寨门

南美风情园大门

葫芦雕塑

南美乡九年制学校（何兴彩／提供）

拉祜王生态酒庄

酒文化祭祀广场

打歌（牟真贵／拍摄）

搭桥木（牟真贵／拍摄）

女性服饰（牟真贵／拍摄）

女性服饰（左为传统款式，右为改进款式）

传统狩猎工具：地弩、枷剪（龚德书／提供）

牛腿琴、鱼尾刀别篓

传统茅草房

火塘烤茶、荞粑粑（龚德书／提供）

栅片房（罗金文／提供）

竹编饭盒

草鞋

碗筷篓（粗篾）

目录

序

得知杨云燕老师的《临沧南美乡拉祜族传统文化研究》即将出版，我感到很高兴。

南美拉祜族乡是临沧市临翔区唯一的拉祜族民族乡，拉祜族传统文化保存得很好，特别是搭桥节、服饰及祭竜（芭蕉）最具特色。随着城镇化进程的加快和乡村文化旅游的兴起，传统村落的整体风貌保护、拉祜族传统文化生态保护迫在眉睫。但是，过去还未有人对此地的拉祜族文化进行过详细的调查和研究。杨云燕老师是我的学生，2010 年以来，一直做拉祜族语言文化研究，并发表了一些学术论文。近年来，又深入南美乡开展田野调查，收集了大量详实的第一手资料，写出了《临沧南美乡拉祜族传统文化研究》一书。本书系统梳理并全面阐述了南美乡拉祜族的历史迁徙、传统生产、婚姻生育、民间习俗、休闲娱乐、伦理教育、民间信仰、科技与工艺等，并分析这些文化的内涵，书稿的撰写到修改倾注了她多年的心血，这也是她 2018 年出版的《临沧南美拉祜族古歌》后的另一本著作，可喜可贺。

拉祜族传统文化是拉祜族智慧的结晶，承载着该民族的历史记忆，也是中华民族文化的重要组成部分。南美乡党委、政府一直重视拉祜族文化的挖掘、整理、保护与开发工作。南美乡依据“山乡拉祜风情”的主题定位，建设拉祜族文化风情园，保护与开发拉祜族古村落，发展文化产业园，建设特色旅游小镇。在民族共同繁荣的时代背景下，挖掘和传承拉祜族优秀传统文化，既有助于不断夯实意识形态建设的民族心理基础，增强民族凝聚力，增强“五个认同”，构筑中华民族共有精神家园，也有利于促进南美乡拉祜族传统文化生态保护区建设和拉祜风情特色小镇文化旅游，助力文化繁荣和乡村振兴。

我们期待杨云燕老师取得更大的成绩，也希望有更多的像她一样热爱拉祜族文化、关心拉祜族发展的学者前往南美乡开展调查研究，为南美乡的发展贡献力量。我们相信在大家的共同努力下，南美乡的文化事业会发展得越来越好！

是为序。

刘劲荣

2024年4月于昆明

引　言

本部分主要论述以下几个问题：选题缘由、研究现状、研究价值及研究方法等，旨在为读者全面了解云南省临沧市临翔区南美拉祜族乡（以下简称“南美乡”）拉祜族传统文化提供背景材料。

一、选题缘由

从2008年第一次去南美乡调查其传统节日——搭桥节开始，笔者就对该地区的拉祜族传统文化有了浓厚的兴趣。2018年，历时7年完成的《临沧南美拉祜族古歌》一书得以出版，对南美乡拉祜族文化有了进一步的了解。其间，笔者也不断开展南美乡拉祜族传统文化的调研工作并撰写了一些材料。

随着扶贫攻坚及美丽乡村战略的实施，南美乡拉祜族村寨的村容村貌发生了翻天覆地的变化。文化是民族生命力、凝聚力和创造力的重要源泉。作为推动经济社会发展的重要力量，拉祜族文化是支撑南美乡经济发展特别是乡村旅游及美丽乡村的优势资源，更是促进该地区乡村振兴和社会进步的强大动力。因此，挖掘文化资源并发挥其优势，大力发展文化事业和文化产业，解放和发展文化生产力，提升文化软实力，对推动南美乡经济社会发展、实现全面建设小康社会奋斗目标具有非常重要的作用。

缘于此，笔者开始着手梳理南美乡拉祜族传统文化材料，撰写本书，希望通过研究南美乡拉祜族传统文化习俗并挖掘其丰富的文化内涵，为守护民族精神家园、增强民族精神力量、助推地方经济文化发展提供精神文化支撑。

二、拉祜族文化的研究现状

（一）国内相关研究

民国以前，国内已有对拉祜族的研究。云贵总督伯麟在《滇省夷人图说》简述了云南省“苦葱”（“苦葱”是拉祜族的史称、他称之一）的分布区域、性格和风俗习惯等。[1] 清末民初，董贯之《古滇土人图志》也用图画形式描绘了当时的“苦葱人”。[2] 民国二十七年（1938 年），彭桂萼在《西南边城缅宁》中对临沧县（今临沧市临翔区）的拉祜族历史沿革及风物习俗进行了阐述，后收录在《彭桂萼诗文选集》[3] 中。以上论著均为后人研究拉祜族文化奠定了基础。

中华人民共和国成立后有关拉祜族研究的论著与日俱增，主要体现在社会形态、宗教、文学、婚丧、艺术等方面。1978 年，国家民族事务委员会开始组织编写“民族问题五种丛书”。此后，有关拉祜族的书籍陆续出版。其中，1982 年出版的《拉祜族社会历史调查》[4] 是拉祜族研究和民族工作的重要参考资料；《拉祜文化论》[5] 较全面系统地研究拉祜族传统文化。1986 年出版的《拉祜族简史》[6] 主要叙述了拉祜族从神话传说到近代的流变历史。《拉祜族文化史》[7] 对历史上形塑拉祜族形成的要素进行了详细的分析。《拉祜族文化大观》[8] 全面介绍和了解拉祜族的物质和精神文化；2003 年出版的《拉祜族史》[9] 对拉祜族的族称、族源、历史、文化进行了较全面的叙述。2008 年杜杉杉的《社会性别的平等模式》[10] 对拉祜族社会性别的研究，从经济特别是劳动的性别分工入手，进一步分析拉祜族的政治、宗教观念方面的性别合一和双性特征。2012 年出版的《拉祜族文化研究》[11] 展示了拉祜族文化相关的研究论文。

陈启新、杨鹤书的《略论拉祜族的母权制及其向父权制的过渡》[12] 对拉祜族的社会制度进行了详尽的阐述。陈启新在《论拉祜族一夫一妻制家庭的出现》[13] 中提出财产私有制是拉祜族一夫一妻制出现的主要原因。杨鹤书在《澜

---

① （清）伯麟著，揣振宇主编：《滇省夷人图说》，83 页，北京，中国社会科学出版社，2009。

② （清）董贯之绘，董路明编：《古滇土人图志》，45 页，昆明，云南美术出版社，2013。

③ 彭桂萼：《彭桂萼诗文选集》，336—358 页，芒市，德宏民族出版社，1998。

④ 《民族问题五种丛书》云南省编辑委员会：《拉祜族社会历史调查（一）》，昆明，云南人民出版社，1982。

⑤ 晓根：《拉祜文化论》，昆明，云南大学出版社，1997。

⑥ 《拉祜族简史》编写组：《拉祜族简史》，昆明，云南人民出版社，1986。

⑦ 王正华、和少英：《拉祜族文化史》，昆明，云南民族出版社，1999。

⑧ 雷波、刘劲荣：《拉祜族文化大观》，昆明，云南民族出版社，1999。

⑨ 政协澜沧拉祜族自治县委员会：《拉祜族史》，昆明，云南民族出版社，2003。

⑩ 杜杉杉：《社会性别的平等模式》，昆明，云南大学出版社，2008。

⑪ 丁春荣、林永：《拉祜族文化研究》，昆明，云南大学出版社，2012。

⑫ 陈启新、杨鹤书：《略论拉祜族的母权制及其向父权制的过渡》，载《中山大学学报（哲学社会科学版）》，1979（1）。

⑬ 陈启新：《论拉祜族一夫一妻制家庭的出现》，载《中山大学学报（哲学社会科学版）》，1981（2）。

沧拉祜族的母系大家庭》[①] 中以婚姻为视角，充分论述拉祜族母系大家庭对现今社会的影响。史继忠和龚佩华在《金平“拉祜西”的“卡”——论苦聪人父系家庭公社的性质和特征》[②] 总结了拉祜西“卡”的九个特征，并从生产力、生产资料和家庭关系等方面揭示了“卡”的内部矛盾，是较早关注苦聪人的研究成果。宋恩常的《拉祜族的家庭制度》[③] 从宏观层面分析了拉祜族存在的母权残余制度，并详尽分析其存在的不同特征；《苦聪人的原始社会残余》[④] 分析了原始社会制度在云南金平县的苦聪人社会中的残余存在。黄淑聘在《拉祜族的家庭制度及其变迁》[⑤] 中指出本民族社会生产力的提高和国家政策与周边民族的影响是拉祜族家庭制度变迁的主要原因，提出拉祜族家庭制度变化趋势为从大家庭到小家庭发展，从母系制度过渡到父系制度。胡鸿保在《略说拉祜西家庭制度中的母系制原则》[⑥] 中对澜沧拉祜西和宁蒗摩梭人的母系制社会制度进行了详尽的描述。杨毓骧在《拉祜族“奥者奥卡”双系制家庭剖析》[⑦] 中论述了拉祜族双系大家庭的结构、形式、特点等，是较早将研究视角转向双系制家庭研究的学者之一。晓根的《拉祜族“屋吉屋卡”制度探析》[⑧] 介绍了拉祜族大家庭中“屋吉”和“屋卡”的特点及“屋吉屋卡”社会制度的内涵。晓根的《拉祜族“卡些卡列”制度的产生与变异》[⑨] 对拉祜族生活中村寨管理的“卡些卡列”制度进行分析，剖析了这种集政治、经济、军事管理为一体的制度产生、存留与变异的具体原因。韩俊魁在《拉祜西是母系社会吗？——一项基于社会血缘的考察》[⑩] 中提出了拉祜西社会是不对称双边系的科学论断。雷

① 杨鹤书：《澜沧拉祜族的母系大家庭》，载《思想战线》，1982（4）。

② 史继忠、龚佩华：《金平“拉祜西”的“卡”——论苦聪人父系家庭公社的性质和特征》，载《云南社会科学》，1982（2）。

③ 宋恩常：《拉祜族的家庭制度》，见《云南少数民族研究文集》，414页，昆明，云南人民出版社，1986。

④ 宋恩常：《苦聪人的原始社会残余》，见《云南少数民族研究文集》，160页，昆明，云南人民出版社，1986。

⑤ 黄淑聘：《拉祜族的家庭制度及其变迁》，载《新亚学术集刊》，1986（6）。

⑥ 胡鸿保：《略说拉祜西家庭制度中的母系制原则》，载《云南社会科学》，1987（3）。

⑦ 杨毓骧：《拉祜族“奥者奥卡”双系制家庭剖析》，载《云南民族学院学报》，1988（3）。

⑧ 晓根：《拉祜族“屋吉屋卡”制度探析》，载《云南民族学院学报（哲学社会科学版）》，1993（2）。

⑨ 晓根：《拉祜族“卡些卡列”制度的产生与变异》，载《云南民族学院学报（哲学社会科学版）》，1996（1）。

⑩ 韩俊魁：《拉祜西是母系社会吗？——一项基于社会血缘的考察》，载《中国农业大学学报（社会科学版）》，2008（3）。

李洪在对澜沧拉祜纳家庭制度的审视基础上提出拉祜纳小家庭制度是适应刀耕火种的生产方式的主动选择。①

随着学者对拉祜族调查的日益深入，有关拉祜族民间信仰文化的研究成果也日益增多。如《云南省拉祜族社会历史调查资料》② 对拉祜原始宗教进行了概括性阐述，并简略描述了当时拉祜族的宗教历史及现状；覃光广等在《中国少数民族宗教概览》③ 中重点分析了拉祜族原始的自然崇拜和祖先崇拜。有关拉祜族宗教信仰的早期论著多拘囿于简单的描述，深入论述较少。后来，一些学者开始从多层面探究拉祜族宗教文化的特点和社会内涵。如晓根的《拉祜族厄莎神的形象塑造》④ 从拉祜族心理与态度双重价值取向出发，探讨了天神"厄莎"的成因及社会功能;《拉祜族巫术文化现象探析》⑤ 从人与自然、农业生产的关系，社会功能和矛盾等几方面分别论述巫术在拉祜族社会生活中的重要影响。李根的《拉祜族传统宗教文化特点》⑥ 基于田野调查从宗教生活与社会生产、宗教法杖与政治权杖和宗教文化与民俗文化相互渗透等方面系统总结了拉祜族传统宗教的特点。钱宁《厄莎·佛祖·耶稣——拉祜族的宗教信仰与社会变迁》⑦ 探讨了社会变迁大背景下经济等因素与拉祜族宗教信仰的相互作用。姜颖的《试析拉祜族原始宗教与伦理道德的关系》⑧ 以伦理道德为视角从生态、婚姻和社会三方面论述民间信仰对拉祜族现代伦理道德建设的重要影响。彭立春结合拉祜族的婚姻家庭、社会组织和民间神判的现状阐述了拉祜族原始宗教与习惯法的互动。⑨ 一些学者将研究视野拓展到其他领域。苏翠薇等深入阐述了基督教在拉祜族聚居区产生、传播和发展的原因，并探讨了宗教之间的互动整合问题。⑩ 张劲夫在《拉祜族神灵信仰与占卜习俗初探——一个拉祜族村落

① 雷李洪：《云南拉祜纳小家庭制度及其运作机制研究》，载《北京社会科学》，2020（9）。

② 中国科学院民族研究所云南民族调查组编：《云南省拉祜族社会历史调查资料》，52 页、132 页，内部资料，1963。

③ 覃光广：《中国少数民族宗教概览》，253 页，北京，中央民族学院出版社，1988。

④ 晓根：《拉祜族厄莎神的形象塑造》，载《云南民族学院学报（哲学社会科学版）》，1994（4）。

⑤ 晓根：《拉祜族巫术文化现象探析》，载《云南社会科学》，1995（3）。

⑥ 李根：《拉祜族传统宗教文化特点》，载《云南民族学院学报（哲学社会科学版）》，1996（4）。

⑦ 钱宁：《厄莎·佛祖·耶稣——拉祜族的宗教信仰与社会变迁》，载《思想战线》，1997（4）。

⑧ 姜颖：《试析拉祜族原始宗教与伦理道德的关系》，载《思想战线》，2001（5）。

⑨ 彭立春：《试析拉祜族的原始宗教与习惯法的互动》，载《昆明师范高等专科学校学报》，2004（2）。

⑩ 苏翠薇、刘劲荣：《拉祜族厄莎信仰与基督教的互动整合》，载《云南社会科学》，2006（1）。

的宗教人类学考察》[①]中从宗教人类学的角度出发，在对云南拉祜族村寨的宗教信仰进行考察的基础上阐释了拉祜族宗教信仰具有独特性和地方性。朱力平《拉祜族传统宗教生活中的生态利用》[②]基于对西双版纳勐海县拉祜族的多个村寨的调查，论述了拉祜族传统宗教对生态保护的积极影响。《拉祜族文化研究》[③]基于苦聪人的个案，对苦聪人的原始宗教进行了系统详尽的分析，是苦聪人早期研究的重要著作。《中国各民族原始宗教资料集成·拉祜族卷》[④]（2012年）是对拉祜族原始宗教中祭祀个案研究的集大成之作，通过比较的方法分析了大量不同地区拉祜族村寨的祭祀方式，为以后学者的研究提供了丰富的原始材料。于敏以拉祜族创世史诗《牡帕密帕》为载体建构拉祜族信仰体系。[⑤]黄彩文等通过对云南孟连拉祜族"送玛"仪式的深刻描述，分析了该祭祀仪式内在的文化逻辑。[⑥]孔秀丽和罗康隆在《乡村振兴背景下民间信仰的当代价值研究》[⑦]中强调面对乡村振兴的时代需求挖掘并积极引导民间信仰发挥其当代价值具有时代意义。

拉祜族是能歌善舞的民族，拉祜族传统艺术在其社会历史发展过程中发挥了积极重要的作用。因此，拉祜族的艺术文化自然也是学者关注的重要内容，产出了不少论著。刘劲荣的《论拉祜族"芦笙舞"及其文化功能》[⑧]和《试论拉祜族舞蹈的表现形式及其文化功能》[⑨]在描述拉祜族传统舞蹈形式的基础上重点阐述了其文化功能，提出如何有效发挥其重要意义的现实思考。纪仁春介绍了澜沧拉祜族的传统音乐文化现状，并探讨了传统音乐的保护与传承等现实问题。[⑩]林永和吴茜《谷黄歌狂　醉饱歌舞——论拉祜族民族民间舞蹈的独特个

---

① 张劲夫、温美珍：《拉祜族神灵信仰与占卜习俗初探——一个拉祜族村落的宗教人类学考察》，载《思茅师范高等专科学校学报》，2008（4）。

② 朱力平：《拉祜族传统宗教生活中的生态利用》，载《怀化学院学报》，2011（10）。

③ 丁春荣、林永主编：《拉祜族文化研究》，13页、172页、262页，昆明，云南大学出版社，2012。

④ 吕大吉：《中国各民族原始宗教资料集成·拉祜族卷》，50页，北京，中国社会科学出版社，2012。

⑤ 于敏：《创世史诗〈牡帕密帕〉与拉祜族信仰体系的建构》，载《大理大学学报》，2017（1）。

⑥ 黄彩文、张继梅：《危险、洁净与秩序：云南孟连拉祜族的"送玛"仪式及其文化逻辑》，载《青海民族研究》，2019（4）。

⑦ 孔秀丽、罗康隆：《乡村振兴背景下民间信仰的当代价值研究》，载《贵州民族研究》，2020（12）。

⑧ 刘劲荣：《论拉祜族"芦笙舞"及其文化功能》，载《云南民族学院学报（哲学社会科学版）》，1999（3）。

⑨ 刘劲荣：《论拉祜族舞蹈的表现形式及其文化功能》，载《中央民族大学学报》，2006（1）。

⑩ 纪仁春：《从非传统到传统——澜沧拉祜族传统音乐保护、传承和发展现状的思考》，载《思茅师范高等专科学校学报》，2009（1）。

性》[①]总结了拉祜族舞蹈的艺术特征，并提出拉祜族舞蹈的独特性恰恰充分展现了拉祜族朴实的民族个性。杨云则集中全面论述了拉祜族芦笙舞的产生、发展及演变过程[②]。张惠勇等呼吁人们应清醒地认识到保护和传承拉祜族的传统音乐和舞蹈的重要性和紧迫性[③]。张又兮探讨了澜沧班利拉祜族的摆舞的艺术特征及传承问题[④]。赵楠等在《拉祜族文化符号媒介景观的建构反思——基于〈快乐拉祜〉的传播实践》[⑤]对拉祜族文化符号媒介化的建构进行了深入而理性的思考。

拉祜族各地的节日大同小异，主要的节日有扩塔节、葫芦节、尝新节、祭祖节、搭桥节、卡腊节等。拉祜族日益丰富的节日文化吸引学者们的关注，并产出不少有关节日文化的研究成果。如晓根《拉祜族传统节日文化特点浅析》[⑥]指出拉祜族传统节日是社会主义精神文明的重要组成部分，受宗教、社会生产劳动及民间习俗综合因素影响。王正华的《拉祜族文化史》[⑦]与雷波的《拉祜族文化大观》[⑧]均对拉祜族的传统节日进行了较详细的介绍。罗承松在《拉祜族岁时节日民俗的变迁》[⑨]中认为岁时节日变迁主要取决于社会经济的发展、民族文化心理和价值取向的改变，并在《试述拉祜族"扩"的社会功能》[⑩]中全面分析了拉祜族"扩"的社会功能。朱力平对拉祜族节日的生态利用进行了理性的思考。[⑪]杨云燕详细描述了临沧南美拉祜族搭桥节的过程并论述了搭桥节的文化内涵。[⑫]苏美玲阐述了澜沧拉祜族"葫芦节"的文化内涵和当代价值。[⑬]杨雅雯通过对拉祜族火把节仪式的深描，解读了该节日文化的核

① 林永、吴茜：《谷黄歌狂　醉饱歌舞——论拉祜族民族民间舞蹈的独特个性》，载《思茅师范高等专科学校学报》，2009（5）。

② 杨云：《拉祜族芦笙舞的民俗意蕴》，载《北京舞蹈学院学报》，2012（4）。

③ 张惠勇、王鹤立：《拉祜族音乐舞蹈文化——一项非物质文化遗产的传承与保护》，载《电影评介》，2009（4）。

④ 张又兮：《简析澜沧班利摆舞的艺术特征及传承现状》，载《民族音乐》，2021（1）。

⑤ 赵楠、许媛萍：《拉祜族文化符号媒介景观的建构反思——基于〈快乐拉祜〉的传播实践》，载《民族学刊》，2021（8）。

⑥ 晓根：《拉祜族传统节日文化特点浅析》，载《云南师范大学学报（哲学社会科学版）》，1996（2）。

⑦ 王正华、和少英：《拉祜族文化史》，昆明，云南民族出版社，1999。

⑧ 雷波、刘劲荣：《拉祜族文化大观》，昆明，云南民族出版社，1999。

⑨ 罗承松：《拉祜族岁时节日民俗的变迁》，载《思茅师范高等专科学校学报》，2005（1）。

⑩ 罗承松：《试述拉祜族"扩"的社会功能》，载《思茅师范高等专科学校学报》，2006（5）。

⑪ 朱力平：《拉祜族传统节日中的生态利用》，载《沧桑》，2011（6）。

⑫ 杨云燕：《试论拉祜族搭桥节的文化内涵》，载《楚雄师范学院学报》，2011（11）。

⑬ 苏美玲：《浅析普洱澜沧县拉祜族"葫芦节"的文化内涵》，载《群文天地》，2012（22）。

心价值。[①]

有关拉祜族村落、民居建筑方面的研究成果也很丰富。刘雄强等在《云南拉祜族传统聚落“卡”形态特征分析》[②]中总结归纳了传统聚落“卡”的形态特征并探究其成因，对当今乡村振兴战略实施的背景下云南少数民族传统村落保护发展研究提供新的视角。辛克靖在《原始粗犷的拉祜族民居》[③]强调拉祜族民居具有原始而粗犷的建筑风格。晓根的《拉祜族传统居室文化特点及其演变》[④]分析了传统居室文化的生存环境特点、民俗特点、宗教特点以及传统居室文化的历史演变。闫川在《谈拉祜族南段老寨佛堂的艺术特色》[⑤]从造型、色彩、图案符号方面细致分析了南段老寨佛堂的建筑特色。杨云燕的《拉祜族传统民居的文化解读》[⑥]认为透过其外在的固体形态，可以探索拉祜族丰富的社会组织形态、经济文化、生态文化及宗教文化。金悦在《拉祜族传统民居建筑文化变迁》[⑦]中指出拉祜族建筑文化变迁是当代拉祜族社会经济发展的标志，是文化解构与重构的结果。李东徽等通过量化分析得出拉祜族聚落形态多为带状倾向聚落，且公共空间复杂多样，这一自然原生特征使其具有较强的空间结构性。[⑧]耿虹等阐述了临沧市南美乡拉祜族的民居建造技艺彰显了人、房、环境共生的生态逻辑。[⑨]

拉祜族婚俗具有独特的民族特色，学者从不同的视角研究婚俗，并产出一些成果。如杨知勇等编的《云南少数民族婚俗志》从恋爱、订婚、婚礼等几方面概述了拉祜族独特的婚俗。[⑩]马健雄在《性别比、婚姻挤压与妇女迁移——以拉祜族和佤族之例看少数民族妇女的婚姻迁移问题》中应用人口社会学的统计分析法，提出少数民族婚姻挤压问题将会导致更大的婚姻挤压和其他社会问

---

① 杨雅雯：《拉祜族火把节仪式的文化解读——以澜沧县竹塘乡罗扎母为例》，载《文化创新比较研究》，2021（3）。

② 李雄强、杨大禹：《云南拉祜族传统聚落“卡”形态特征分析》，载《南方建筑》，2021（2）。

③ 辛克靖：《原始粗犷的拉祜族民居》，载《建筑》，1995（2）。

④ 晓根：《拉祜族传统居室文化特点及其演变》，载《云南民族学院学报（哲学社会科学版）》，2000（3）。

⑤ 闫川：《谈拉祜族南段老寨佛堂的艺术特色》，载《大众文艺》，2012（5）。

⑥ 杨云燕：《拉祜族传统民居的文化解读》，载《牡丹江大学学报》，2013（8）。

⑦ 金悦：《拉祜族传统民居建筑文化变迁》，载《普洱学院学报》，2013（4）。

⑧ 李东徽、徐聪聪、杨磊、阮彦蓉：《基于聚落量化分析下澜沧县拉祜族村落空间形态研究》，载《云南农业大学学报（社会科学版）》，2018（6）。

⑨ 耿虹、李彦群、吕宁兴、况易、闫慧鹏：《自然生态与文化生态的交织——基于南美拉祜族人居生态智慧的跟踪调查》，载《上海城市规划》，2018（6）。

⑩ 杨知勇：《云南少数民族婚俗志》，119 页，昆明，云南民族出版社，1983。

题[①]。付金峰对拉祜族传统婚姻家庭习惯法的内容、形式和功能变迁等方面进行了探讨，并提出要与时俱进发挥好其现代意义和价值。[②]婚姻观念的变化研究是近年来拉祜族研究的热点问题之一，朱思红[③]和王一宏[④]均对拉祜族传统婚姻观念变化进行了关注和研究，提出社会分化、社会角色的冲突和社会流动性等社会变迁是拉祜族婚姻观念变迁的主要原因。杨云燕以女性主义关怀伦理学视角解读拉祜族婚姻习惯法[⑤]，是一种有益的尝试。

另外，也有一些学者围绕拉祜族的传统丧葬习俗展开学术研究。如何盛永《镇沅县拉祜族（苦聪人）丧葬祭祀记实》详细描述了镇沅县九甲、者东两个乡的拉祜族丧葬习俗。[⑥]和少英在《逝者的庆典：云南民族丧葬》[⑦]中对景谷、耿马、澜沧一带拉祜族的火葬过程有详细的描述，并附有大量丧葬仪式的图片，图文并茂，为后来的相关研究提供了珍贵的资料。朱力平的《拉祜族传统丧葬习俗中的生态利用》[⑧]中拉祜族的传统丧葬习俗中包含着丰富的生态观念和生存智慧。张天文等从人类学和历史学的角度分析拉祜族民居建筑文化。[⑨]王海燕等从文化生态学视角对老达保拉祜族聚落文化进行阐述并提出对应的发展建议。[⑩]孔丹对临沧市南美乡拉祜木掌楼营建技艺进行翔实的记录和研究。[⑪]刘雄强从构成要素、选址布局、空间营建、民居形态上剖析聚落空间的建构特征，再解读拉祜族传统聚落的建构技艺、建构思想和文化表征，进而归纳出聚落在历史研究、生态人文、科学技术、美学艺术方面的历史价值[⑫]。李玥等从营

① 马健雄：《性别比、婚姻挤压与妇女迁移——以拉祜族和佤族之例看少数民族妇女的婚姻迁移问题》，载《广西民族学院学报（哲学社会科学版）》，2004（4）。

② 付金锋：《拉祜族传统婚姻家庭习惯法的变迁及其功能》，载《红河学院学报》，2008（3）。

③ 朱思红：《拉祜族婚姻观念变化的社会学思考》，载《新西部（下旬·理论版）》，2011（5）。

④ 王一宏：《社会变迁中的拉祜族婚姻家庭研究——以云南省澜沧县云山村为例》，载《普洱学院学报》，2013（5）。

⑤ 杨云燕：《以女性主义关怀伦理学视角解读拉祜族婚姻习惯法》，载《山东女子学院学报》，2017（4）。

⑥ 何盛永：《镇沅县拉祜族（苦聪人）丧葬祭祀记实》，载《云岭歌声》，1994（6）。

⑦ 和少英：《逝者的庆典——云南民族丧葬》，44页、47页、141页、146页，昆明，云南教育出版社，2000。

⑧ 朱力平：《拉祜族传统丧葬习俗中的生态利用》，载《社科纵横（新理论版）》，2012（1）。

⑨ 张天文、杨大禹：《浅析滇南拉祜族文化及其民居建筑》，载《城市建筑》，2019（12）。

⑩ 王海燕、张晶香、李玉琼、李丹：《基于文化生态学的聚落文化发展与保护策略研究——以澜沧拉祜族自治县老达保为案例》，载《普洱学院学报》，2019（2）。

⑪ 孔丹：《云南临沧南美拉祜族木掌楼营建技艺研究》，华中科技大学硕士学位论文，2019。

⑫ 刘雄强：《云南拉祜族传统聚落空间建构特征及历史价值研究》，昆明理工大学硕士学位论文，2020。

造视角出发阐述了拉祜族传统民居“栅片房”的营造技艺[①]。

拉祜族服饰仍保留有氐羌的服饰特征，各地拉祜族的服饰受地域等因素影响存在一定的差异。王正华详细描述了男子服饰、妇女服饰的制作工艺[②]；王金萍等强调拉祜族舞台服饰的设计要尊重拉祜族的服饰传统并进行有效的创新[③]；杨云燕系统阐述临沧南美拉祜族的服饰特征并深入解读其蕴含着农耕、历史迁徙和原始宗教等文化内涵[④]；杨元美等在《人类学视阈下的少数民族服饰文化传承》中运用人类学方法分析了临沧市南美乡拉祜族服饰的传承与变迁[⑤]；李硕认为拉祜族的传统服饰具有独特的色彩文化，是少数民族独特的经济和地理文化下的产物，体现其艺术多样性和深厚的文化底蕴[⑥]。

近年来，也有学者开始将目光投向拉祜族的体育文化。如郭军等的《拉祜族节庆活动中的传统体育文化》[⑦]一文阐述了在特定的民族节庆活动中的拉祜族传统体育项目及其功能；白世梅[⑧]、洪艳玲[⑨]、施吉良[⑩]等人均对拉祜族传统体育存在的方式和基本特征及保护、传承和发展拉祜族传统体育文化的必要性做了详细阐述，并探析拉祜族传统体育的传承与发展模式。

（二）国外相关研究

迄今为止，国外对拉祜族族文化的研究成果主要有 E Jamieson 的《对拉

① 李玥、耿虹、任绍斌：《“栅片房”的营造：南美拉祜族传统民居及其营造技艺研究》，载《建筑学报》，2021（1）。

② 王正华：《拉祜族服饰文化概述》，载《云南民族学院学报（哲学社会科学版）》，1995（1）。

③ 王金萍：《本色与创新——拉祜族舞台服饰设计点滴》，载《民族艺术研究》，2003（1）。

④ 杨云燕：《拉祜族传统服饰的文化内涵——以临沧市临翔区南美乡为例》，载《思茅师范高等专科学校学报》，2011（5）。

⑤ 杨元美、李建华：《人类学视阈下的少数民族服饰文化传承——以临沧南美拉祜族为例》，载《牡丹江大学学报》，2011（7）。

⑥ 李硕：《云南拉祜族传统服饰色彩研究》，载《艺术研究》，2020（4）。

⑦ 郭军、高振云：《拉祜族节庆活动中的传统体育文化》，载《体育博览》，2011（7）。

⑧ 白世梅、刘坚等：《拉祜族传统体育文化保护、传承和发展的村落社会型模式研究》，载《体育科技文献通报》，2012（7）。

⑨ 洪艳玲、施吉良：《试论生态文化变迁对云南澜沧拉祜族妇女参与民族传统体育的影响》，载《科技信息》，2013（12）。

⑩ 施吉良、雷国飞：《拉祜族传统体育文化传承与发展的影响因素的探讨》，载《攀枝花学院学报》，2013（2）。

祜（黑拉祜和红拉祜）习惯和风俗的描述（在印度的民族学调查）》[①] 和安东尼·沃克的《积德与太平盛世：拉祜人礼仪生活中常规和危机活动》[②] 等，并没有更多显现。

三、研究价值和研究方法

（一）研究价值

1. 学术价值

拉祜族文化是中华民族文化不可或缺和不可分割的有机部分。牡缅密缅（今临沧市）在拉祜族迁徙历史上具有重要意义，已有的拉祜族传统文化的研究更多地关注澜沧、双江等地，而鲜有关于南美乡拉祜族文化的论文及著述，甚至仅有的有关南美乡拉祜族的著作中，也只是粗略地涉及拉祜族传统文化，缺少系统论述。造成这种情况或许与交通不便及缺少本土学者有一定的关系。挖掘、整理南美乡拉祜族传统文化有助于让拉祜族文化研究更完整，有利于丰富民族学理论知识，拓展村落传统文化研究的内涵。基于制度分析的视角，解释社会制度与传统文化变迁的关系；基于地域差异的视角，解读村寨传统文化的特色和村民的丰富实践为传统文化的传承与创新研究提供鲜活案例和生动样本，具有一定的学术创新及拓展意义。

2. 应用价值

文化是一个民族的魂魄，文化认同是民族团结的根脉。研究并弘扬拉祜族传统文化，深入挖掘文化背后蕴含的哲学思想、人文精神、价值理念、道德规范等，推动拉祜族优秀传统文化创造性转化和创新性发展，在铸牢中华民族共同体意识视域下助推拉祜族精神家园建设，有效传承传统文化，发挥文以化人、文以育人的积极作用，在民族交往交流交融实践中更好地理解其文化内涵，提升地方文化软实力，为实施乡村振兴战略和地方文化旅游提供精神支撑。

---

① E Jamieson. *Description of habits and customs of the Muhsois (black and red) also known as Lahus (Ethnographical survey of India)*, Office of the Superintdent Publishing, 1909: 6.

② Anthony R. Walker. *Merit and Millennium: Routine and Crisis in the Ritual Lives of the Lahu People,* New Delhi Hindustan Publishing, 2003.

（二）研究方法

其一，文献调查法。参阅已有文献，对拉祜族的文化史形成宏观、整体把握；

其二，参与观察法。实地观察村寨拉祜族的文化实践，进行客观翔实的记录；

其三，访谈法。通过多形式的访谈，全面立体地了解传统文化；

其四，比较研究法。通过不同地区文化习俗的比较，能准确有效地解读当地拉祜族文化内涵。

（三）可行性

习近平总书记指出，文化是一个国家、一个民族的灵魂，文化兴国运兴，文化强民族强，没有高度的文化自信，没有文化的繁荣兴盛，就没有中华民族伟大复兴。[①] 拉祜族儿女在民族迁徙、历史演进过程中，在不断借鉴其他民族的优秀文化基础上培育和发展了独具民族特色的拉祜族文化，为拉祜族的繁衍发展提供了强大精神支撑，是中华民族传统文化的重要组成部分。习近平总书记指出："不忘本才能开辟未来，善于继承才能更好创新。"[②] 拉祜族优秀传统文化积淀着拉祜族及其他民族的最深层的精神追求，在中国特色社会主义进入新时代的今天，在民族共同繁荣的时代背景下，挖掘和传承拉祜族优秀传统文化，坚定文化自信，对于践行社会主义核心价值观，推动少数民族优秀传统文化创造性转化、创新发展，以文化人、以文育人，用蕴含其中的精髓精华滋养精神世界、提振精神力量，培养担当民族复兴大任的时代新人具有重要意义。挖掘拉祜族优秀传统文化并阐述其文化内涵，提升其在新时代的生命力，契合当下的时代要求。

2007 年以来，笔者一直关注、学习和研究拉祜族的语言和文化，其间也发表了一些有关拉祜族语言文化的学术论文，主持完成数项相关课题。2010 年参加云南省少数民族传统文化抢救保护项目"少数民族语言文学的传承与保护"（云财教〔2010〕383 号）的子课题"双江拉祜语语言使用现状及其演变"等拉祜族语言文化项目的田野调查。2011 年，笔者开始调查临沧南美乡的拉祜

---

① 中共中央宣传部：《习近平新时代中国特色社会主义思想三十讲》，194 页，北京，学习出版社，2018。

② 中共中央宣传部：《习近平新时代中国特色社会主义思想三十讲》，207 页，北京，学习出版社，2018。

族语言和文化，并于2018年出版《临沧南美拉祜族古歌》。在当地干部、群众的关心支持下，笔者通过调查获得了大量的有关临沧南美乡拉祜族传统文化的第一手材料，对拉祜族传统文化形成较客观系统的认识，为撰写《临沧南美乡拉祜族传统文化研究》打下了坚实的基础。

第一章
临沧南美乡拉祜族的历史迁徙

民族迁徙是一个民族由于某种原因，其整体或部分离开原有生存环境（包括自然环境和社会文化环境）进入另一个生存环境居住的民族分布变化过程。世界上很多民族都有过迁徙的历史。过去，因战争、政治、生计以及自然灾害和疾病而导致的民族迁徙较之现代更为频繁。

拉祜族也有着悠久的迁徙历史，从青海湖畔到西北的黄土高坡及西南的红土高原，从我国的青海、甘肃、四川、云南至东南亚数个国家的广袤土地上都留下有拉祜族先民辗转迁徙的足迹。在不断地游猎迁徙过程中，多样的地理环境和频繁的迁徙经历诞育了丰富灿烂的拉祜族文化。剖析拉祜族的迁徙动因有助于深入了解拉祜族的悠久历史，挖掘拉祜族的灿烂文化。

据拉祜族迁徙史诗及其他史志记载，拉祜族先民居于甘肃的江洛镇一带，因自然环境恶化加上战乱，西迁至青海湖一带，后又迁至柴达木盆地。大约在

6 世纪初，拉祜族先民再次南迁，于明太祖洪武初年（1368 年）几经辗转，西路部分的族人经大理洱海进入勐缅（今临沧）。拉祜族是较早入住临沧的世居少数民族之一，世代以狩猎为生，是典型的游猎民族。进入临沧坝子的拉祜族先民因不满欺压和苛捐杂税，曾举行过数次起义，但都归于失败。加上不断的械斗，不得不逐渐退入周边的深山。明末清初，一小部分拉祜族继续迁徙，沿昔本、勐托的户有、完贤至大团山田，越过石排坡，经大麦地到达南美一带，在高山密林中过着与世隔绝的生活。

第一节　族称族源

元代以前的史籍中，拉祜族被叫作“筛筐”“胡从”“锅挫”。元代《经世大典·招逋总录》有“罗黑加”。唐、宋以后，也有写作“苦聪”“果葱”的。《新唐书·南蛮传下》中称拉祜族为“锅锉蛮”。清代以后，普遍把拉祜族称作“倮黑”，是“拉祜”的音译。《云南通志》卷二十四载：“喇乌，临安、景东有之。”“喇乌”即“拉祜”的音译。傣族、布朗族、哈尼族称拉祜族为“暮色”，佤族称拉祜族为“桂”“贵”，临沧、普洱地区的傣族称拉祜族为“缅”，[①] 彝族称拉祜族为“倮黑”。[②]

南美乡邻近地区的其他民族仍习惯称南美乡的拉祜族为“南美老黑”“南美倮黑”。现在，当地拉祜族群众也常自称“老黑”。

第二节　拉祜族历史迁徙的原因

中国学界对人口迁移原因的研究主要集中在生存环境和人为因素两个方面。有学者认为自然环境的恶劣、自然资源的枯竭和严重的自然灾害是直接推

① 政协澜沧拉祜族自治县委员会编：《拉祜族史》，2 页，昆明，云南民族出版社，2003。

② 《拉祜族简史》编写组：《拉祜族简史》，6 页，北京，民族出版社，2008。

动人口迁移的基本力量；战争、政治动荡等人为因素是推动人口迁移的另一基本力量。[①] 在拉祜族的迁徙历史进程中，生存环境和人为因素同样重要。

一、游猎游耕的生产方式是拉祜族迁徙的根本动因

民族迁徙，从根本上说是社会生产力发展的结果。恩格斯指出："应该从经济关系及其发展中来解释历史，而不是相反。"[②] 历史上，各民族都是依据各自所处的生存环境而选择与之相适应的生产方式与手段来维系本民族的生存与发展。因而，各民族的生产方式呈现多样性和复杂性。

拉祜族先民依据自身所处的特定生存环境，历史性地选择了游猎游耕的生产方式。史书《后汉书·西羌传》中有"河湟间少五谷，多禽兽，以射猎为事"的记载，描述了远古时期包括拉祜族先民在内的古羌人的发祥之地即西北河湟地区古羌人的游猎生活。这种"少五谷、多禽兽"的自然生态环境很难形成像中原农耕民族那样的定居农业生产，拉祜族先民只能通过不断迁徙的游猎生产来维持族群的基本生存。清雍正《景东府志》抄本四册记载："小古棕（即苦聪，拉祜族的一个支系）男如倮儸，女短衣，以带缠腰，下着麻布，密褶裙，织麻布，以叶构棚，无定居，略种杂粮山芋野菜为食，性喜猎……"[③] 这种"无定居、性喜猎"的游猎生产方式是拉祜族不断迁徙的根本动因。

国内的拉祜族聚居地区尽管流传有不同版本的迁徙史诗《根古》，但有一点始终是相同的，那就是都存留有拉祜族先民狩猎的鲜明的历史记忆，这也是拉祜族先民"性喜猎"在口传文学方面的佐证。同其他游猎或游牧民族一样，在游猎中崛起的拉祜族在漫长的历史演进征程中最终也只得归宿于农业。拉祜族历经迁徙跋涉，多居住于山地。受游猎生产的历史惯性和原始落后生产工具及自然生态条件的制约，拉祜族由游猎采集向农耕生产的转化具有不彻底性，呈现出一种"刀耕火种、山荒则迁"的游耕农业生产状态，这种游耕生产具有极不稳定、效率极低、占地广阔的特点。基于此，拉祜族即使在

① 佟新：《人口社会学》，142 页，北京，北京大学出版社，2000。

② 恩格斯：《共产主义者同盟的历史》，见《马克思恩格斯选集》（第 4 卷），192 页，北京，人民出版社，1958。

③ 《云南各族古代史略》编写组：《云南各族古代史略》，176 页，昆明，云南人民出版社，1977。

游耕生产的阶段，仍然需要不断烧山垦地，从而不断迁徙。这种游猎加游耕的生产方式导致拉祜族社会生活具有明显的不稳定性，成为拉祜族迁徙历史长达数千年之久、迁徙路程达数万里之遥的根本动因。

二、生态环境的不断恶化是拉祜族迁徙的重要原因

生态环境是人类生存和发展的必要条件之一，也是民族生产方式和生存方式产生与存在的重要前提。正如普列汉诺夫所说："只因为地理环境的某些特殊性的荫赐，我们人类的祖先才能提高到转化为制造工具的动物所必要的智慧发展的高度。和这完全同样的，也只有地理环境能够给这个新的'制造工具'的能力以使用和改造的余裕。"① 远古人类的迁徙，追逐食物而进行的空间位置移动可能是经常发生的一种常态，但由于环境因素的急剧变化所引发的大迁徙可能是人类走出最初的聚居区域、散落在地球各个角落的一个至关重要的原因。②

拉祜族传说讲述了拉祜祖先发祥于一个叫" milnitoqhod"（汉语音译为"密尼朵苦"），意为"黄土地"的地方。起初那里是" shawdtalxeulciefzhid，maldalshapherzhid"（汉语音译为"锁达厄及此，瓦达莎彼此"），意为"到处是茂密的森林和竹林，连天神厄莎行走都不方便"。可见，拉祜族祖先的发祥地的生态环境有利于拉祜族狩猎及生息繁衍。史书也记载，远古时期我国西北以黄河、河徨流域为中心的黄土高原生活着一支古老的族群——古羌人。拉祜族也是古羌人的后裔。早期的河徨地区，森林密布，地肥草壮，飞禽走兽繁多，十分符合拉祜族传说中"密尼朵苦"早期的生态环境特征。③ 由于包括拉祜族先民在内的古羌人长期无节制地烧山狩猎，加之后期沿袭的"刀耕火种""广种薄收"的原始耕作方式使植被茂密、野兽繁多的"黄土地"生态资源逐渐枯竭，生态环境不断恶化。拉祜族古歌也有记录，其祖先"今天烧这一片，明天烧那一片"，使早先茂密的森林、竹林变成了无树无草的贫瘠之地。拉祜族先

① ［苏］普列汉诺夫：《普列汉诺夫哲学著作选集》第1卷，681页，北京，生活·读书·新知三联书店，1959。

② 管彦波：《民族大迁徙的地理环境因素研究——以中国古代民族迁徙为考察的重点》，载《西北民族大学学报》（哲学社会科学版），2010（3）。

③ 晓根：《拉祜族迁徙游动原因剖析》，载《西南民族学院学报》，1998（5）。

民的游猎经济，其生产资料种类少，经济结构单一，经济基础薄弱。正是这种经济的脆弱性和不稳定性，使游牧民族对自然环境尤其是气候有着高度的依赖性，其抵御自然灾害的能力极其有限，在自然环境面前常处于被动状态。①

西北黄土高原，气候干旱少雨，土地贫瘠荒凉，生态环境恶劣。这与拉祜族古歌记录的情形相吻合。失去生存环境保障的拉祜族先民，不断举族迁徙，游走在高山密林之中，探寻新的生息之地。分析拉祜族的迁徙历史，我们不难发现，生态环境既是拉祜族植根与发展的基础，也是造成拉祜族频繁迁徙的重要因素。

三、极具特色的民族习俗是拉祜族迁徙的内在动因

拉祜族固有的传统习俗也会导致迁徙行为的发生，如清康熙《楚雄府志》称："倮黑居深箐……遇有死者，不殓不葬，停尸而去，另择居焉"。② 拉祜西支系的村寨，若家庭内男成员死去，便认为是住房选址不好，要烧毁旧房另择地建房居住。耿马、双江等地单家独户的，丧葬无人协助料理的，就在屋内挖一个坑，将死者埋入坑内，放火烧了房屋，另择地而居。③ 按照传统习俗，南美乡的拉祜族除人亡后需要举家迁徙外，遇有家中人畜易生病，也会选择举家搬迁。不过，较之前面提到的各种动因，民族习俗导致的迁徙多数是小范围的、缓慢的。

拉祜族在一个地方建寨时间的长短主要看当地的自然条件，若耕地的肥力不足，拉祜族就会考虑另选新的地址建寨子，进行刀耕火种。以前，拉祜族的寨子一般五六年就会搬迁一次，最长的也是十几年就要搬迁一次。后来，随着农耕的发展，拉祜族逐渐出现了固定的寨子。寨子规模有大有小，大的寨子有几百户人家，小的寨子只有几户人家。

同时，拉祜族崇尚"有福同享，有难同当"，且有平分食物的习俗。在长期的狩猎生活中，分配猎物讲究分配公平，哪怕路过见到的人也会分得一份。在拉祜族迁徙历史过程中发生过"兄妹部落分手"的大事。起初，两个部落

① 李吉和：《中国古代少数民族迁徙原因探讨》，载《中南民族大学学报》（人文社会科学版），2004（1）。

② （清）阮元、王崧、李诚等纂修，范鑫等点校：《道光云南通志稿·点校本》七，267页，昆明，云南美术出版社，2021。

③ 政协澜沧拉祜族自治县委员会编：《拉祜族史》，366页，昆明，云南民族出版社，2003。

共同生活在一个大坝子，互相帮助、愉快相处，猎到的猎物都会与对方部落平分。有一次，因住在坝子尾的哥哥部落送来的豪猪肉让住在坝子头的妹妹部落误以为哥哥部落没有遵守平分原则，以为哥哥部落没把她们当成一家人而伤心地赌气离开了。拉祜族的传统习俗对这次的部落迁徙也产生了一定的影响。

第三节　拉祜族历史迁徙探究

历史上，很多民族都经历了不同程度的民族迁徙，一部民族迁徙史就是一部民族发展和演进的历史。我们可以对民族的口承迁徙史诗、历史地名、史料典籍等进行条分缕析，探究民族迁徙的历史轨迹。

一、依据口传古歌探索拉祜族迁徙历史

寻根是每一个民族追溯历史的过程，记述迁徙之旅是一个民族追寻记忆的结果。民间口承文化中的民族迁徙历史记忆正体现了人类的历史与人类同在的优势。民族的迁徙历史既是有形的，其足迹实实在在印在大地上；又是无形的，通过口语、文字或其他文化信息符号长久地保存在人们的记忆中。① 在民族学研究领域，口承文化是除地名之外的考证民族迁徙历史的一个重要依据。口述在当代学术界，特别是在人类学、历史学、民族学、民俗学等学科领域成为一个重要的学术话题。按照传统人类学学科的观念，人类学者在田野过程中不可避免地要面对封闭的、小规模的、无文字的民族或族群；于是，“口述 / 书写”便成为我们首先需要面对的表述、记忆和传承的方式和分类。② 拉祜族历史上没有文字，拉祜族的民族历史只能依靠口耳相传。因此，历史上有不少人类学家根据这种方法，从口头流传的“故事”求知不同民族的文化疆界，求索各民族迁徙与相互关系的轨迹。③

拉祜族古歌特别是迁徙史诗《根古》中的地名，可以为探寻拉祜族的迁徙

① 王亚南：《口承文化与民族迁徙》，载《民族文学研究》，1998（1）。

② 彭兆荣等：《口述 / 书写：历史的叙述与叙述的历史》，载《广西民族研究》，2004（1）。

③ 王铭铭：《口述史·口承传统·人生史》，载《西南民族大学学报》，2008（2）。

路线的研究提供重要线索，但只是记述了从 peol ki-nar ki（汉语音译为“北氏南氏”）到进入云南的 mudmiedmilmied（汉语音译为“牡缅密缅”），及离开此地区的传说。① 民间传唱的拉祜族为死者安魂引路的传统丧葬古歌《波的细的》和《送葬安魂歌》，是从死者的现居地沿拉祜族祖先的迁徙路线即先勐勐（今双江拉祜族佤族布朗族傣族自治县）后至“牡缅密缅”、nawq loq-nawq shieq（汉语音译为“诺娄诺谢”，今泸沽湖地区）、“ qhaw ma sif haw ci，lawl ma sif lawl cie”（意为“七山七水交汇处”，今四川省盐源、盐边地区）、avawl-aqaw to（汉语音译为“阿沃阿郭都”，今四川省西昌地区）、ca shi zi（汉语音译为‘江西兹’），以及 nawq hie chad xeul po（汉语音译为“诺海察厄波”，今青海湖地区），直到祖先居住地去与祖先团聚。② 正是基于上述史料和古歌，云南省澜沧拉祜族自治县《拉祜族史》编辑办公室先后派人查找这些地名，基本上弄清了拉祜族先民的发祥地、族源和迁徙路线，并在 2003 年出版的《拉祜族史》中绘制了“拉祜族古先民迁徙路线示意图”。这条由地名连接起来的民族迁徙路线与亲属语言的比较所得出的语言亲疏关系和分布线基本相同，与历史资料也相吻合。③ 通过对南美乡拉祜族口承文化中的迁徙史诗《根古》记录整理，我们发现流传在临沧市南美乡的拉祜族迁徙史诗《根古》对拉祜族先民从青海湖至大理洱海期间的生活讲述得简单而模糊，却对大理洱海至临沧南美乡这一段的生活记录得详细且清晰，这正好可以与其他版本的拉祜族迁徙史诗《根古》相互补充、相互印证。

《拉祜民间诗歌集成》中这样记录拉祜族先民的迁徙轨迹：“ peolki-narki，古羌人居住地的寨子，是拉祜祖先创建，那里有厄莎造的用来给太阳月亮洗澡的地方 nawq hie chad xeul po，汉语音译为‘诺海察厄波’。后来拉祜头人与官府为争地盘而战争，拉祜头人带领拉祜人离开了北氏城。过了很久，又迁徙到密尼朵库（红土地，今黄土高原一带）。密尼朵库无法继续生存，又迁徙到 avawl-aqaw to，汉语音译为‘阿沃阿郭都’，这里的江边有很多酸蜂。”传说拉祜族先民住在南涧时，发生了 khat pheud- khat le awl law。其中，khat pheud-khat le，汉语音译为“卡迫卡勒”，意为“弩销、梭头”，历史上将该事件称为“弩销梭头事件”。根据拉祜族历史传说，当拉祜族由 peolqhatnarqhat

① 政协澜沧拉祜族自治县委员会编：《拉祜族史》，11 页，昆明，云南民族出版社，2003。

② 政协澜沧拉祜族自治县委员会编：《拉祜族史》，360—361 页，昆明，云南民族出版社，2003。

③ 张蓉兰：《从古歌谣中的地名探溯拉祜族先民迁徙路线》，载《民族语文》，1994（4）。

（汉语音译为“北卡南卡”）迁至大理时，曾向大理王进贡过鹅，与大理王情同手足，同床而卧，同桌而食。大理王封赐了一个 mie zhid xeul po（汉语音译为“密兹厄波”），古词为 mo sho xeul po（汉语音译为“摩梭厄波”），意为“洗麻塘”。从此，拉祜族大批迁徙到那里居住。后来，拉祜族与其他部落因分配猎物不均发生冲突，双方兵戎相见。后来，有个孤儿来到拉祜寨子，在取得拉祜人的信任后，这位孤儿趁拉祜族男子外出打猎期间用制作的响篾和口弦从拉祜族妇女手中换走全寨的弩销和梭头。孤儿还在竹笋叶上画出拉祜寨子的地图。孤儿走后不久，其他部落就打来了。拉祜族因失去弩销和梭头而无法迎战。为了彻底打败拉祜人，其他部落还派人将金子和银子洒在拉祜族寨墙外的刺丛中，拉祜人为了捡金银而砍掉了具有防御作用的刺丛。待刺丛干枯，其他部落放火烧掉刺丛并顺利攻入寨子，拉祜人最终战败。拉祜族男子先突围出去，三年后突围的拉祜族男人们来到 nawq loq mawq shieqxeul（汉语音译为“诺娄诺谢厄”），意为“蓝色的大湖”（今泸沽湖），决定回去营救困在寨中的妇女。拉祜族妇女用九十九条包头（临沧南美的拉祜族妇女的包头是由九十九条毛线织成，并且包头长至脚跟。据说就是为了纪念此次营救事件）接起来当绳索滑下城墙，男子在三十三处配合施救，拉祜族终于得以团聚。

另据拉祜族文化学者李昌明[①]讲，拉祜族在云县（旧时称“顺宁”“云州”）时，只能居住在半山坡，因为平坝瘴气重，人容易生病；而当时傣族却居住在平坝，傣族懂医药，不担心瘴气。后来，拉祜族也搬到云县坝子居住。农历正月，拉祜族男人耙好田、撒下谷种，就集体进山打猎，一去就是一二十天。头人罗扎布带领众人打猎回来，让其老婆罗娜布去看田里的秧苗。罗娜布察看后，回来说：“田里的秧苗已长出有膝盖那么高了，但是却被吃了不少。从田里留下的脚印来看，秧苗应该是被马鹿吃掉了。”于是，头人罗扎布带领儿子罗扎克及其他十个人一起从云县头道水循着马鹿的足迹，一直追到博尚、昔本到牡缅密缅。当时的牡缅密缅是一大片茂密的森林，荒无人烟，中间有一棵需二十个人才能围起的大青树（据说在今临沧市电影院附近）。夜晚，这十二个人在大青树下休息，罗扎布叮嘱众人不能靠着树睡觉，否则夜晚会挡着树神的道，树神无法从树上下来会怪罪。众人在树下生起一堆篝火，围着火睡觉。第二天上午，罗扎克从一龙井（今临沧城双水井附近）抬水做饭。吃午饭的时

① 相关内容根据 2021 年 4 月 6 日在临沧市原发展和改革局小区李昌明家的访谈材料整理。

候，一只小角蓝雀一直在叫，声音很好听。扎克追了十五天，想射下这只小角蓝雀，未射中，却射中了马鹿。原来，小角蓝雀落在马鹿的头上。罗扎克对头人罗扎布说："我把马鹿打死了，你们不用追了。"这时，大青树又发出十二杈新枝，每一杈树枝上有一窝大松鼠和一窝小蜜蜂。白天，他们上树拿蜂蜜吃。头人罗扎布说："这火灰适合做肥料，大家看看背袋里有没有什么籽种，撒在这里。"大家都翻抖自己的背袋，没有找到什么种子。最后，罗扎克在箭筒里找到一粒粟米种子，种在火灰里。到了腊月，他们一行人又进山打猎，再次经过这里，发现原来种下的籽种长出一大蓬，粟米秆有三个人围着那么粗，秆上分出十二枝杈，每杈结出很多粟米，足够装一背袋。十二个人每人背着一背袋粟米，回到云县。众人都觉得牡缅密缅坝子土地肥沃，是个好地方，大家商量要将寨子搬到牡缅密缅坝子。为了不让其他民族的人知道，他们对其他民族头人说："这一个月我们要过节，按照习俗，请你们不要来寨子。"于是，他们牵着三条老水牛，带着土锅，往牡缅密缅方向迁寨。走之前，让柴火足足烧了近一个月。待柴烧完，烟雾散去，其他民族的人才发现拉祜族寨子的人都迁走了，他们就开始追，追至头道水（地名，在今云南省云县境内），他们发现拉祜族砍倒的松树都死了。但是，被拉祜族砍倒的野芭蕉树早已长出约 50 厘米的嫩芽，他们误以为拉祜族早已走远，就放弃追赶，拉祜族才得以顺利搬到牡缅密缅坝子。自此，这些拉祜族将芭蕉树视为能救命的神树。

另有传说，牡缅密缅时期的"弩弓之战"中，拉祜族战败。为了争取更多的时间撤退，拉祜族想出了一个缓兵之计：要求双方点兵，查看是否有外人参加，并约定对方在白天点兵，拉祜族在夜晚点兵。夜幕降临，拉祜族在寨子前烧起大火，数十个精悍的小伙子在火堆前穿梭旋转，看上去犹若千兵百将。点兵场上的柴草烧光了，拉祜族人又拆房子来烧，房子烧光了，又拿草根、草鞋来烧。天快亮了，火也熄灭了，拉祜族的"千兵百将"也不知去向。对方大呼上当，连忙沿着拉祜族撤退逃跑的足迹追赶，经昔本到忙贤，他们看到这里被拉祜族砍倒的芭蕉树已长出约 50 厘米的嫩芽，误以为拉祜族已经走远而放弃追赶，拉祜人得以幸存。[①] 临沧博尚镇、南美乡的拉祜族因此每年举行祭芭蕉活动，以感激当年芭蕉的救命之恩。据笔者调查，国内仅有临翔区博尚镇及南美乡的拉祜族的竜林是芭蕉林，其他地区的拉祜族的竜林则都是树林。《民族

① 这部分由作者于 2022 年 12 月 21 日电话访谈罗忠和的录音整理。

工作》编辑部编的《民族工作手册》中就有关于拉祜族的部分记载："史载公元前 2 世纪的西汉时代，昆明人活动在金沙江以南至洱海区域的广阔地区……大约 10 世纪以后，拉祜族先民为了摆脱大理政权的统治压迫，不得不分两路大规模向南迁徙……西路经今弥渡、巍山渡澜沧江，沿怒山山脉的南端和澜沧江西岸向南迁徙，逐步分布在临沧、双江……"① 这段话说明拉祜族是从大理迁徙来的。

又据南美古歌传唱：几个青年人从大理追捕一只马鹿，一连好几天，翻山越岭，跋山涉水，在一个夜晚进了一个坝子（今云县坝子）。有一天，他们在树林射伤了一只头上缠着水灵草、蹄上夹着黑土的马鹿，他们知道马鹿待的地方一定是肥沃的地方，于是沿着马鹿的足迹一直追寻。后来，马鹿逃进了南方的原始森林。几个人继续追捕，来到了一个更大的坝子（今临沧坝子）。这里到处是茂密的大青树和成片的芭蕉林，两条河（今南汀河和西河）从坝子中间流过。他们在一棵大青树下（今临沧双水井附近）找到了马鹿的尸体。大青树上同时居住着九窝葫芦蜂，这是吉祥的征兆。这几个人燃起篝火，烤着马鹿肉和玉米，谈笑着。几个月过去了，一位名叫"扎姆"的男青年为寻找遗失的烟锅又回到这个地方。他意外地发现大青树下长着几株茁壮的玉米，每株玉米秸秆上结了九个玉米棒，每苞玉米棒有手腕到手拐的距离那么长。扎姆赶紧跑回去告诉拉祜族同胞们，几个青年尾随他返回此地。他们很累很困，就地取柴烧火，准备宿营。无意中，几粒粟米落在火塘边的火灰里。第二年当他们再次来到这里时，见地上长出了九棵粟稻，粗壮的秆上结出了九棵穗，共收了九箩粟米。于是，他们回去告之同胞们，不少人开始迁到这个坝子居住下来。

后来，其他民族也来到这个地方，因该坝子由拉祜族先发现，遂起名为"mudmied milmied"，汉语音译为"牡缅密缅"，意为"拉祜族的天和地，拉祜族的家园"。mud，汉语音译为"牡"，意为"天"；mil，汉语音译为"密"，意为"地"；mied，汉语音译为"缅"，是拉祜族的彝语他称。"缅宁"是临沧县的旧称。依此地名推测，拉祜族是最早开发临沧坝子的民族。据南美乡拉祜族古歌传说，牡缅密缅的中间有一棵大青树。《临沧地名志》收录有临翔区忙畔乡至今仍有一个以"大青树"命名的寨子，寨子中有一棵古榕树。这些都与迁徙史诗《根古》的大致情节相吻合。拉祜人在牡缅密缅坝子四周的山上打

① 《民族工作》编辑部：《民族工作手册》，86 页，昆明，云南人民出版社，1985。

猎，在坝子开展农耕生产，过上建房定居的生活。拉祜人在牡缅密缅坝子生活了很多年，人口不断增多，形成哥哥和妹妹两大部落。很多年后，与当地统治者发生矛盾，拉祜人与官兵打了三年战争，不胜，继续南迁至双江、澜沧以及缅甸、泰国等地。①

流传在临沧一带的关于“兄妹分家”的传说大致如下：在临沧坝子居住很长时间后，社会生产有了很大发展，人口快速增多，形成了两大部落即哥哥部落和妹妹部落。哥哥部落有 33 个小部落，分成 33 个寨子，住在临沧坝头（南面）；妹妹部落有 99 个小部落，分成 99 个寨子，住在临沧坝尾（北面）。两个部落互相照应，形成猎物共同平分的好习惯。有一天，哥哥部落猎到一头豪猪，妹妹部落猎到一只马鹿，双方都将自己所猎得的猎物平分给对方部落。可是，妹妹认为马鹿毛仅有人的脚毛那么细，身子就有那么大，豪猪的毛（误把豪猪刺当毛）却有筷子粗，身子一定大如牛，认为哥哥部落贪心，就赌气不再和哥哥部落住在同一个坝子。妹妹不听哥哥解释和劝说，执意带领自己的部落离开了临沧坝子。哥哥要带部落去追赶，但大家都不愿意离开这个好地方，只好任由妹妹部落离开。妹妹部落顺着澜沧江朝南走了三个月，在南本八卡山打到了一头豪猪后，才知原来是自己错怪了哥哥。这样，妹妹又带领部落返回临沧坝子，和哥哥部落友好相处。后来，拉祜族在临沧坝子与其他民族开战，战争持续了三年，拉祜族战败。哥哥在一次战斗中不幸受伤，临死前把妹妹叫到跟前，拿出祖传的三支弩箭朝南方射去，并让其带领拉祜人去寻找箭落的地方。传说这三支箭，金箭落在了勐朗坝（今澜沧县），银箭落了在玛牡密（今缅甸），铜箭落在了泰牡密（今泰国）。

据双江拉祜族研究会的调研，拉祜族《根古》传唱中有关“兄妹分手”的故事，是在牡缅密缅的韭菜坝：一天，妹妹部落猎获一只马鹿，把马鹿肉平分给哥哥部落。几天后，哥哥部落猎到一头豪猪，也将豪猪肉平分给妹妹部落。但妹妹发现豪猪的毛很粗，误以为豪猪体型一定很大。看着哥哥部落送来的一小坨肉，误以为哥哥没有平分猪肉。妹妹非常伤心，决心从此与哥哥分道扬镳。后来，妹妹部落也猎到一头豪猪。妹妹方知豪猪毛粗肉少，是自己错怪了哥哥。妹妹带领部落又搬回临沧坝子，与哥哥部落和好如初。哥哥部落住在东边，称“batawtladhof”（汉语音译为“白朵拉祜”，意思是“太阳升起方向

① 娜朵主编：《拉祜族民间文学集》，115—146 页，昆明，云南民族出版社，1996。

的拉祜族”）；妹妹部落住在坝子尾，称“baqielladhof”（音译为“白该拉祜”，意思是“太阳落山方向的拉祜族”）。后来发生争斗，妹妹带着自己的部落往东方迁徙至澜沧、西双版纳，甚至老挝、泰国等地；哥哥也带着自己的部落离开了临沧坝子，分别迁至南美、双江、耿马、沧源等地，也有部分迁往缅甸。这样，拉祜族的分布格局基本形成。

口述中的道听途说和添油加醋是不可避免的，但正是口承历史占据了整个人类历史的绝大部分历程。在此完全有根据说，若没有口承历史，人类的文化便无以传承，则不会有人类的历史。[①] 尽管流传在拉祜族人群中的“口述”记忆多有模糊甚至多样的描述，其中难免会存在不少讹传、误记甚至少数荒诞的说法，但是不可否认，作为民间流传的关于民族迁徙历史的久远记忆，拉祜族的迁徙路线在其口传文学中还是留下了较为清晰的记录。我们将这些“描述”归类起来，作为一种文化文本，结合相关史料加以重新“解释”，就可重构一部拉祜族先民迁徙的历史。

二、依据现存地名探究拉祜族迁徙历史

地名是研究民族历史文化的重要依据。在民族迁徙过程中，许多民族为了保存自身历史和文化，不约而同地选择将地名作为记录其迁徙历史的重要载体。回顾中国的地理沿革史料，可以找到许多显示古代民族迁徙的踪迹。与此相关，作为一种文化现象的异地同名为今天的考古学家研究民族迁徙历史提供了重要的依据。钱穆先生早就注意到古代人群流动与地名迁徙之间的关系，提出地名迁徙原则：“古人迁居不常，由此至彼，往往以故地名新邑，如殷人所都皆曰‘亳’之类是也。故鄙论谓探索古史地名，有可以推见古代民族迁徙之遗迹者，在此。异地同名既有先后，则必其地人文开发较早者得名在先，人文开发较迟者得名在后。”[②] 钱氏还指出：“盖古人迁徙无常，一族之人，散而之四方，则每以其故居移而名其新邑，而其一族相传之故事，亦遂随其族人足迹所到，而递播以递远焉。”[③] 因此，借助现存地名的线索来追溯拉祜族的迁徙是一个行之有效的方法。以“南美”这一地名为例，临沧市临翔区境内现在叫

① 王亚南：《口承文化与民族迁徙》，载《民族文学研究》，1998（1）。
② 钱穆：《再论楚辞地名答方君》，载《禹贡半月刊》（第七卷），1937（1—3）。
③ 钱穆：《周初地理考》，载《燕京学报》，1931（10）。

“南美”地方共有五处，分别为南美拉祜族乡的南华村，习惯称为“大南美”；南美拉祜族乡的南美村，习惯称为“小南美”；圈内乡细博村委会的“南美”自然村，圈内乡斗阁也有“大小南美”的寨名；忙畔社区明子山村委会的“南美”自然村，均为拉祜族传统聚居地。临沧市耿马县孟定镇以及其他地区也有以“南美”命名的拉祜族村寨。普洱市澜沧县境内的大山乡也有一个名叫“南美”的村委会。苍铭先生在《民族迁徙与云南地名》一文中，也对云南各民族迁徙史与地名之间的相关联系作了论述，文中指出：“历史上，不同地区的同一民族往往都只是使用自称。因此，当一个民族的某一部分迁往一个新地区时，他们为了标明其来源，往往将原地名作为自己的族称。如缅甸有一部分拉祜族自称‘拉祜南美’。这部分拉祜族是由现在国内临沧县（今临翔区）的南美拉祜族乡迁徙到缅甸的，他们迁徙后把‘南美’作为族称。再如缅甸的‘拉祜尾帕’是从澜沧拉巴的尾帕迁徙而去，迁徙后他们把原地名作为族称使用，标识其祖先来源。”[①] 笔者在 2011 年参加泰国清迈清莱皇家大学举办的国际拉祜族传统文化交流研讨会期间得知，泰国清莱有个村寨的拉祜族也自称“拉祜南美”。据参会人员介绍，这部分拉祜族从祖辈那里得知是由中国牡缅密缅的“南美”迁徙到国外的，为了铭记迁徙历史，就以故地“南美”作为族称。至于南美拉祜族乡的“南美”的确切含义，据当地拉祜族村民讲是借用傣语的音译，傣语中似“南”的发音，有“河流”“江”之意，而似“美”的发音有“源头”的意思。因此，“南美”意为“河的源头”，因地处勐库河的源头而得名。

以上国内外拉祜族居住地区通用“南美”这一地名的现象，应该不是一种偶合，至少可以说明牡缅密缅的“南美”在拉祜族先民的迁徙历史进程中占据重要地位，给拉祜族群体留下了较为深刻的历史记忆。

另外，拉祜族古歌中还详细描述并反复提到的“ ca shi”（汉语音译为“江西”）和“ ca lawl”（汉语音译为“江洛”）的地名。拉祜族创世史诗《牡帕密帕》中讲道：拉祜族先民生活在“诺海察厄波”（意为“蓝色咸水湖”，推断为青海湖）时，就赶“江西兹”集市，且当时的集市上已有线和丝绸等货物。[②] 厄莎在江西兹集市看到赤身裸体赶集的拉祜族先民，就赐给丝织品和粮食籽种，教他们做衣穿种粮吃。拉祜族妇女还仿照“江西兹”长街和岔街的形式做

---

① 苍铭：《民族迁徙与云南地名》，载《中国地名》，1998（1）。

② 政协澜沧拉祜族自治县委员会编：《拉祜族史》，18 ~ 19 页，昆明，云南民族出版社，2003。

成斜开襟长袍。男式衣服也仿照“江西兹”岔街形式做成无领短衣裤。[①] 传说中还说：“碧迪依修”（拉祜族先民的人类始祖）来到了“江西兹”，掏出了两粒金银，一粒用在江西兹集市买东西，另一粒准备在去“江西洛”的路上用。[②] 这一传说表明，拉祜族先民赶的“江洛兹”与“江西兹”之间有很长一段距离。生活在青海湖时期“江西兹”和“江洛兹”的繁华给拉祜族留下了深刻的印象，他们还学会了种桑养蚕、织布缝衣。难怪他们要把“江西”这一地名带到新居住地，并世代传下去。[③] 在后来推断的拉祜族迁徙路线图中青海至云南一带也有不少以“江西”命名的地方。今青海湖南岸有“江西沟”；今青海省玉树藏族自治州（简称“玉树州”）、四川省盐边县境内、云南省双江县勐库乡和江城县境内也有“江西”这个地名。今甘肃省东南部西汉水河的东岸有个“江洛镇”。[④] 实际的地名中，青海省的江西沟与甘肃东南的江洛镇的确还隔着较长的距离。

拉祜族传说中提到“蜂子岩”的地名，岩石上有很多的蜂窝。今四川省凉山彝族自治州（简称“凉山州”）西昌市境内山河多岩蜂，名为“蜂子岩”的村寨就有两个：一个是阿戛倮古村的蜂子岩，另一个是也车村南山蜂子岩，都因岩上多野蜂窝而得名。

因此，现存的与拉祜族传说相吻合的一些异地同名的地名，也可以作为推测拉祜族迁徙路线的线索依据。

三、依据史料典籍考证拉祜族迁徙历史

拉祜族历史上没有文字，拉祜族的迁徙轨迹只能借助古歌来推断。拉祜族历史上的古地名也需要参考已有的其他民族和地区的史料典籍来考证。顾颉刚先生考证徐和淮夷的流动[⑤]、徐中舒先生考证夏商[⑥]与商周[⑦]之际民族的迁徙问题，均依据不同时期的相同地名，并参照文献和考古学资料及民族学材料，进

① 《拉祜族简史》编写组：《拉祜族简史》，116页，北京，民族出版社，2008。
② 政协澜沧拉祜族自治县委员会编：《拉祜族史》，18页，昆明，云南民族出版社，2003。
③ 政协澜沧拉祜族自治县委员会编：《拉祜族史》，20页，昆明，云南民族出版社，2003。
④ 张蓉兰：《从古歌谣中的地名探溯拉祜族先民迁徙路线》，载《民族语文》，1994（4）。
⑤ 顾颉刚：《徐和淮夷的迁留》，见《文史》（第三十二辑），2页，北京，中华书局，1990。
⑥ 徐中舒：《夏史初曙》，载《中国史研究》，1979（3）。
⑦ 徐中舒：《西周史论述（下）》，载《四川大学学报》，1979（4）。

行互证，自觉将钱穆先生所积极倡导的地名迁徙原则运用到古史地研究中。这种依靠史料典籍来考证民族迁徙历史的做法对探讨拉祜族的迁徙历史具有重要的借鉴价值。

(一)“milnitoqhod”地名的考证

拉祜族古歌中提到拉祜族先民起先生活在 milnitoqhod，汉语音译为“密尼都库”[①]，意为红土或黄土高原。

依据史料《青海省地方民族史研究集刊》记载：“河湟地区是古羌人的故乡，有古羌人生活的良好条件……有狩猎采集的丰富资源，还有人类生活不可缺少的资源。”这里首次说明拉祜族可能属于古羌人种群中的河湟羌或武都羌的一部分。《先秦民族史》记载：在殷墟甲骨卜辞中，有关羌的记载很多，并与商朝发生了频繁的战争关系。这表明羌人在商朝时就已形成了具有相当规模的人们共同体，广泛地居住在陕西及其以西以南地区。周朝称氐羌族群为戎，为西戎。战国以后，羌这个称呼就出现了……[②]这段史料提供了拉祜族先民分布地区的重要依据，“陕西及其以西以南地区”就是以甘肃省武都为中心的“武都羌”与青海河湟地区的“河湟羌”所生活的地方，也印证了传说中的拉祜族先民赶 ca shi zi，汉语音译为“江西兹”（今青海湖南岸江西沟）和 ca lawl zi，汉语音译为“江洛兹”（今甘肃省东南部武都县的东北江洛镇）的生活情景。据此可以初步确定拉祜族先民最早属于“武都羌”，进入青海东部后又成为“河湟羌”的一部分。

(二)“thawd lal qhaw”地名的考证

拉祜语地名 thawd lal qhaw，汉语音译为“妥腊科”，汉语名为托勒山[③]。thawd lal 在拉祜语中的意思为“兔子”，qhaw 在拉祜语中指的是“山”。因此，thawd lal qhaw 意思是“兔子山”。《青海省海北藏族自治州概况》山川条目中有关托勒山的记载：“托勒山又名托莱山，托来山，意为多兔的山，位于海北

① 拉祜族迁徙史中的“密尼都库”，指河湟地区，在今青海省东北部，西倚青藏高原，介于黄土高原和青藏高原之间的地带。

② 政协澜沧拉祜族自治县委员会编：《拉祜族史》，15 页，昆明，云南民族出版社，2003。

③ 托勒山：也叫托来山，“托来”蒙古语意为“兔子”，因野兔多而得名。现位于青海北部祁连山脉中段支脉，西北起于昌马盆地东缘，东南至门源盆地西端大梁，平均海拔 4500 米，最高峰 5159 米。该山为黑河与大通河、托来河（北大河）的分水岭。

藏族自治州境内，是祁连山的主要山脉……这里有鹿、熊、野牛等各种珍奇异兽……”① 这一段说明了拉祜族先民生活的 thawd lal qhaw “妥腊科”的位置所在。

(三)“nawq hie chad xeul po”地名的考证

拉祜语地名 nawq hie chad xeul po，汉语音译为“诺海察厄波”，意思是“蓝色的大咸水湖”，推测是指今天的青海湖②。拉祜语 nawq 指“青色、蓝色”；hie 的意思是“身体硬朗，吃了盐有力气”；chad 的意思是“盐”；xeul po 在拉祜语中指的是“大湖”。拉祜族传说中的“诺海察厄波”，也简称“诺海厄波”，拉祜族认为是太阳月亮洗澡的地方。《山海经 · 大荒西经》记载：“大荒之中，有山名日月山，天枢也。吴姖天门，日月所入。”③ 日月山就是青海湖东边的天然水坝。这些史料再一次佐证了拉祜族先民将青海湖说成是“诺海察厄波”，意为“太阳月亮的洗澡池”是有一定道理的。

(四)“ca shi ca lawl”地名的考证

拉祜语地名 ca shi ca lawl，汉语音译为“江西江洛”。地名 ca shi，汉语名为“江西”，今地名为江西沟④。《青海省地名录》中有载:“江西为古地名，古羌人居住地，位于青海湖南岸，隶属青海省海南藏族自治州（简称‘海南州’）共和县江西沟乡，这里是古丝绸南路主干道。”这与拉祜族是古羌人的后裔及拉祜族传说中的“江西兹”江西街上摆满了丝绸和丝线的集市状况相吻合。⑤ ca lawl，汉语名为“江洛”，今甘肃省陇南市徽县江洛镇⑥。今青海省的江西沟乡距离甘肃省的江洛镇约 800 公里，与拉祜族传说中的 ca shi（江西）与 ca lawl（江洛）有一段距离，也有一定的吻合。

---

① 政协澜沧拉祜族自治县委员会编:《拉祜族史》，16 页，昆明，云南民族出版社，2003。

② 青海湖：藏族称之为“措温布”，藏语意思是“青色的海”，位于青海省西北部的青海湖盆地内，既是中国最大的内陆湖泊，也是中国最大的咸水湖。由祁连山的大通山、日月山与青海南山之间的断层陷落形成。

③ （西汉）刘向、刘歆编著，任思源主编:《山海经》，255 页，北京，中国华侨出版社，2013。

④ 江西沟：在今青海省海南藏族自治州共和县的江西沟乡境内，位于 109 国道旁，距离青海湖约 20 公里。

⑤ 政协澜沧拉祜族自治县委员会编:《拉祜族史》，19 页，昆明，云南民族出版社，2003。

⑥ 江洛镇：在今甘肃省陇南市徽县境内，距徽县县城 42 公里。

（五）“peol ki-nar ki”地名的考证

拉祜语地名 peol ki-nar ki，汉语音译为“北极南极”（又写为“北氏南氏”“北基南基”），均为古地名。其中 peol ki，汉语名为“北极[①]”，nar ki 汉语名为“南极[②]”。传说中北氏、南氏是“天的肚脐，地的肚脐”。《青海省地方民族志》有记载：“北极”为古羌人居住地，现名为“茫崖”，是柴达木盆地中的一个小盆地。茫崖，即古书中记载的尕斯。历史上蒙古族称其为尕斯、噶斯。尕斯，蒙古语中的意思是“味之苦者”。清人纪昀等编著的《河源纪略》中记载“蒙古语噶斯地名，即以为池名也”。据李文实先生考证，尕斯的大体方位就在今天新疆维吾尔自治区和青海省交界处的阿尔金山的支脉阿卡腾能山和祁漫塔格山之间。拉祜族传说中提到 nar ci lawl dar to mil，汉语音译为“南极洛达多弥”，意思是“山清水秀的南极多弥国”。拉祜族传说中的“南极”与“多弥”相联系。《新唐书・西域传》记载有苏毗“在诸部最大。东与多弥接，西距鹘莽峡，户三万”。该史料说明多弥与苏毗接壤，在其东边。《敦煌本吐蕃历史文书》中记载，“苏毗主要分布在雅鲁藏布江以北，南与雅隆悉补野部隔江相望，东北毗邻今青海玉树，西极阿里南部。活动的中心地域在今日喀则和拉萨一带。”[③]《新唐书》卷二二一《西域传下》中有关“多弥国”的记载：“多弥，亦西羌族，役属吐蕃，号难磨，滨犁牛河，土多黄金。贞观六年遣使朝贡，赠遣之。”这里指出了多弥为西羌，与白兰、党项、苏毗等羌同源，居于“滨犁牛河”即今青海省金沙江上游通天河一带，大致在苏毗之东北。《新唐书》卷四十《地理志》中有记载：“……又渡西月河，二百一十里至多弥国西界。又经牦牛河度藤桥，百里至列驿。”这里的西月河即今青海省雅砻江上游之札曲，牦牛河即金沙江上游之通天河。此与上引《新唐书》中所说的多弥“滨犁牛河”的记载完全一致。从上引汉文史籍，仅知多弥原为西羌，居地在今青海通天河一带。澜沧县曾派调查组前往青海一带搜集线索，调查者查阅格尔木市的古地图，发现“南极”在青海省玉树州内通天河的源头。[④]

① 北极：现名茫崖，今为青海省海西蒙古族藏族自治州茫崖市茫崖镇。

② 南极：在今青海省格尔木市，为青海省玉树藏族自治州内通天河的源头。

③ 政协澜沧拉祜族自治县委员会编：《拉祜族史》，25 页，昆明，云南民族出版社，2003。

④ 政协澜沧拉祜族自治县委员会编：《拉祜族史》，24 页，昆明，云南民族出版社，2003。

（六）“qhaw ma sif haw ci，lawl ma sif lawl cie”地名的考证

拉祜语地名 qhaw ma sif haw ci，lawl ma sif lawl cie，汉语音译为“科玛斯科阶，洛玛斯洛阶”，意为“七山七水”。很多羌族后裔民族的史诗中都提到“七山七水”的地名。据华坪县《傈僳族志》中指出，七水指金沙江、雅砻江、乌木河、盐井河、盐边河、把干河、安宁河。拉祜族先民离开青海进入江西要先翻过雀儿山、大雪山、海子山、贡嘎山、锦屏山等大山。七山七水汇合处为西昌、盐源、盐边、木里一带地区。另外，拉祜族等少数民族有用“三、七、九”作概数的习惯，这里的“七山七水”不一定就指七座山、七条河。

（七）“phu lawf shi lawf”地名的考证

拉祜族传说中的地名 phu lawf shi lawf，汉语音译为“普洛西洛”，意思是“白色的河，金色的河”，指今“金沙江”[①] 和“雅砻江”[②]。拉祜语中 phu lawf，汉语音译为“普洛”，意为“白色、银色的河”；shi lawf，汉语音译为“西洛”，意为“金色、有金子的河”。据《攀枝花市民族考古》与《盐边县地名志》等书记载：汉唐时期，盐源与盐边同为一个县，古称昆明，县境内有两条大河：一是金沙江，古称“大银江”“白水江”；另一条是雅砻江，古称“金河”，以产金沙而得名。[③] 盐边县在四川省的西南部，隶属攀枝花市。由此可推断，拉祜族先民有可能从青海、甘肃一带迁入四川的西南部，并在金沙江和雅砻江流经的地带生活过。

（八）“nul gu”地名的考证

拉祜族传说中的地名 nul gu，汉语音译为“砮沽”，在七山七水的汇合处，指今泸沽[④]。《华阳国志·蜀志》载：“台登城外有砮石山，山有砮石，火烧成铁，刚利。”《冕宁县地方志》有：“古台登城在今泸沽，谓语洪水湖畔，富有铁矿，砮石山为今大顶山。”今天的泸沽镇的大顶山富含铁矿，传说在山岩烧

① 金沙江：又名绳水、淹水、泸水，因江中沙土呈黄色而得名。金沙江位于中国长江的上游，是川藏界河。

② 雅砻江：又名若水、打冲江、小金沙江，藏语称尼雅曲，意为多鱼之水。雅砻江是金沙江的最大支流。

③ 政协澜沧拉祜族自治县委员会编：《拉祜族史》，31 页，昆明，云南民族出版社，2003。

④ 泸沽：位于今四川省凉山彝族自治州冕宁县南部泸沽镇，富含铁矿，有铁矿山、大顶山等铁矿山。

蜂窝时流出的血水冷却后，再用火烧，经过捶打就打出了狩猎工具，于是取这座山名“碧石山”的“碧”加拉祜语 sho gu（铁矿）的 gu，组成“碧沽”。今天冕宁县的“泸沽”富含铁矿，与拉祜族的历史记忆相吻合。据《蛮书》卷四载：“栗粟两性蛮、雷蛮、梦蛮皆在茫（邛）部，台登城（今四川省冕宁一带），东西散居。”这说明傈僳族当时也居住在这一带，依据傈僳族对该地区的历史记忆来印证拉祜族的历史传说有一定的可靠性。

（九）“nawq loq xeul ta”地名的考证

拉祜族传说中提到的地名 nawq loq xeul ta，汉语音译为“诺娄厄搭”，意为“诺娄大渡口”，今写作“糯弄大渡口[①]”，为今四川与云南两省交界处攀枝花市大渡口。据清道光《楚雄府志》津渡载：“入滇之路三。蜀最古，大姚其要津矣……金沙江按县属沿江地界，自白水江（金沙江盐边、盐源段）入县境丙海渡……丙南道渡至糯弄大渡口七十里，糯弄至小鲊石渡二十里，至大旧街一百二十里……”[②] 在《盐源县志》《盐边乡土志》《大姚县志》《会理县志》等地方志中，均有地名“糯弄”。糯弄地区的平坝，叫“糯弄坪”，后期改为“弄弄坪”；里面的沟叫“糯弄沟”，大渡口叫“糯弄渡”。[③] 拉祜语 nawq loq（汉语音译为“诺娄”）应该就是对“糯弄”的音译。可见，糯弄大渡口是拉祜族先民入滇的途径之一。

（十）“nawq loq nawq shieq xeul”地名的考证

拉祜语传说中的地名 nawq loq nawq shieq xeul，汉语音译为“诺娄诺谢厄”，意为“蓝色水的大湖”[④]。据《汉书·武帝纪》载：“越昆明国有滇池，方圆三百里。”《史记·西南夷列传》载：“昆明，嶲州县，盖南接昆明之地，因名焉。”《中国西南的古代民族》载：“定筰县（今四川省盐源县）乃筰（叟）、摩沙、昆明族人的共同杂居区。”关于拉祜族的明确史料记载，始见于《新唐书·南蛮传下》称在戎州西南边鄙，“北又有浪稽蛮、罗哥谷蛮。东有婆狄蛮、

① 糯弄大渡口：在今四川省攀枝花市东区的弄弄坪。

② 政协澜沧拉祜族自治县委员会编：《拉祜族史》，35 页，昆明，云南民族出版社，2003。

③ 潘普洲、袁晖：《话说弄弄坪》，载《攀枝花日报》，2020-08-14。

④ 蓝色水的大湖：指滇池，亦称昆明湖、昆明池。在今云南省昆明市西南，总面积 330 平方公里，为云南省最大的淡水湖。

乌皮蛮。南有离东蛮、锅锉蛮。西有磨些蛮，与南诏、越析相姻娅”[①]。“锅锉蛮”即拉祜族，这是古代拉祜族民族他称第一次出现在官修史书上。《拉祜族简史》有“最迟到战国时代，拉祜族先民就已迁入云南，他们与其他彝语支族体结成具有共同文化特点的族属集团，即汉代时所说的昆明人”[②]的相关论述。依据这些史料说明在七山七水处形成的拉祜族兄妹两大部落应生活在昆明地区。据说，拉祜族是经盐源县、木里县，再经今川滇交界处的“泸沽湖”进入云南宁蒗县的。结合以上史料，推断这个蓝色大湖应为“泸沽湖”。

（十一）“mo sho xeul po”地名的考证

拉祜语传说中的古地名 mo sho xeul po，汉语音译为“摩梭厄波”，后拉祜语改称“ mie zhid xeul po”，汉语音译为“密兹厄波”，汉字均写作“洗麻塘[③]”。对于洗麻塘的地点，说法不一。《西昌地名志》有两个洗麻塘的地名：一个是民胜乡麻塘村，另一个是民胜乡麻塘，都以有水塘、古时浸泡大麻之地而得名。这可说明，拉祜族先民与其他民族在此生活并从事过洗麻活动。《中国民族史人物词典》中有关娜玛的词条，“娜玛是传说中的古代拉祜族女头人，相传拉祜族的一部分原居于云南大理洗麻塘，自种火麻，自织麻布。洗麻塘就是沤麻、洗麻之所。”[④]据拉祜族传说，拉祜族先民由“八卡南卡”迁至大理时，曾向大理王进贡过鹅，但因路途遥远到时只剩一根鹅毛，大理王很感动，与拉祜族情同手足地相处，并赐给拉祜族先民一个洗麻塘。这也符合唐代中期拉祜族隶属于南诏统治之下的历史事实。因此，拉祜族传说中的洗麻塘的地名应该在大理境内。据南美乡拉祜族《根古》传唱人罗成和（拉祜语名为“扎多吉”）讲，现今流传在临沧南美乡拉祜族的迁徙史诗中传唱的“洗麻塘”实为大理崇圣寺三塔下的那个水塘，三塔的倒影正好映在水塘中，现在水塘边还有一个当年拉祜族先民用来槌洗麻皮的大石板。[⑤]拉祜族先民还经常去“ shayie zi”，汉语音译为“三月兹”，就是今天大理的三月街。这些至少说明拉祜族先民在大理生活过并且在迁徙过程中留下了深刻印象。

---

① （宋）欧阳修等纂修：《新唐书·西南蛮传》，6324 页，北京，中华书局，1975。

② 《拉祜族简史》编写组：《拉祜族简史》，12 页，北京，民族出版社，2008。

③ 洗麻塘：具体地点说法不一，但都认同是在大理。

④ 高文德主编：《中国民族史人物辞典》，427 页，北京，中国社会科学出版社，2015。

⑤ 根据 2011 年 12 月 25 日在南美村委员办公室访谈罗成和的录音整理而成。

（十二）“ khat pheud khat le awl law”地名的考证

拉祜族传说中的地名 khat pheud khat le awl law，汉语音译为“卡迫卡勒事件”，意为“弩销、梭头事件”或“弓弩之战”。《拉祜族简史》中提到，拉祜族刚迁到大理时，与大理王关系好。后来因分配猎物与大理王发生冲突，大理王用口弦从拉祜族妇女手中换走了弩弓的扳机。待战斗再起，拉祜族的弩箭因没有扳机无法发射，于是为大理王军队所败。[①] 该事件发生的具体地名在记载拉祜先民与大理国的关系的汉文史料中尚未发现。根据史料，937 年，白族段思平曾以赦免徭役为条件，联合东部乌蛮三十七部推翻“大义宁国”，建立“大理国”。971 年，段氏与乌蛮三十七部建立“务存长久”[②] 的特殊关系。至大理末年，段氏与乌蛮三十七部关系破裂。在战争中，三十七部为段氏所败。据这段史料，可推测弓弩之战的发生地可能在大理一带。

（十三）“mud mied mil mied”地名的考证

拉祜族传说中的地名 mud mied mil mied，汉语音译为“牡缅密缅[③]”，意为“拉祜族的天和地”，为今临沧城。

传说拉祜族先民因追马鹿而发现了“牡缅密缅”。彭桂萼所著《西南边城缅宁》一书载：“根据勐缅土官遗存印谱序所载，最初开辟缅宁（今临沧城）土地的为倮目步倒募，继续前来开发者为孟连派蛮、派闷兄弟。宋时段氏继建大理国，缅宁属永昌郡，为濮蛮孟佑地。元世祖平大理，置中书省，缅宁属大理路。就在元末明初的这一段时期当中（实际的年代不可考），拉祜族步倒募因游猎东来，始开蛮乃村，继展至中东诸部。旋有派蛮、派闷弟兄由南北来，住缅翁，与步倒募亲善，开圈腊（今临沧市临翔区忙畔街道的青华村）。明宣德年间，由步、派联合向勐卯安抚司求管理，乃委刀判三为勐缅土目；刀死，复派委奉宪管理后寨一带。宪死，土民景尚、景沙的后人联络缅翁土民变乱，经派、步二氏后裔调练戡平，迎立大侯（今临沧市临翔区云县）土官三子奉开基继任土目，约当明成化年间，缅宁乃渐由部落制度而进入正式土司统治时期。这一段有关开辟临沧坝子的史料乍看似乎不大精确，但至少可以明确的

① 《拉祜族简史》编写组：《拉祜族简史》，21 页，北京，民族出版社，2008。

② 《大理国三十七部会盟碑》，见汪宁生编《云南考古》，167 页，昆明，云南人民出版社，1980。

③ 牡缅密缅：今临沧市城区，位于云南省的西南部，因濒临澜沧江而得名。

是缅宁的俸氏、派氏族谱均载有开辟缅宁土地者为倮黑（拉祜族）布氏。邑中同治贡生邱灏遗有记述勐缅开辟情形的长诗一首，虽然更近于神话，但可作勐缅土官族谱的一个有力旁证，其诗如下：‘我缅开创何年始？野人猎鹿来到此；鹿角束缠九尺茅，一树七巢鹊栖止……’”[①]《中国民族史人物辞典》中的词条《娜玛》也载，“娜玛是拉祜族的女头人。一次，她命九名男人去撵山打猎，射中一头马鹿，追至临沧，见其地小红米长得很好。遂率众南迁至云南南部临沧等地，主要以狩猎为生。”[②]

以上记述说明了拉祜族先民至少在六百多年以前就不断游猎迁徙，发现并开发了牡缅密缅。其中“我缅开创何年始？野人猎鹿来到此；鹿角束缠九尺茅，一树七巢鹊栖止”的记载与流传在临沧地区的拉祜族迁徙文化的口承内容相吻合。之后，猛卯（今瑞丽市）的统治者派傣族土司对临沧坝进行管理统治。在牡缅密缅坝子，拉祜族从游猎采集为主农耕为辅的生产方式逐步转变为农耕为主游猎采集为辅的生产方式，并长期定居下来，人口也快速增长，拉祜族得以繁荣发展。

《拉祜族民间诗歌集成》里收集的《根古》有关于拉祜族先民在临沧坝的生产生活情况的描写，如“灵草是牡缅坝子的草，黑土是密缅坝子的土。牡缅的天如锅底，密缅坝子如掌平。枝头千鸟鸣啾啾，林中野兽闹嚷嚷。牡缅坝子里，拉祜人家多自由。密缅坝子里，拉祜人家多快乐……从此在牡缅坝子，拉祜人撵山打猎。在密缅坝子里，开始了农耕生产。分出水田和旱地，分出糯谷和饭谷，谷穗长似芦苇花，谷米白似牛尾花……牡缅是拉祜的天，密缅是拉祜的地。要在这里过生活，兄妹盖房建寨。小小房子五架梁，栗树柱子松树梁。九把青草竹上铺，房子建成小掌楼。三十三对夫妻，盖三十三间房。三十三间盖一山，三十三家做一寨。”[③]拉祜族在临沧坝子生活的时间比较长，对其历史影响也较深远，从临翔区（原临沧县）拉祜族居住分布状况即七乡一镇二街道都有拉祜族的小聚居得到侧面佐证。再者，历史上，临沧坝子曾被称“勐缅”“缅宁”，傣语中“勐”有“坝子”的意思，“缅”是临沧傣族对拉祜族的称呼，“勐缅”意指“拉祜族坝子”。从临沧城历史上的地名可以说明拉祜族是最早发现并开发牡缅密缅的世居民族。

① 彭桂萼：《西南边城缅宁》，见《彭桂萼诗文选集》，208—209页，芒市，德宏民族出版社，1998。

② 高文德主编：《中国民族史人物辞典》，427页，北京，中国社会科学出版社，2015。

③ 澜沧拉祜族自治县文化局编：《拉祜族民间诗歌集成》，136—140页，昆明，云南民族出版社，1989。

（十四）拉祜族“兄妹分手”地点的考证

拉祜族迁徙史诗《根古》和创世史诗《牡帕密帕》中都有兄妹分离的情节，民间流传最多的分手地点是 mudmiedmilmied，即“牡缅密缅”，意为被火烧出的天地，也指拉祜人的天地。

流传于澜沧、双江、孟连的《根古》中“兄妹分手”的情节为：“在牡缅坝子里，居住了很多年。在密缅坝子里，人口增加了很多很多。就像树丫枝一样，分成两个大部落。哥哥的部落，住在牡缅的坝头。妹妹的部落，住在牡缅的坝尾……哥哥的部落，打得一只豪猪。妹妹的部落，猎得一只马鹿。豪猪肉分一半，送到妹妹的家里。马鹿肉分一半，送到哥哥的家里。哥哥见肉心中喜，夸奖妹妹有本事。妹妹见肉心中惊，哥哥分肉不平均。马鹿毛只有脚毛粗，身子都有这么大。豪猪毛有筷子粗，身子一定比牛大。妹妹带领着部落，要离开牡缅密缅。哥哥跑来劝妹妹，妹妹根本不听劝。……妹妹走了三个月，来到南本八卡山。打得一只豪猪，才知错怪了哥哥。哥哥妹妹又团聚，打猎生产在一起。牡缅坝子天更蓝，密缅坝子地更平。”[①] 结合在临沧市临翔区所调查的民间传说，也可以推断牡缅密缅很可能就是拉祜族历史上的兄妹分手事件的发生地。

以上拉祜族古歌及传说中迁徙地名的考证，通过其他文献资料的相互佐证并结合已有的相关研究成果[②]，有助于我们初步推断并勾勒出拉祜族东、西两路迁徙的基本路线，对探讨拉祜族的族源、民族历史及与其他民族的关系也具有重要的意义。

第四节　拉祜族历史迁徙的大致路线

拉祜族先民属于古代羌人族系。拉祜族先民最先生活在今甘南藏族自治州一带的江洛与武都之间，是“武都羌”的一部分。后来逐渐迁徙到甘肃、青海两

① 澜沧拉祜族自治县文化局编：《拉祜族民间诗歌集成》，140—144 页，昆明，云南民族出版社，1989。

② 张蓉兰：《从古歌谣中的地名探溯拉祜族先民迁徙路线》，载《民族语文》，1994（4）；政协澜沧拉祜族自治县委员会编：《拉祜族史》，9—42 页，昆明，云南民族出版社，2003；杨云燕：《临沧南美拉祜族古歌》，1—22 页，昆明，云南民族出版社，2018。

省交界的河湟地区，并在青海湖畔、祁连山一带的“托勒山”狩猎，成为“河湟羌”的一部分。在新石器时代晚期，古羌人中的开拓者由甘肃、青海一带经四川省西部进入云南西北部。公元前4世纪初，大批古羌人迁离故地。部分在首领卭的率领下大举南迁，“其后子孙分别各自为种，任随所之”①。

一、拉祜族历史迁徙路线

拉祜族历史传说称自己的民族发祥地为“北氐南氐”，那里没有森林，没有灌木丛，大地茫茫一片，地上只长着矮小纤细的“色布草”。这可能是拉祜族先民对故土青藏高原的依稀记忆。先秦王朝发动与古羌人的战争后，包括拉祜族先民在内的古羌人被迫向西向南迁徙，进入柴达木盆地的“茫崖镇”。他们继续越过昆仑山，来到金沙江上游通天河的源头叫“南极”的地方（即今青海玉树藏族自治州的“谷底”）。南部的吐蕃势力强大后，古羌人受其入侵，包括拉祜族先民在内的古羌人被迫经通天河、雅砻江，顺澜沧江继续南下。该过程被拉祜族先民描述为七山七水。这期间，古羌人沿着金沙江南下，一部分留在四川，一部分进入滇西北高原；一部分沿着雅砻江南下，进入四川西北部，最终一部分从盐边、盐源，经过糯弄大渡口分别进入云南的中部和东北部；一部分沿澜沧江南下，经西藏进入云南的德钦、维西后继续沿澜沧江南下。最迟到战国时代，拉祜族先民就已迁入云南。②《史记·西南夷列传》提到“西自同师以东，北至楪榆，名为嶲、昆明，皆编发，随畜迁徙，勿常处，勿君长，地方可数千里”③。

有的学者依据语言及青铜研究推断现有的拉祜族和彝族当同属昆明人的后裔。《后汉书·西南夷列传》载：建武十八年，“姑复、楪榆、弄栋、连然、滇池、建伶、昆明诸种反叛”。④“昆明诸种”点明了昆明人内部出现了不同的分支。清《云南通志》《伯麟图说》《楚雄府志》《他郎厅志》《宁洱县采访》均有倮的载录。《西南彝志》卷五称武氏侯曾多次与骁勇善战的“赫”人作战。这里的“赫”当即是“倮”，是彝族对拉祜族的称呼。可推断，这期间拉祜族已

① （南朝宋）范晔撰，李贤等注：《后汉书·西羌传》，2876页，北京，中华书局，1965。

② 《拉祜族简史》编写组：《拉祜族简史》，12页，北京，民族出版社，2008。

③ （西汉）司马迁：《史记·西南夷列传》，830页，长沙，岳麓书社，1995。

④ （南朝宋）范晔撰，罗文军编：《后汉书·南蛮西南夷列传》，662页，西安，太白文艺出版社，2006。

进入滇中和滇东。《新唐书·南蛮下》称在戎州（今四川省宜宾市）西南边鄙，“南有离东蛮、锅锉蛮”。据此，“锅锉”即拉祜族当分布在蜀汉所置的云南郡。现有拉祜纳支系自称“哥槎”，与“锅锉”相似。《新唐书》所述“锅锉蛮”分布的地域亦完全符合古代拉祜族分布的地域。雍正《云南通志》卷二十四载：“喇乌、临安、景东有之。”这是已知的最早关于拉祜族名的记载。《蛮书》卷四载：“栗粟两姓蛮、雷蛮、梦蛮皆在茫部、台登城东西散居。”可见，最迟到唐代，拉祜族和傈僳族均从昆明人族群中分离出来，成为单一民族。古代拉祜族在南下迁徙途中，曾与傈僳族一起分布于今四川省盐源、会理和云南省永胜、华坪县一带。至迟到春秋战国时期，拉祜族迁入云南中部，从此与傈僳族各自分迁异地。[①]《爨龙颜碑》载：“岁在壬申（为刘宋元嘉九年，即公元432年），百六遘亹，州土扰乱，东西二境，凶竖狼暴，缅戎寇场。”“东西二境，凶竖狼暴”当指拉祜族部落首领从西部进攻爨氏。[②]“赵广寇益州，陷没郡县”[③]，从东部进攻爨氏。“缅”是拉祜族的彝语他称。[④]拉祜族部落首领战败后，隋开皇十七年（597年），史万岁率兵由今大姚入境，经姚安、祥云、弥渡攻打西爨。这四个县境是当时拉祜族的主要分布地区。唐初，朝廷对云南各族采取“授其豪帅为牧宰”[⑤]的政策。唐朝廷在拉祜族居住区分别置匡州（今云南省祥云县一带）、髳州（今云南省大姚县一带）、裒州（今云南省姚安县北）、徽州（今姚安北）、姚州（今姚安）等羁縻州。这些大小不一的羁縻州的山区，可能就是拉祜族和彝族等分布的范围。[⑥]

根据以上内容，初步推断拉祜族历史上的迁徙分为东、西两大分支，形成两条主要的迁徙路线。拉祜西的迁徙路线：进入云南后，拉祜族先民在内的古羌人沿金沙江南下后，经由迪庆高原进入滇西北，经过丽江进入大理，至洱源、剑川一带。此后，他们又沿巍山、南涧进入哀牢山区和无量山区。后又逐渐向景东、镇沅、新平、墨江、思茅、普洱、江城、勐腊等地迁徙。后来一部分进入镇沅、耿马、绿春、金平等地的拉祜族，被认定为拉祜族支系“苦聪人”。拉祜纳的迁徙路线：进入云南以后，拉祜族先民在内的古羌人后裔沿澜

① 《拉祜族简史》编写组：《拉祜族简史》，12页，北京，民族出版社，2008。
② 《拉祜族简史》编写组：《拉祜族简史》，20页，北京，民族出版社，2008。。
③ （南朝梁）沈约撰：《宋书·文帝纪》，81页，北京，中华书局，1974。
④ 《拉祜族简史》编写组：《拉祜族简史》，20页，北京，民族出版社，2008。
⑤ （后晋）刘昫等撰：《旧唐书·韦仁寿传》，4782页，北京，中华书局，1975。
⑥ 《拉祜族简史》编写组：《拉祜族简史》，21页，北京，民族出版社，2008。

沧江的西岸南下，经凤庆、云县进入临沧坝子。此后，拉祜纳又分为三部分：一部分进入临沧坝子周边的明子山、邦东、马台、博尚、圈内、那招、章驮、南美、双江等地；一部分继续南迁到澜沧、西盟、孟连，后有些迁入缅甸；一部分从澜沧进入勐海、景洪、勐腊，后有些迁入老挝、泰国等东南亚国家。

二、南美乡拉祜族迁徙路线

根据临沧市南美乡拉祜族迁徙史诗《根古》中涉及的地名，可整理出的迁徙路线为：青海湖→昆明滇池西畔→大理的洗麻塘（即崇圣寺三塔边的大水塘）→红岩坡（今大理州红岩镇红岩城，古称“白崖”与弥渡同属古代“白子国”的中心地域）→弥址（今大理州弥渡县弥址）→云县忙怀→云县爱华镇德胜村莲花塘→临翔区忙畔街道大青树→临翔区忙畔街道蛮乃→临翔区凤翔街道圈掌街的菜园坝→临翔区凤翔街道红本洼→硝塘（临沧城往南 8 公里处 214 国道旁）→库纽（今博尚镇户有村）→南美毛稗地→南美拉祜族乡坡脚村户肯→南美拉祜族乡南华村平寨。

后来，在南美拉祜族乡南华村的平寨处再次分家，分家后的拉祜族一部分进入南美，开始盖房子种地生产；另一部分从南美的蒌唆坡顺着勐库河一路南下，迁到双江、澜沧，直至境外缅甸、泰国等地。

第五节　拉祜族历史迁徙的模式及主要意义

一、拉祜族历史迁徙的总体模式

拉祜族历史迁徙主要受上述诸多因素的影响，在这些因素的综合作用下，拉祜族的历史迁徙有一定的规律。为了维持生计和族群的生存，只能不停地迁徙。结合拉祜族的迁徙史诗《根古》及创世史诗《牡帕密帕》中的记述，拉祜族先民最先同其他氐羌族群等共同聚居地甘青河湟一带，以游猎采集为主，后受农耕生产文化吸引向中原一带（四川、江西）等迁徙，进入云南西北部、西南部的山区，呈现由人口聚居地向人口稀少地区、由生计方式较落后地区向先进农耕地区、由高纬度寒冷地区向较低纬度气候温暖地区迁徙的总体趋势。拉祜族迁徙史诗中还提到有“七山七水”，参照传说推测“七山七水”可能就是雀儿山、大雪山、海子山、贡嘎山、锦屏山等大山和金沙江、雅砻江、乌木江、盐井河、盐边河、把干河、安宁河。[①] 后期拉祜族主要分布在澜沧江东西两岸地区。由此可以推断，拉祜族、傈僳族等氐羌后裔在历史迁徙过程中有沿着山脉和江河的走向且大多采取连续的扩散式迁徙[②] 的规律。拉祜族就是这样不断翻山趟河、辗转跋涉，逐渐形成现在国内的“大杂居、小聚居”的分布格局。

二、拉祜族历史迁徙的主要意义

纵观拉祜族在国内的迁徙历史，不论是自然因素促使的主动迁徙还是政治运动、战争导致的被动迁徙，从大西北一路向西南迁至云南的西南部，整个过程对拉祜族的社会发展及民族间的交流互动均产生较深远的影响。

（一）促进生计方式转变和经济发展

结合古歌和其他汉文文献，我们了解到，拉祜族先民生活在甘肃、青海一带到迁至四川、江西进入云南的很长的历史时期中，其生计方式均是以游猎采集为主。明清时期，拉祜族主要集中分布在澜沧江东西两岸，社会经济发生变迁逐步向农耕为主、狩猎采集为辅过渡，经济形态呈现明显的原始农业“刀耕火种”的特征，农耕生产工具简陋、生产技术落后、农业生产效率较低。如明代时期，拉祜族向后迁来此地的拥有先进农耕技术的傣族学习开田种水稻。土司制度实施后，国内拉祜族主要在傣族土司的统治下，如临沧周边的拉祜族受傣族土司俸氏管辖统治、澜沧及孟连等地的拉祜族受孟连土司、汉族土司的统治。在此过程中，拉祜族向这些拥有先进生产技术的民族学习并促进本民族的经济发展。中央王朝实行“改土归流”政策以后，拉祜族传统的部落“头人制”的社会组织解体，该地区真正纳入中央统一管理的范畴，受中央集权的流官统治。部分封建地主经济的拉祜族聚居区农业得到发展，还出现了手工业。近代，随着内地商贩、手工业者、逃荒者进入滇西南，他们带来的先进水稻种

① 政协澜沧拉祜族自治县委员会编:《拉祜族史》，30 页，昆明，云南民族出版社，2003。
② 苍铭:《云南民族迁徙文化研究》，132—141 页，昆明，云南民族出版社，1997。

植技术[①]及生产工具，促使大部分拉祜族聚居区的生计方式改变，以定居农耕为主，促进了拉祜族社会经济的发展。随着生产力的提高，拉祜族传统的以母系制为主的“长房”家族形态逐渐瓦解，各个小家族逐渐脱离大家族并逐渐向父系制为主的家族形态转变。

（二）促进民族交往交流交融

受交通条件和历史因素的制约，过去拉祜族基本上处于较封闭的状态。处于高山密林中的拉祜族，长期居无定所、与世隔绝。随着拉祜族的不断迁徙，逐渐进入定居农耕阶段后，与周边民族的接触互动逐渐增多，民族隔绝的状态逐渐被打破。以服饰文化为例，居住在临翔区的南美乡、忙畔乡明子山、博尚镇腾龙村等地的拉祜族属于拉祜族拉祜纳支系，女性穿斜开襟高开衩长袖的宽大长袍、下着宽腿短裤，小腿处缠绑腿，腰间系腰带，劳作时将前后摆塞入腰带中。该服饰符合创世史诗《牡帕密帕》中所描述的拉祜族先民在青海湖一带的“江西兹”生活时的妇女服饰样式特点，较完整地保留了古代南迁羌人传统的服饰[②]。唐末宋初，拉祜族经四川、江西迁入云南并居住在澜沧江两岸的广大地区。定居农耕后的拉祜族与当地原有的其他民族在交往过程中，不断学习、吸收其他民族的生产生活方式，其传统习俗也相应发生一些改变。拉祜族的语言和服饰逐渐形成拉祜纳和拉祜西两大支系的不同特点。随着手工艺人和商贩进入拉祜族聚居区，拉祜纳支系的服饰继续保持原有斜对襟长袍、短裤、绑腿的形制基础上，出现银泡、银坠、银扣、色带等点缀。迁居临沧双江县、澜沧县有些乡镇的拉祜族因与傣族等民族接触较多，这些地方的拉祜女性服饰为无领紧袖开襟短衫，内套白色衬衫，下着筒裙，呈现较为明显的傣族服饰特征。景谷县的拉祜西支系女性服饰也是与当地傣族女性的服饰式样相似。金平县一带的拉祜西支系的服饰与当地哈尼族相似，妇女上衣为对襟短衫，衣襟缀上贝壳和六谷图案，下着花布条纹褶裙；男子服装为对襟上衣和大拼裆裤。[③]镇沅、新平、墨江等地的不少拉祜族改穿当地彝族、哈尼族服装。西双版纳州的勐海、普洱市的澜沧、江城、孟连、景谷等县的部分拉祜族服饰与附近傣族、布朗族服饰相似。普洱市澜沧县糯福乡拉祜族的织锦技术据说是傣族、布朗族教

① 政企协澜沧拉祜族自治县委员会编：《拉祜族史》，145页，昆明，云南民族出版社，2003。

② 《拉祜族简史》编写组：《拉祜族简史》，66页，昆明，云南人民出版社，1986。

③ 《拉祜族简史》编写组：《拉祜族简史》，119页，昆明，云南人民出版社，1986。

给的。[①]后期，拉祜族呈现改穿汉族服装（临沧南美乡老年妇女日常生活中仍然穿民族服装）趋势，民族服装仅在民族节日或其他重要场合才穿。单从拉祜族服饰文化变迁的视角，我们就可以看出迁徙和流动促进了拉祜族及其他民族间的交往[②]，使各民族突破原有民族特定地域、特定习俗的局限，加速了文化认同，为最终形成中华民族共同体创造了基础和前提。

基于以上分析，拉祜族的历史迁徙受该民族所处的社会历史背景、生态环境、民族习俗等多种因素的影响，并在不同时期呈现不同的特点。如早期的甘青高原时期、北极南极时期、密尼都库时期和诺海察厄波时期（约公元前16世纪—公元前256年），拉祜族先民在内的古羌人的南迁，主要是受环境因素的制约导致生存条件的恶化而积极主动、自觉采取的迁徙；而在北极南极时期、阿沃阿郭都时期、入滇时期（约公元前256年—公元850年），拉祜族的迁徙主要是受统治者压迫或因战败丧失了原有的生存之地而被迫迁徙；后期出现传说中的“兄妹两个部落分手”以及形成现在的分布格局既有拉祜族社会形态转化即由母系社会向父系社会形态转化的历史原因，也不可否认有拉祜族传统习俗的因素影响。因此，单一因素只能促使拉祜族在短时间、小范围的迁徙，但大范围、长时间的迁徙需要多角度的探究才能得出较为合理的诠释。拉祜族的迁徙和流动，客观上促进了拉祜族与其他民族的交往。新时期，探讨拉祜族历史迁徙的因素，揭示其迁徙和流动的原因和演变有助于分析民族间的交往交流交融，推动铸牢中华民族共同体意识的相关研究。

① 王正华：《拉祜族服饰文化概述》，载《云南民族学院学报》（哲学社会科学版），1995（1）。

② 张玉林：《论历史上民族迁徙主要原因及社会作用》，载《贵州民族研究》，2009（4）。

第二章 临沧南美乡拉祜族概况

拉祜族是云南省特有的世居少数民族之一，据 2020 年全国第七次人口普查数据显示，拉祜族现有人口 499 167 人[1]，主要集中分布于云南省境内的澜沧江西岸，北起临沧、耿马，南至澜沧、孟连等县，其余分布在澜沧江以东的景东、镇沅、景谷、思茅、普洱、元江、墨江、江城等县，以及西双版纳傣族自治州（简称“西双版纳州”）和红河哈尼族彝族自治州（简称“红河州”）等地，同汉、傣、彝、哈尼、布朗、佤等民族交错聚居或杂居。在我国其他省、市、区也有少量分布。另外，缅甸、泰国、越南、老挝等国家也分布有一定数量的拉祜族。

拉祜族分为拉祜纳、拉祜西、拉祜普三大支系。拉祜语属于汉藏语系藏缅

① 国家统计局编：《中国统计年鉴（2021）》，http://www.stats.gov.cn/sj/ndsj/2021/indexch.html。

语族彝语支，有拉祜纳和拉祜西两大方言。拉祜族历史上没有文字，20世纪后由国家帮助拉祜族创制的拉祜文字，在该地区未能推广使用，只有少数一些教师和干部等会写拉祜文。拉祜族古歌是传承本民族历史、宗教、生产生活习俗、传统文化、哲学和伦理道德等方面的教科书，是解读拉祜族历史必不可少的重要参考依据。

第一节　地理生境

一、地理位置

南美拉祜族乡位于临沧市临翔区西部，距市区48公里，东与博尚镇相连，东北与章驮乡接壤，西与耿马傣族佤族自治县（简称“耿马县”）毗邻，南与双江拉祜族佤族布朗族傣族自治县（简称“双江县”）隔山相望。全乡国土面积为120.85平方公里。境内最高海拔为2835米，最低海拔为1500米，垂直高差为1335米。南美拉祜族乡的行政分界线为：西北以刺通林水库头第一叉水系往西至源头，南部接耿马县界；正北部以刺通林水库水系往东接榨房河；东以菜籽地河至马鹿坑河源头，向南至马鹿坑（牧场），再经河交叉处折向西至（由西向东）第三交叉处，沿水系往南下接狗头坡、石排坡梁子，以梁子中部为界，南部以水流相反方向划分，西接耿马县界。

二、自然环境

南美拉祜族乡西部较大的山脉为西山，主峰海拔2593米。西山山脉与双江县勐库镇北面向东北方向延伸，过南美境内后再延伸入章驮乡。南部较大山脉有仙人山，主峰海拔2725米。北部有大重桩山，主峰海拔2435米。东部有石排坡山，主峰在章驮乡西面，海拔2835米。

南美拉祜族乡境内全长达5公里以上的河流共有6条，以南美河和多依河为主，径流面积56.4平方公里。南美河属澜沧江水系，由巴拉箐河、白石岩河、大坟地河、老几箐河、西山河、铁厂河、白水河、坡脚河组成，是勐库河源头，发源于多依村南面，流经南美村、南华村，经坡脚村再流入双江县勐库镇，最后流入勐勐大河。多依河属怒江水系，是南汀河源头之一，发源于多依村的大重桩山北，流经南美拉祜族乡多依村、章驮乡，向南流入临翔区的南汀河。南美拉祜族乡地下水分布主要为基岩裂隙水的变岩裂隙水，富水性强。全乡有水利工程 245 件，主要沟渠有南美大沟、南美中沟、山神大沟、南华大沟、小坟地沟、坡脚大沟。

三、土壤植被

南美拉祜族乡土壤系千枚岩发育的红壤，分布在水田中的土壤主要以山沙土、木香土为主，分布在旱地中的土壤主要以香面土、瘦红土为主。植被分布呈马鞍形。

四、气候

南美拉祜族乡四季温差小、冬无严寒、夏无酷暑、光照充足；干湿季分明、冬干夏雨、雨量充沛；主体气候显著，天气变化复杂。南美拉祜族乡年平均气温为 14.1℃，月平均较高气温在 18℃—20℃之间、平均较低气温在 8℃—10℃之间。南美拉祜族乡地处高海拔、低纬度，日照时间较长，年日照时数达 2115 小时，且短波辐射强，光质好。雨季雨量充沛，全年干湿季分明，年平均降水量在 1200—1600 毫米，降雨量主要集中在 5—10 月，占全年降雨量 86% 以上。全年霜期一般为 50 天左右，且多有重霜。

五、自然资源

南美拉祜族乡境内自然资源丰富。矿藏方面，已探明的主要矿藏有铁矿、锌矿等，铁矿分布较广，但含量低。它地处怒江山脉向南延伸部分纵谷区，境内气候冷凉多雨，植被繁茂，气候清新，生态资源丰富。野生兽类动物有野猪、猴子、豪猪、刺猬、野猫、野兔、松鼠、竹鼠、蛇、山驴、马鹿、麂子、黑熊、岩羊、穿山甲、果子狸等 10 余种，禽类动物有麻雀、燕子、老鹰、斑鸠、七彩山鸡、白腹锦鸡、画眉、雉鸡、白鹇、麻鸡、野鸡、鹌鹑、竹斑鸡、杜鹃等10余种。水生动物主要有细鳞鱼、红尾巴鱼、杆子鱼、扁头鱼、石花鳅、乌龟、石蚌、螃蟹、田螺等。主要野生植物有“活化石”沙椤、野生古茶以及大树杜鹃、兰花、樟木、楠木、桂花树等20余种珍贵植物；林木有珍贵树种红椿、樟木、楠木、柏木；药用植物有重楼、细辛、钩藤、柴胡、通关散等50余种。

南美拉祜族乡境内常见的林木有楠木（黄心楠）、樟木、红椿、西南桦（桦桃树）、羊蹄甲（白木莲花树）、云南松、木荷（红毛树）、桤木（水冬瓜树）、锥栗、青冈栎、麻栎树、黄栎树、杨梅、桂花树、柏木等。储量及用途最多的是云南松和楠木。灌木以炭薪林（栎木）最多，另有杨梅、杜鹃、董棕等。经济林木有茶、核桃、桃、梨、李、柿、木瓜、橄榄、棕、苹果、樱桃、芭蕉等。竹类有茨竹、实心竹、金竹、香竹、黄竹、紫竹、羊毫竹、甜竹、龙竹等。

南美拉祜族乡森林覆盖率高，深山密林中菌类分布丰富。食用菌有木耳、白参、香菇、香菌、红菌、辣菌、冬菌、奶浆菌、栗窝、九月菇、青头菌、牛肚菌、鸡油菌、八担柴、扫把菌、松毛菌、鸡枞等；非食用菌类品种较多，主要有黄龙伞菌等。

南美拉祜族乡的木本花卉主要有木棉、羊蹄甲、含笑、梅花、迎春花等；草本花卉主要是兰花，其中墨兰、剑兰、夏慧、虎头兰、吊兰等品种居多。

南美拉祜族乡境内野生中草药材有50多种，主要有山药、杜仲、葛根、龙胆草、蔓荆子、木瓜、车前草、何首乌、薄荷、白花蛇舌草、重楼、大百解、八角、鱼腥草、小黑牛、狗闹花、岩七、灯盏细辛、钩藤等。

第二节 村落管理

作为拉祜族原始大家庭公社组织形式的“卡些卡列”制度，既没有专门的军事组织和司法机构，也没有完备的行政管理机构，是社会历史发展到一定阶段的产物。卡些和卡列不是专门的行政管理人员，不领取薪资，与村民平等，遵循习惯法来管理村寨大小事务。他们在村寨均参加生产劳动，热心公益，乐于奉献，是寨人公认的领袖和“公仆”。从老寨分出的新寨的卡些和卡列要服从老寨的卡些和卡列的管理，称老寨的卡些为“kaxieloq”，汉语音译为“卡些竜”，意为“大头人”，如同部落首领管理几个村寨。拉祜族聚居区不同层级的卡些和卡列组织共同构成一个较完整的社会管理系统。恩格斯《家庭、私有制和国家的起源》一书中有类似拉祜族“卡些卡列”制度的描述，即“氏族有议事会，它是氏族的一切成年男女有平等表决权的民主集会。它是氏族的最高权力机关。氏族推选一个酋长（平时的首脑）和一个首领（军事领袖）。酋长在氏族内部的权力，是父亲般的、纯粹道德性质的。他手里没有强制的手段。军事首领仅仅在出征时才能发布命令。氏族可以任意撤换酋长和军事首领”[①]。

拉祜族定居临沧，在牡缅密缅坝建立部落酋长制，称布露王。临沧南美一带一直流传着头人扎布一行四个人追马鹿发现草木茂盛的牡缅密缅，后带领寨人秘密地迁来定居的传说。这可为拉祜族在进入牡缅密缅之前就已存在“卡些卡列”制度提供佐证。牡缅密缅土地肥沃、野兽众多，拉祜族人口增多后分为哥哥部落和妹妹部落。哥哥部落有三十三个寨子，住在临沧坝头（南面）；妹妹部落有九十九个寨子，住在临沧坝尾（北面）。可见，在牡缅密缅居住的后期，拉祜族不断发展壮大并形成部落联盟。

临沧南美乡拉祜族过去内部实行原始的具有民族特色的政治制度，即以村寨为单位民主管理村寨事务的“卡些卡列”制度。拉祜语称村落为“qhat”，汉语音译为“卡”，是早期社会组织的基本单位，原为由血亲组成的大家庭公社，后逐步演变为地缘聚落的名称。“卡”既是社会的政治行政组织，也是生产劳动和军事组织。[②]负责管理村寨事务的人称为“qhatshieqhatlie”，汉语音译为“卡些卡列”。“卡些”为正职，又称布倒幕，由村寨民主推举的威望高、年长、处事公道、作风正派、为人和善、乐于助人、身体健康者担任，因最初指负责掌管火种而得名，俗称“火头”“头人”[③]；副职称“卡卡些”或“卡列”，是“卡些”的副手。卡些和卡列掌管拉祜族村寨的行政大权，负责管理村寨社会治安、安排布置生产劳动、处理对外事务、主持婚丧嫁娶及解决纠纷，无固定任期。“卡些”受寨人的尊敬，但无经济、政治特权，有自己的土

① ［德］恩格斯：《家庭、私有制和国家的起源》，83 页，北京，人民出版社，1972。

② 晓根：《拉祜文化论》，96 页，昆明，云南大学出版社，1997。

③ 头人，汉语译为“火头”或“夥头”，原指保存火种的人。在生产力低下且频繁迁徙的时期，火对于拉祜族来说是神圣且对整个氏族的生存具有特殊的意义。故而有威望的老人才能担此重任。农耕定居后，专指管理村寨事务的人。

地，同样从事生产劳动。临沧南美乡一带的拉祜族因居住分散，交通不便，只有各自独立的村寨，没有形成部落联盟，即只有头人“卡些”，没有大头人“卡些竜”。若卡些卡列在任职期间出现不负责任、年老体弱等不能再继续胜任“卡些卡列”的情况，就按照民俗习惯由寨人民主推选出新的接班人。“卡些卡列”的任免，一般在年节期间进行。

明宣德五年（1430年）以景东府的勐缅、勐梳地（今勐托）设置土司，称勐缅长官司。设置土司后，特别是傣族世袭土司以后，拉祜族多居山区，分散于县境各地。因此，缅宁境内的拉祜族绝大部分处于傣族封建领主统治之下。①

民国时期实行闾长制保甲制后，由闾长、保甲长行使“卡些”“卡列”职权。中华人民共中国成立后至南美拉祜族乡成立前，南美乡的多依、南美、南华一直为临翔区章驮乡管辖的行政村，坡脚村为博尚镇管辖。村寨的事务由乡政府、村委会、村民小组进行管理，但传统的“卡些卡列”制度对村民和村寨的日常生活及管理仍起到一定的作用。

第三节　村寨

清乾隆十二年（1747年），勐缅改土归流，南美一带隶属缅宁厅。

中华人民共和国成立后，南美一带的拉祜族和其他少数民族一样，在政治上获得了新生，在民主改革中政府采用直接过渡的方式，与临沧各族人民一道，进入了社会主义建设的初级阶段，实现“一步跨千年”。但拉祜族因长期居住在深山老林，与世隔绝，经济发展缓慢，保持自产自食的生计方式，生活十分贫困。

为彻底改善少数民族地区的经济发展，中共临沧县委、临沧县人民政府根据中央、省委的指示于1987年12月25日将原属章驮区公所所辖的多依大队、南美大队、南华大队与博尚区公所所辖的坡脚大队合并，新建南美拉祜族乡。②

南美拉祜族乡的拉祜族为拉祜纳（黑拉祜），中华人民共和国成立前，拉祜族内部实行原始的民主制度，聚居区以村寨为单位，民主管理村寨事务。寨

① 苏汉林、杨元美、李红军：《临沧南美拉祜族发展研究》，23页，昆明，云南民族出版社，2007。

② 以下有关内容引自南美拉祜族乡政府编：《南美拉祜族乡志》，内部资料，2017。

人通过传统的方式民主推举威望高、处事公道的长者担任头人。头人正职称"qhatshie"（汉语音译为"卡些"），副职称为"qhatqhatshie"（汉语音译为"卡卡些"），以及"qhatlie"（汉语音译为"卡列"）。村寨首领一般无固定任期，需要更换时按照传统方式另行推选，卸任者带上烟、茶到新当选的头人家中交接工作。实行闾长制保甲制后，拉祜族村寨由闾长、保甲长行使管理职权。中华人民共和国成立以来，村寨由村委会管理。

目前，南美拉祜族乡辖4个村民委员会即多依村民委员会、南美村民委员会、南华村民委员会和坡脚村民委员会，共有24个自然村，33个村民小组。群众居住线在海拔1800—2500米之间，属冷凉多雨的高寒山区。全乡人口由拉祜族、佤族、傣族、回族、布朗族、彝族和汉族组成。2022年，南美拉祜族乡共有4849人，其中拉祜族3719人，占全乡总人口的76.69%。①

一、多依村民委员会

多依村民委员会位于南美乡以北17公里处，村民委员会国土面积19.54平方公里，该村范围东至菜籽地，南至黄草坝梁子，西至耿马县勐永镇忙莱山，北至临耿公路与章驮乡接壤。该村委会辖多依林、山背后、鸭子塘、浪坝寨、大窝铺、新寨6个自然村。2022年末，多依村民委员会总人口305户1196人，其中拉祜族746人，占村总人口的62.37%。②

二、南美村民委员会

南美村民委员会位于南美乡以北，属山区，距离南美乡政府驻地3公里。村委会国土面积34平方公里，该村范围东至大尖山（与博尚镇、章驮乡相邻），南至忙岗山梁子，西至耿马县大兴乡，北至黄草坝梁子。辖竹笆山、阿里新寨、南楞田、朱栗坡、箐口、团山、夹山7个自然村10个村民小组。2022年末，南美村民委员会总人口1121人，其中拉祜族1118人，占村总人口的99.73%。③

① 该数据是在访谈4个村委会支部书记时获得。

② 该数据是2023年4月18日访谈多依村支部书记杨红华时获得。

③ 该数据是2023年4月18日访谈南美村支部书记罗文学时获得。

三、南华村民委员会

南华村民委员会，属于山区，位于镇政府以南 4 公里。村委会国土面积 32 平方公里，东至石排坡与博尚镇勐托村相邻，南至半山路梁子，西至耿马县大兴乡，北至忙岗山梁子。辖山里半、山外半、半坡、平寨、岩脚、西山 6 个自然村 9 个村民小组。村民以拉祜族为主，也有少量汉族、布朗族、回族村民，是一个杂居的多民族集聚区。2022 年末，南华村民委员会总人口 440 户 1674 人，其中拉祜族 1137 人，占村总人口的 67.92%。[①]

四、坡脚村民委员会

坡脚村民委员会位于南美乡以南 10 公里处，属山区，距离乡政府驻地 10 公里。坡脚村国土面积 26 平方公里，东至风吹山丫口与博尚勐托村相邻，南与双江县勐库镇边留村相接，西与耿马县大兴乡接壤，北至半山路梁子，辖坡脚、烂坝寨、户肯、河边、竹笆桥 5 个自然村 7 个村民小组，拉祜族与少量汉族、佤族、傣族等杂居。2022 年末，坡脚村民委员会总人口 248 户 858 人，其中拉祜族 718 人，占村总人口的 83.68%。[②]

① 该数据是作者于 2023 年 4 月 19 日访谈南华村支部书记董有仙时获得。

② 该数据是作者于 2023 年 4 月 18 日访谈坡脚村支部书记刘开明时获得。

第三章

临沧南美乡拉祜族的传统生产文化

马克思、恩格斯指出，“没有需要，就没有生产。”[1]人类为了生存，必须要通过劳动从自然界获取食物、水等基本的生活资料。拉祜族传统的生计方式为刀耕火种，辅以采集、狩猎。本章从传统农耕、传统狩猎、传统采集和季节性捕鱼等方面阐述南美乡拉祜族的传统生产情况。

① 中共中央马克思恩格斯列宁斯大林著作编译局：《马克思恩格斯全集》（第二卷），691页，北京，人民出版社，2012。

第一节　传统农耕

南美乡拉祜族习居高山深箐，早期的生产为原始的作物种植，辅以狩猎和采集。原始农耕以刀耕火种为主，旱地多不固定，实行轮歇耕作，一般丢荒两三年，种植玉米、毛稗、旱稻、荞麦，产量低下。中华人民共和国成立后，政府组织南美乡群众开垦新田3000多亩，当地拉祜族开始大面积种植稻谷，垦耕山地。南美乡拉祜族聚居区以农业生产为主，辅以林业、畜牧业和种植业，发展缓慢，商品经济发展不充分，是典型的高寒贫困地区。当地拉祜族栽种的农作物主要有旱稻、玉米、荞麦、土豆、瓜豆等，经济作物主要有蓝靛、土烟等。

历史上，拉祜族曾以狩猎作为主要的生产活动。据拉祜族古歌所述，拉祜族先民曾在大理一带生活，除了狩猎，还种麻、洗麻。迁入临沧坝子后，拉祜族已进行原始农业生产活动了。根据本土学者彭桂萼的研究，临沧坝子俗称“勐缅”，是由傣族定的名。傣族称“坝子”为“勐”，称“拉祜”为“缅”，“勐缅”即“拉祜坝”的意思。500多年以前，临沧坝子的世居民族是拉祜族。后来，傣族迁入临沧坝子。明朝宣德五年，明王朝设勐缅长官司，傣族俸氏做土官，临沧坝子正式命名为“勐缅”。[①]拉祜族由于不堪土司的奴役剥削，加上土地纷争战败，后部分迁至南美，有的继续南迁。据此，可推测临沧坝子的拉祜族有五六百年的农耕历史。

受周边汉、傣等民族的影响，临沧南美乡一带的拉祜族自19世纪80年代至20世纪20年代之间，先后由尚未充分发展的领主经济过渡到封建地主经济，其社会生产发展水平有所提高，使用的农具除竹、木制外，已有少量铁制农具。农业生产用地除山地外，已有部分水田。山地大部分为私有且多实行轮种。南美乡拉祜族传统农业采取粗放型生产方式，农作物单产较低，亩产仅有100多公斤。农事活动皆以换工互助的方式进行，族内无雇工现象。

① 彭桂萼：《西南边城缅宁》，见《彭桂萼诗文选集》，166页，芒市，德宏民族出版社，1998。

一、刀耕火种

“刀耕火种”是中华人民共和国成立前拉祜族原始的生产方式之一。下种前，要先选择一块地势相对平坦的山坡地，以两边高于中间为佳，便于保水和积肥，土壤较肥沃。每年冬、春季节，各家圈起一片森林，俗称“号地”。一般一户家庭一年砍伐、烧掉三片以上的树林，垦荒成山地。冬季，拉祜族开始砍伐树木和灌木丛。砍树时，大树留桩，小树留根，以便来年继续生长。砍伐山林要顺着坡势，先砍下半山的树且只将树干砍去一半，再砍上半山的树干。上半山的树干倒下时就顺势压倒下部未完全砍倒的树干，可有效节省人力。砍伐山林较费时费力，需要全家出动甚至全寨人参与才能完成。农历三月，待树木、杂草等晒干后，各家就上山放火焚烧，俗称“烧荒”。焚烧后的草木灰是天然的肥料。农历四月，各家上山点坑，种下籽种。农历五月，雨季来临，种子破土发芽，经过两个月的生长，便可收割、入仓。

南美乡拉祜族在原始粗放型的“刀耕火种”实践中创造了富有特色的劳动工具、技术方法与组织方式。劳动工具有尖木棒、尖竹棍等，他们将质地坚硬的木、竹棍的顶端削尖，用于点穴播种，能有效防止山地塌方，提高生产效率。为了便于灌溉，他们将大龙竹劈成两半连接起来做成水槽，将山泉水引到地里浇灌庄稼。拉祜族会挑选晴朗无风的日子放火烧山，且事先挖好消防隔离带来控制火势，避免山火烧过了界而毁掉其他的森林。烧荒时，他们从山脚下点火，让火势向山上自然蔓延。对于不易燃烧的大树干，他们会将灌木丛、杂草等堆其下面以增强火势。为确保一座山上的所有地块同时焚烧，圈地的各户会提前协商好相关事宜。

拉祜族农业发展较晚，农业生产工具落后，以木制、竹制为主，铁制农具极少，生产力较低下。坡地种植常以竹棍或木棒下端套一铁质尖头戳坑，进行点播；平缓山地则以尖竹棍、尖木棒或木镬头挖坑点种。南美乡拉祜族点播玉米，以 30—40 厘米的间距点坑，随即丢进 2—3 粒种子，用脚顺势给种子盖土、踩实以防被鸟雀、鼠类偷食。播种可一人独立完成，也可夫妻、亲友合作来完成。多人播种时，通常男性在前面点坑，女性在后面跟着丢种子，配合默契以提高劳动效率。南美乡拉祜族在下种后基本不进行薅草、施肥等中期管理，但在谷物成熟时会派人上山守庄稼，直至收割。玉米地一般耕种一年便抛荒，三五年后再烧山耕种。旱谷地则连续耕种两三年才抛荒。轮作有利于土地肥力的恢复，形成良性循环。

二、旱地生产

旱地生产是拉祜族重要的传统生产方式。旱地即山地，是不固定的轮歇地。因仅靠树木杂草烧尽的草木灰做肥料，肥力低，加之很少薅草，缺乏精细耕作，农业生产过程中遇到虫灾或病虫害，也没有具体的防治措施。这种山地第一年有一定肥力，第二年肥力减半，第三年土壤肥力耗尽不能再耕种，就要新换一块地，拉祜族俗称“轮作”“轮歇”。这种地产量很难保证，20世纪四五十年代以前每亩单产不过几十斤，民间有“种一山坡，收一篾箩”的说法。粗放型传统生计方式要求有大片可供砍伐和焚烧的森林，保证有足够的轮歇地。为了最大限度地利用好山地，他们采用两种耕种方式，即无轮作方式（懒火地）和轮作方式（犁挖地）。

犁挖地的耕作较为精细，农历五月刈草一次，犁地一次，六七月再用牛耖地一次，七八月砍树和芟杂草。次年农历二三月放火烧荒，捡去石块和未烧尽的树干，用锄头碎土并平整土地。撒上籽种后，再用牛耖地一遍以盖住种子。期间不施肥，收割前拔草、锄草各一次。劳力少的家庭，仅犁地、薅草各一次，便等着收割。

农历七八月，作物即将成熟，为防止鸟兽前来糟蹋偷食，需芟光山地周边的灌木及杂草，各家会派年轻人上山看守庄稼，俗称“守地人”。他们用破衣、茅草、树叶、笋叶等制成稻草人插在地里，用盐酸树和竹片做成“响笆”挂在地边，经阳光照射闪闪发光，风一吹即“啪啪”作响，还不时吹响牛角以吓走鸟兽。

旱谷的产量低，收割时仅掐走谷穗，高高的谷茬留在地里来年焚烧后做肥料。收割玉米或荞麦时，玉米秆和荞麦秆也留地里来年烧成草木灰做肥料。轮作制则为两到三年抛荒一次，玉米、土豆、荞麦、旱稻、面瓜、四季豆等农作物实行间作或套种。

“懒火地”只用锄挖不用牛耕，较为粗糙。农历八至十月砍树芟草，次年二三月放火焚烧，后撒种。撒种后要翻地一次以盖住种子，中间薅草一次，便等着收割。“懒火地”因省力省时、人可以偷懒而得名，其肥力有限，一般仅耕种一年便要抛荒。

刀耕火种需要不断烧山，山地不断更换，越种越远。随着农耕生产日趋成熟，当地拉祜族的山地耕作逐渐发展为固定耕地。

三、水田生产

中华人民共和国成立后，党和政府为南美一带的拉祜族制定了一系列特殊的扶贫政策，投入人力、物力，改进生产耕作方式，引进新品种，大大提高了农作物产量。1958 年，汉族干部黄承彦、李发安被调派到南美村所在的乡担任支部书记、乡长，组织群众开垦新田 3000 多亩，拉祜族开始大面积种植稻谷。

水田一般靠近河谷和山箐等近水地带，部分梯田全靠雨水灌溉，俗称“雷响田”。水田为固定耕地，以种水稻为主，多一年一季。种植水稻至少要两犁两耙四道工序，有的为三犁三耙六道工序。稻谷收割后，当年农历十月趁着田泥没有干透的时候开始犁板田，晒一个多月至土块晒干，次年农历一二月再翻晒并敲烂土块，后引水淹田一个月，让谷茬腐烂。这期间，也有一些家庭会割杂草等踩在水田里沤制，做有机肥。农历二三月开始育秧苗之前，要给秧田铲埂、糊埂、修沟。撒种当天，先放干田水，后翻犁一次，再耖田、耙田，并将稀泥用平板摊平，即可撒种育秧。栽秧前，还要再犁、耙田一次，犁田时顺便施底肥一次，当天耙的田，一般当天必须栽完秧，不然水田的泥沉淀后就不好栽秧了。秧栽下后，中耕薅秧草两三次，追肥一次。

水稻的生长期为五至六个月，农历七月早稻成熟，八、九月水稻成熟并收割完毕。水稻和旱谷一样，都是现割现打，将割下的稻子扎成小把，在灌槽进行脱粒，未脱粒干净的摊在竹篾笆上用弯棍敲打进行二次脱粒。

1996 年，南美乡固耕稻田 1135 亩，67% 的农户粮食基本自足，但仍属于贫困乡。[①]

因原始农耕远不能满足当地拉祜族的粮食需求，狩猎、采集便成为补充食物供给的必要途径，狩猎、采集的所得还可用于与外族交换日常所需的铁具、食盐和衣服等用品。因此，拉祜族原始农耕与采集狩猎处于一种良性的动态平衡状态。

① 临沧县民族宗教事务局编：《临沧县民族志》，46—47 页，内部资料，1998。

综上，南美乡拉祜族传统的以刀耕火种为主、辅以狩猎采集的生计方式具有游动性、有限性与互偿性等特征。由于刀耕火种收成极低，除了耕地外，当地拉祜族还需要依赖采集、狩猎补充食物来源。平时，一家老小出门参与采集，获取生活资料。这种自由灵活、人人参与、积少成多的取食方式，客观上有利于周边生态环境的修复和平衡。拉祜族传统生计方式体现了人与自然的有限性结合，即人类对自然资源的利用是有明确限度的。这种限度不仅体现在生计方式的技术层面，更体现与之关联的价值观、民间信仰文化等方面。采集、狩猎因具有明显的不确定性而不至于耗尽当地的食物资源，且与原始农耕共同构成一种自然的流动性资源开发方式，让生态环境得以再生，人与自然形成共生共存的良性关系，生动体现了传统生计方式的互偿性。

第二节　传统狩猎

南美乡拉祜族生活在大山之中，周围原始森林茂密，野兽经常出没，极易糟蹋粮食。松鼠喜欢吃佛手瓜（俗称洋茄）、南瓜（俗称面瓜），岩羊喜欢吃自种蓝烟的烟叶，豪猪喜欢吃玉米，田鼠爱吃稻谷，野猪和马鹿喜欢吃荞麦。拉祜族历史上种田地都不用农家肥，只用草木灰做肥料，粮食产量低。每年谷物成熟时节，各家各户派出男女青年带上捕猎工具昼夜不停地驻扎在山上看守庄稼，捕杀糟蹋庄稼的野兽和鸟雀。

农闲时节，当地拉祜族成年男性便会集体进山狩猎。据南美乡南楞田的百岁老人扎奈尼妈讲，南楞田一带原来是深箐老林，白石岩因背风又温暖，常有老虎、豹子、野猪、马鹿等在这里做窝。南楞田成为野兽的避风港湾，拉祜人常来这里打猎。

南美乡拉祜族家庭猎到的猎物除自食以外，剩余的部分用以和汉族、傣族等交换生产、生活用品。兽皮除了满足日常生活所需，还可出售用以购买火药、枪支等狩猎用具或通过物物交换换取食盐、布匹等生活用品。定居农耕后，南美乡拉祜族狩猎主要用于保护人畜庄稼的安全，提供野味肉食。

拉祜族猎到的猎物中，松鼠占有重要而特殊的地位。松鼠，拉祜语称“fatthawt”，汉语音译为“发他”，为灰色或黄色松鼠，当地汉语称“老叼鼠”

或"扫尾巴老鼠"，是深受拉祜族喜欢的猎物。松鼠喜在清晨和傍晚出来觅食，其行动敏捷、听觉灵敏，不易捕捉，只能用弩箭、弹弓等射杀。据当地人讲，过去有的拉祜族家庭一年能猎到100多只松鼠。拉祜族通常将猎到的松鼠制成松鼠干巴（干肉）。因松鼠干巴香脆可口，且不易得到，一直被拉祜族视为上等礼物。值得一提的是，南美乡拉祜族过去有结婚礼物中必须要有若干松鼠干巴的婚俗，以示男方善于狩猎，反应机敏。此外，拉祜族也喜用松鼠尾巴来装饰男青年及小男孩的帽子。

目前，拉祜族聚居地区已禁猎。此节内容描述的是历史上拉祜族的狩猎传统。

一、狩猎历史

拉祜族自称"ladhof"，汉语音译为"拉祜"。目前，对"ladhof"这一族名的理解大致有两种观点。"lad"在拉祜语中有"虎"的意思，"hof"是指拉祜族先民在火边把肉烤至焦黄，发出香味的程度。"ladhof"是指用火烤吃虎肉。所以，拉祜族曾为勇敢的"猎虎民族"，具有喜猎的民族传统。经过调查，南美乡拉祜族群众广泛认可"ladhof"意为"烤虎肉吃"，拉祜族是敢打老虎、烤虎肉吃的民族。还有一种说法为，拉祜族源于氐羌，历史上是游猎民族。拉祜语的"lad"是虎的意思，"hof"是没有语义的语尾词。从语义上看，拉祜族的族称"ladhof"，是与"虎"有关系的。云南东部及小凉山地区彝族亦有虎氏族，称为"罗波"，意亦为虎人。可知与四川省毗邻的傈僳族和彝族都有用虎来命名的氏族。[①]

（一）民间文学中的狩猎描述

1. 民间传说中的狩猎

拉祜族先民的发祥之地"milnitoqhod"，汉语音译为"密尼都库"，指"黄土或红土高原"，在中国西北甘青高原的河湟地区。那里早期森林密布，里面栖息着各种各样的野生动物，生长着各种各样的植物，为从事采集和狩猎生产活动提供了良好的条件。拉祜族创世史诗《牡帕密帕》中也有关于拉祜族祖

① 拉祜族简史编写组：《拉祜族简史》，7页，北京，民族出版社，2008。

先游猎的生动描述："天神厄莎开天辟地，创造了人类和百鸟百兽。但是，百鸟在天上飞，百兽在地上吼。人类一方面受鸟兽的威胁，另一方面却寻找食物困难。为了保护人类并给其提供生活资料，厄莎便设下计谋，让百鸟百兽成为人类围猎的对象，使拉祜人通过狩猎来解决吃穿问题。"[①] 这段描述生动地阐述了狩猎在拉祜族社会历史发展过程中的特殊意义。拉祜族先民烤虎肉至发香的吃法，便有了"ladhof"即"拉祜"的自称。《牡帕密帕》有打猎分民族的描述：传说，人类的始祖是扎迪和娜迪，他们是一对同胞兄妹。她们生下十二对儿女，代代繁衍生息，人口不断增加，众人于是得以团结起来去猎虎。老虎终于被捕获，参加狩猎的人一起分割虎肉，有的拿着虎肉说："shal chi hol hol liel te cad"，汉语音译为"煞期拉祜来氐贾"，意为"将虎肉烤香了再吃"。这些猎手就是拉祜族的祖先。有的拿着虎肉说："shal chi val val liel te cad"，汉语音译为"煞期瓦瓦来戈贾"，意为"把虎肉煮了，连肉带汤一起吃"，这就是佤族；有的拿着虎肉说："shal chi hiet hiet liel te cad"，汉语音译为"煞期海海来的贾"，意为"刮洗虎肉后放在锅里煮熟了再吃"，这是汉族；有的拿着虎肉说："shal chi qhad chaw law qot ve"，汉语音译为"煞期卡贾老哥尾"，意为"在火塘边把虎肉烤糊了，味道苦"，这是哈尼族；有的拿着虎肉说："shal chi ted pid chaw xa qo"，汉语音译为"煞期第比搓习老"，意为"将虎肉烧得不生不熟地吃"，是傣族；有的拿着虎肉说："shal chi yil yil lie te cad"，汉语音译为"煞期彝彝来氐贾"，意为"把虎肉洗干干净净再吃"，是彝族……[②] 在传说中，将狩猎过程中的饮食习惯作为各民族区分的依据，也反映出狩猎活动对包括拉祜族在内的西南山地少数民族生计方式的重要影响。

现在，很多资料和出版物中常用"猎虎民族"来指称拉祜族。[③] 与拉祜族相邻而居的傣族和哈尼族，称拉祜族为"目舍"。"目舍"一词出自缅语，意为"猎手"，故拉祜族素有"猎虎民族"的美称。

古代拉祜族曾用火来捕猎野兽。传说，在小松鼠的撮合下，人用两只翅膀换来飞鼠的火种。拿到火后，人们高兴地在三箐三山上放火。野草和树木都被烧光了，动物们都没有了住处。[④] 大火焚烧了三天三夜，大片森林化成了灰烬。

① 晓根：《拉祜文化论》，51—52页，昆明，云南大学出版社，1997。

② 澜沧县文化局编：《拉祜民间诗歌集成》，81—83页，昆明，云南民族出版社，1989。

③ 苏汉林、杨元美、李红军编著：《临沧南美乡拉祜族发展研究》，12页，昆明，云南民族出版社，2007。

④ 澜沧县文化局编：《拉祜民间诗歌集成》，77页，昆明，云南民族出版社，1989。

他们尾随着大火，在还冒着烟的灰烬里捡食兽肉。剩余的兽肉放在竹筒里储存起来。遇到大雨，储存兽肉的竹筒灌满了雨水。他们就把竹筒放在火里烧，结果兽肉被煮熟了，味道更好。从此，他们懂得用火来煮食肉类。

2. 迁徙史诗中的狩猎

拉祜族古歌也涉及游猎的内容。拉祜族妇女也积极参与狩猎活动，娜依就打过一头鹿，并把鹿按习惯法平均分配。集体狩猎过程中，所有猎获物都平均分配。拉祜族迁徙史诗提到：兽肉均等地被割成一块块，连兽血也用壶装起每人一份。[①]传说拉祜族先民在大理时期，狩猎是除种麻、洗麻之外的另一项重要生产活动。拉祜族先民追马鹿从大理的密子（今祥云县的一个乡）一直追到弥渡后面的红岩坡。追马鹿的四个人，分别是土扎、布腊、扎多和那米。[②]拉祜族因追赶马鹿发现了土地肥沃、野兽众多的牡缅密缅坝子。拉祜人在牡缅密缅坝子，不愁吃，不愁穿，生活过得像蜜一样甜。按照非物质文化遗产传承人罗成和（拉祜名“扎多吉”）的说法，追鹿人中的那米就是女性。这段古歌从侧面印证了拉祜族女性历史上也曾参与集体狩猎。

（二）文献中的狩猎描述

一些汉文文献中也有关于拉祜族狩猎的记载。《后汉书 · 西羌传》载：“河湟间少五谷，多禽兽，以射猎为多。”[③]那时的拉祜族先民所生活的河湟地区禽兽多且农业生产尚未形成，以狩猎为基本的生存手段。

最初，包括拉祜族先民在内的古羌人生活在青海湖一带。秦、汉以后，他们从青海出发，沿着今四川省的西部逐渐向南迁移。到了唐代，这些游猎部落继续向西南方向渐次迁移到了洱海地区，被称为“锅锉蛮”。唐代的南诏至宋代的大理政权时期，锅锉人继续南迁，公元10世纪前后，他们中的“拉祜纳”支系迁移到了“牡缅密缅”，逐渐定居，从事农业。汉文史籍对拉祜族的记载，清代逐渐增多。清雍正年间的《顺宁府志》说：“倮黑，亦蒲蛮之异振，其俗与艾人不甚相远，饮食取蜂蛇鼠蛤，无所不啖，然勤于耕作，妇人任力，男子

---

① 拉祜族简史编写组：《拉祜族简史》，10页，北京，民族出版社，2008。

② 杨云燕编著：《临沧南美乡拉祜族古歌》，11页，昆明，云南民族出版社，2018。

③ （南朝宋）范晔撰，罗文军编：《后汉书 · 西羌传》，668页，西安，太白文艺出版社，2006。

出猎，多居山箐。”[①] 雍正《景东府志》抄本四册载：“小古棕（苦聪）……以叶柯棚，无定居，略种杂粮山芋野菜为食，性喜猎……”[②] 道光年间《普洱府志》卷十八：“拉祜随身常带枪刀弓弩，不事耕作，以捕猎为生。”其生活就像拉祜族歌谣中所唱的一样：“撵走毒蛇，在大树下搭一个草棚；赶走虎豹，在岩洞里找一个睡处；烧一把火，种一块苦荞；射一弩箭，打一只麂子；生的吃一顿，烧的过一天。”[③]

二、传统的狩猎习俗

（一）祭山神、猎神

拉祜族信仰万物有灵，家有家神，寨有寨神，山有山神。拉祜族进行狩猎活动之前都必须先祭祀山神和猎神，求得允许和护佑。否则，就会激怒神灵，招致不顺。拉祜族被称为“猎虎”的民族，有丰富悠久的狩猎文化。山神，拉祜语为“qhawshiepha”，汉语音译为“科协帕”；猎神，拉祜语为“shafned”，汉语音译为“莎内”。一般一个山寨会供一个猎神，每年集中祭祀一次。此外，平时集体围猎之前也要祭祀。祭猎神，拉祜语为“shafnedtie”，汉语音译为“莎内叠”。除了在山上供奉猎神之外，南美乡拉祜族的猎头在家里也供奉着猎神，不定期进行祭祀。

猎到老虎、黑熊、麂子、野猪等大型猎物，拉祜族猎头要带领众猎手举行“叫猎魂”仪式。猎头将猎物的头和脚砍断又重新复位，在猎物嘴里放上一小块食盐。由会唱祭词的猎头唱“叫魂歌”。猎到野牛等大动物，猎手们要举行仪式祭祀山神。他们认为野牛是山神饲养的，猎得野牛会触怒山神。为祈求山神原谅，猎头带着众猎手将一把稻草塞入野牛的嘴里，告诉山神是野牛偷吃庄稼才将其打死的，祈求山神原谅。猎头还要佯装训斥打中猎物的猎手，并轻拍其背以示教训，后替其在山神面前求情：“山神啊！他不是故意要开枪杀害它，是这个猎物来偷吃庄稼。他没看清楚而误伤了它。山神啊！我祈求您莫要怪罪猎手……”为了下次还能猎到猎物，猎手们给每一件猎具都粘抹一点猎物的毛

① （清）朱占科修，周宗洛等纂：《顺宁府志》，1083 页，清光绪卅年刊本（影印）。

② 《云南各族古代史略》编写组：《云南各族古代史略》，176 页，昆明，云南人民出版社，1977。

③ 刘怡、芮鸿：《云南民族采集渔猎》，140—141 页，昆明，云南教育出版社，2000。

发和血。

（二）平均分配原则

拉祜族集体围猎所猎到的野味要遵从平均分配的原则，视猎物大小分配方法略有不同。若猎物太小，就将其肉煮成稀饭，猎手们在山上就吃完。若猎物较大，猎头就带领众人按照传统习俗平均分配兽肉。

拉祜族分配猎物坚持“平均分配，见者有份”。一起参加追山的猎狗也要分得一份兽肉。分猎物时，遇有外族或外寨人路过，也要每人赠送一份。兽骨等则留着用于泡制药酒。猎物的头骨肉和胸脯肉分给猎头。猎头将猎物的头骨肉熬成稀饭，先舀一勺米汤淋在猎物的头骨上，摆在桌上点挂蜂蜡祭祀山神。稀饭则请寨里的老人们一起享用。胸脯肉由猎头家人自行享用。猎物的兽皮要分给猎中的猎手。有时，也会将猎物的头分给打中猎物的猎手，猎手也要将头骨肉熬成肉汤，请全寨人一起喝，自己留着头骨。猎物的里脊肉分给猎手，腰脊骨按照参与追猎的猎狗的数量，平均分给猎狗的主人，回家后煮给猎狗吃。猎手们还要留一块最好的肉给铁匠，因修理火药枪和铁农具要依靠铁匠。其他剩下的肉则按照参加狩猎的猎手和猎狗的数目再进行平分。

（三）成人礼的狩猎内容

按照传统习俗，南美乡拉祜族男孩举行成人礼时其祖父要送给他一把新制的小弩，祖父和父亲还要领着他上山学射弩，后逐渐学习并掌握狩猎技艺。弩和火枪是拉祜族家庭男子必备的物品，闲时用于狩猎和防身，战时用作械斗武器。拉祜族男人除了集体上山打猎外，平时下地干活、放牧或赶集，都会带上弩，遇到野兽，既能防身又可捕猎。

（四）传统的狩猎禁忌

南美乡拉祜族传统狩猎有一些禁忌需要注意。弩在拉祜族家庭中占有相当重要的地位，是与荞麦籽种和三脚架一起要最先搬进新房的三样东西，分别代表粮食、肉食及火塘，这三样物品只能平放在楼板上，决不能挂在墙上；在火塘边不能谈跟出猎有关的话题；出猎时忌说不吉利的话；男人外出狩猎，妇女为了表示对猎神的尊敬，不外出生产；男子忌穿妇女穿过的衣服、鞋和帽子参与狩猎，忌穿用妇女穿过的衣物做补丁缝补的衣服；追踪受伤的猎物时，忌讳妻子有孕的男人走在前面；忌妻子有孕的男子参加狩猎；忌妇女跨过猎枪；不能触摸供在猎神处的兽头骨、鸟兽的羽毛等；火塘的炕头上只能摆放食盐、烟草、火柴、狩猎工具和祭祀用品；妻子怀孕，丈夫禁止外出打猎；大年初一不出猎；在祭山神、供猎神及出猎时，要穿素服；出猎的路上遇到孕妇需返回；出猎路上遇到蛇，猎手要原路返回。

总之，狩猎在拉祜族生产生活中占有很重要的位置。南美乡拉祜族传统家庭中户户都有弩弓，这与拉祜族历史上长期以游猎为主要生计方式密切相关。

三、狩猎工具

拉祜族传统的农具以竹制和木制为主，缺乏先进的耕作技术，生产力低下，庄稼产量低。大多数人家缺粮半年以上，靠采集和狩猎补充供给。

野兽在林间频繁出没，经常会糟蹋山地里的庄稼或袭击、伤害林中劳作的人。因此，拉祜族男子外出常随身携带狩猎工具，既便于防身和保护庄稼，还可随时猎捕偶遇的猎物来补充拉祜族日常所需的肉食。

在长期游猎实践过程中，南美乡拉祜族熟谙各种野兽和禽兽的生活习性和活动规律，创制了不少的狩猎工具，体现了拉祜族人民的生产智慧和创造精神。

（一）武器类狩猎工具

拉祜族武器类狩猎工具平时可作狩猎用具，战时又可作防御、进攻的武器。多有铁质部件，坚固耐用且杀伤力大。

1. 弩

弩，拉祜语称“khat”，汉语音译为“卡”，是拉祜族传统的狩猎和防身工具，也是重要的战时武器。以“猎虎的民族”著称的拉祜族，过去家家有弩，多自制自用，成年男子几乎人手一张。南美乡拉祜族用的弩，形似弓，多用木料制成，俗称“木弩”。木弩比弓硬且多了一个制动装置弩床，弩床上有制动器弩口和扳机（俗称弩牙），通过制动器发射弩箭。弩由弩臂、弩梆、弩弦、弩扣、扳机等部分组成。制弩要选用岩酸树或老的小黄竹根做弩弓，大黑栗树做弩臂，弩臂的前半部刻出箭槽。弩梆多用竹子或硬木，木料要挺直、坚硬、弹性好，不能有节子。弩有大小之分，大弩弓有0.4米厚、1.6米长。弩弦由一粗麻绳制成，套在弩弓的两端，弩弓穿于弩臂凿孔上固定。弩口的扳机和弩扣多用马鹿角和水牛角制作，装在弩臂的中部，为发射控制装置。在箭槽的三处即弩臂最前端、弩弓与弩臂交叉点及扳机前端均抹上蜂蜡，便于固定弩箭。射弩时，猎手坐在地上双手双脚合力才能把弩弦拉上弩口，装上箭瞄准猎物即可发射。大弩箭粗而有力，射程远，杀伤力大，可猎取大型野兽，也是战时的重要武器；小弩箭较轻巧，可随身携带，用于猎取小动物和飞禽。

2. 地弩

地弩，拉祜语称“khat”，汉语音译为“卡”，是拉祜族传统狩猎工具。将弩弦上好，将箭装入箭槽并固定弩身，后置于地上。再将一根细线（马尾）的一端拴在弩扳机上，另一端拴食物等诱饵摆在箭头前方不远处，与箭头成一直线。野兽上前吃诱饵时带动扳机，箭即射出并射中猎物。

3. 箭

箭，拉祜语称“ khaqce”，汉语音译为“卡机”。因箭由弩发射，拉祜族习惯称箭为“弩箭”。依射程远近，箭可分为远程长箭、近程短箭、中距箭、七步箭、三步箭等；按照箭头是否蘸有药，箭可分为普通箭、麻醉箭和毒箭。箭由箭头、箭杆、箭羽三部分组成。箭头有一般和特制两种。一般箭俗称普通箭，特制箭为麻醉箭和毒箭。普通箭为竹制、木制箭头，以白色为标记，为平时猎取小动物和飞禽所用；麻醉箭也是竹制箭头，以黄色为标记，多用于猎取想带回家养的小动物；特制箭为铁制箭头，以黑色为标记，主要用于猎取猛兽和战时防御。药箭的箭头上涂有毒药，只要碰破肉皮，立即中毒而亡，主要用于战时。毒箭为铁制箭头，箭药，拉祜语称“khaqcenatzhid”，汉语音译为“卡机纳自”，是涂抹在弩箭的箭头上的毒药，多用“毒箭木”（俗称“见血封喉树”）的树浆制成。箭杆主要选用节子长的老甜竹或野竹制作，一般长约 80 厘米，直径 5 毫米。箭羽是箭尾稳定仪，用嫩皮竹或哑巴刺藤来做成“⊥”字形，起到稳定箭的飞行方向的作用。

4. 镖杆

镖杆，是拉祜族传统的狩猎工具。镖杆整体形状如矛，长约 2 米。镖杆分为镖杆和镖头两部分。镖杆为木制，一般由栗木制成；镖头为铁质尖头。镖杆主要用于近距离捕杀野兽，兼用于战时近距离搏杀。

5. 长刀

长刀，俗称“大刀片子”，长约 1 米，刀刃选用好钢锻造，锋利无比，是狩猎时砍树开路，近距离砍杀野兽的常用工具。以前，拉祜族也用长刀刈树木和杂草，是刀耕火种时重要的生产工具。

6. 刈刀

刈刀，拉祜语称为“aqthaw”，汉语音译为“阿拖”。刈刀由刀身、刀把和刀箍三部分组成。刀身一般用上等钢材，圆柱形刀把用优质的刀把树的树干制成，刀箍的口箍和尾箍用铁打的圆环制成，中箍则用藤篾编制的圆筒做成。为便于携带，拉祜族用竹篾编成鱼尾形的刀套，俗称“鱼尾刀别篓”或“刀笼子”。拉祜语称刀笼为“aqthawpo”，汉语音译为“阿托波”。刈刀具有砍、铲、切、剁、削等多种功能和用途，拉祜族男子常用刈刀砍树、砍木头、剁骨头。刈刀是拉祜人最喜爱的刀具，既是生产、生活用具，也是狩猎防身的武器，更是馈赠好友的礼品。

7. 股叉

股叉，形如戟，股叉分为双股叉和三股叉。双股叉即双股戟，形如“丫”，铁质叉头，有长木柄。三股叉即三股戟，形如“山”字，中间一股比两边两股长，两面有刃口，主要用于追赶野兽与搏斗工具，杀伤力大，野兽被刺中后不易挣脱，是传统的狩猎工具和战时武器。

8. 火药枪

火药枪俗称“火枪”，拉祜语称“almifnat”，汉语音译为“阿迷纳”，是近代拉祜族的重要狩猎工具。火药枪，形似步枪，在枪管内填塞火药、铅子（或铁屑），用导火索点火发射。火药枪射出的是散子，杀伤力大，但引发时间慢，是近代捕猎野兽的重要工具，也是近代战争的重要武器。

9. 铜炮枪

铜炮枪，俗称“地枪”，是拉祜族常用的狩猎工具。其结构和使用方法与火药枪相同，选择合适的地点安置好炮身并填塞火药，上好扳机，将线的一端拴在炮身上，另一端拴上诱饵放在枪口不远处，与枪口成一直线。野兽来吃诱饵带动扳机，铜炮发射致使野兽死伤。相较于火药枪，铜炮枪发射快，是近代狩猎的先进工具，也是战时的先进武器。

10. 土炮

土炮为铁质管式土炮，依口径大小、炮身长短、射程远近不同分为三类。口径大、射程远且威力大的为大型土炮，俗称“大将军”；口径大、射程较远且威力较大的为中型土炮，俗称“二将军”；口径小、炮身短且威力小的为小型土炮，俗称“三将军”。战时，选好地形构筑炮台，安置好土炮，在炮管内填塞火药、铅子和碎铁片，尾部点导火索发射。拉祜族自制的土炮杀伤力大，多用于防守关隘要地，也用于猎杀大型猎物。

（二）非武器类狩猎工具

此类狩猎工具仅用于猎捕猎物，一般为猎手自制，多就地取材，有的费时费力，用于猎捕大型动物；有的则灵活小巧，便于携带，用于猎捕小型鸟兽。

1. 刷杆

刷杆是拉祜族传统的狩猎工具。刷杆制作简便，运用杠杆原理打死、打伤野兽。选一根笔直且弹性好的木杆，将一端插在树丫中（或在地上栽木桩），用力将另一端扳下卡在地面设置的发销上，再用绳索一端系在发销上，另一端将食物诱饵（一般为死鸡或小死猪）系在刷杆旁。制好的刷杆通常设置在野兽出没的必经之地，待野兽发现并上前吃诱饵时，会牵动发销的制动器，木杆立即刷过来并将野兽打死、打伤。

2. 扣子

扣子是拉祜族擅长使用的狩猎工具。因其多用绳索结扣制成以捕捉野兽，俗称“扣子”。依捕捉对象不同，扣子分为踩脚扣、吊竿扣、石板扣、木板扣、夹紧扣、飞蚂蚁扣等多种类型。扣子用绳索和马尾制作而成，主要配件有木、竹等不同原料。捕捉野兽的扣子较粗，捕捉鸟类的扣子较细。将制好的扣子置于野兽出没的路口或鸟类常歇息的树枝，放上食物作诱饵，进行巧妙伪装。待野兽和鸟类来寻食，踩踏发销，其脖子或脚就会被扣子套住，越挣扎勒得越紧，难以脱身。

专勒脖子的扣子，民间俗称“吊脖子扣”。用一根木棍、细竹竿和一根绳子制成。木棍或竹竿呈弯弓状，将绳子一端拴在木棍或竹竿的上端，另一端结成一个圆形的活套摆在地上。再设置一个机关并将鸟食置于机关上。如鸟类等前来啄食而触动机关，就被套住脖子。

踩脚扣可置于树上或地上，二者制法略有不同。置于树上的踩脚扣需要一片削扁的弹性竹片、一根绳子做成弓形，在一根小木棍上设置一个机关，鸟类飞来歇息，触动机关而将竹片弹直，鸟脚即被绳子勒住，不得挣脱。置于地上的踩脚扣，是在动物必经之路挖个洞，机关置于洞内，扣绳置于洞口，以就近的树枝做弓。一旦动物经过，脚踏进洞里而触动机关，脚被扣绳牢牢勒住。这种踩脚扣不易挣脱，捕猎效果好，民间形象地称之为“鬼扯脚”。

3. 套网

套网是拉祜族传统的狩猎工具。套网一般用粗绳子编织而成，为一张 1 米多宽、10 米多长的大网，多用于捕获野兔等动物。狩猎时需要多人合作拉开套网并拴挂在野兽必经的山垭口，数人蹲守在附近的隐蔽处，其余人带着猎狗分散到箐里追赶猎物。猎物在慌乱中逃窜而撞入套网，蹲守的猎手伺机上前捕捉。

4. 豹夹子

豹夹子是拉祜族传统的狩猎工具。多为木制，在上、下两块大木头中间放置发销（制动器）装置，再放上鸟雀或野鸡等做诱饵，待野兽前来吃食而牵动机关，被上面落下的大木头打死、打伤。铁器出现后，拉祜族制作的铁质豹夹子两边均有锯齿，上好发销后用绳子拴在树上，夹子中间放置诱饵。野兽前来吃诱饵被这种铁夹子夹住脚而无法脱身。豹夹子常用来猎捕老虎、豹子、狗熊、野猪、麂子等大型猎物。

5. 枷剪

枷剪是南美乡拉祜族用于在森林和山地捕捉老鼠和其他小动物的猎具，一般用竹子制成。截取一段 70 厘米的龙竹竹梢做底柱，将竹筒最下面的竹节掏空并钻孔备用，再削三根长 50 厘米、宽 7 厘米的竹片穿在底柱上，呈一个固定的三角形框架，其中间的一条竹片可以上下活动。取一根竹竿和一根绳子，竹竿做成弓形，一头夹在活动的竹片上，另一头用绳子拴在底柱上端，收紧绳子竹竿即成弯弓状。在竹框架内制作机关，放上诱饵。待老鼠等小动物钻过竹框架吃诱饵时触动机关，活动的竹片凭借弯弓的弹力迅速落下夹住老鼠等猎物。

四、狩猎技艺

（一）制作火药

火药，拉祜族称“ natmeof”，汉语音译“那末”，是拉祜族填塞火枪、铜炮枪、土炮的主要原料。火药用传统的方法制作，从岩洞取来混有蝙蝠粪便的泥土，拌以蒿子秆、荞麦秆烧制的火灰放入大铁锅中熬煮，后用纱布过滤，除去杂质后冷却即结晶成硝，晒干后再按一定比例加入木炭，洒上自酿白酒后倒入木臼中舂 4—6 小时，即制成威力很强的火药。

（二）制粘粘胶

粘粘胶是拉祜族狩猎过程中常用的材料。粘粘胶为胶状物质，可用橄榄树液凝固后同花生油一起熬煮，也可用长在大树上的寄生藤果实和洗净的当地称为鸡蛋白花树树根的皮一同放入碓窝里舂成泥状。在做成的糊状或泥状物质中加入适量的冷水，用细木棍或细竹竿不停地搅拌，裹在杆上的胶质物经晾干后即为粘粘胶。使用时将涂有粘粘胶的小竹棍绑在树枝上，待鸟雀在树枝上栖息即被粘粘胶粘住脚或翅膀而难以逃脱。这种自制粘胶制作简单、生态环保且黏性极强，鸟禽的脚、翅膀、羽毛一旦被粘上，即无法挣脱飞走。

（三）设置陷阱

陷阱是拉祜族狩猎中的常用技法。先要查找猎物留下的足印和粪便等痕迹，判断猎物的种类以及巢穴至饮水或进食的基本路线。沿该路线寻找自然形成的隘道设置合适的陷阱。将陷阱设置在动物自然出没的必经地段，但不能太靠近猎物的巢穴和饮水处，避免猎物引起警觉而主动避开或改变行动路线。选好地点后，准备适量绳子、木块、刀、金属线绳、吊架、缠网、落石、套圈等材料。木块要选用弹性强且坚韧耐用的木材如榛木，易弯曲、弹力强且无异味。设置陷阱忌破坏原有环境，忌踩踏猎物留下的足迹；尽可能减少脚印、汗迹、气味等人为留下的痕迹，可将材料事先用篝火进行烟熏以冲淡人的体味；设置合理有效且伪装巧妙。常用的陷阱主要有绳套陷阱、平台陷阱、网状陷阱、落石陷阱、弩箭陷阱和挖坑陷阱等。

1. 绳套陷阱

绳套陷阱是最简单的一种陷阱，分为绳套陷阱、弹性绳套陷阱、诱饵弹性绳套陷阱和诱饵弹性腿套陷阱。选择弹力较好的金属线，一端紧拴在树桩、岩石或树枝上，另一端打一活结扣。绳圈大小如拳头，离地约 4 厘米，距离动物必经之路的障碍物约 15 厘米。把绳套置于障碍物前方猎物一次跳跃到达的位置，待猎物冲过来可套住其喉咙或腿脚。金属绳套也可直接用两根细丫杈支撑，使活动绳套保持张开状态。

为了防止猎物挣脱及被其他动物偷食，可用弹性幼树绷紧绳套，猎物被绳套套住时因挣扎而扳动机关，并被弹离地面，高高吊起，能大大提高猎捕效率。弹性绳套陷阱还要先制作钩形扳机，钩在竖直钉牢的木桩缺口上。扳机上端拴在弹性幼树的顶端，使树干绷紧弯曲。

诱饵绳套陷阱的机理与弹性绳套相同，但增设了诱饵。绳圈平置于地面，诱饵用细绳拴住，悬于正上方，一端系在设有机关的树棒上，另一端则系在轻插于地面的右边树桩上。猎物叼起诱饵会触动机关，右边树桩及套住的猎物一起被弹离地面。

诱饵弹性腿套陷阱多用两根天然枝杈绑成叉状人字形，插立于地面上。将绳索的一端拴在弯曲的弹性幼树的树干上，另一端拴在一根短棍的上端。绳套的末端拴在短棍的中央，短棍另一端与一端系有食物诱饵的树枝接触，利用“人”字形枝杈保持整个绳套装置的平衡。绳套则水平放置于悬空的诱饵正下方的地面上。该陷阱适合捕猎体型稍大的猎物如马鹿、麂子等。还可以在横臂上拴挂两个或多个活动绳套，用吊线向上吊起，且被扣在树桩的“V”字形槽口上，以保持平衡。猎物撞上绳套，拼命挣扎使横臂脱离槽口，在弯曲幼树树枝的反向弹力作用下猎物被吊离地面。这种陷阱适于控制动物足迹分布较宽的路面，以提高猎捕效率。

2. 平台陷阱

平台陷阱适用于捕捉较大体型的动物，如马鹿、黑熊、老虎、豹子等。平台陷阱用绳子在吊着的垂直木棍的前后各拴一个绳套。一根平衡杆正好卡在两根钉在地上的倒钩木桩上。当动物踏上平台时，扳机横臂即从平衡杆上脱落而拉动绳套，动物被套住腿或脖子，遂被吊离地面。为了提高陷阱的诱捕效率，还可在中间的垂直木棍上系上诱饵。

还有一种诱饵陷阱是将一根木桩竖直钉在地上，水平横臂卡在其中部的槽口内，横臂两端绑上食物诱饵。四个绳套直接系在吊起的弹力绳索上，弹绳下端系根小木棒或小竹棒，小棒两端卡在垂直臂和水平的诱饵臂的斜槽形成正三角形以保持平衡。将两根弹木的下端固定在地面上，另一端相互勾住以保持平衡。四根双面绳套分别系在两根弹木上，垂直的木棒上端绑在相互勾住的弹木上，下端悬空绑上食物诱饵。

3. 网状陷阱

网状陷阱可根据网的大小和结实程度用来捕猎不同体型的猎物。在地面固定好两根杈口朝下的叉桩，将平衡棒卡在叉口内，扳机棒与水平棒垂直且借助中部的凹槽固定。将网平铺在地面，网的四角用绳索松散地系在一起，绕在一根绷紧的树干上，绳的另一端绷直且拴在扳机棒上。诱饵板的一端轻轻抵在已固定的一根木桩上，另一端也轻轻抵在扳机棒的底端。当鸟类前来吃食，踩上诱饵板触动扳机，在绷紧树干的反弹力作用下大网四角瞬间收拢并困住鸟雀。

4. 落石陷阱

落石陷阱的基本机理是利用动物触动诱饵棒而牵动扳机棒，进而破环整个装置的平衡，导致重物（岩石或圆木）失去支撑，落下并砸伤猎物。

常见的落石陷阱是先将叉状木棒主干的两端削尖，下端斜立于地面，另一个分叉则水平置于重物的下方，前端绑有诱饵。钉牢在地上的竖直树桩的上端支撑一根横木，重物（岩石或大圆木）均斜靠在横木上，与杈状棒一起保持着整个陷阱的平衡。猎物接触诱饵时带动叉状棒，整个支架瞬间坍塌，重物落下即砸伤猎物。为了保持平衡，负重的水平横木与分叉棒上端的接触面必须垂直。

还有一种落石陷阱是先在地面上垂直钉牢一根叉桩。一根长的支撑棒架在该叉桩的上下端，斜撑在地面且上端支撑着倾斜的岩石或捆好的一排圆木，保持平衡。弹性绳索的一端系在支撑棒的下端，另一端在竖直叉桩上绕一圈后系在与竖直叉桩垂直的扳机棒中间的位置。诱饵棒基本上保持与长的支撑棒平行且其一端支在扳机棒的外端，一端支在圆木排或岩石上。猎物前来吃诱饵时触动诱饵棒，扳机棒则失去平衡，继而长的支撑棍被弹开，岩石或圆木排迅速落下砸伤猎物。

在地面上垂直钉牢一根木桩，上端削尖，水平诱饵棍卡在垂直木桩中部的凹槽口内，一端绑上诱饵，另一端砍一个小卡口槽。扳机棒一端卡在诱饵棒的卡口槽内，中部削有凹槽方便卡住垂直木桩的上端。扳机棒的上端支撑着下端斜支在地面的岩石或圆木排。当猎物前来吃重物下方的诱饵，触动扳机棒，重物轰然倒下，即刻砸向下面的猎物。若捕猎体型较大的鸟类如白鹇、野鸡等则需按照类似机理，将重物换成用细木（竹）条扎成的方形鸟笼即可。

5. 弩箭陷阱

弩箭陷阱利用弓弩发射的原理，在地面上固定好两根较近排列、叉口朝上的叉桩，将弹木制成的弓架在上面，箭抵在绷紧的弦上。在箭羽方向以箭为中心分别竖直钉牢两排木桩，前面两根有卡口槽，后面一根为肘节棒。一根水平棒卡在两根有卡口槽的木桩上。扳机棒下端支在肘节棒上，上端绕在弦上，中部卡在水平棒的凹槽内。绊绳一端系在肘节棒的小枝上，绕在数根叉口朝下、相距较远的小木桩以保持装置的平衡。这种陷阱适用于捕杀弓箭正前方来的猎物。

6. 挖坑陷阱

挖坑陷阱也有很多种具体的布控方法。如直接挖一个两三米的深坑，坑内钉上削尖的竹签或荆棘，坑口处铺上伪装树枝做掩体并放置食物诱饵。野兽前来吃食踩踏掩体，跌入深坑而被刺伤，无法挣脱。挖坑陷阱多用于捕获体型较大的野兽。

对于竹鼠、狐狸、獾等会打洞的猎物来说，挖坑不会轻易引起怀疑。挖好土坑，在坑内放置诱饵。坑外附近的地面上垂直钉牢一根叉桩，绳索一端拴在叉桩上，另一端打一个套圈。用两根斜插于坑壁的尖头木桩来支撑套圈保持张开状态。此类陷阱是套圈陷阱和挖坑陷阱的有机结合，猎捕效率较高。

（四）识别踪迹

拉祜族出猎或外出，都有仔细观察野兽留下的痕迹的习惯。他们凭借长期积累的经验能够根据足迹、毛发或粪便的大小、形状、新旧等活动痕迹准确判断动物的种类、数量、留下痕迹的时间、猎物活动的范围并选定相应的捕猎方法。如野兽身体发痒会在树干或石岩上擦痒而留下毛发，从毛发上即可分辨是何种动物，动物在林中奔跑时会将地上的落叶翻带起来或猎物下踏坎时其脚犁出的一道深槽，都是猎物留下的迹象。森林中还有一些迹象可帮助辨别动物。另外，猎手们还会根据森林中小鸟的不同叫声判断野兽及其活动方向，如不同的动物经过林中，林中的小鸟就会发出不同的警报声。若判定为数量多或是体型大的动物，猎手会返回村寨报告，由猎头组织众人集体猎捕。

五、猎头、猎手和猎狗

（一）猎头

猎头，拉祜语称“ shaf ned kul shief paf”，汉语音译为“杀尼谷些巴”，也称“猎匠”，意指“负责组织、指挥集体狩猎的猎手”，也是专门以打猎为生的猎手。猎头以打猎为生，组织并带领猎手集体围猎。南美乡拉祜族认为，一座山有一个山神、一个猎神；一条河有一个水神、一条龙；一个寨子有一个竜头、一个猎头。当地拉祜族村寨通常都有专门的地方供奉山神和猎神。山神掌管土地、树木花草和动物鸟兽，猎物为山神所养，由猎神负责管理。因此，民间认为山神比猎神的权利大。

过去盛行打猎的时候，当地猎头家里一般都供奉有猎神，除集体狩猎祭祀日及集体狩猎以外，猎头一般不上山祭祀猎神。农历每月的十五、三十两日猎头都要代表猎手祭拜，祈求猎神保佑猎手能猎到大猎物，不会发生失误伤人、被野兽伤害等情况。

每年农历一二月，南美乡拉祜族男人们都会组织大规模的集体狩猎活动。狩猎前，需祭祀山神和猎神。进山狩猎的前一晚，所有参加狩猎的拉祜族男子均带上茶、米等祭品聚集在供有猎神的猎头（领猎者）家举行祭祀仪式。猎头家备好一只大红公鸡。举行仪式时，猎头将这只公鸡宰杀后置于祭坛并祭拜四方的山神，念祭词。后将该公鸡剔毛整个煮熟，取两根股骨进行占卜，看山神是否同意赐给猎物。若卦相显示山神同意，则进一步判断猎物的方位、种类等。众人集体出猎，短则几天，长则数月，风餐露宿，直至猎到猎物。

南美村的猎神供奉在响篾寨后山上的一棵大树的树根处，周围被当地拉祜族用小树桩围栅了一圈。每年农历十二月的属猴日，该村的拉祜族猎头则带领寨内所有猎手聚集在此集体祭祀猎神，猎头也可代表全寨猎手前来祭祀猎神。供品为一枚生鸡蛋、少许食盐、谷糠和挂蜂蜡，没有茶叶。食盐、谷糠和挂蜂蜡由寨内各猎户共同提供，生鸡蛋则必须由猎头家单独提供。祭祀时，猎头点上挂蜂蜡，将各家带去的谷糠煮成稀饭，鸡蛋也一并放入锅中煮熟。稀饭由猎手和猎狗分吃，以示猎神保佑猎手和猎狗追山打猎时有力气。猎枪、弓弩上也要抹一点稀饭，请求猎神保佑猎手使用这些猎具狩猎时能百发百中。鸡蛋煮熟后，猎头要看鸡卦。剥去蛋壳，若鸡蛋白上有污点或小洞眼，则卦相显示可猎到猎物。污点或小洞眼越大，预示猎物越大；反之，猎物越小。若无任何污点或小洞，则预示这次出猎不会打到猎物。猎头会放弃带众人出猎，择日再祭猎神，根据卦相决定是否出猎。

南华寨的猎头李扎袜，1916 年出生，以打猎为生且最擅长下地弩。据说他猎得的豹子达 200 多个。每年农历十一月的属马日，他要带领猎手们祭祀猎神，祭品为一枚鸡蛋、少许谷糠和茶叶。祭猎神时，猎头点上挂蜂蜡、磕头，口念祭词："猎神啊！今天你赐给我们小的、差的猎物；明天请您赐给我们大的、好的猎物。"为了避免射伤寨人，他一般在夜晚 12 时至凌晨 6 时下地弩以确保安全。豹子一般在凌晨两点出洞，若被地弩的毒箭射中，毒性发作需要 4 个小时，6 时收地弩时豹子一般已经断气了。1956 年 6 月，李扎袜像往常一样凌晨6时带着两个儿子去收地弩。在大坟地河附近的山林里突遭豹子飞扑过来，他赶紧挥动芟刀砍在豹子的眉心。该豹子被毒箭射中的时间比平时晚了一些，他们去收地弩时正值豹子毒性发作。疯狂的豹子用利爪在他胸口上抓出12个血洞。其小儿子年纪小，吓得赶紧爬上树躲避。大儿子用砍刀拼命砍向豹子，将豹子拦腰砍成两半，并扯开豹子。李扎袜被抬回家后老草医治了半个月，仍神志不清。一个月后，不幸去世。[①]

（二）猎手

猎手，拉祜语称“shafbawt mawq”，汉语音译为“杀坝麻”。南美乡拉祜族有一些远近闻名的老猎手，如李扎努、李扎袜、扎锅、李扎妥等。以前，老猎手家里都供奉猎神。狩猎（俗称“撵山”）的前一天，要祭祀猎神，可在自家进行，也可自行去猎头家祭献猎神，占卜是否有收获及猎物大小。所需供品与集体祭祀时相同。

过去，猎手的家里大都供有猎神，他们每月的属马日要举行祭猎神仪式。猎神供在木掌楼左边女性长辈睡觉附近的墙根处，在地上摆一块木板，上置一些猎物的头骨，猎枪和弓弩摆放在旁边，只在祭祀的时候才摆上祭品。

猎手独自带家人出猎前在自家祭祀猎神。猎手在家中一根挂有猎物头骨、粘有猎物毛发的柱子根摆上祭品，点燃挂蜂蜡，默念祭词。猎手也可带上祭品去猎头家祭祀猎神。祭祀完猎神，全家出猎。到了打算狩猎的那座山，猎手还要找一棵大树，在树根处摆上茶叶、土烟、大米，点上挂蜂蜡，祭拜猎神，祈求猎神保佑猎到猎物，家人平安。

猎手根据祭祀猎神的卦相，决定是否出猎及考虑相应的捕猎方式。一般来说，对于一些行踪不定的小动物如斑鸠、竹鼠、野鸡、松鼠、田鼠等，猎手常用弹弓、下枷剪、下扣子、粘粘胶等方法猎捕。对于麂子、马鹿、岩羊、果子狸、豪猪、草豹、山驴、飞螺、穿山甲、九节狸、白鹇、野猪、黑熊等大型猎物，则要用挖设陷阱、搭设压木或用火枪、铜炮枪射杀等方法猎取。狩猎时，男人们扛枪抬弩蹲守在垭口或野兽出没的地方，女人和孩子们则领着猎狗追赶猎物。捕到猎物后，猎手将猎物的血和毛发取少许粘在枪杆上，回到家将猎物的头骨、角、毛发挂（粘）在家中的柱子上，既祭祀猎神也向

① 本部分的内容是根据2022年12月26日电话访谈罗忠和的材料整理。

寨人展示自己的狩猎成果。

集体狩猎时，猎手通常兵分两路，身体强健的一路猎手负责追赶，擅长射击的一路猎手负责堵截，待猎物进入射杀范围进行齐射，猎取猎物。进行围猎时，先在野兽常出没的空地或岩坎挖一深坑。经验丰富的猎手蹲守在野兽常出没的垭口，其他猎手带着猎狗追赶猎物。猎物被围追堵截，慌不择路就会掉进陷阱被竹签戳死。

猎手在猎捕过程中有时会被凶猛的野兽抓伤。已去世的南美乡户肯四队老猎手李扎妥，1924 年出生，身材高大，机智勇猛。1953 年 9 月，李扎妥跟着众猎手一起串山打猎，在追捕黑熊的过程中，被飞扑过来的黑熊扑倒在地。黑熊用爪子抓住他的脸，他的整个鼻子被全部抓掉。该黑熊因右脚猛蹬，身体失去重心而摔倒，滚下山坡。李扎妥也顺势冲下山坡，与黑熊继续搏斗并用芟刀将熊颈部砍出一条血口子。其他猎手也闻讯赶来帮忙，众人合力将黑熊打死。2015 年暑假，作者在调查的间隙去看望这位有着传奇色彩的老猎手。他静静地坐在家门口，正慢慢编织着竹器。年事已高的他耳朵失聪。他话不多，回想与黑熊搏斗的往事显得云淡风轻，他说打猎受伤很正常。平时他还会上山种地，农闲时仍喜欢教年轻人射弩，勇敢无畏的他受到周围所有人的尊敬。2020 年，李扎妥老人去世，享年 96 岁。

尽管这些老猎手都因打猎落下伤残，但在村民眼中他们都是值得敬佩的狩猎英雄。

（三）猎狗

猎狗，拉祜语称“ shafxar pheud”，汉语音译为“莎阿迫”，专门用于追猎的狗，多为经过阉割的短毛瘦狗，由猎手从家养的狗中挑选出来并经过严格训练而成，俗称“土猎狗”。拉祜族猎手上山打猎（俗称“撵山”），有带上猎狗的习惯。猎手在深山老林狩猎时常会感到寂寞孤单，也常遭遇猛兽袭击。跟随的猎狗既能给猎手做伴壮胆，又是猎手的好帮手、好战友。猎狗的嗅觉、听觉和视觉都很发达。在野外，猎狗可提前发现正在匿伏的猛兽，代替猎手追赶和猎捕野兔、獾、刺猬等小型动物，下水衔拾被打落水中的野禽，帮助猎手把打伤而躲藏起来的动物找到，在猎手遭野兽袭击受伤时奋力救主甚至还可以把迷路的猎手领回来。因此，猎狗是猎手的重要耳目和助手，是保卫猎手的卫士，更是猎手不可或缺的忠实朋友。

拉祜族猎手都非常重视选养一只或多只猎狗。训练一只好的猎狗，要先挑选具有明显的外形特征的良种幼狗，以头胎公狗最佳。这种良种幼狗听、嗅、视觉灵敏，四肢强健，擅长奔跑，天生具有潜在的捕猎能力。猎手选好要驯养的幼狗后，会给其起一个简单、响亮的名字，便于调教呼唤。经过严格的专业训练，这种土猎狗耐力和爆发力极强，奔跑快，能觅踪，敢捕咬，可组队猎取猛兽和大型猎物，且对人温驯，忠于主人。

拉祜族老猎手往往饲养着几只猎狗，甚至有专门的猎狗队。猎手带着狗群、猎枪进山狩猎，一旦发现猎物的踪迹就命令狗群追捕，领头的猎狗闻令前进，其他猎狗也跟着冲向目标，把猎物包围起来，猎手赶到进行射杀。在猎狗队的协助下，猎手往往可捕猎豹子、老虎、黑熊、野猪等大型野兽。

第三节 传统采集

一、采集传统

南美乡一带多高山沟箐，植被茂密，山茅野菜、野生果树、食用菌等品种繁多，为拉祜族日常采集提供了可能。采集品种包括植物的根、茎、叶和果。山薯、董棕、马蹄根等的淀粉多，易储存，但采集过程费时费力。野菜常年生长，品种丰富，随时可采摘。野果除冬春季节较少外，其他季节都有。妇女和儿童是主要的采集者，一进入春季，拉祜族家庭就一边备耕，一边进行采集。采集野生食材需要遵从其生长节令，不同的季节可采集不同的食材，春季万物复苏，夏季雨水充足，秋季果实成熟，这些季节气温适宜、草木繁茂，合适采集花卉类、笋类、菌类、果实类等多种食材，一般仅用手掰掐、捡拾、采摘即可完成；冬季气温偏低，草木凋零，基本限于采集块根类食材，这类采集必须借助工具进行盘土、撬挖，费时费力。

20 世纪 40 年代以前，南美乡一带拉祜族的日常食物供给除了依赖农耕及狩猎，采集也是重要的来源之一。食材的采集有集体和个人两种组织形式。集体采集多以家庭为单位，主要采集块根等食材。相较于其他食材，尽管在采集块根时因缺乏铁质工具，多用尖竹棍、尖木棒盘土、戳挖获得，生产效率极低，但多数家庭还是愿意在农闲的冬季组织全家进行采挖，因薯类块根富含淀粉，可当主食，比较耐饿。吃不完的还可晒干舂细，便于储存备用。个人采集一般指在野外放牧或劳作时偶遇可食花卉、野菜、野果、菌类等，随手采集放进背袋。因此，集体采集具有计划性，个人采集具有随机性。

说到采集，不能不提的是抠鸡枞了。鸡枞因味美而稀少，历来深受食客的青睐。由于味美如鸡，所以俗称“鸡枞”。

鸡枞是与白蚁共生的菌类，因无法量产和人工培植且与白蚁共生的神奇生长过程而被云南人视为灵物。农历七八月的夜晚多有雷雨，临沧一带的人见电闪雷鸣，总会兴奋地说“是鸡枞闪，要出鸡枞了”。初期的鸡枞菌盖形如钝锥，一两天后形如伞盖，中心呈深褐色，边缘呈灰褐色，有辐射状裂纹，鸡枞味道香中带甜，如同鸡肉，是珍贵的山珍。出鸡枞的季节，拉祜族家庭会早早起床，外出找鸡枞。民间的经验是一处鸡枞窝每年出鸡枞的时间相对固定，最多前后错开一两天，而且鸡枞窝因白蚁的活动仅会迁到附近。因此，野外采鸡枞都会细心地记下日期和地点，来年继续按时去采即可。采鸡枞有很多讲究，发现鸡枞不可喧哗，否则会吓跑“鸡枞仙子”；不能用镰刀、锄头等铁器进行橇挖，只能用木棒或徒手小心翼翼地将其抠出。否则，一旦尖锐的铁器震到土里的白蚁窝（俗称“鸡枞土锅”），白蚁就会搬家，不会再长出鸡枞了。

二、采集的种类

南美乡拉祜族采集的食材较为丰富，主要有主食、野菜、野果、蜂虫等四大类。主食类一般指采集块根，野菜主要有花卉、茎叶、野生菌等三大类，野果即各种野果。当地拉祜族可采集的食材种类多达 200 多种。

(一) 主食类

主食类食材一般多指块根类，以山药、野薯为主，主要包括山药、山芋、毛薯、青薯、紫薯、甜黄精薯、葛根、百合、四楞薯等品种。

(二) 野菜类

野菜类食材包括花卉、茎叶和野生菌等，品种丰富，是拉祜族采集数量最多的食材。

1. 花卉类

花卉类野菜主要有白花、树花、棠梨树花、地花、老鸭藤花、灯笼花、紫兰花等品种。

2. 茎叶类

茎叶类野菜包括叶菜类和笋类。叶菜类野菜分木本和草本叶菜两种：木本叶的野菜主要有刺五加叶、香椿叶、臭菜叶、酸包树叶、枇杷叶、树头菜、火镰菜等；草本类叶菜主要有鱼腥菜、水芹菜、蕨菜、水蕨菜、香香菜、光棍菜、芦子叶、水滑菜、刺头菜、头发菜、野芭蕉心、罗锅藤、石头菜、故皮菜、大麻菜、牛皮菜、犁板菜、猪鼻子草、黄鳝藤等。笋类野菜主要为野外各种鲜竹笋，有茨竹笋、实心竹笋、金竹笋、甜竹笋、苦竹笋等品种。

3. 野生菌类

野生菌类野菜主要有鸡枞、大红菌、九月菇、香菌、麻栗树窝、半个菌、木耳、松茸、白参、面瓜菌、见手青、松毛菌、辣菌、扫把菌、八担柴、马屁泡、牛肚菌、鸡油菌、青头菌、冬菌、奶浆菌、茶树菇、珊瑚菌等品种。

（三）野果类

野果类食材主要有花红、枇杷果、鸡嗉子果、董棕果、朱栗树果、曼登果、干天果、鼻涕果、白沙果、山葫芦、碎米果、三桠果、野芒果（俗称“麻梅果”）、野葡萄、黄藨、野杨梅、酸多依、酸木瓜、甜木瓜（俗称“马上坡”）、橄榄、苦榛子、朱列果、野柿子（俗称“野脓包果”）、芭蕉果、野板栗（俗称“毛栗子”）、黄果、枇杷、野梨、李子、缅石榴（俗称“马梨嘎”）、羊奶果、牛肚果、骂恶榨、野樱桃、桑葚、松子、瓜子、麻子、葵花籽、老鼠核桃、山桃、苦榛子等品种。

（四）蜂虫类

1. 野生蜂类

善于狩猎的拉祜族也是追踪野蜂的能手，追野蜂主要是为了取蜜或取蛹。野蜂分为两类：一类是产蜜的，多栖息在悬崖峭壁上、树洞里或树枝上，如酸蜂、岩蜂、蜜蜂、挂蜂等；另一类是不会产蜜的，体型较大有毒刺，如黄土蜂、黑土蜂、大黄蜂、葫芦蜂、七里蜂、夜蜂等。若是产蜜的，就仅熏走蜂群，割走蜂蜜。若是不产蜜的，待蜂窝饱满后晚上点火把去烧，俗称“烧蜂子”，取蜂饼中的蜂蛹。

2. 野生虫类

南美乡一带的拉祜族采集的野生虫类主要有竹虫、水冬瓜树虫、杨柳树虫、蜂蛹、蝉蛹、蚂蚱、蝗虫、花蜘蛛等。

第四节　季节性捕鱼

一、渔业资源

南美拉祜族乡境内全长达 5 公里以上的河流共有 6 条，以南美河和多依河为主，径流面积 56.4 平方公里。境内有巴拉箐河、白石岩河、大坟地河、老几箐河、西山河、铁厂河、白水河、坡脚河等支流组成。全乡四面环山，山间沟箐密布，为拉祜族季节性捕鱼提供了得天独厚的有利条件。这些河流沟箐所出野生淡水鱼，主要有细鳞鱼、红尾巴鱼、杆子鱼、扁头鱼、石花鳅等品种，肉质细嫩，味道鲜美，但产量较低。除了下河捕鱼，南美乡拉祜族还喜欢下田里收集田螺（俗称“螺蛳”）、乌龟；下沟箐抓虾、石蚌、螃蟹等。

二、捕鱼工具

（一）稻稀箩

稻稀箩，拉祜族称“ngad qof”，汉语音译为“阿过”，是南美乡拉祜族群众下河捕鱼的竹编生活用品。该箩全长 80—90 厘米，口部呈圆形，直径约 50 厘米。4 根宽竹篾作经线在底部交叉缩成一个尖形底部，经线宽竹篾向上逐渐张开，辅以细竹篾作纬线编织成笼状，形似圆锥形。渔罩笼底部和上部口端较为细密，中部较为稀疏，笼口用宽竹条或细木杆夹住笼口竹篾并用线绳或细篾条穿绑起来以加固便于耐用。因多用于在稻田里捕鱼而得名。

（二）渔罩笼

渔罩笼简称“渔笼”，拉祜语称“ so thul”，汉语音译为“梭图”，是南美乡拉祜族群众最常用的竹编捕鱼工具。其编织方法与稻稀箩相同，只是较小一些。

（三）渔篓

渔篓，拉祜语称“ shawd qof nieq”，汉语音译为“索谷乃”，是拉祜族捕鱼时挂在腰间用来装小鱼的竹编容器。渔篓分为篓口、篓颈、篓肚和篓底四部分，由竹篾编织而成。用长 50 厘米、宽 0.5 厘米的竹篾做经、纬线按照“十”字形交叉编织成篓底，篓底呈长 15 厘米、宽 5 厘米的长方形，后竹篾全部上收为经线，用宽 4 毫米的细篾做纬线编织成椭圆形的篓肚，至 15 厘米高时收经篾形成篓颈，后逐渐放经篾再编 10 厘米即可收口锁边。渔篓肚大颈细，形如一个收口的花瓶，拴上线绳或竹篾带子，美观实用。

三、捕鱼习俗

每年农历四至八月是南美乡拉祜族下河捕鱼的季节。特别是每年农历四月的第一天为捉鱼节，全寨拉祜族男女老少带上专门的捕鱼工具如稻稀箩、渔罩笼等到附近的河里捕鱼，技术好则可以徒手捉鱼。在捕鱼过程中，大家齐心协力，围起一排将鱼赶到一起再合力捕捉。当天捉到的鱼在河边煮食。农历七、八月份，人们劳作回来过河时也会下河摸鱼或用随身带的小背篓、刀别篓捞鱼。所捕之鱼数量少，多为自家食用，极少用来交换。

南美乡拉祜族的生计方式逐渐从早期的狩猎农耕转变为 20 世纪 50 年代以来的定居定耕。随着封山育林政策的措施，南美乡地方政府积极响应国家号召，不断引导群众停止烧山农垦。特别是随着山林的权属和管理制度的落实，自由烧山种地得到根本控制。同时，随着保护野生动物和加强枪支管理的相关法律法规的出台，政府禁止打猎和私自拥有猎枪，明确规定除了“经省级以上人民政府林业行政主管部门批准的狩猎场，可以配置猎枪；野生动物保护、饲养、科研单位因业务需要，可以配置猎枪、麻醉注射枪”外，禁止私人拥有枪支弹药。此后，南美乡拉祜族家庭积极响应政府号召，主动上缴所拥有的猎枪。曾是拉祜族生产的重要组成部分的传统狩猎、刀耕火种的生计方式逐渐退出历史舞台，与狩猎有关的传统技艺如射弩逐渐变迁为人们休闲娱乐或民族特色旅游体验项目。

第四章
临沧南美乡拉祜族的婚姻生育文化

婚姻是生育的文化前提，生育是代际之间抚养和反哺的文化互惠。[1]受自然和社会环境的影响，拉祜族一向重视婚配和生育并形成独具特色的婚姻、生育文化，体现着拉祜族对生命延续的无限渴望和社会责任的积极担当。与生育相关的姓名文化、亲属称谓等内容也放在本部分一起阐述。

第一节　婚姻文化

拉祜族适婚男女从恋爱（俗称“串婚”）、订婚（俗称“吃火笼酒”）到结

① 田雪原、陈胜利主编：《生育文化研究》，150页，北京，中国财政经济出版社，2006。

婚等系列过程体现了拉祜族特有的婚姻文化，与拉祜族的社会制度、地方习俗、伦理准则及审美取向有密切的联系。

一、传统婚俗

婚俗是指与结婚有关的风俗。婚嫁风俗最能代表一个民族的文化特色。拉祜族的传统婚姻大都经过恋爱、订婚、结婚和从妻居等过程，具有鲜明的地域、民族特色。南美乡四个村的拉祜族婚俗大体相同。

（一）通婚范围

拉祜族实行族内婚，崇尚婚姻自由，青年男女自由恋爱，父母极少包办干涉。清道光《威远厅志》之二中载："倮黑性鲠直……婚不凭媒，病不服药，以六月二十四为岁，男女杂聚，携手成圈吹笙跳舞。"

南美乡一带交通不便，当地拉祜族基本是与寨内或附近村寨的拉祜族相互通婚，少数与当地彝族、傣族、布朗族等少数民族通婚，当地通婚范围以步行一天之内能到达的距离为宜，据说是便于农忙时节相互帮忙、照应。南美村都是拉祜族，选择对象多限于本寨，也有附近寨子的拉祜族。

拉祜族挑选对象不在乎外貌及物质条件，注重能力和人品。一般要求男方会犁地、耙地、砍柴、铲麻、打猎，为人诚实，勤劳勇敢；女方会接麻线、纺麻、织布、缝衣，会做家务，心地善良，孝敬老人。

（二）恋爱择偶

南美乡拉祜族男女青年成年后便可自由参加村寨活动、谈恋爱，当地俗称"串姑娘""串婚"。每年秋收以后至次年春耕开始之前即农历六月二十四至次年二月初八之间为拉祜族传统的婚爱时节。

1. 寻找意中人

（1）寻找意中人

以前，南美乡拉祜族普遍种植小米（俗称毛稗）。农历七月份是毛稗抽穗灌浆的时节，到八月份收割之前，每户都在自家地边搭窝棚，安排青年人住在窝棚看守庄稼，防止野兽糟蹋或鸟雀叼食。白天，青年男女在自家的地里守毛稗；晚上，他们聚在一起，燃起篝火，三五成群对山歌、弹三弦、吹哔噜、弹响篾，男男女女隔着山头对歌以排解寂寞。新米节后，村寨可以吹芦笙，青年男女也可以谈恋爱了。白天，男青年吹芦笙，与女青年对唱过山调。晚上，男女青年聚在一起燃起篝火，对唱山歌，借机寻找意中人。男女两队对唱情歌时，两个互生爱慕的年轻人一般不直接对歌，而是请同伴代为自己对歌进行初步试探。如果对面的某个人有意思，就跟他（她）对唱；如果没有意思，就让别人对唱。如果互有好感的双方都不擅长唱，可以请自己队伍中的同伴代自己对唱，借歌传情。野外篝火旁的对歌场成为男女青年恋爱的天然场所。此外，年节期间也是男女青年寻找意中人的好时机，打歌场上，男女青年穿上拉祜族服装，斜挎拉祜族背袋。小伙子们吹奏芦笙，跳芦笙舞；姑娘们弹响篾，尽情欢歌。

除了对歌和打歌，也有的利用拜年、串亲戚、吸草烟、吃酒席或路上歇息时留意附近的人，相互试探和打量，若有中意的人，就会主动询问对方的年龄、家在哪里等。

（2）抢包头

青年男女谈恋爱，一般是小伙子主动追求，姑娘主动追求的较少。待有了心仪的对象，小伙会借机去抢姑娘的包头、手镯等物件。若姑娘半推半就或稍做躲闪，表明对该小伙有好感，可以继续交往。若姑娘死死护住不让抢走或事后托人前来讨要，说明姑娘看不上该小伙，要将包头等东西如数退还，否则视为不礼貌。“抢包头”为拉祜族有代表性的恋爱习俗。

（3）抢芦笙

在恋爱过程中，拉祜族姑娘也会积极主动、大方地追求自己喜欢的小伙。遇到中意的小伙，姑娘会主动邀到家中，拿好吃的东西给他吃，还会趁机抢走小伙子的背袋、烟锅、芟刀、芦笙、牛腿琴、口琴、衣物等。小伙明白姑娘的用意，若不索要，说明也喜欢姑娘，算作定情之物。之后，若姑娘不想与小伙交往，则将当初抢来的东西如数归还即可；若是小伙反悔，姑娘则不必归还，可直接拿到外面烧掉或丢掉。

2. 确定恋爱关系

有意继续交往的男女双方会通过打歌、劳动等场合继续加深了解、增进感情。农历二月初八开始进入农忙时节，互有好感的青年人互相换工，一起外出干活。在种地、砍柴过程中，相互考察对方是否勤劳能干。经过一段时间的交往，如彼此认定对方为自己的恋人，会互赠定情礼物，即建立恋爱关系。热恋期间，拉祜族男女会互赠礼物，表达心意并展示自己手艺，增进感情。姑娘送给小伙子的礼物多为亲手缝制的火镰包、挎包、腰带等；小伙子送给姑娘的礼物多为响篾、竹篾手镯、蜂蜜、丝线、布料、背篓绳等。小伙子送给姑娘响篾，响篾能吹出悠扬动听的声音，让姑娘记住自己的情意；送姑娘草编手镯或项圈，希望能拴住对方；姑娘亲手为心上人制作绣花并缀有线穗花结的小挎包和火镰包，还会送一条精心编织的腰带，希望能拴住小伙子；送小伙一顶自己缝制的帽子，希望小伙戴在头上，记在心里。条件好的男女青年私下互送银手镯作为礼物。其中，响篾和火镰包为首选的定情信物。坡脚村的拉祜族男女确定恋爱时后，女方一般会送男方毛巾、背袋、火镰包、荷包、腰带等礼物，小伙子一般送给姑娘包头、响篾、红布、绿布。

真心相爱后若分手，伤心的姑娘会撕烂小伙子的衣服，砸烂芦笙、牛腿琴甚至会咬小伙子一口。之后，断绝关系，互不干涉。

男女恋爱期间禁止发生性行为。若出现该情况，只要双方能按拉祜族传统习俗在寨子里摆酒席并举行结婚仪式，就会得到寨人的原谅和认可。

3. 告知长辈

男女青年恋爱一段时间，待时机成熟，双方便会告知自家父母或长辈。双方会向自己的叔叔婶子说明自己已有中意的对象，请叔叔婶子将对方的情况如哪个寨子、是哪户人家的孩子、名字叫什么等转告自己的父母。双方家长会通过赶集或串亲戚的机会尽早打听对方的人品及家庭情况。经过双方父母、亲戚和寨人同意后，这对年轻人才能唱调子，继续谈恋爱。男女青年各自组队，约在一起唱调子、对歌。恋爱的男女双方为主唱，其他人是陪唱。男女队的队员各自给本队的主唱做伴、捧场。对歌时，若当事人一时对不上来，就由本队中的其他人代唱。通过唱调子、对歌，继续加深了解，增进双方的感情。

双方家长同意二人确定恋爱关系后，男方要帮女方砍柴，一般至少要砍好两庹柴，并将柴火挑到女方家整齐地堆好。农忙时节，也会积极主动地帮姑娘家干农活。除夕之夜，也会到姑娘家帮忙舂糯米粑粑。通过这些细节，向姑娘及家人展示自己勤劳能干、手脚麻利，以取得对方及家长的认可。平时，姑娘也会约几个伙伴割猪草送到男方家，帮小伙洗衣服、做饭等，还会在搭桥节亲手做苦荞粑粑送给小伙，以此表明自己勤俭持家、聪明伶俐。

（三）提亲

1. 提亲前的准备

通过一番考察，若男方家长觉得可以，会挑选自家的已婚、口才好有威望且与儿子的属相不相冲的两位男性亲戚为媒人。南华村男方家要请两个能说会道、反应敏捷且与男方家有亲戚关系且当年家中无老人去世及妻子不在孕期的男性成员做媒人。南美乡各村拉祜族男方家长必须将献坟节（每年农历十月的属马日）以后的属狗日、属牛日或属鼠日定为去女方家第一次提亲的日子，若是男女双方有老人的忌日为属狗日、属牛日或属鼠日（以去世当天的属相为准），也要避开。

男方家还要备好给媒人去女方家提亲的礼物，大致为食盐、大米、茶叶、烤酒、糖果等。南美村男方家第一次提亲的礼物有两斤草烟、两斤茶叶、六斤酒、少许食盐、糖果等，基本都要是双数。坡脚村拉祜族男方家准备的第一次去女方家提亲礼物有：一斤小锅酒、一块腊肉、一只小公鸡，用篾箩装一碗茶叶，一升大米，均为单数。南华村、多依村两位媒人第一次去女方家可带上一两斤酒（酒不论多少必须分两份）和两把草烟。

2. 提亲

南美乡拉祜族说媒定亲多在农历十月、十二月（俗称腊月）、一月（俗称正月）进行。男方家定好日子，请两位媒人带着备好的礼物前去女方家第一次提亲。媒人多数是晚上去，也可早上去。

（1）试探女方家长态度[①]

媒人向女方父母说明征求意见，打探女方长辈的态度，俗称“探水”。到了女方家，媒人不直接提亲，一般都是委婉地表明来意，俗称“绕山探路”。一般都要以找小母鸡做鸡种、青菜籽做籽种或讨要一把青菜等方式委婉地向女方家长提亲。

女方家长知道自家姑娘有了对象，见来人拿的礼品，尽管能猜着对方的来意，但仍假装不知道，会故意问媒人。

女方父母：“你们来我家做哪样？”

男方媒人：“听说你家有一只母鸡，我们想讨回去给XX家做抱蛋母鸡。嘎可以？”

① 本部分内容根据2014年5月9日在坡脚村委员办公室访谈王有民、罗有秀的笔记整理而成。

女方家长即使内心有意同意，也不会爽快答应，会婉言拒绝。

女方父母："我家母鸡倒是有呢，但还是小鸡儿，还要不成呢。你们还是去别家问问瞧。"

男方媒人："我们早就打听过了，就是知道你家有，才特意来你家找的。"

女方父母："我不哄你们，我家真的没有你们要找的母鸡。"

男方媒人："你家有呢，送给我们一个嘛。"

女方父母："不瞒你说，我家有倒是有呢，就是小母鸡太小了，还不会领小鸡娃，也离不得娘。"

男方媒人："小倒不怕，有就好了。他家会用好饭好菜把它喂大呢。"

女方父母："就算那样，怕也得我再养三个多月吧。你们去别家找大一些的更合适。"

男方媒人："那就把它和XX家的小公鸡一起养吧，相互做个伴，大得更快。"

女方父母："那怕也还不得（不可以）呢。"

媒人见家长一直不松口，就向女方家长改口讨要青菜。

男方媒人："小母鸡没有合适的，我们来你家菜地掐几把小青菜总有的嘛"。

女方父母："我家地里没种有小青菜。"

男方媒人："我们都看过了，你家地里有一蓬小青菜，正嫩着呢，怕是好吃得很呢。"

女方父母："我们地里小青菜刚撒的，还吃不成呢。你们去别家找找瞧嘛。"

男方媒人："就是小小的青菜才好吃啰，送给我们一蓬尝尝鲜嘛。"

见女方家长还是不松口，男方媒人就继续想办法。男方媒人："小青菜还拿不得，听说你家的菜籽好，那我们替他家来讨要一些去种，总可以的嘛"。

女方父母："我家的菜籽倒是有一些，就是太瘪了，做种子怕是效果不好。"

男方媒人："不怕不怕，他家会把地整得肥肥的，好好种，会长得好呢。"

女方父母："就那怕是也不行啊。"

男方媒人："放心的啰，他家会种的吃呢。"

女方家长："我们这些老谷老米既当不了家也做不得主，你们下次再来吧。"

媒人不断讨要，女方家长不断推脱。即使女方家长内心同意，也会故意找各种借口难为媒人，考验媒人的应变能力及男方家的诚意，甚至故意将媒人劝走。媒人如果找不到新的话题就只得假装离开，但为了完成使命会想尽办法再返回，如故意将火把熄灭，以用来照亮的火把被风吹灭、无法回家为由，借口点火把继续返回女方家。有时，媒人一晚上甚至要来回七八次点火把，再三为小伙子及男方家长说好话，请女方家长放心，劝说女方家长同意这门亲事。女方父母不断地拒绝男方媒人的请求，以反复试探男方的诚意和媒人的口才及应变能力，也显示女方父母对女儿的关心及婚姻大事的慎重。面对女方父母的屡屡拒绝，媒人需要能言善辩，随机应答，尽快让女方父母松口。

从上述拉祜族媒人提亲过程的详细描述，我们可以发现拉祜族说媒具有鲜明的特点，多用暗指的方式进行表述，一问一答，迂回委婉。双方心照不宣，却又都不说破，看似避之而言其他，实则还是紧扣主题。细究起来，与拉祜族的民族历史有一定的关系。过去，南美乡拉祜族较为封闭，缺衣断粮为常态。在历史迁徙过程中形成含蓄内敛的民族性格。从艺术角度看，拉祜族的说媒方式受民族特色和地域环境的影响，具有婉约之美。

（2）女方家长表态

若女方父母热情友善，给媒人让座，也煨茶水给媒人喝，说明这门亲事有希望。多次试探后，女方家长若是满意的话，会不吭声，表示默许；也有的会说一些谦虚的话如“我家的小母鸡不成器，要拿去做种还要有人帮淘[①]”或“我家的菜籽不成，拿去还需要人好好管理”。最终，女方父母被媒人的诚意所打动，主动打开媒人拿来的酒，俗称“开口酒”，标志着已同意这门亲事。尔后，又打开媒人带来的茶叶泡茶。现场的年轻人则杀鸡煮饭，气氛融洽。媒人赶紧给女方家的老人、女方父母及在场的人敬酒敬茶，庆祝说媒成功。媒人带来的酒、茶等礼品，只能女方家长有权利打开，媒人不可自行打开更不可擅自享用。

在女方家长没有请媒人落座之前，媒人不能主动落座，否则视为不懂礼数。若是女方家长对这门亲事不满意，对媒人的态度会很冷淡，不让座也不泡茶招待，更不会碰媒人带来的礼物，则表示根本不同意这门亲事。有的会说“你们怕是走错门了，我家根本没有你们要找的菜籽，也没有你们要的小母

① 淘，云南汉语方言，意为“养育、教导”。

鸡”，甚至直截了当当场赶走媒人；也有的只用凉水招待媒人，意指不同意这门亲事。媒人见女方家长态度坚决，不留余地，只好告辞。送客的时候，女方家长会让媒人将带来的礼物悉数带走。

（四）订婚

1. 商定订婚的日子

按照传统婚俗，若女方家长同意提亲，两位媒人则会转告男方父母。假设提亲成功而预选的第二次去女方家的日子，大多是间隔一轮（12天）。若女方家长觉得不合适，可与男方媒人重新商定一个合适的日子订婚，俗称“吃火笼酒”。有的村寨是由女方家长挑选邀请自家亲朋和男方的亲戚一起“吃火笼酒”的日子。

2. 订婚

南美乡拉祜族将订婚称为“heutyad tif”，汉语音译为“和雅迪”，俗称“吃火笼酒[①]”。

订婚当天，两位媒人、男方家长及亲戚带着礼物，一般是酒（4—10斤），两把草烟、茶叶（1—2两）、若干糖果等一起去女方家吃火笼酒。按照当地婚俗茶叶是订婚必不可少的礼物。届时，女方家会通知其亲戚来家里参加女儿的订婚仪式。

订婚当天，男方家长和媒人讨要女方的生辰八字，与女方家长商定结婚日期、筹备结婚的酒席、男方家需备的彩礼、结婚物品及婚后从妻居细节的具体期限等事宜。

商定结婚日期前一般要问清男女双方出生的属相日，忌讳在家人及主要亲戚的忌日及男女双方当事人生日的属相日举行婚礼。结婚日期以女方家长定的日子为主，若是与男方家不合适（如家中长辈的忌日），男女双方家长要共同商定，一般农历十月不办婚礼。南华村拉祜族一般将婚礼定在春节前后，避开男女双方生日当天的属相日，再选择属猪、属狗的日子作为结婚的吉日。恋爱的男女双方家庭若有亲人死亡，当年不可以办婚事，原来定好的婚礼要取消。

媒人第二次来女方家的时候，媒人及双方家长一起商量，讲清楚要送哪些

① 火笼酒，即订婚酒，因男女方亲戚围着火塘喝酒、聊天而得名。吃火笼酒即指举行订婚仪式。

礼物，其中哪些是男方家自备的，哪些是暂借且需要用后归还的。这次定下来的礼物名称和数量，到时必须兑现，不能减少。

在礼金、婚期等谈妥之前，女方家长和亲戚不喝男方带去的酒，也不用男方带去的茶叶泡茶，但会把男方带来的糖果分给大家吃。一切商定妥当，男方媒人要用从男方带来的茶叶亲自泡好茶水，依次敬给女方的长辈、父母及在场所有的亲朋好友。女方家长及亲朋只有喝了男方带的茶叶泡的茶水，才算正式订婚，民间也有“三匹茶叶为定种，阿妹实落在那家”的说法。吃火笼酒这天只是招待亲朋好友喝茶、吃点心，不备饭菜，由男女双方家庭共同筹备。吃了火笼酒，双方结为儿女亲家，不得轻易反悔。

（五）结婚

南美乡拉祜族多数在农历十月、十一月（俗称冬月）提亲，婚礼多在农历十二月、一月和二月举行，但忌讳在农历十一月结婚，因为该月正值樱桃花怒放，漫山遍野一片红色。当地拉祜族认为红色象征流血和火灾，不吉利。拉祜族也不在农历三月结婚，因为三月是野花摇曳怒放的季节，当地人认为此时结婚的夫妻很难白头到老。

1. 筹备婚礼

（1）筹备喜宴

定下婚期，男方家开始筹办结婚的衣服、彩礼、猪肉等。办婚礼是一件大事，双方邀请自家的亲朋好友及全寨人帮忙。拉祜山寨一家办喜事，全寨家家户户会依自家条件带着米、菜等前来帮忙，筹备喜宴。早先，当地新人结婚的喜宴上只有两碗菜即青菜煮黄豆汤和酸腌菜拌饭豆，不吃肉、不吃油也不喝酒，据说这样能让新娘（俗称“新姑娘”）顺利、健康。南美乡拉祜族筹办婚事一般用 3 天时间。结婚前两三天，寨人要前来主人家帮忙杀猪杀鸡、买肉买菜、准备捡小菜、借桌椅板凳、找锅碗瓢盆。拉祜族的结婚喜宴上饭菜可以不够，但酒必须备足。过去拉祜族结婚，家里除了给新人添置衣服、背篓之外，基本不添置家具，更不会新建房子。极少数富裕点的家庭也只为新人添置一套被褥。

结婚前一天，男女双方家要在自家的院子里搭好青棚。[①] 青棚下的地面撒

① 搭青棚是滇西地区常见的婚俗。凡嫁女娶亲的家庭都要在庭院里用松柏的树枝、新鲜竹竿搭起一个大棚子，俗称“青棚”。

上一层新鲜的松针。松柏蕴含着万古长青、吉祥如意的文化意义。家长会在自家大门和新房的门框上挂上竹篾笆、镜子或金刚钻，以防止“四眼白虎鬼”对新人不利。青棚也称“喜棚”，白天供客人休息、摆酒席，晚间又是打歌的舞场。女方家一般在婚礼的前一天晚上组织亲朋和寨人打歌。

（2）彩礼

过去，南美乡拉祜族村寨普遍贫困，一般男方无需给女方礼金，但要给一定的礼品。按照南美乡拉祜族传统婚俗，男方家庭给女方家的彩礼大致为大米、猪肉、酒、烟叶、盐辣子面、茶叶、针线箩、一些布料针线以及新娘结婚当天的衣物等，旧时还要送一些麂子、马鹿、松鼠、鸟的干巴[①]，表明男方擅长狩猎。现在一般为 50 斤米、50 斤酒、50 斤猪肉、2 斤草烟、2 斤茶叶、两块食盐、两挑木柴即可。酸笋、木耳、四季豆（俗称南京豆）如果有的话，也可以送一些。结婚前一天，男方家要杀一头猪，留下猪头，其他的（除猪尾巴外）对半剖开。结婚用的猪肉一分为二（从头至尾，猪的大小不限），男方家留下的那一半保留有整个猪头，送给女方家的那一半要有整条猪尾巴。男方要遵照双方订婚时的约定如数备好彩礼，由两位媒人带着一行人在婚礼前一天下午四五点之前送到女方家用于招待亲朋。媒人第三次到女方家，是送订婚时定下的礼物，俗称“过箱”“过礼”。他们在女方家吃完晚饭即返回男方家。若小伙子家无力准备上述礼品，女方家也不会强求，会乐意承担婚礼的全部费用。

晚上，男方家再次请这两位媒人和两个小姑娘将给新娘准备的衣物送到女方家，主要有新娘结婚当天穿戴的长袍、包头、拉祜背袋、腰带、一副绑腿、一对银耳环、一对银手镯、一个银项圈、一支草烟锅。若新郎家买不起银手镯、银耳环和银项圈，就从别处借来给新娘当天戴，过后再归还。除了衣物，男方家还会送给新娘一个竹编新背箩（日后背孩子等用）、一根新的背箩绳、至少四对藤篾编的脚箍且数量必须为双数。拉祜族姑娘在结婚前就戴有脚箍，加上结婚时新郎送给的，多则达到一二十对。新郎用牛筋草编的手箍和项箍必须是双数对。农历七八月份，牛筋草抽苔后，就可采来编织手箍和项箍。牛筋草的秆茎具有很强的韧性，用其编制的手箍、脚箍经久耐用，一般手箍能戴两三个月，项箍则能戴八九个月。新娘的衣物全部放在这个新背箩里，由两个小姑娘轮换着背到女方家。

① 干巴，云南汉语方言，指烘制的肉干。

媒人及男方家亲戚将所有礼物如数送到，依次摆放在女方家火塘边的篾席上，供女方家父母及亲戚查收，随媒人送衣物的两个小姑娘要用男方家当天送来的大米煮饭给两个媒人及女方家亲戚吃。吃完饭，这四个人还要返回，将送东西的具体情况悉数反馈给男方家父母。若是数量不够或女方家不够满意，媒人返回告知男方家长，当晚还要再派人随媒人一起补送到女方家，直到全部补齐，女方家长及亲戚满意为止。

拉祜族男女青年结婚不设新房，不置家具。女方家在婚礼的前一天晚上也搭青棚、摆喜宴，请会唱古歌的老人唱《古调》，亲戚及寨人吹芦笙、打歌，唱完后还要关竜。

2. 婚礼

南美乡拉祜族结婚当天有接亲、送亲、结婚等环节，在女方家、男方家分别要举行一次婚礼。新郎新娘全程由伴郎伴娘陪同完成各种仪式。伴郎伴娘须是与新郎新娘属相相合的未婚男女。

（1）接亲

婚礼当天早上，男方家先请两位媒人带着四个小伙子挑两担柴送到女方家，送到后媒人即返回，其余四人可以在女方家吃饭。

媒人回到男方家，就带着新郎、伴郎等几十人的队伍去新娘家接亲，芦笙手吹着芦笙，众人一路打歌。如果女方家路途较远，所有参与接亲的人在男方家吃完早饭再出发，近的话则不吃早饭。媒人走在接亲队伍的最前面，新郎紧随其后，其他人在后边。临走时，男方家将备好的酒、茶、烟等请媒人带着，方便随时敬给女方家的客人。新郎要带一斤酒、一碗茶叶、一升大米，到女方家接亲与送亲的人同吃，女方父母会留少许让新郎带回家，算“回礼”。众人一出大门，男方家就朝天打两三炮火枪（后改为放鞭炮）。

接亲队伍来到女方家寨子边的时候，要打火枪（后为放鞭炮）示意。女方家人听见声音就赶紧组织队伍吹着芦笙出门迎接。男方正式接亲的人数为双数共 4 人，两个媒人、新郎和伴郎，女方家的迎亲的人数也必须为双数且也是 4 人。他们带 4 碗茶和 4 碗酒，在女方家的木掌楼下迎接，请男方来接亲的人喝一口酒、喝一杯茶。随后，这些人在木掌楼下一起合着芦笙的节奏跳“合脚歌”[①]。待芦笙的调子和舞步统一后，歌头领众人打歌，每跳完一转（即一圈）

① 合脚歌：拉祜族芦笙舞的一种套路。

歌头都要跺一次门槛。待三转歌跳完，女方家方开门，众人进屋后再跳三转歌后才在火塘边落座。民间俗称“一跺三转，一开三转”。众人打歌的时候，新郎和新娘不能参加。此外，新郎新娘也不能参加结婚当天的其他打歌，更忌讳打转身歌。

众人坐定，两位媒人煮茶并向新娘父母及屋内的老人敬茶。先给坐在火塘边的 8 位老人敬茶，再给在场的新娘家人敬茶。接着，媒人分别给他们敬酒，还给每人分一小撮烟丝请他们抽土烟。

新郎、伴郎来到新娘家的木掌楼下，新娘由伴娘陪着走下木掌楼，四人一起去附近的邻居家休息。女方家在搭好的青棚下摆上酒菜，安排众人吃饭。

（2）在女方家举办的婚礼

女方家举办的婚礼仪式包括说教、新人给女方父母敬茶敬酒、新郎认亲、做饭、祭家神、喜宴等环节。

结婚仪式一定要在家中老人居住的木掌楼里举行。媒人和双方长辈点上挂蜂蜡，宣布结婚典礼开始，新郎、新娘和伴郎、伴娘被叫回来举行仪式。“说教”，拉祜语称“tawdmaf”，是拉祜族婚礼过程中必不可少的重要环节。新郎新娘向坐在火塘边的长辈及父母跪拜。主持仪式的新娘家的老人拉着新人的手，给他们讲《根古》，教导今后如何做人、如何持家、如何相处，并提一些希望和要求。说教的内容大体为：“天地有日月，石磨分公母，你俩今有缘，天神赐一家。今天是你们结婚的日子，从今往后，你们要出双入对、相亲相爱、不离不弃，要孝敬父母、尊老爱幼、团结邻里，要诚实做人、不怕吃苦、勤劳做事，祝你们平安幸福，吃穿不愁，样样好！”新郎新娘和伴郎伴娘四人一起跪在一块竹席上给这八位老人磕头，感恩教导。

女方家的老人、亲戚坐成一排，媒人负责倒茶水，新郎新娘交叉着给新娘父母磕头、敬茶、敬酒。之后，女方家人会给男方家来接亲的长辈说一些客套话：“我家姑娘还小，啥也不会做。酱菜没有腌过一罐，饭没有做过一顿，线没有穿过一根，衣服没有缝过一件。从今往后，就是你家的人了。今后，你们要好好教她做事、教她做人。”

新郎给女方家亲戚长辈敬茶敬酒、认亲戚。媒人倒好 4 杯酒和 4 杯茶，由新郎先将 4 杯茶依次敬给坐在火塘左边的四位老人、再将 4 杯酒敬给坐在火塘右边的四位老人，其间会有女方家长告知新郎该怎么称呼，让新郎认识女方家的亲戚。新娘、伴郎和伴娘在旁边站着陪着新郎即可，无需敬茶、敬酒。这一环节，当地俗称“认老小”，即认亲。

认亲结束，新娘、新郎又到叫魂箩边点上一根挂蜂蜡，摆一个净水碗、两碗米饭、一小撮茶叶、一把爆米花，后磕头。磨巴边念经边给新人拴叫魂线。磨巴会念一些祝福的话，大意是“今天是个好日子，寨人亲戚聚一堂。牛头有角成一对，姑娘小伙成一双。今日成为一家人，白头到老不变心。夫妻努力搞生产，不愁吃来不愁穿。对待老小都要好，家庭和睦多热闹。芭蕉叶子宽又长，你们有福寿又长。”之后，两位媒人代表新郎家人向女方家所有参加婚礼的人敬酒、敬烟。

礼毕，新郎新娘、伴郎伴娘四人用女方家准备好的四个新竹筒去背水，接着四人到舂碓处象征性舂米、簸米（米一般都是事先舂好、簸好）。之后，四人去生火做一锅只供他们四个人及女方家人吃的饭菜。四人将煮熟的猪心、猪肝、前后猪蹄各拿一点，盛上一碗斋饭，在女方家老人卧室墙角的叫魂箩边点一支挂蜂蜡，磕头献饭。他们四人煨水、泡茶，先给女方父母等亲戚长辈敬茶、敬酒，再给男方家去的长辈亲戚敬茶、敬酒。

这时，木掌楼下的青棚已摆好酒席，喜宴开始。新娘和新郎抬出酒坛，给前来参加喜宴的宾客敬酒。结婚当天的喜宴为流水席，一般要到晚上十一二点才结束。以前，生活条件差，桌椅、碗筷等都有限，只能一次摆几桌，大家分批吃，因此得名“流水席”。陪新郎前来接亲的人、女方家的亲戚和寨人依次轮流入席吃饭。新郎新娘、伴郎伴娘四人要在女方家的神桌旁吃饭，菜品除了跟宾客一样，还外加一个猪肉大杂烩（猪尾巴、猪肠子、猪蹄子、猪心肺各取一些，代表除猪头外的整个猪）。以前酒席也很简单，除了猪肉，菜蔬瓜豆都是由寨人亲戚凑来的，一般要备 6 碗菜：酸笋煮南京豆、水煮野生木耳、水煮洋瓜尖、水煮四方肉、洋瓜炖排骨、炖猪扒烀[①]，主食是玉米炒饭。后来，喜宴发展为 12 个菜，一般有剁鸡生、煮鸡肉、水煮小酥肉、炸泡皮、猪脚炖木瓜、炒肉片、猪肉凉片、炸全鱼、凉拌米线、凉拌木耳或树花、萝卜炖排骨、一个菜蔬（豆角、竹笋、面瓜、青菜等时鲜小菜）大杂烩。据说 12 个菜预示新人一年中的 12 个月都有好吃好喝的。

新郎新娘、伴郎伴娘四人吃完饭，再次到叫魂箩处磕头，还需给女方父母长辈磕头拜别。

① 扒烀，当地汉语方言，指称“炖得很烂的肉”。

（3）送亲

南美乡特别是南美村拉祜族结婚当天新娘要剃光头，俗称“光头新娘”。父母、长辈或亲戚都可以给新娘理光头。新娘的光头要用崭新的包头裹起来。新娘的包头有三四米长，顶部缀满银泡，阳光照耀下银光闪闪，光芒四射，下面的彩色毛线自然散开，一直垂至脚跟，华美艳丽。拉祜族已婚女性平时也缠着头巾，不在外人面前解开。

结婚当天，新娘要穿着自己父母准备的新裤和新鞋去新郎家。据说拉祜语中“裤子”称“hafthaw”，与“穷”的发音“haf”相似，而“鞋子”的发音“kheuqnot”与“苦”的发音“kheor”以及“苦头”的发音“hafkeul”相似。新娘结婚时穿着从娘家带去的裤子和鞋意味着穷日子在娘家已经过到头了，到男方家就全是富裕美满的好日子。

婚宴结束，新娘辞别父母，由伴娘、新郎、伴郎陪同一起前往男方家。除了新娘父母及几个需要帮忙收拾东西、料理家务的人外，几乎所有女方的亲人都去参加送嫁，加上男方家来接亲的人，达一百多人，浩浩荡荡。一路上，媒人走在最前面，随后依次为男方参加接亲的长者、女方送嫁的长者、新郎、伴郎、新娘、伴娘，剩下的人跟在队伍里即可。除新郎、新娘外，众人随着芦笙的节奏边走边跳“大路歌”（芦笙舞的一个套路），预示这对新人以后的道路越走越宽、日子越过越好。

接亲及送亲队伍快到男方家寨子边时也要鸣枪示意。到了新郎家楼下，与等候在此的男方众亲戚、打歌手等一起跳“合脚歌”。待舞步与芦笙调统一，新娘家来送亲的人方可进入青棚。所有人围着青棚中间的篾桌跳“桌子歌”（芦笙舞的一种套路），逆时针跳三圈后才可落座休息。按照习俗，所有参加迎、送的人先喝一口酒、茶，吸一口烟（用土烟锅吸烟）。媒人、长辈及新郎新娘亲近的人上木掌楼，在火塘边坐下，其他人则在楼下的青棚里休息。

（4）男方家举办的婚礼

在男方家也要举行一次婚礼，与在女方家一样，新郎等四人也要煨水、泡茶、敬茶、敬酒、认亲、背新水、舂米、簸米、生火煮饭等。

男方家长及亲戚、女方家送嫁的老人和亲戚等有序地坐在火塘边。新娘家的老人们坐在新郎家火塘的左边，新郎家的则坐在火塘的右边。媒人开始煮茶、泡茶，先依次向在场的人敬一遍酒，再敬一遍茶，又向所有参加婚礼的人敬一次酒、茶和烟。

接着，新娘提一竹筒新水进门，接过婆婆递给的火把塞进火塘，表示今后由新娘当家。新郎新娘在媒人和各位亲朋的见证下跪拜新郎的父母和长辈。新郎父母先倒给新人苦茶，喝完后又倒给甜茶，男方家负责主持婚礼的老人也会教育新婚夫妇："从今天开始，你们就吃一锅饭了，要相互关心，不吵不闹，和和气气。结婚了，大家就把你们当大人了，当家立志要同甘共苦，懂得先苦后甜的道理，多吃苦才能有好日子。以后日子过得好不好就看你们自己了。"随后，前来送亲的女方长辈会对男方父母说一些谦虚的话。媒人也会交代两位新人："你们结婚的喜事今天算是办完了，我们牵线搭桥的任务也完成了。俗话说得好，媒人不挑担，保人不还钱。以后的日子是你们两口子自己过，不论吵嘴还是打架都与媒人无关，不要再来攀扯我们。"

新郎新娘交换着给男方家的老人及亲戚磕头，敬茶、敬酒。其间，男方父母会介绍新娘认识自家的亲戚，新娘敬茶、敬酒并改口，为"认亲"。再给女方家送嫁的长辈亲戚磕头，敬茶、敬酒。两人到叫魂箩前磕头，主持人点上一对挂蜂蜡，拴叫魂线。主持人拿出一个崭新的竹篾饭盒，让新娘左手持饭盒，新郎右手拿盖子，两人肩并肩站着，两臂相交把盒饭合上。该仪式生动地象征夫妻结合。尔后，两人分吃饭盒里的糯米饭，喻示着他们的婚姻生活将亲密无间、和和美美。

新人背水、舂米、做饭，吃完饭，又到叫魂箩旁边磕头，再次给男、女方家长辈们磕头致谢。待媒人、男方家人、新郎、新娘、伴郎、伴娘吃完，喜宴才开席。新人给众人敬酒，礼数同在女方家，不赘述。

当晚，男方家请会唱古歌的老人唱《古调》，还要祈祷神灵："保佑新人健康平安、多子多福。"宾客及周边村寨的人在男方家吹笙（其中多依村和坡脚村的一、二、三组是吹箫）打歌，饮酒狂欢，通宵达旦，最后还要唱关竜调。其间，寨中的老人会给这对新人拴叫魂线，祈祷他们"长命百岁，白头到老"。

（5）回门

南美乡各寨拉祜族正式办婚礼只有一天。之后新娘要回去看望父母，俗称"回门"。其中南美村各村寨新娘在结婚当天就"回门"，南华村、坡脚村、多依村各村寨新娘在婚礼后的第二天"回门"。"回门"结束返回新郎家，整个婚礼过程结束。

南美村各村寨新娘在一位媒人、新郎、伴郎和伴娘的陪同下回父母家。新郎、新娘、伴郎和伴娘 4 人一人背一捆柴，媒人拿一些大米、2 斤酒作礼物。他们 5 人在新娘父母家吃完饭就返回到男方家。临走时，新娘的父母会让他们将带来的米和酒象征性地拿一些返还给男方家，表示回礼。这天，新郎要用牛筋草编一些草箍戴在新娘的手腕和脚踝，意为“拴住新娘，白头到老”。新娘则将新郎的衣服剪一个小洞，用一块绿布精心缝补，向婆家及寨人展示自己的针线手艺和持家本领。

南华村新娘由丈夫陪同一起回娘家，当天太阳落山前返回，其他人在家做扫尾工作，归还借来的东西，清扫场地。坡脚村新娘在新郎、伴郎、伴娘、男方父母及亲戚等几十人陪同下，背上几块肉一起回娘家。新郎新娘、伴郎伴娘四人一起在新娘的父母家做饭，请女方家的亲戚先吃。吃饭时，新郎父母同新娘父母面对面坐，相互给对方夹菜，以示亲如一家。饭后，新娘的娘家人又跟随众人一同来男方家吃饭。当天，新郎新娘、伴郎伴娘四人在男方家和女方娘家都必须在堂屋吃饭。多依村新娘也是跟丈夫一起回去看望父母，新郎用青藤背柴，新娘用背篓背柴，以感谢养育之恩。

（六）从妻居

按照传统习俗，南美乡拉祜族婚后男方要到女方家跟女方父母一起生活即从妻居，少则 3 天或 3 个月，多则 3 年甚至一辈子。男方来女方家要带衣物等生活用具和生产工具，确定永久性地跟女方父母一起生活的还要从父母那里带来牲畜、家禽及田地。年轻夫妻一般睡在木掌楼旁边的仓房里，家里的老人及未成家子女住在木掌楼里。但是否“从妻居”要视具体情况而定，通常年轻夫妻会跟缺劳动力、生活较困难一方的父母一起生活。

与其他村的“从妻居”不同，南美村拉祜族男方结婚后 3 年同岳父母住在一起，但每逢节日必须要回自己的父母家过节。

（七）离婚

南美乡拉祜族恋爱自由，夫妻恩爱，偶尔也会有极少数人离婚。婚后，若夫妻双方感情破裂，确实无法生活在一起的，可以协商离婚，先请寨里头人或长辈来调解，调解无效才商量离婚。离婚前，夫妻双方必须协商好赡养老人、抚养子女及财产分割等问题。财产分割方面，夫妻结婚时各自从自己父母那里分到的田地，离婚时还是归各自所有，夫妻共有的财产平分。有小孩的夫妻要商量好小孩跟哪一方生活。在拉祜族村寨，离婚者不受歧视，但会受到一些惩罚。

南美村拉祜族离婚时，要杀一头公猪请寨里的人吃饭，俗称“散伙饭”，以见证二人离婚，如果家里没有合适的就要买一头猪，费用男女双方分摊，实在没有能力的，离婚双方各自拿一只公鸡送给寨里的头人。用于离婚办伙食的公猪或公鸡只能在野外杀、煮，且要当天在野外吃完，离婚双方家庭的所有人都不能参加吃，以示惩罚。离婚仪式由头人或长者主持，将一块竹片从中间掰断，男女双方各执一半，作为离婚的凭证。众人吃完后，各回各家。做饭用的锅碗瓢盆和吃剩的饭菜都不能带回寨子，直接丢弃在野外。离婚男女家庭的成员在三代以内不再结为亲家。离婚后的双方可以另行婚配，不受歧视。

南华村夫妻双方决定离婚，选好日子，双方父母、兄弟姐妹、亲朋好友等相约到村外的河边，两方的人在河两岸对坐，请头人或磨巴主持离婚仪式。届时，主持人取一束五色线让分坐在河两岸的双方当事人拉住，口中念叨“他们俩合不来，今天要分开，从此婚姻如线断，不再是夫妻，请人神共同作证”等一些话。接着，点火将这根线从中间烧断，以示双方正式分开。在场的所有人都见证两人的离婚，从此两人互不牵扯。

坡脚村拉祜族离婚需男女双方各捉一只公鸡，同炊具一起带到山上，砍一些金竹枝杈，用带刺的糯藤篾扎成两个金竹刷子。磨巴主持仪式，将两只公鸡宰杀，鸡血滴在金竹刷子上，离婚双方各拿一个作为凭证。宰杀好的公鸡在山上收拾干净，就地煮熟，鸡肉只分给现场的人吃，不给离婚双方当事人吃。吃不完的鸡肉当场倒掉，煮鸡的所有炊具也丢弃在山上。据当地人说，离婚时杀鸡是为了送走不吉利的“口舌鬼”。

离婚后的男女可以再婚，不受干涉。夫妻一方去世，另一方需在丧偶满3年后才能重新婚配。

二、婚姻文化的社会人类学考察

婚姻指男女两性的结合，而且这种结合就是为一定历史时代和一定地区内社会制度及其文化和伦理道德规范所认可的夫妻关系。[①] 缔结婚姻是形成家庭组织和延续人口再生产活动的必须过程，是人类构建最初社会关系网络的最基

① 林耀华主编：《民族学通论》，301页，北京，中央民族大学出版社，1997。

本形式之一。拉祜族婚姻文化的形成和发展受到地域、民族、经济等因素的影响，是拉祜族群体社会结构的生动反映及价值取向的重要表达。中华人民共和国成立后，拉祜族主动接受各类国家制度及文化的建构，再加上社会和经济的转型，客观上促使其婚姻文化发生一定程度的嬗变。

（一）传统社会结构体系中的南美乡拉祜族婚姻文化表现形态

历史上拉祜族仅记人出生的属相或大致季节，没有具体的年龄概念。拉祜族姑娘的择偶标准主要看人品良心，要关心妻子、孝敬老人、吃苦耐劳、诚实可靠，不注重文化程度及物质条件。小伙选择对象的标准，看其是否会操持家务，待人接物，心灵手巧。选择对象时，感情、才能、相貌、性格、健康、身高、钱财、权势这些条件中，感情常常是首要考虑的因素，其他条件都是次要的。拉祜族是典型的山地民族，喜狩猎，婚姻文化的形成与其社会结构和生计模式密切相关。婚姻文化是构成民族特征的重要表征，通婚规则与禁忌、通婚圈、择偶观念与恋爱方式、婚姻礼仪、结婚物品选择与人员安排等都是其民族特征的重要文化表达符号。

1. 传统婚姻制度与禁忌

人作为社会性的动物，其生活习俗要遵守所生活的特定区域的社会制度与规则。南美乡拉祜族传统婚姻文化结构中，有其固定的通婚规则与传统禁忌，崇尚族内婚，禁止血缘婚。拉祜族婚恋期有严格的时间限制，一般是每年的“火把节”后至第二年春耕下种时止。其他时间谈情说爱会被认为是伤风败俗的行为而受到众人的谴责。小伙子不得随便对姑娘动手动脚，不然就斥为不检点，要被抄家或罚款，或宴请全寨人当众认错。拉祜族青年男女定亲后未正式给厄莎磕头、举办婚礼前，不得同居或发生性行为。拉祜族从恋爱到结婚一般在半年内即可完成，也有少数恋爱两三年才结婚。

2. 传统通婚圈的形成

人类学认为，婚姻行为的发生与结果的形成都是基于互惠关系的基础才得以真实进行，互惠作为一种具有强大凝聚和认同力量的核心纽带，它可以将个体与个体、个体与群体、群体与群体、村落与村落、区域与区域以及国家与国家联结在一起。[①] 基于互惠原则，通常情况下，传统社会的通婚圈的大小不可

① 赵旭东：《互惠人类学再发现》，载《中国社会科学》，2018（7）。

避免地受自然环境与人文条件的限制，婚配通常在一定地域范围内的社会成员和较为固定的婚配对象中进行，反映出一个家族、村寨、地区的交往状况，具有明显而典型的互惠性。拉祜族对通婚范围有一定的限制，在同寨或同姓人中，若是血亲则不能通婚。拉祜族实行族内婚，盛行姑表婚即姑母的儿子娶舅父的女儿为妻，但禁止舅父的儿子娶姑母的女儿为妻。某些地方流行的交错从表婚、姑舅表单方面婚、同姓隔三代通婚、姑表舅隔三至四代可通婚及姨表隔一代可通婚等婚姻习俗。

过去由于通婚半径小，择偶范围有限，拉祜族近亲结婚的现象很普遍，甚至偶尔会出现不同辈分结婚的情况。拉祜族认为其祖先就是通过兄妹成婚才繁衍后代，近亲结婚会亲上加亲，不会产生任何排斥心理。通过缔结婚姻这一过程不断构建并强化婚配双方家庭和家族的关系。拉祜族寨子里各户之间都存在着或近或远的亲戚关系，且这些亲戚相互联姻，形成一种强烈的共同体意识并构建起强大的社会关系网络，维持较为固定而长久的互助关系，共享着各类物质财富与非物质资源。

3. 传统婚恋场所与仪式

除了家庭环境、生产技术、身体状况、人品性格等因素外，吹笙打歌的本领也是拉祜族非常看重的一种择偶标准。拉祜族在年节期间，男女老少聚集在广场，吹笙打歌，通宵达旦。谷物成熟时节，青年男女会在野外庄稼地看守庄稼。夜晚篝火旁，男女两队进行对山歌。打歌场、篝火边会成为青年男女物色心仪对象的天然场所。此外，村寨的公房、贤惠的寡妇家也是青年男女聊天的首选之地。

4. 传统婚姻形式与仪式程序

拉祜族传统婚俗普遍存在重仪式轻办证的现象。拉祜族的长辈们普遍认为青年男女只有请寨里人喝了喜酒，才算完成了结婚仪式，头人和寨里人才正式认可两人的夫妻关系。

（二）文化变迁视野中的南美乡拉祜族婚姻文化

文化是基于特定时间维度和空间场域而产生，由人类在其实践过程中创造并传承。在人类社会发展过程中，文化的变迁是一种常态。

1. 传统通婚规则的转变

地理空间隔离和封闭、较少的跨族群交流和原始粗放型的生计模式促使南美乡拉祜族的传统婚姻呈现出明显的原始性特征，确保了拉祜族传统文化的完整性和纯粹性。婚姻文化呈现族内婚、姑表婚、对歌串婚、无媒不婚、稳定的婚姻关系以及更加细节的传统婚姻礼仪等群体化特征，基本不存在个体化差异。随着我国社会经济的持续快速发展及相关扶贫政策的大力实施，拉祜族村寨的社会文化发生了变迁和转型。与此同时，个体婚姻和家庭在外来社会、经济和文化冲击下也发生着解构和重建，基于空间地域、生计模式等结构性因素形成的文化群体化特征不再凸显，呈现一定的个体化趋势。

同时，拉祜族传统社会中的时空界限被打破，人际交往圈不断扩大，沟通与交流更加多元化，婚配对象选择更加自由，婚姻观念发生嬗变，年轻人主动为适应社会而作出积极的调适。以前，男女双方在对歌过程中互有好感后，必须要请媒人提亲，双方家长商定后才可以定下婚事。现在的年轻人基本是双方谈妥之后，告知家长，家长一般都会尊重儿女的选择。南美乡拉祜族长期的族内婚及近亲结婚，导致出现身材矮小等人口质量下降问题。随着交通条件的不断改善和交往方式的变迁，南美乡拉祜族逐渐从族内婚向族际婚过渡，通婚范围也有一定的扩大。传统的姑表婚优先制度因与法律冲突，对拉祜族社会的影响甚小。随着外出求学和工作的人数不断增加，异地嫁娶情况逐渐出现，通婚圈的扩大削弱了传统意义上的集体互惠性，凸显了个体意识的价值取向。

2. 婚姻观念的变迁

婚姻观念，即择偶观念、彩礼与嫁妆观念以及对早婚、离婚、再婚、晚婚等的看法。

按照传统习俗，拉祜族择偶要包括对歌、串婚等环节。随着当地越来越多的人外出，以往恋爱时节如火如荼的对歌也因寨里的年轻人少且不需要去野外守庄稼而很难组织起来。即使勉强把年轻人聚在一起，会唱情歌的人也很少，没有以前的浓厚氛围。随着社会环境条件的渐渐变化，受政治因素、经济状况、地域条件、文化差异、伦理道德等因素的影响，南美乡拉祜族在择偶过程中，除了看重对方的人品修养外，更注重个人能力。外表形象及家庭的经济条件也成为挑选对象的重要参考标准。

拉祜族传统的婚姻习俗一般是从妻居。因拉祜族只记出生属相，不记年月，缺乏具体的年龄概念。拉祜族男的能犁田耕地，女的背得动约 80 斤的谷子，一般就可以参加串婚活动了。串婚到结婚的过程一般在一个冬春内就完成，故传统拉祜族的结婚年龄较其他民族早一些。[①] 如果哪家姑娘超过 20 岁还没有恋爱结婚，寨人会觉得是其自身不够优秀或家庭有问题，姑娘本人及家人都会感觉很丢面子。近年来，随着当地女性受教育水平不断提高、外出务工生活环境的改变、人际交往圈的扩大、现代思想意识的影响和生活观念的转变，拉祜族女性的择偶观念挣脱传统思想的掣肘，“早婚”观念日益淡化，越来越倾向于选择适龄结婚甚至晚婚。

3. 婚礼仪式程序的变迁

南美乡拉祜族提倡自由恋爱，但必须征得双方父母同意才能结婚（一般父母也不会过多干涉子女的婚姻）。拉祜族历史上长期存在姑表优先婚和从妻居习俗，这种婚俗制度长期影响并限制女性充分行使婚配选择权。因此，拉祜族传统婚俗虽给青年男女提供了恋爱的自由空间，但仍无法摆脱传统的“父母之命，媒妁之言”的限制，且缔结婚姻的每一个环节都必须要有媒人的亲自参与和见证。近年来，南美乡拉祜族的婚姻仪式程序不断简化，对歌场景日渐式微，媒人提亲也不再委婉含蓄，而是直接说明来意，减少了一些琐碎的环节。有的男方父母不请媒人，自己带着儿子直接去女方家提亲。此外，从妻居习俗的影响力也逐渐弱化，女儿外嫁的家庭基本都不再遵守该习俗。1990 年以后，特别是近年来创建旅游特色小镇，南美乡拉祜族与外界接触日益增多，受现代文化思想的影响，越来越多的适婚女性离开村寨外出务工。外出务工的女孩由于时间和空间的灵活，更多地掌控着婚姻选择的主动权。他们基本都是无媒而婚，即先自行结婚后告知父母，这种经过自由恋爱而缔结的婚姻利于婚后生活的稳固和长久。因此，南美乡拉祜族的婚姻形式由“无媒不婚”逐渐发展为“无媒而婚”。

婚礼是婚俗文化的表征，是婚俗在个体上的外在表现形式，是缔结婚姻的物质准备和心理准备，是为庆贺婚姻关系的确定而举行的一种仪式，该仪式不具备法律效力，但它是对外关系的宣称，是获得个人社会网络支持、承认和认可的一种必要的形式。[②] 当地拉祜族认为只有在村寨办了酒席才算结婚。反倒是两人即使依法办理了结婚证却没有请寨人吃喜酒，双方的夫妻关系在寨人的心里也是不认可的。这是因为吃酒席、办婚礼是面向寨人的公开性的行为，仪

① 澜沧拉祜族自治县政协委员会编：《拉祜族史》，342 页，昆明，云南民族出版社，2003。

② 王俊、王昌志：《婚俗文化变迁中婚姻动机失衡的影响研究》，载《湖北经济学院学报》（人文社会科学版），2017（11）。

式性强，而领结婚证是具有私密性的个人行为，大家不易知晓也不感兴趣。

过去，拉祜族社会传统的初婚年龄一般都低于国家法定的年龄，多数是十六七岁就举办婚礼，有的甚至更小。随着相关政策的深入宣传，越来越多的拉祜族青年认为婚礼和领证都重要。举行结婚仪式毕竟是拉祜族的传统习俗，还是要遵守，但结婚证是政府发给的，为婚姻提供法律保障。随着我国农村福利政策的完善及各项管理制度的日益健全，办理新型农村合作医疗、孩子上户口等都是要提供结婚证的。只有事实婚姻而没办理结婚证，他们就无法享受政府提供的一些福利政策，越来越多的年轻人认识到结婚证的重要性。可以说，南美乡拉祜族的婚姻观念已由“崇尚传统习惯法”向“遵守国家法律”转变。

婚礼过程中的人、器及物等也发生了较大的变化。法国社会学年刊学派的莫斯认为，礼物的交换是一个社会的整体活动，“首先，不是个体，而是集体之间的互设义务、互相交换和互定契约。”[①] 在莫斯的观点中，礼物的交换是一个不断循环的过程，“这个过程是由深深根植于人们心中的赠予、接受和回报三个义务来维持。”[②] 实际上在这个循环过程中，通过礼物的馈赠与回赠，人际关系便随之建立起来，感情也被不断强化。南美乡拉祜山寨，一家办喜事，其他家庭都会送礼。礼物大多是米、肉、酒、鸡蛋、蔬菜、瓜果等日常物品，多少不论，视自家的经济情况而定，极少有人送礼金。但近年来，随着经济条件的改善，寨人在结婚时除了少数送被子、毛毯外，多数基本都是送钱，而且礼钱也是逐年增加。少数家庭既送礼金又送礼品。

拉祜族民风淳朴，崇尚节俭。如前所述，按照拉祜族婚姻习俗，男方家需要给女方家一定数量的聘礼。拉祜族的聘礼主要为送给女方父母用于结婚当天办酒席的大米、猪肉、蔬菜及新娘结婚要穿戴的服饰等。尽管南美乡拉祜族的提亲、“火笼酒”（订婚酒）及婚礼过程中男方给女方及女方家庭的礼物数量很少，但数量和种类多少都是在媒人的见证下由双方长辈共同商定的，对婚姻关系的建构却具有重要的作用。女方家庭一旦接受礼物，就有兑现婚姻承诺的义务，两个家庭通过礼物的交换而建立了一种姻亲契约关系。南美乡拉祜族崇尚从妻居，一切从简，女方父母也没有给女儿备嫁妆的风俗。三年的从妻居过后，不论是与哪一方父母共同生活，一般家里都不添置新的家具和被褥，但夫

① ［法］马塞尔·莫斯：《礼物：古代社会中交换的形式与理由》，汲喆译，7 页，上海，上海人民出版社，2002。

② 黄淑娉、龚佩华：《文化人类学理论与方法研究》，92 页，广州，广东高等教育出版社，2004。

妻双方都可从自己父母那里分到一份田地。

近年来，南美乡拉祜族的整体经济条件得到明显改善，越来越多的家庭生活宽裕起来，婚姻成本也逐渐提高。男方家庭除了给女方家准备传统的礼物（肉、菜、新娘的服饰等），在能力范围内还会给一些聘礼，数额为几百、几千甚至上万，条件好的男方家庭还会给新娘买手表、购买一些家电、家具，甚至手机、摩托车等物品，女方家也会准备一些被褥等嫁妆。总之，双方为子女结婚准备的东西无论在数量还是质量上都大大超过过去。

如前所述，南美乡拉祜族传统婚俗文化中的说媒、接亲、送亲人员的挑选、数量都很有讲究。近年来，媒人的挑选并没有如此严格，甚至有的家庭的男方父母亲自去女方家说亲，直截了当地商量婚事。婚礼参与者身份呈现多元化，接亲和送亲的人数都要为双数，且这些人的属相不能与新郎新娘相冲，除了亲戚外，新郎或者新娘的朋友们也都可以参加。以前因为交通不便，条件落后，南美乡拉祜族结婚时接、送亲基本上是靠步行，礼物都是靠肩挑背驮送到女方家。近年来，结婚的礼物一般都是用摩托车、拖拉机、微型车等拉运，减少人力成本。距离近的还是走路，远一点的接亲和送亲就改为乘车了。

（三）南美乡拉祜族婚姻文化变迁的逻辑动力分析

文化是人类生活方式的整体呈现，是一种典型的人为实践产物。人类创造历史场景、社会情境以及文化语境总会在发生着或内隐或外显的变迁。[①]时空维度与社会条件不一样，自然人类对文化的需求也就不一样，人们就会满足自身实践需求而进行文化的调适与重构，使之适应社会发展规律。[②]南美乡拉祜族婚姻文化的变迁与我国社会整体转型变迁是密切联系在一起的，其婚姻文化变迁的逻辑动力既有内因又有外在条件，可以说是传统与现代、国家与地方良性互动和共同作用的结果。

1. 生产生活方式的转变是推动婚姻文化变迁的基本逻辑

马克思主义民族观认为：民族居住环境影响了民族习俗、民族文化，[③]环境是经济、文化重要的衍生发展基础，经济发展可以促进文化更好地传承，文

① 杨昌国、李宁阳：《马克思主义实践论视域下人类学的知识生产与文化实践》，载《湖南科技大学学报（社会科学版）》，2019（3）。

② 李宁阳、杨昌国：《传统的延续与现代的糅合——文化变迁视域下西江苗族婚姻文化的社会人类学考察》，载《地方文化研究》，2020（2）。

③ 杨光平：《浅谈黔东南苗族传统居住方式对婚姻的影响》，载《贵州民族研究》，1996（4）。

化的振兴可以促使经济又好又快地发展。在传统农耕社会，劳动力是一笔重要的财富，通过婚姻可以加快人口繁殖和添加劳动力。因此，产出劳动力成为南美乡拉祜族婚姻缔结的基础动力。对劳动力的现实需求，反映在婚姻文化中就是普遍存在早婚早育现象。加之山高路阻，崇尚族内婚的南美乡拉祜族的通婚圈更多限于附近村寨，远的也基本控制在五公里以内，便于日常照应和劳动协作。近年来，随着经济的发展、与外界接触的增多和思想观念的转变，南美乡拉祜族逐渐变得开放，更容易接受新鲜事物。在创建民族特色旅游小镇及脱贫攻坚的推动下，道路交通等基础设施和服务配套机制不断建立健全，生活生产方式出现新的转变。

近年来，当地大力发展生态农业，“长、短、特”结合，种植台湾长寿豌豆、花椒、烤烟、茶叶、核桃、油菜以及野生菌加工、重楼种植、虹鳟鱼养殖，依托草山、观景台、拉祜王酒庄、南美乡拉祜族古村落、拉祜风情园、拉祜搭桥园、生态茶庄及原始森林、自然风光地貌等，打造拉祜族乡村旅游，促进了当地村民经济收入水平的提高与生活质量的改善。鉴于物质条件的改善，受周边地区其他民族的影响，南美乡拉祜族在婚礼的聘礼、婚宴、礼金等各方面自然会更加丰富，相较以往会更加强调经济因素。同时，近年来，随着教育水平的提升，越来越多的年轻人懂汉语、有技术，外出学习和务工。一些在城里工作的年轻人，受现代文化习俗的影响，有的结婚时也不再穿拉祜族传统服饰，改穿西装、婚纱等时尚礼服。有的觉得在家里搭青棚办酒席太费事，就直接在城里酒店包席宴请亲朋。一些适婚女性外出务工，有更多机会认识外面的青年人，选择婚配对象的范围更大，机会更多。凭借着更自由和宽阔的婚恋平台，一些拉祜族年轻人直接与外族人结婚，甚至嫁往外省。这种外嫁扩大了原有的通婚圈，有利于人种的优化。当然，外地的女性极少愿意嫁进当地，这在客观上导致当地适婚男性人口事实意义上的过剩，严重冲击了当地拉祜族传统的族内、寨内稳定的婚配模式。有学者曾指出，妇女在婚姻迁移中呈现梯级向上迁移的态势，即符合“梯级迁移”规律。[①] 当地未婚女青年不断地向条件更好的地区流入，直接造成了婚姻挤压，即在外省富裕地区处于婚配劣势的男性比本省处于婚配优势的男性更有竞争力，而本省富裕县区的男性比本省贫困县区的男性更有竞争力，本地富裕乡村的男性比贫困乡村的男性更有竞争力，这

① 王宗萍：《高度集中的婚姻挤压最令人担忧》，载《人口研究》，2003（5）。

样层层挤压，就让当地剩余的未婚男青年处于整个婚姻挤压链条中的最末端。

2. 国家的婚姻制度是影响婚姻文化转型的强制性因素

同其他民族地区一样，南美乡拉祜族的传统社会秩序也是由其习惯法以及传统头人、大家庭家长等组成的自成体系的运行机制来共同维持。随着国家法律知识的广泛宣传，国家的法律法规规范着当地人的行为，也促使当地人思想观念的转变。国家的正式制度对南美乡拉祜族传统婚姻制度、婚姻观念以及婚俗礼仪具有强制性的影响力。国家制度进入之前，南美乡拉祜族无论结婚还是离婚，都是基于传统的村寨权威体系。我国于 1950 年颁布了第一部婚姻法，此次婚姻法革除了许多封建婚姻制度和封建婚姻习俗，如父母包办婚姻、一夫多妻制以及在婚姻中的男女地位不平等，重男轻女等。确立婚姻自由、一夫一妻、男女平等、保护妇女儿童合法权益的原则。拉祜族传统社会盛行早婚，初婚年龄多在 15—17 岁，20 岁以上结婚的很少。拉祜族传统的早婚早育观念及姑表婚习俗与我国法律制度存在一定的冲突。随着社会的发展、文化素质的提高及计划生育和晚婚晚育政策的宣传，拉祜族的初婚年龄有所推迟，早婚现象大大减少。受地理环境、思想观念及文化习俗的影响，南美乡拉祜族过去基本不与外族及外乡人通婚，习惯于族内村内通婚，盛行姑表婚。2000 年前后，当地乡政府为了减少近亲结婚，促进人种优化，出台一项政策即对与外族通婚的家庭每户奖励 500 元，以鼓励拉祜族与外族通婚。近年来，当地已有一些年轻人与外族通婚，甚至与外地人结婚。

拉祜族崇尚恋爱自由，极少有离婚。如前所述，南美乡拉祜族传统的离婚仪式由头人或磨巴主持，只要举行了仪式就算正式离婚。按照婚姻习惯法，先提出离婚的一方要负责孩子的抚养义务，带有一定的惩罚性。时至今日，当地拉祜族离婚，不再依赖习惯法，而是遵照司法程序办理离婚手续，且不论哪方提出离婚，双方都要共同抚养孩子。多年来，随着政府在实施户籍办理、生育管理和社会福利、农村医保政策等方面加强了与正式婚姻制度之间的关联，加速了正式制度代替非正式婚姻制度的转变过程。加之，政府和村社加大政策宣传的力度，村民只有领取了结婚证，婚姻权益才能受到法律保障，生小孩等才能享受系列的福利政策。在现实利益的驱动下，年轻一代的拉祜族在举行传统结婚仪式的同时，也会主动办理结婚登记手续。近几年，一些外出务工的青年男女受城市新环境、新思想、新观念的影响和时间、空间及经济条件的限制，他们更愿意优先选择登记结婚而不是办酒席。可见，我国现有的婚姻制度和婚姻法规是影响婚姻文化转型的强制性因素。

婚姻文化作为南美乡拉祜族文化结构整体中的重要元素，是拉祜族文化群体社会结构及价值取向的重要表达，仍植根于拉祜族的地域文化和民族传统，具有独特的民族性和文化性特征。拉祜族传统婚姻习惯法在一定时期内仍会对拉祜族群众产生深远的影响，但随着社会转型和经济发展，婚姻文化习俗在各方面均发生了或多或少的变化。拉祜族群众已经意识到遵守传统习惯法要采取与时俱进的态度，继续弘扬其进步的因素，自觉进行移风易俗。只有顺应社会发展的大方向，自觉延续拉祜族传统婚姻习俗又主动对婚姻法规做出积极调适，做到宽宥与扬弃并重，才能真正实现拉祜族家庭幸福和社会的和谐稳定。

第二节　生育文化

生育文化指人类在种族繁衍实践过程中产生和形成的思想、观念、伦理、道德和行为规范，反映生育变动和发展的意识形态及其变换的物质形态。[①]一定地域和群体的生育文化受特定的道德观念、宗教习俗和社会制度等因素的影响而有所差异。

一、生殖崇拜

"生殖崇拜是人类生存本能的观念表现。人和动物一样，不管自己意识到与否，都在不断地生殖，繁衍后代。可是，对于人类来说，生殖不只是一种纯自然的、动物性的行为，而是性的社会属性进一步发展的表现。因为在原始社会不存在固定的婚姻与家庭形式的条件下，社会团体的整个生活运行是以女性为中心的。这样一来，对生殖的崇拜不仅是个人的自发行为，而是整个氏族延续发展的整体社会利益的表现。"[②]

德国哲学家尼采认为："真正的生命即通过生殖，通过性的神秘而延续的

① 田雪原、陈胜利编：《生育文化研究》，5页，北京，中国财政经济出版社，2006。

② 李远国：《原始初民的性崇拜》，http://www.360doc.com/content/13/1127/07/276037_332462094.shtml，2013-11-27。

总体生命。所以对希腊人来说，性的象征本身是可敬的象征，是全部古代虔敬所包含的真正的深刻意义。生殖、怀孕和生育行为中的每一个细节都唤起最崇高最庄严的情感。”[①]

（一）性崇拜

在远古时候，对人类的生存威胁，有的来自自然界；有的来自人类的竞争对手毒蛇猛兽；也有的来自灾害和各种疾病。所以，当时人类最关心的便是人类自身的繁衍，即生殖。而处于低级思维阶段的古人类，他们的思维方式都是形象的、象征性的和幻想性的。为了提高繁衍能力，人们开始崇拜男、女生殖器，希望借此增强生殖的力量。

在拉祜族创世史诗《牡帕密帕》中拉祜族的始祖也是由老鼠将葫芦啄出洞才得以出来，与人类由子宫孕育后经由阴道产出的情形在思维结构有相似之处。这种视“洞”为女阴，并创设拉祜族始祖出自洞口的神话情节，无不是原始生活的拉祜族先民在实践过程中对人类诞生问题的哲学思考。拉祜族始祖诞生于洞穴的神话思维也可以看作是拉祜族先民对远古生活历史记忆的生动再现。

黑格尔认为：“东方所强调和崇拜的往往是自然界普遍的生命力，不是思想意识的精神性和威力，而是生殖方面的创造力。……对自然界普遍的生殖力的看法是用雌雄生殖器的形状来表现和崇拜的。”[②]在澜沧拉祜族自治县的南段老寨，寨子广场的中央矗立着神圣的神柱，神柱通常由三根特别粗壮的栗树木柱组成，前面一根神柱为寨神柱，代表寨里的头人卡些；后面的两棵神柱分别代表男寨神和女寨神。只有村寨更换头人才能换上新的寨神柱，否则直到自然腐烂才能更换。代表男寨神的神柱顶端被削尖，形似男性的生殖器；代表女寨神的神柱顶端呈圆形，形似女性的外阴。这些神柱受寨人虔诚祭拜，庇佑村寨平安，人丁兴旺。透过男女寨神柱这一现象，可说明拉祜族先民认识到男子在生殖过程中享有与女子同等重要的作用，于是民间信仰观念中便逐渐出现同时祭祀男、女寨神的文化物象。可以说，男女寨神柱是拉祜族原始性崇拜的习俗在现实生活中的遗存。

在原始社会，拉祜族先民认识自然、改造自然及对人类自身的认识能力

---

① ［德］尼采：《偶像的黄昏》，周国平译，100页，北京，光明日报出版社，1996。

② ［德］黑格尔：《美学》（第三卷上册），朱光潜译，40页，北京，商务印书馆，1979。

极其有限，对生命的孕育充满着敬畏和神秘感。随着社会生活实践的日益积累，他们逐渐认识到新生命的出现离不开男人和女人的结合，新生命的孕育须借助女人的身体通过神秘的方式才能最终完成，所以出现对男、女生殖器官的崇拜以及男女性交的崇拜。西双版纳傣族自治州勐海县格朗河乡的拉祜族山寨至今都流行着一种叫“嘎内嘎”的交媾舞。这种舞蹈是当地拉祜族世代相传的传统舞蹈，其产生年代已很久远。当地民间有“草一年要发一次芽，树木一年要开一次花，结一次果，草木才会永远繁盛，人类只有通过交媾才能得到繁衍生息”的说法。当地的拉祜人在每年“qhawrthad”（汉语音译为“扩塔”，意为春节）的初三深夜必须跳交媾舞。跳舞时，人数不限，年龄不限，人们以偶数围成两个圆圈，参加的人必须成双成对。男子吹芦笙在里圈，妇女牵手在外圈。舞蹈的特点是脚跟立起跺地，同时膝盖稍屈，向前送胯。此舞蹈必须按照上述动作反复跳三次后才能结束，多则不限。① 在云南省澜沧县糯福乡南段村老寨的佛房的第一道门“佛达门”都是栗树制成，高 2.5 米，宽 3 米，门楣及门槛头上用刀斧刻制成人头状，安放有数个象征太阳和月亮的圆形木块，两根木头上下对称，成男女交合状，意示人类的生育繁殖能力。②

此外，拉祜族还有对鱼的生殖崇拜。鱼作为拉祜族日常生活中的食物，不论在外形特征还是内在寓意上都具有丰富的生殖内涵。南美乡拉祜族村民特有的每年两次的搭桥节，四月搭桥节是叫谷魂，六月搭桥节是叫苦荞魂，都是为了促进谷物丰产。值得一提的是，两次搭桥节由竜头主持的祭祀仪式结束后，当地拉祜村民不论男女老少，都要下河捉鱼，即使没有摸到鱼，也要摸着虾，实在摸不着的就将水里捞到的虫子或其他生物带回家，当晚煮汤喝。摸着鱼的人家一来预示来年粮食会丰产，家庭会有好运；二来家人吃了搭桥节当天捉到的鱼，预示来年谷仓的粮食会很耐吃。拉祜族对鱼的崇拜也是生殖崇拜的生动表现，符合相似律的心理意象。

（二）葫芦崇拜

在初民社会，生育的极其重要和艰难均加大了人们对女性的尊敬程度。同时，原始人类的思维能力极不发达，他们习惯于直观的具体的思维，缺乏抽象的逻辑的推理，只能将女性的生育功能及其外貌特征加以神化，由此将母体崇

① 李扎约主编：《拉祜族民间舞蹈》，149 页，昆明，云南民族出版社，1993。

② 郑显文：《心中的拉祜山》，90 页，北京，中国城市出版社，2003。

拜和生殖崇拜物化为葫芦崇拜。[①]德国人类学家莱奥·弗罗宾斯认为"圆是包含着世界始祖的葫芦。"[②]葫芦是大小两个圆的组合体，也代表原始的混沌。葫芦之所以是人类始祖，是因为它是圆体且多籽，就像母体，形似女子的子宫，具有腹大多籽的特征，具有巨大而又颇为神秘的生殖力量，这也是葫芦生殖文化的内涵所在。葫芦作为民间信仰的崇拜对象，是先民生育崇拜和丰产崇拜观念的反映。[③]

拉祜族神话体系中的人物通常都表现为二位一体，最初的人类始祖是从葫芦里出来的一对男女，作为第一对人类，他们要承担性别角色分工以满足厄莎繁衍人类的愿望。拉祜族始祖扎迪娜迪（意为"独男独女"）作为有生命力的人类精灵，无法像厄莎等天神那样可以自己造人和万物，必须通过两性生殖来繁殖后代，以延续人类的生命。

拉祜族起初对生育并无明确的性别分工，民间流传有不同的版本。有的描述为人类始祖扎迪和娜迪具有相同的生殖能力，最初是扎迪把胎儿怀在小腿肚里，有一次他正走着路，胎儿流了出来。这时，幸好娜迪用其前襟接住了胎儿，胎儿随即钻进其腹中继续发育直到出生。有的描述为哥哥扎迪将胎儿怀在小腿肚里面。每次怀孕，扎迪不但走路困难，连活计也做不了，还要杀牛补身体。一次，怀孕的哥哥将脚踢在门槛上，怀在腿肚里的胎儿流产。妹妹想了想，说以后自己来怀孕生孩子，把孩子怀在肚子里，照样走路、干活，生孩子也不困难，生下孩子只杀几只鸡补身子就行。此后，拉祜族就由妇女怀孕生孩子。妇女生孩子时要杀鸡吃，就是从那时传下来的。[④]上述民间故事反映出拉祜族先民经历了对女性生殖角色这一神秘物象进行积极探索的漫长过程，才得以形成朴素的生育观。

拉祜族迁徙史诗《根古》中如此说：很久以前，青海湖畔，马鹿去吃篠。马鹿在湖边喝水时，它的角不小心绊到了结有一个大葫芦的葫芦藤。大葫芦滚到了湖里。马鹿听见葫芦里有声音……小蜜蜂告诉马鹿里面是人的声音。马鹿请小米雀和老鼠帮忙咬开葫芦。一男一女兄妹两人从葫芦里出来，据说是拉祜

---

① 杨云燕：《从人类学视角解读拉祜族葫芦文化》，载《鸡西大学学报》，2012（4）。

② 董健丽：《中国古代葫芦形陶瓷器鉴赏》，载《文物天地》，2015（5）。

③ 刘锡诚、游琪主编：《葫芦与象征》，388页，北京，商务印书馆，2001。

④ 杜杉杉：《社会性别的平等模式："筷子成双"与拉祜族的两性合一》，赵效牛、刘永青译，50页，昆明，云南大学出版社，2008。

族祖先。在天神的授意下，兄妹两人结婚并繁衍后代。[①] 拉祜族始祖诞生于葫芦且兄妹成婚繁衍第一代人的神话折射出葫芦文化蕴含的生殖意象。

拉祜族创世史诗《牡帕密帕》第三部分《扎迪娜迪》还有这样的情节：大地发洪水，人们都死光了，阿呆玛戛（拉祜族的最高神“厄莎”）看见拉祜族只剩两条人命，便从天上抛下一个大葫芦，这两个幸存的一男一女钻进大葫芦才保住了性命。洪水过后，老鼠把葫芦咬通才得以救出兄妹二人，男的叫扎迪，女的叫娜迪，他俩结为夫妻，繁衍的后代便是拉祜族。[②]

马克思曾说：“任何神话都是用想象和借助想象以征服自然力、支配自然力，把自然力加以形象化；因而，随着这些自然力之实际上被支配，神话也就消失了。”“神话是已经通过人们的幻想用一种不自觉的艺术方式加工过的自然和社会形式本身。”[③] 拉祜族葫芦生人的不同神话版本既符合人类由葫芦孕生的类型，又符合葫芦使其祖先在洪水中再生的类型。葫芦的下半部是大腹便便的孕肚，上半部则是隆起的胸部，这是拉祜族想象中生殖力最旺盛的“生育女神”的形象。这种葫芦崇拜是拉祜族先民对生殖崇拜的最直接的心理投射。拉祜族把葫芦当成母体崇拜的象征物，其象征性形象思维在于以葫芦多籽为多子多孙，人口繁衍的象征。[④]

葫芦既然是母体崇拜的象征物，它无疑反映了原始母系民族社会中妇女的崇高地位。在拉祜族漫长的母系社会，妇女不仅在社会生产和家庭生活中占主导地位，而且在生育后代方面，更有特殊的地位。这正如恩格斯所说：“神话中的女神的地位，表明早期女子还享有比较自由与受尊敬的地位。”[⑤] 母体崇拜正是在这种特定的社会条件下将妇女神化的产物。拉祜族从葫芦里诞生这一原始观念的特定寓意，显然是把妇女的生殖能力视作一种神秘的力量，葫芦则充当这一神秘的生殖能力的寓体。

拉祜族葫芦神话重在叙述拉祜族起源的过程，反映了人类起源的思想逻辑。从天神造天地、造万物、种植葫芦而“生人”，后洪水泛滥时又将诞生于

---

① 杨云燕：《临沧南美拉祜族古歌》，1—2 页，昆明，云南民族出版社，2018。

② 刘远东：《拉祜族的葫芦文化》，载《民族艺术研究》，1992（2）。

③ 中共中央马克思恩格斯列宁斯大林著作编译局编：《马克思恩格斯选集》（第二卷），113 页，北京，人民出版社，1972。

④ 刘锡诚、游琪主编：《葫芦与象征》，167 页，北京，商务印书馆，2001。

⑤ 中共中央马克思恩格斯列宁斯大林著作编译局编：《马克思恩格斯选集》（第四卷），57 页，北京，人民出版社，1972。

葫芦的兄妹放入葫芦得以逃生，人种得以保存下来。其中，从葫芦里出来的一对兄妹及后来繁衍的拉祜后代，蕴含着男女、阴阳二元对立互动的观念，体现了人类由“少”到“多”的衍生过程，具有鲜明的空间具象性和时间过程性，折射出拉祜族先民对人类和民族自身历史演化的思索。洪水神话中人类借助葫芦得以幸存的情节不仅展示了人与自然的冲突，还展示了人类通过灾难得以再生，用神话描述生命在时空中的演化来揭示生命的价值，所以它还包含最古老的生命价值观。

无论是神话传说中葫芦生人、洪水中葫芦救人情节，还是母体崇拜的葫芦崇拜以及日常生活中的葫芦文化，都是拉祜族对葫芦蕴含的生殖意象的崇拜心理的外在表现。

总之，生殖崇拜是人类社会特有的一种文化现象，是人类在认识自然和改造自然的社会生产实践过程中形成的对自然万物及人类自身的原始而朴素的认知，这种现象是人类渴求子孙绵延、繁衍生息及祈盼谷物丰产的心理意愿的外在体现。

二、生育文化习俗

拉祜族认为生儿育女是个人和家庭的大事，因而备受重视。

（一）待产

南美乡拉祜族妇女怀孕期间一般不做重体力活，外出有家人陪伴。孕妇的丈夫会一直密切关注妻子的变化，推算妻子的生产时间。妻子快生产时，不再下地干活，丈夫白天只在家附近干活，便于照看妻子。其间，丈夫会提前舂好草果粉，买好红糖；老人会做好甜米酒（俗称白酒），准备好鸡蛋和母鸡，以备孕妇分娩后补养身体。

（二）分娩

依照传统习俗，南美乡拉祜族妇女都是在家里分娩。产妇待产时，家人首先用一块木板搭成产床，上铺衣服或毛毯。产妇穿传统的拉祜族长袍，阵痛明显时，家人会通知亲戚邻居来帮忙，有经验的祖父母或外祖父母一般都会亲自参加接生。阵痛明显加剧时，家人扶产妇坐到板凳上，丈夫在长辈的指点下撑住她的后背，不断进行安慰，还会不时地按摩产妇的肚子检查胎位。若胎位不正，产妇的丈夫就会不断地按摩，调整胎位。当孩子快要出生时，丈夫会在自家的横梁上拴一根绳子，抵着妻子后背，让妻子双手紧拽着绳子或蹲或站，直到孩子生下来。南美乡拉祜族村寨妇女生孩子，很多人都会去帮忙，助产的老人、姐妹及丈夫会守在产床旁边帮忙，其他的人则站在产房外齐声喊号子，帮助产妇运气，使产妇尽快顺利生产。拉祜族尽管在日常生活中注意长幼之分，男女有别，但是产妇分娩被认为是不分性别和辈分的过程。这种习俗反映了拉祜族尊重生命、敬畏生命的原始而朴素的民族心理。

如遇难产，家人要请寨里的草医和有经验的老妇来帮忙助产，还要请魔巴来家举行祭祀仪式，祈求神灵保佑母子平安。有时，他们认为难产是鬼神作祟所致，需要通过祭献才能安抚好。拉祜族村民认为有三种情况会导致难产：一是孕妇与他人有婚前性关系，产妇只有说出真相并点香，才能转危为安；二是孕妇家里几代之内有凶死者，需要举行送凶死鬼仪式并点香方可保平安；三是无上述情况，则需点香或找人给胎儿取名才能保佑顺利生产。此外，家人会把扫帚倒背在产妇的背上，以驱除“扑寺鬼”；还会在火塘中燃烧桃树枝、金刚钻，在门口悬挂茅草、黄泡刺条等进行辟邪，防止不好的东西来危害新生命。一般情况下，拉祜族妇女勤劳，怀孕期间一直坚持劳作，身体素质好，生产都较顺利，因难产导致产妇或婴儿死亡的情况极少。

拉祜族传统的生育观认为，生孩子是夫妻两个人的事，因此丈夫要守在妻子身边帮助接生。婴儿出生后，丈夫马上将其包好放在事先铺有草的地上，按摩妻子的腹部，以便胎盘尽快出来。按照风俗，拉祜族妇女生产时要等胎盘全部落地才能将婴儿脐带割断。待胎盘完全出来，产妇的丈夫用竹篾片垫在一块木炭（据民间经验说用烧过的木炭垫着，有止血、收敛作用）上将婴儿脐带割断。家人扶产妇躺在事先搭好的产床上，让产妇喝点胡椒鸡蛋汤、红糖水或鸡蛋甜米酒补充营养，后用布把烧热的石头（重约 2 公斤）包裹起来在产妇的腹部来回挤压，便于排出恶露。产妇吃红糖，有助于补气养血，吃米酒（俗称“甜白酒”）和鸡蛋有催奶的作用。南美乡拉祜族村民大多数都说是父亲帮助母亲接生并将自己的脐带割断的，也有极少数人出生时是由奶奶或其他人接生。家里的第一胎，一般父亲没有经验，多是在旁边看着长辈做，等到后面的孩子出生就由父亲亲自动手接生。这一点，在拉祜语古诗歌中能得到佐证，现用的拉祜语将“分娩”（yad paw）和“接生”（yad gapaw）区分开来，但是古语词中则用“生出”（shod）一词来指称分娩和接生。可见，妻子生孩子时，帮助接生是丈夫责无旁贷的责任，这也是拉祜族的古规古理。

(三) 贺生

南美乡拉祜族在婴儿出生三天后，由父亲给婴儿洗冷水澡。民间的说法是拉祜族以前生存条件有限，用冷水洗澡是检验婴儿体质的一种原始简单的方法，只有体质好、抵抗力强的婴儿方能存活下来，符合自然的优胜劣汰规律。洗完澡后，婴儿的父亲会用一块白布将其细心地包裹好，轻轻放到垫着棉布的竹篮里，祈愿婴儿长大后能有衣穿。其他前来帮忙的人则忙着杀鸡煮鸡肉烂饭，庆贺新生命的诞生。按照传统习俗，南美乡拉祜族新生儿出生时杀鸡要有讲究，生男孩杀母鸡，生女孩则杀一只还不会打鸣的公鸡。一是祈愿产妇以后“花胎生”，即男孩女孩换着生，有男有女，人丁兴旺；二是希望孩子长大后易于婚配，利于人口繁衍。

拉祜族没有重男轻女的现象，前来帮助接生的老人还要给新生婴儿唱祝福歌。为男孩唱的祝福歌词大意为：“雅八①，雅八，以后无病无灾，快快长大，好好跟爸爸学，打猎、干活样样好！”若新生儿是女孩，就唱：“雅米②，雅米，以后无病无灾，快快长大，好好跟妈妈学，勤脚快手，家务、针线活样样好！”还要给小孩进行取名和相应的祭祀仪式。具体做法如下：取几根茅草、一斤松明子和几根黄泡刺，按照茅草在上、松明子在中、黄泡刺在下的顺序分三层扎起用钉子钉住挂在正屋门楣上，其意为上层茅草是为了祭鬼；下层黄泡刺是为了吓跑和警示命硬或属相相冲的人不要进来，以免踩干了产妇的奶水；夹在中层的松明子是取“明子”的谐音双关，预示婴儿聪明伶俐。同时，婴儿的爷爷还要按男左女右的习俗在婴儿的手腕拴上红白两色的魂线，保佑婴儿健康长大。

南美乡拉祜族生孩子没有特定的仪式，但婴儿出生后，家人要在产妇卧室的门框上挂一束黄泡刺，表明家中有新生儿，提醒与小孩属相不合或命硬的人勿入。若有不懂当地规矩而贸然进家者，则要给婴儿取名、拴魂线。南美乡拉祜族对包裹着小生命的胎盘有神秘而特殊的理解，认为胎盘与孩子有着千丝万缕的联系，只有妥善处理，婴儿才会顺利成长，若处理不当，则会危及婴儿的生命。一般掩埋胎盘的工作由父亲亲自完成。先将胎盘洗净，在火塘底下的

---

① 雅八，是拉祜语 yadphawd 的汉语音译，意为男孩。

② 雅米，是拉祜语 yadmid 的汉语音译，意为女孩。

一根柱子旁挖一个洞或家中门槛下挖一个坑，用芭蕉叶将胎盘包裹好按照男左女右的习惯埋进去。也有的将胎盘洗净裹好，在家附近的果树旁挖一个洞埋进去。胎盘埋在果树树根旁，预示孩子长大后，也会像果树一样开枝散叶、绵延子嗣。日后，若孩子的皮肤出现红斑，家人就认为是蚂蚁等叮咬了孩子的胎盘，要在埋胎盘的地方打一个洞，往洞中灌滚烫的开水，然后把洞口小心地封好。这种认为一个人的胎盘与其个人一生的祸福安危都有关的民间信仰其实是一种心理上的“交感巫术”。除了拉祜族，中国其他民族也有类似的习俗，甚至国外也有类似习俗。在德国巴伐利亚，人们把孩子的脐带用一块旧亚麻布包起来保留一段时间。在柏林，当接生婆把揩干了的脐带交给孩子的父亲时，通常都要严厉地要求他藏好脐带。因为只要脐带保存好了，这个孩子就能茁壮成长并免于疾病之苦。在博斯和帕彻（法国西北部地区），人们特别注意不要把脐带扔到水里或火中。他们相信如果这么做了，这孩子就会被溺死或被烧死。[①]

婴儿出生后，新生儿的父亲要至少在身边守护满12天（一轮），其间，家中火塘的火要保持不灭。否则，就被认为是违反古规古理，理应受到家人和寨人的谴责。南美乡拉祜族婴儿出生12天后，须由父亲将其胎盘再次取出来，进行杀鸡、叫魂、拴魂线等仪式，再将胎盘和黄泡刺拿到路边扔掉。满12天后，产妇依自身的身体状况，可在屋内活动但不能下地干活或出门吹风。在夫家生活的产妇待满月后方可回娘家。

新生儿出生，家人会告知亲朋及邻里，大家都会根据自家实际条件备好糯米、红糖、鸡蛋、土鸡等礼品前来祝贺，俗称“送竹米”[②]，类似北方的“送月礼”。

（四）母婴护理

产妇坐月子期间主要吃煮的加有红糖的鸡蛋甜米酒，一般要用专用的锅、碗、勺、杯、壶等生活用具，吃饭时与众人隔开，保持卫生和清静的环境。

南美乡拉祜族新生儿一般满月时理发，称“理胎头”。一般是剃光头，头顶正中留一绺头发，俗称“魂毛”，又称“性命毛”，这绺头发从生下来就留起。女孩在结婚的时候将头发都理掉，俗称“光头新娘”。

---

① ［英］詹姆斯·乔治·弗雷泽：《金枝》，徐育新等译，62页，北京，大众文艺出版社，1998。

② 以前粮食短缺，遇有产妇生产，邻里亲戚会去山上采来开花的竹子结出的籽粒俗称“竹米”，把竹米送到产妇家，“送竹米”习俗因此得名。

拉祜族家庭和村寨里，老人对小孩和子女最疼爱，凡是他们认为好吃的东西大人要留给小孩吃，他们认为“大人得吃，小孩不得吃就很可怜”。节日和平时的祭祀活动中，都要为小孩祈福，求神灵保佑让其无病无灾，健康长大。如果生了双胞胎，不论其性别，家里再穷也要尽力将他们抚养成人。小孩出生后若身体不好或夜里爱哭闹，家人会让孩子认一棵树或一块石头做干爹、干妈，意为像树一样长得高而挺拔，像石头一样坚硬结实。

南美乡拉祜族产妇坐月子，俗称“在家”期间，家人会找来十多种草药煎煮药水给产妇蒸澡。大多数产妇月子期间蒸洗两次，即生完小孩满七天和满月各洗一次。少数产妇蒸洗三次，即生完小孩满七天、满十五天、满月各洗一次。家人或亲戚从山上找来蒸澡所需的各种草药，洗干净后沥干，待大锅里水烧开滚烫后一并放入滚水中，大火蒸煮一两个小时，再倒入大盆或大桶中，产妇坐于其上，周围用布围成密闭空间，用药水蒸熏、药渣擦洗，达到通筋活络、活血化瘀、除湿除寒的作用。据说水未烧开时就将草药倒入或放入烧开的水中后未及时用旺火烧煮，产妇洗了这种药水澡反而会出现皮肤发痒、长疙瘩等症状。负责给产妇熬煮草药的人会在煮洗澡水时，视家庭情况及产妇食量在药水锅里煮几个鸡蛋。产妇在蒸药水澡之前，要先剥吃完这些鸡蛋，也可在蒸浴后进食生姜红糖甜米酒，疗效更佳。民间说法是产妇吃了在药水里浸煮过的鸡蛋，这些药水也会通过奶水让婴儿吸收，起到祛风除湿的作用，有助于母子平安健康。洗完澡，产妇需穿戴严实，不能出门吹风。

（五）生育禁忌

南美乡拉祜族的生育习俗中有很多明显的禁忌。禁忌，意为避免招致惩罚，禁止同“神圣”或“不洁”的事物接近，是以非理性的缺乏任何验证而区别于法律的禁令。禁忌产生的出发点与归宿点均来自人们趋利避害的心理，体现出不可泯灭的世俗观念。作为一种民俗现象，禁忌具有两重性：一方面，禁忌对于社会生产、生活是有益的或无害的；另一方面，有些禁忌，本质上就是落后的陈规陋习，是一种恶习。[①]

南美乡拉祜族新婚时，长辈给新郎新娘送出祝福词后，会打一碗清水给新郎新娘喝，但这碗水禁止泼洒。拉祜族认为同姓或近血缘的人不能结婚生子；

① 晓根：《拉祜文化论》，142—143页，昆明，云南大学出版社，1997。

新婚夫妇忌用有缺口的碗；育龄及怀孕妇女忌吃兔肉；不能吃秧鸡肉；不能吃双黄蛋和双胞果；孕妇不能去别人家；怀孕时孕妇只能吃猪、鸡肉，不能吃牛、羊肉；不能吃螃蟹；不吃麻雀的肉或蛋；不吃鸽子的肉和蛋；不吃母鸡下的软壳蛋；孕妇忌爬树、杀生；孕妇不能采摘果子；不能骂婴儿；丈夫在婴儿出生12天内禁止出远门；生孩子未满三天，外人不能进入；婴儿未满月，其他孕妇禁止去看望产妇和婴儿；禁止入住难产而死的人曾住过的房屋；禁止射杀及食用呆板迟钝、无精打采的鸟。拉祜族传统观念认为夭折的孩子命中注定在人世时孤孤单单，在冥界也会沦为孤魂野鬼。夭折的孩子在冥界首先会变成一只鸟。若是有人吃了这只特殊的鸟，这个孤魂便能投生为生界的婴儿。因为是个孤魂，这个婴儿投生到生界后注定还会未婚先死，继而又变为冥界的一只鸟，等待被人捕杀食用后再度投生为人。[①] 拉祜族妇女怀孕后，在行为上受到了一定的限制，这种限制甚至扩展到了丈夫。如妻子怀孕，其丈夫不能参加狩猎；追踪受伤猎物时妻子有孕的男人不可走在前面；捕鱼时，妻子有孕的男人不可在河的上游捕鱼。

（六）祈子习俗

南美乡拉祜族认为，如果身体健康的一对夫妻结婚多年都不能怀孕，则可能是他们冒犯了神灵，神灵不愿赐给他们孩子；或是他们违背寨规私自结婚，寨神或祖先惩罚他们所致。总之，在拉祜村民传统的生育意识里，生育大事不仅需要夫妻二人的共同参与，还受神灵及祖先意志的支配。村里的老人对生男、生女或生双胞胎的现象缺乏科学的认识，他们觉得这些都是由神灵控制的事情，是不以人的意志为转移的。拉祜族相信神灵在冥冥之中掌控生育大权，很多不孕不育夫妇会举行仪式祈求神灵赐给子嗣。也有少数结婚多年不能生育的拉祜族夫妇认为可能是难产而死的女人在作祟，他们会带着供品前去献饭，希望能怀孕生子。在南美乡南华村的西山山脚有被誉为“生育之母”的石佛，俗称“送子石佛”。有人祭拜大石头或在大石头旁边睡觉，希望能生一个像石头一样阳刚硬气的男孩。另有说法为，这个生育石佛只是得到南美乡的汉族认可，拉祜族基本不参与祭拜。

很多拉祜族老人认为，胎儿是否能成形并顺利生下来除了依靠男女双方

① 杜杉杉：《社会性别的平等模式——“筷子成双”与拉祜族的两性合一》，赵效牛、刘永青译，77页，昆明，云南大学出版社，2008。

的生理结合外，还需要借助天神的保佑。南美乡拉祜族认为，在生育孩子方面夫妻双方是平等的，出现不育的情况不会互相指责，不孕夫妇也不会受到歧视。拉祜族不存在浓厚的宗族家族观念，也没有传宗接代、延续香火的强烈诉求。若他们实在不能生养孩子，也不去抱养别人的孩子。

南美乡拉祜族在生育过程中所反映出来的种种心理和行为，彰显着拉祜族对人类自身生产的朴素认识。生育过程的传统习惯和文化风俗，是拉祜族传统文化的重要组成部分，反映了拉祜族的民族心理、思维习惯、古老信仰，寄予着拉祜族对幸福生活的精神依托，折射出对神灵和生命的原始敬畏，体现了男女平等的生活智慧和对称统一的朴素生育观。

第三节 姓名文化

不同的文化有不同的姓名特点，有的文化偏重姓名的“音响”，有的关注姓名的意义，还有的讲究姓名的字形。[①] 赵国的荀子在《正名》中阐述了名词约定俗成的思想。他认为，“名无固宜”“约定俗成为之宜”，即名实关系并非原生，而是“约定俗成”，根据人们的交流习惯积累而成。姓名受社会历史习惯制约，一旦社会接受了它，便不由个人任意改动。[②] 一方面，姓名可以反映社会性别、亲属关系、阶级、婚姻、族性和宗教信仰；另一方面，姓名本身就是社会分类，换名标志着社会身份的变化，命名活动起到协调社会关系的作用，呼唤相应的社会义务，具有施为功能（performativity）。[③] “为他人命名，从而为他人分类，也是为自己分类：命名者总是处在与被命名者相对的位置上，他在为被命名者命名时，要具有自己相对的身份、地位，要明确自己在社会结构中的特定位置。”[④]

凌纯声认为父子连名制是东南亚古文化的特质之一，并将连名制分为三代连名即祖父子、父子孙连名和亲子连名及父子连名。凌纯声认为排名制源于连

---

① 纳日碧力戈、左振廷、毛颖辉：《姓名的人类学研究》，载《民俗研究》，2014（4）。

② 任继愈：《中国哲学史》，171 页，北京，人民出版社，1973。

③ 纳日碧力戈、左振廷、毛颖辉：《姓名的人类学研究》，载《民俗研究》，2014（4）。

④ 纳日碧力戈：《姓名论》，36 页，北京，社会科学文献出版社，2002。

名制，连名制源于从名制。连名制有助于记忆族谱，区分人名，[①] 兼顾了亲族分类和个体区分，是用姓名对社会分类的基础。罗常培也认为父子连名制可以帮助记忆，因为有关少数民族大多没有文字，“顶针续麻”式的连名制可方便记忆，可推祖归宗，分辨世次，也可解决族属问题。[②] 南美乡拉祜族的连名制属于亲子连名中的子连母名、女连父名。拉祜族姓名中没有姓氏，只有表男女的固定字及表个人的名字，因此使用亲子连名可以用来区分辈分及亲属。在有姓氏的汉族中也有类似情形，汉族的姓氏已明示了族属，除了表示个人姓名的字外，一般还会使用特定的字来表辈分。汉族姓名中没有固定表示性别的文字，但会选用一些标志性的字来区分。

姓名作为用语言和文字表征的一种区别性符号，是人类生活中不可缺少的文化载体，不仅仅是区分个体的文字符号。姓名文化是人类脱离了原始、野蛮时代而进入文明时代的重要体现。姓名文化作为拉祜族文化领域中的重要组成部分，在拉祜族社会生活中有相当的地位和作用，并与拉祜族的政治、历史、文化、宗教的发展息息相关。

一、姓氏来源

关于拉祜族人的姓氏问题，《拉祜族史》一书中指出，居住在滇西的拉祜民族本无姓氏，到了明清以后，受汉文化的影响才慢慢地出现。[③]《缅宁县志》十五卷之一：“缅宁土著皆苗族，有摆夷倮黑、蒲蛮、蒙化子、倈俐子等种。摆夷悉以俸为姓，间有刀姓、姜姓、淘姓、猛姓者。倮黑则多姓李或姓罗。”据《临沧县民族志》载：“临沧县拉祜族姓氏、取名、称呼传统保留完善。姓氏最初为代表部落或图腾称呼的象征性姓氏，有布腊、那米、实扎、巴撇、扎俄八、波五、娜厄爬、扎利、阿别活等 12 姓。这些早期的姓氏仅在南美一带有保留，但已不作姓氏使用。[④] 依据流传在南美的传说，在老鼠咬开葫芦后，拉祜族始祖扎迪和娜迪这两兄妹走了出来。在天神的启发诱惑下，他们结为夫妻。后来他们生下九节胎儿，天神将每节剪开，成为不同的姓氏：布腊、那米、

---

① 凌纯声：《东南亚的父子连名制》，载《大陆杂志》（特刊），1961（1）。

② 罗常培：《再论藏缅族的父子连名制》，载《边政公论》，1944 年第 3 卷第 9 期。

③ 政协澜沧拉祜族自治县委员会编：《拉祜族史》，320—321 页，昆明，云南民族出版社，2003。

④ 临沧县民族宗教事务局编：《临沧县民族志》，52 页，内部资料，1998。

吐扎、扎朵、发街（对应现今南美乡拉祜族的罗、李、王、赵、铁姓）等。此外，南美乡拉祜族的一些其他姓氏，有的源于同其他民族交往而引入，有的随中华人民共和国成立初期外地派入做民族工作的人员之姓自我认定。按照历史习惯，南美乡拉祜族姓“布腊”的家族负责管理村寨的祭竜事务，姓“纳米”的家族则负责管理行政事务。后来，受汉族百家姓的影响，南美乡拉祜族将原来的拉祜族姓氏“布腊”和“纳米”分别改为汉族的姓氏“罗”和“李”。基于上述原因，南美乡拉祜族以罗姓和李姓最多。

中华人民共和国成立后工作组调查时只有拉祜名而没有姓氏的成员，依据工作队汉族干部的姓氏作为自己的姓氏，加在原有拉祜名前。另外，有些拉祜族孩子在入学后，汉族老师按照汉族习惯给他们分别加上姓氏，这种姓氏带有一定的随意性。现在南美乡拉祜族的姓氏多源于汉族，有的拉祜族人名按汉族字派取名。拉祜族使用的汉姓，主要在对外交往、上学、户口登记等场合才使用，而在日常交流中常用的还是传统的拉祜族名字。

二、命名习俗

（一）取名仪式

根据传统习惯，诞生礼是拉祜族的三大重要人生礼仪之一。拉祜族诞生礼中的一个重要而神圣的环节就是取名，深受婴儿家人及至亲的重视。婴儿出生后三天或满一轮[①]就要给孩子取名，少数等到孩子满月后才取名。南美乡拉祜族一般是在新生儿出生后的第三天举行贺生仪式，给新生儿洗澡和取名。这天，婴儿家人请来磨巴及寨中的老人一起参加取名仪式，全家人高高兴兴准备饭菜，杀一只公鸡，看鸡卦给孩子取个吉利的名字。婴儿的名字基本上是自家人取，有约定俗成的取名习俗。按照习惯，名字多数是由新生儿的祖父母或外祖父母来取。贺生及取名仪式由家长主持，老人或近亲长辈们走到产妇床前对新生婴儿念：“今天给你起名字，你的名字叫 ××，愿神灵保佑你快快长大，健康平安。”

① 一轮，拉祜族传统的计时方式，以 12 属相计算日期，一轮为 12 天。

（二）取名方式

拉祜族的人名有很多与其他少数民族相同的特点，也有拉祜族自身的独特之处。拉祜族传统的审美标准中，性别是取名时首要考虑的一个重要因素。不论男女，拉祜族名字一般都是由两个音节组成，第一个音节表示性别，第二个音节才表示名字。拉祜族男性用 cal，汉语音译为“扎”字，指勤劳和勇敢；女性用 na，汉语音译为“娜”字，指贤惠和善良。拉祜族人名带“扎”和“娜”，相传这是传承天神厄莎给拉祜族始祖赐名的习俗。拉祜族创世史诗《牡帕密帕》中提到：天神厄莎给男的取名叫 callawd（扎倮），女的取名叫 nalawd（娜倮）。至今，拉祜族一直都是用 cal（扎）和 na（娜）分别作为男孩和女孩名字的第一个音节，认为这是遵循天神厄莎赐予他们祖先名字的习惯，沿用这样取名方式的孩子能得到天神厄莎的保护，健康长大。除此之外，拉祜族还喜欢将 paf 作为男性名字的最后一个音节，将 ma 作为女性名字的最后一个音节，如称长子为 caleufpaf，长女为 naeufma。

南美乡拉祜族给孩子命名极其慎重和讲究，有按照属相、月份、排行、连名等多种命名方式。

1. 以属相命名

以属相命名的方式在拉祜族中是最常用的，也是优先采用的。拉祜族创世史诗《牡帕密帕》中提到：扎倮和娜倮从葫芦里出来后，厄莎用滚磨盘、滚簸箕、滚筛子等示意兄妹扎倮和娜倮结婚，但兄妹俩不同意，后来又用药水引诱兄妹做夫妻。娜倮很快怀孕了，她把身子靠在枇杷树上，枇杷树就结果了；她把手扶在橄榄树上，橄榄树也结果了。最后娜倮在蓝靛林生下了许多孩子。娜倮不会养孩子，也养不过来。厄莎又叫天神扎多和娜多去召各种动物来给孩子喂奶。到了给孩子起名字的时候，天神扎多想了想，孩子们是吃动物的奶长大的，取名要和动物有关系，于是由哪种动物喂养大的孩子就按该动物来命名，狗养大的孩子男的叫 calpheud（扎迫），女的叫 napheud（娜迫）；鼠养大的孩子男的叫 calfat（扎发），女的叫 nafat（娜发）；龙养大的孩子男的叫 callawd（扎倮），女的叫 nalawd（娜倮）；虎养大的孩子男的叫 callad（扎拉），女的叫 nalad（娜拉）；猪养大的孩子男的叫 calvar（扎袜），女的叫 navar（娜袜）；牛养大的孩子男的叫 calnud（扎努），女的叫 nanud（娜努）；兔养大的孩子男的叫 calthawd（扎妥），女的叫 nathawd（娜妥）；蛇养大的孩子男的叫 calsi（扎斯），女的叫 nasi（娜斯）；马养大的孩子男的叫 calmud（扎姆），女的叫 namud（娜姆）；羊养大的孩子男的叫 calyawl（扎约），女的叫 nayawl（娜约）；鸡养大的孩子男的叫 calxat（扎阿），女的叫 naxat（娜阿）；猴养大的孩子男的叫 calmawr（扎莫），女的叫 namawr（娜莫）；这样按照十二种动物给孩子们都起了名字，大家都很高兴。[①] 从史诗的描述可以看出，以出生日所对应的自然界十二种动物作为名字的第二个音节是拉祜族传统取名方式中最主要的一种方式。当然，这样很容易出现与长辈或同辈同名的情况。这时，就要采取其他的命名方式。不管是汉族还是拉祜族，都会用十二生肖来指称出生的时间，但汉族用生肖来指称人出生当年的属相，而拉祜族则指称人出生当日的属相。这与两个民族的传统习惯有关，汉族常用十二生肖标记农历年份，而拉祜族常用十二生肖来标记日期，如属鼠日、属牛日、属虎日、属兔日、属龙日、属蛇日、属马日、属羊日、属猴日、属鸡日、属狗日、属猪日。以 12 天为一轮，循环标记。

随着各民族交往和交流日益加深，拉祜族给孩子取名时也开始在传统的拉祜族名字前加上一个姓氏，也就形成了很有民族特色的拉祜族人名“汉族姓氏 + 表性别‘扎 / 娜’ + 表属相的生肖”，如李娜袜、张扎约、罗扎莫等，这种命名方式是拉祜族既保留传统文化又吸收融合外来文化的折中表现。

2. 以时辰命名

传统拉祜族名字无姓氏且表性别的 cal（男性）和 na（女性）又是固定的音节，所以用属相命名很容易出现重名的现象。若按出生日的属相取名与父母同名，则采用按照出生时对应的时辰取名，即“表性别‘扎 / 娜’ + 时辰名称”。一般来说，拉祜族习惯将一天分为六个时辰，即天亮前（约早上 3—6 点）鸡叫为一个时辰，称“阿扑布塔”（xat phu bul thad）；吃早饭前也叫日出出工时（约上午 7—10 点）为一个时辰，称“牡梭塔”（mud shawq thad）；太阳当顶前后为一个时辰（约中午 11—14 点），拉祜语称“晌午塔”（sha xud thad）；太阳偏西前后为一个时辰（约下午 3—6 点），拉祜语称“下午塔”（shaq xud thad）；傍晚前后为一个时辰（天黑前后约晚上 7—10 点），拉祜语称“牡迫塔”（mud pheor thad）；半夜鸡叫前后为一个时辰（约半夜 11—

① 娜朵主编：《拉祜族民间文学集》，235—240 页，昆明，云南人民出版社，1996。

2点），拉祜语称“搭克塔”（tad kheud thad）。因此，拉祜族将天亮前后出生的人取名为calthid（扎体）和nathid（娜体）；太阳当顶前后出生的人取名为calwud（扎午）和nawud（娜午）；拉祜族将傍晚前后出生的人取名为calpheor（扎迫）和napheor（娜迫）；拉祜族将半夜前后出生的人取名为calkheud（扎克）和nakheud（娜克）；拉祜族将吃早饭前后出生的人取名为calshawq（扎善）和nashawq（娜善）。有的地区的拉祜族按一天中的时间划分来给孩子命名，他们将一天的时间相对地划分为天亮、日出、中午、傍晚和夜间五个时间段，根据这五个时间段来给孩子命名，拉祜语称日出为mudthid，此时出生的男孩命名为calthid（扎体），女孩命名为nathid（娜体）。拉祜语称天亮为mudnitawt，mudni是太阳，tawt是“出”的意思，此时出生的男孩命名为caltawt（扎朵），女孩命名为natawt（娜朵）。中午出生的孩子命名为xad或xud。拉祜语的xad是“旺”的意思，即阳光正盛，时值中午之意。xud很显然借自汉语的“晌午”的第二个音节。此时出生的男孩命名为calxad（扎海）或calwud（扎午），女孩命名为naxad（娜海）或nawud（娜午）。傍晚时出生的孩子命名为pheor或xud。傍晚一词在拉祜语的口语和古诗歌里的读音不同，口语里读做mudpheorlad，古诗歌中则读做mudxud。此时出生的男孩命名为calpheor（扎迫）或者calxud（扎勿），女孩命名为napheor（娜迫）或者naxud（娜勿）。拉祜语称天黑至天明这段时间为tadkheud，kheud是深夜的意思，其间出生的男孩命名为calkheud（扎克），女孩命名为nakheud（娜克）。[①] 临沧市南美乡拉祜族则将一天分为五个时辰，即日出出工时为tawt；中午太阳辣时称shaxud；黄昏时称xud；子夜时称kheud；佛晓鸡叫时称thid。

尽管多数拉祜族都有鸡叫的时辰对应的词汇，实际上没有以鸡叫为时辰来取名的。据说鸡叫是鬼离开阳间回阴间的时辰，不吉利。南美乡拉祜族则是将天亮前后出生的人都命名为calthid（扎体）和nathid（娜体）。

按照属相和出生时辰来命名的方式均很容易造成重名，因此，拉祜族还有其他的命名方式。

3. 以月份命名

拉祜族也有按月份来命名的习惯。拉祜语称月份为hapa，是以月亮由月牙到月圆，再到月缺、月消失的周期确定的，分为月牙期hapacil（上旬）；月圆

① 杨春编著：《中国拉祜族》，174页，银川，宁夏人民出版社，2012。

期 hapztawl（中旬）和月消失期 hapaqhawr（下旬）。一个周期为一个月，共 30 天，无大、小月之分，也无闰月。拉祜族历法一年有 12 个月，即 hapated（1 月）、hapanid（2 月）、hapashiet（3 月）、hapaawd（4 月）、hapangad（5 月）、hapakhawr（6 月）、hapasif（7 月）、hapahiq（8 月）、hapaqawd（9 月）、tedchi hapa（10 月）、tedchited hapa（11 月）、tedchinid hapa（12 月）。拉祜族也借用汉族的月份，将汉族的月份（正月、二月等）与拉祜族的 hapa（月）组合，即正月为 ceoyie hapa，二月为 eoqyie hapa，三月为 shayie hapa，四月为 siqyie hapa，五月为 vudyie hapa，以此类推。以月份来命名时，只取出生月的第一个字作为专名。正月出生者，一般不分男女，均命名为 aceo，ceo 疑是“正”的谐音。专名前加 a（阿）表示爱称。

以月份命名时，拉祜族禁用阴历三、十一和十二这三个月份给孩子命名。按照传统习俗，阴历三月为拉祜族的祭祖月份，传说死者的魂魄要在清明时回家与亲人团聚，这个月也被称为不吉利的“鬼月”。阴历十一月（俗称冬月）和十二月（俗称腊月）是拉祜族杀猪宰羊以迎接新年的月份，俗称“杀牲月”，故也不以这两个月命名。此外，“十”在南美乡拉祜族的汉语方言中读音与“四月”的“四”极易混淆，也不以此月来命名。有的地方的拉祜族对十二个月的称呼直接借用汉语，分别称作：正月、二月、三月、四月、五月、六月、七月、八月、九月、十月、冬月、腊月。如果是女孩三月生的就叫李三妹，如果是四月出生的男孩就叫李老四。

4. 以排行命名

拉祜族有按排行命名的习惯。如长子叫 caleuf（扎厄）或 yadpaf-euf（长子），长女叫 naeuf（娜厄）和 yadmid-euf（长女），euf 是老大的意思。第二胎、第三胎就借汉语的 lawd-eoq（老二）、lawdsha（老三），取名为 caleoq（扎二）、nasha（娜三）等，如果排行最小，按习惯男孩叫 callie（扎列），女孩叫 nalie（娜列[①]）。按照排行命名时，通常还会在男子名后加表征男性性别的词缀 paf，如称三子为 calshapaf 或 lawdshapaf，称幺儿 calliepaf；女性名字后也常加表示女性性别的词缀 ma，称长女 naeufma，称幺女 naliema。多数情况下，排行的命名形式多用于给长子、长女或最小的儿女取名，处于中间的孩子以生肖、时辰命名的较多。

① lie 意为“最小、最后”。

南美乡拉祜族受汉族等的影响，女性也常用“姓氏 + 排行数字 + 妹”的形式来命名，如李二妹等；男性则用“姓氏 + 老 + 排行数字”的形式来命名，如王老三。女性若排行最小，名字的中间要用“小”，如张小妹等，而男性若排行最小，仍按照排行第几来命名，如张老六等。

鉴于拉祜族的一些约定俗成的命名习惯，村寨中会出现多人同名甚至家中不同辈分的人同名的现象。

5.以连名制命名

由于同寨子里名字相同的人较多，为便于区别有时会用连名制的方法来加以区分。拉祜族连名制命名分为多种方式：

（1）以父母名连名

拉祜族成年男女结婚生子后，一般都有“讳名”的习俗，即有了孩子后便不能直呼其名，应改称为“子名之父”或“子名之母”，否则被认为是不礼貌的。

拉祜族在用连名制方式命名时，如果当事人的父母双全则要将父母的名字同时联上，而且须是母名在前，父名在后，即“母名 + 父名 + 表性别雅 / 咪 + 子女名”的方式命名，如父名为 calthid（扎体），母名为 navar（娜袜），儿子名为 calwud（扎吾），则儿子扎吾连名为 navarcalthidyadcalwud（娜袜扎体雅扎吾），即为娜袜扎体的儿子扎吾；父名为 calfat（扎发），母名为 namawr（娜莫），女儿名为 naeuf（娜厄），则女儿娜厄被连名为 namawrcalfatmidnaeuf（娜莫扎发咪娜厄），即指娜莫扎发的女儿娜厄。以父母连名在子女名字前进行区分的时候，连名时都是将母亲的名字放在最前面，父亲的名字放在母亲的名字后面，这是母系氏族社会在姓名文化上的遗留。

①父女母子连名

南美拉祜族乡南美村及南华村的拉祜族有父女、母子交叉连名的习俗，女儿的名字后面要带上父亲的名字，儿子的名字后面要带上母亲的名字，有时为了方便也可以将父辈表性别的 cal（扎）或 na（娜）省掉。南华村的连名是自己名字严格加上父辈完整的名字，无省略现象，而南美村的连名则通常用省略形式。如南华村某户人的连名：

calnud（爷爷）— naga（奶奶）

calzid naga（父亲）— namudcalthid（母亲）

儿 — 媳 大女 — 大女婿 小女— 小女婿（汉）

calnudnamud napheorcalnud napheorcalzid calphunatawt nayawfcalzid 阿新

孙女 孙子 外孙女 — 外孙婿 外孙 外孙女（汉）

nafatcalnud calvarnapheor nakheudcalphu calladnakheud calbeudnapheor 阿萍

再如，南美村某户人的连名：

calmud（爷）— naci 娜吉（奶）

caltawtci（父）— nacia（母）

calladga（婿）— navartawt（女）calfatcia（子）— natawt（媳）

namudfat（孙女）calthawdtawt（孙）

这种父女母子交叉连名的方式既有便于区分重名的作用，更有体现男女平等的作用。

②父子或父女连名

若是身为人父的拉祜族人名出现相同的情况，拉祜族习惯分别用其子女的名字连加在父亲的名字前加以区分，如儿子为 calkheud（扎克），父亲为 calsi（扎斯），则称呼父亲为 calsikheud apa，意为“扎克的父亲扎斯”，也可以称之为 calkheud apa 或 calkheudpa，意为“扎克的爸爸“；如女儿为 natawt（娜妥），父亲为 calsi（扎斯），则称呼父亲可以用 calsitawt apa，意为“娜妥的父亲扎斯”，也可称之为 natawtapa 或 natawtpa，意为“娜妥的爸爸”。

③母子或母女连名

若是身为人母的拉祜族人名出现相同的情况，拉祜族习惯用分别用其子女的名字连加在母亲的名字前加以区分，如儿子为 calyawf（扎约），母亲为 naeof（娜而），则称呼母亲为 naeofyawf a–e，意为“扎约的母亲娜而”，也可称为 calyawf a–e 或 calyawf–e，意为“扎约的妈妈”；如女儿为 naciud（娜究），母亲为 naeof（娜而），则称呼母亲可以用 naeofciud a–e，意为“娜究的母亲娜而”，也可称其为 naciud a–e 或 naciud–e，意为“娜究的妈妈”。

（2）以“拉祜名 + 配偶名”连名

在拉祜族村寨，若是年轻人已婚但还没有小孩，出现同名现象时就用配偶的名字进行连名来区别。以父母连名在子女名字前进行区分子女的时候，连名时都是将母亲的名字放在最前面，父亲的名字放在母亲的名字后面。但是当夫妻互相连名进行区分时，则是指称谁就将谁的名字放在最前面，配偶的名字在后，再加上被指称人的夫妻角色，即采用“被指称人名 + 配偶名 + 被指称人的夫妻角色”的命名形式。如小伙子 calpheor（扎迫）娶了一个叫 navar（娜袜）的姑娘后，寨里人习惯上就叫这个姑娘为 navar calpheor mid（娜袜扎迫咪），意为“扎迫的媳妇娜袜”；称呼这个小伙就为 calpheor navar phawd“扎迫娜袜帕”，意为“娜袜的丈夫扎迫”。

（3）以孙辈名连名

在拉祜族的家庭中诞生了长孙后，该家庭中的祖父母习惯上会随着自己孙辈的名字而改变自己的名字加以区分，如孙子叫 calhie（扎海），称呼其爷爷为 calhie apuf（扎海阿布），意为“扎海的爷爷”，称呼奶奶为 calhie api（扎海阿比），即为“扎海的奶奶”；若孙女叫 nathid（娜体），则其爷爷叫 nathid apuf（娜体阿布），即为“娜体的爷爷”；称呼其奶奶为 nathid api（娜体阿比），即为“娜体的奶奶”。

（4）以“拉祜名 + 职业名”连名

拉祜族传统的命名习惯中除了用一个人的生肖或生辰、配偶名、父母名、子女名等进行区分外，还有采用职业名称进行区分的情况。如：calnud vartidpaf 和 vartidpaf calnud 均指“屠户扎努”；calthawdcaliq 和 caliq calthawd 均指“铁匠扎妥”；navar mawqma 和 mawqma navar 均指“摩妈娜袜”；caleof lawdsi 和 lawdsi caleof 均指“老师扎厄”；callawd natzhidmawq 和 natzhidmawq callawd 均指“医生扎倮”。在一般情况下，在拉祜族村寨前一种称呼方式较常见。

（5）以“拉祜名 + 学名”连名

在少数民族聚集的地区，当地孩子在入学前基本上都说本民族的母语，家人和寨里人都称呼其少数民族的名字。到了入学年龄，家人或学校老师就会给孩子取一个学名即汉族名字，一般只在学校或与外族人交流时使用。随着民族间交流的频繁和深入，语言间的接触和交流也反映到民族姓名文化中，最典型的就是既保留原来的民族名字又连上新取的汉族名字。在拉祜族的连名实践中，多遵从拉祜名在前，汉族名在后的习惯，即用“拉祜名 + 汉族名”进行连名称呼。如扎约李爱国、娜妹王美琴、扎发张建军等等。

（6）以“年龄 / 体质 + 拉祜名”连名

为区别一个寨子同名的人，南美乡拉祜族寨内常采用按照他们在全寨同名的所有人中的年龄大小进行排名，如扎发老大、扎发老二等，依次排下去。有时，也按体型胖瘦等不同特征来区分同名的人如胖娜咪、矮扎约等，被称呼者觉得这种称呼很亲切，一般都会欣然接受。

（7）以“汉姓 + 拉祜名”连名

随着越来越多的拉祜族受汉族姓名文化的影响，逐渐接受在拉祜名前加上汉姓的取名习惯，于是汉姓连上拉祜名就成为拉祜族人名的另一种命名方式。这种命名习惯在多数拉祜族村寨也会使用，如王扎妥、李娜盖、石扎体、胡娜袜等。

6. 其他命名形式

（1）以小孩的生理特征、长相、体质、父母的愿望等来取名

如果出生后长得壮实的男孩会被取名为 calhie，女孩取名为 nahie；如果生了个胖小子，便取名为 calper，胖女孩则取名为 naper，per 意为“胖”；有的小孩出生时比较瘦小，体弱多病，父母也会给他取名 calhie 或 nahie，hie 是祝愿孩子长得健康强壮。小孩出生时瘦小，取名为 calqier 或 naqier，qier 意为“瘦小”；长得黑的孩子取名为 calnat 或 nanat，nat 意为“黑”；长得白的孩子叫 calphu 或 naphu，phu 意为“白”等。

（2）根据出生地命名

母亲在山上或地里劳动时生出的男孩叫 calhied、女孩叫 nahied。如果生了个孩子取名叫 calsi 或 nasi，但在后来的成长中发育不够强壮的话，长辈们便会为其再次命名为 caldar 或 nadar，dar 意为“健康、壮实”。还有如在城里出生的男孩叫小城、女孩叫城妹，在医院出生的女孩叫院妹，在路上出生的男孩叫常路，女孩叫路妹。

（3）以英雄人物命名

南美乡拉祜族的命名习惯中也带有明显的英雄情结及敬祖传统，他们也会采用英雄的名字来命名，特别是给男孩子命名。如 calnud（扎努）、nati（娜迪）等等，扎努扎别是拉祜族传说中的集智慧和勇敢于一身的民族英雄，而扎迪、娜迪是创世史诗中的拉祜始祖，这些名字出现在拉祜人的姓名中，也是情理之中的。

（4）以树木花草名称命名

如果采用上述几种命名方式，仍与近亲或长辈重名，还可用树木花草的名称来给孩子命名。例如以 beudni（樱桃）来命名时，只取其第一个音节，男孩命名为 calbeud，女孩则命名为 nabeud。再如以 vad（竹子）命名，男孩叫 calvad，女孩则叫 navad。

（5）以村寨名命名

为了方便区别同一场合来自不同村寨的重名的人，就采用“人名＋寨名”的方式。如为便于区别来自不同寨子同名的 calfat（扎发）和 naeof（娜而），将来自石蚌寨、八别寨、多依寨和樱桃寨的扎发分别叫 calfat patie（石蚌扎发）、calfat pafpiel（八别扎发）、calfat apuq（多依扎发）和 calfat beudni（樱桃扎发），将来自石蚌寨、八别寨、多依寨和樱桃寨的娜而分别叫 naeof patie（石蚌娜而）、naeof pafpiel（八别娜而）、naeof apuq（多依娜而）和 naeof beudni（樱桃娜而）。

（6）以绰号命名

若是婴儿时候家人给取好了名字，但是长大后发现这个孩子有聋哑等身体缺陷，有时除了继续使用他/她小时候的名字外，还会用根据其身体缺陷而取的绰号，如哑巴的名字就用 calqar 或 naqar，qar 意为“哑巴”；在日常生活中即使不是哑巴，但说话口拙或木讷也会被大家叫 calqar 或 naqar；若某人是白眼，村民就会称其为 miet pheu paf，意为“眼白多的人”；若是某人嗜酒如命，村民就会称其为 dzil but paf，意为“好酒醉的男人”。一般来说，拉祜族很少用绰号，偶尔使用也无嘲讽、讥笑等恶意。

7. 取名的方式

南美乡拉祜族婴儿未满月期间，若有成年男、女进家，当地俗称“踩生”，婴儿要拜“踩生”者为干爹或干妈。“踩生”者必须送小孩银手镯、衣服等礼物，表示贺生，祝福婴儿健康长命，还要按照自己的姓氏给该婴儿取名字（作为小名）。在家中，被踩生的婴儿平时多使用“踩生”干爹或干妈取的名字，家中老人或父母取的名字则很少用，据说这样更有利于婴儿的成长。入学后，在学校才用户口本上注册的学名，俗称大名。但寨里的人则更习惯称呼其拉祜族名字。此外，若是新生儿身体不好或好哭闹，家长会给婴儿按照属相日等拜合适的人做干爹、干妈，由干爹干妈给婴儿重新取名。两家从此成为“亲家”。家长会带着孩子到干爹干妈家做取名礼，俗称“拜年”。新年时，父母带着孩子到干爹干妈家拜年，礼物常为一竹筒大米、一把芭蕉、一对蜂蜡、一只鸡、若干对糯米粑粑、一块腊肉等。该取名礼从取名当年算起，连做三年即可。干爹干妈前两年只收礼，不用回礼，但第三年收礼后要进行回礼，一般要给前来拜年的这个孩子买衣服，还要给一些压岁钱。

云南其他地方的拉祜族也有给取名者拜年的习俗，如澜沧县拉祜西地区，须给取名者每年做三次取名礼（俗称父母礼），由被取名的婴儿父母带上婴儿在火把节、新米节和新年到取名的人家做父礼、母礼和舅礼。礼物一般为一筒大米、一块腊肉、四对蜂蜡或一把香，还有一对糯米粑粑、一把芭蕉或几根甘蔗等，礼物的流向为单向，通常受礼者不用给对方回礼，偶尔会拿给婴儿一点钱或衣物。做取名礼没有具体的年限规定，只要受礼方即干亲家说不用再做礼，来年即可停止做取名礼。金平县翁当乡的拉祜族每个人一生中有三个名字，第一个名字是初生时祖父或父亲给取的，命名的特点，据了解是按照降生的情况，根据器物和动物等命名，如好鸡、竹水桶、篾箱一类。到了青少年时代，男女青年均互赠名字。待结婚生子后，则根据第一个诞生的子女名后加上表男性性别的词缀 paf 和表女性性别的词缀 ma 来作为自己的名字。[①]

由此可见，拉祜族取名方式大致分为以下几类：婴儿父母指定家中长辈或亲戚等给婴儿取名；婴儿出生后，第一个进家门的外人须给婴儿取名，还要给婴儿拴白线、买衣服，即踩生；若家长头胎生下不久后夭折或连生几个孩子均未能顺利长大，待再怀孕时，为保胎儿顺产健康，就会提前给腹中的胎儿挑选另一对父母做干爹干妈并由干爹干妈提前取名；孕妇也会委托自己关系要好的姐妹或朋友为婴儿取名。

由于拉祜族固有的优先交叉旁系婚，若是舅舅给婴儿取名，待婴儿长大后依据优先交叉旁系婚的原则则依然可以与舅舅家的子女进行婚配。南美乡拉祜族除流行给自家的孩子找干爹干妈外，也乐意给当地的汉族、傣族、彝族等其他民族的小孩当干爹干妈，按照取名习惯给孩子取拉祜族名字。

---

① 《中国少数民族社会历史调查资料丛刊》修订编辑委员会:《拉祜族社会历史调查（二）》，90页，北京，民族出版社，2009。

三、更名习俗

（一）更名习俗

尽管拉祜族给新生儿取名时都杀鸡看卦，但仍有极少数取名后出现夜晚哭闹、体弱多病、家庭不顺等情况，则要考虑给孩子举行更名仪式。更名的仪式很简单，请来磨巴[①]以及家中的老人给孩子更名。选好新名字后，由磨巴或健康长寿、善良正直、受人尊敬的长者主持更名仪式，拿一枚煮熟的鸡蛋在孩子身上一边滚一边念："你原来的名字不用了，现在开始你就叫 cali（扎依）或 nai（娜依）（拉祜族认为，cali 和 nai 是天神的名字，孩子取这个名字就能顺利成长）了。你有了这个新名字，以后就没病没灾，健康长大。"礼毕，主持仪式者把鸡蛋剥开让该婴儿或其他小孩吃掉，表示更名成功。

（二）更名方式

当地拉祜族常见的更名方式主要有：

其一，以属相名改为月份名。如：李娜拉改为李三妹。

其二，以生肖名改为排行名。如：李娜朵改为李娜厄。

其三，改名为"扎依""娜依"。这与传说中祖先扎迪、娜迪自己养的孩子取名为"扎依""娜依"有关。

其四，改为汉族名字。以"汉族姓氏 + 拉祜族名字"这种命名习惯在拉祜族刚接受汉姓的时候常用，随着汉文化的不断影响，拉祜族更名又出现了新的趋势，直接以汉族命名方式来改名。

其五，按五行来改名。受汉族命名习惯的影响，拉祜族家庭若小孩取拉祜名后爱生病或哭闹，父母会根据其生辰八字推算其五行（金、木、水、火、土）中主要缺了什么，缺的就用其本字或带有该偏旁部首的汉字加在名字中，若是缺几样就按照缺的多少依次排序全加在名字中，达到五行齐全的效果。这种名字一般算是乳名，也有少数保留在学名中。还有一种办法是重新请一位与新生儿属相相合或互补的人给小孩取一个新名字，如小孩五行缺金，就请一个金命且属相与小孩的属相相合的人给其取名，民间俗称"认干爹"。拉

① 磨巴，拉祜族传统神职人员，除占卜、念经祭祀礼仪外，还兼行草医并熟知本民族的历史文化。

祜族请来给孩子起名字的人，不限族别，可取拉祜族名也可以取汉族名字。小孩平时一直用这个名字，直至入学。

其六，以“石”改名。如果用了上述更名方法，孩子还是体弱多病，就要把孩子带到僻静的深山里去，找一块巨石，拜其为干爹。并以 haqpeu（石）为孩子更名，男孩叫 calhaq（扎石），女孩叫 haqmieq（石妹），意为像石头一样结实。

拉祜族家庭一般是家中孩子出现体弱多病、经常夜哭或与亲生父母属相日相同等情况下才会考虑请人给孩子更名，让孩子拜取名的人为干爹或干妈并按照习俗传统行取名礼。其间若孩子病好，经双方商量后可以不再做取名礼。停止做礼后若孩子又出现生病等情况，就要再去其干爹干妈家做取名礼，若仍不见好转，就要另选他人做孩子的干爹、干妈，再次更名并做更名礼。这些因取名或改名而形成的社会血缘关系在做取名礼后会一直维系，两家之间成为亲戚且子女之间不能进行婚配。

第四节　亲属称谓

语言是一定社会文化的反映，词汇是语言的基础要素，二者都是社会文化的载体。拉祜族亲属称谓是社会亲属关系的反映，蕴含着丰富的民族文化内涵。“它的内涵十分复杂，通常是与婚姻、家庭、地位、权利、义务等内容联系在一起的。”①

一、亲属称谓系统

拉祜族亲属称谓系统是拉祜族社会对亲属称谓长期约定俗成的结果。在各个民族不同的亲属称谓系统中，称谓词既有重叠也有差异，这些差异部分恰恰体现出各民族独特的文化内涵，也反映出人类文明发展的不平衡性。南美乡拉祜族的亲属称谓如下：

① 田惠刚：《对外汉语教学中的东西方文化背景》，载《外语教学》，1993（2）。

表 4–1 南美乡拉祜族亲属称谓表

汉语称谓	拉祜语称谓	汉语称谓	拉祜语称谓	汉语称谓	拉祜语称谓
岳父	alpul	（曾 / 外）祖父	alpul	伯 / 叔 / 姑 / 姨父	apa
岳母	alpi	（曾 / 外）祖母	alpi	伯 / 叔 / 姑 / 姨母	a–e
父亲	apa	（堂 / 表）哥	awlviqpaf	（堂 / 表）弟媳	awlnipafmidma
母亲	a–e	（堂 / 表）姐	awlviqma	（堂 / 表）姐夫	awlviqmaphawd
儿子	yadpaf	（堂 / 表）弟	awlnipaf	（堂 / 表）妹夫	awlnimaphawd
女儿	yadmid	（堂 / 表）妹	awlnima	侄子 / 外甥	awlshafpaf
舅父	aqphad	（堂 / 表）嫂	awlviqma	侄女 / 外甥女	awlshafma
舅母	aqphadma	儿媳	awlkheudma	（外）孙女	awlhuaifma
丈夫	awlphawd	女婿	awlmaqpaf	（外）重孙	awlhat
妻子	midma	（外）孙子	awlhuaifpaf	（外）重孙女	awlhatma

从上述亲属称谓系统可以看出，拉祜族的亲属称谓体现明显的男女性别差异，不管是同辈的兄弟姐妹，还是长辈父母、祖父母还是姑父母，多在亲属词后加 paf 和 ma 来区别性别。

拉祜族亲属称谓词没有父系母系的区别，父系的祖父和母系的外祖父统称 alpul；父系的祖母和母系的外祖母统称 alpi；父系的堂弟和母系的表弟统称 awlnipaf。

拉祜族特别重视父母和兄弟姐妹等核心家庭成员，其亲属称谓都采用描述性的表达，而其他亲属关系的亲属称谓则呈现概括性的特点。如父亲、母亲、儿子、女儿等都用专属的亲属称谓与同辈的其他称谓加以区分，但对同性长辈如伯父、叔父、姑父、姨父则共用一个亲属称谓，伯母、叔母、姑母、姨母又共用另一个亲属称谓，旁系的其他同辈的亲属称谓也有类似特征。

除祖辈的（外）祖父与父辈的岳父、公公都称 alpuf，祖辈的（外）祖母、外祖母与父辈的岳母、婆婆都称 alpi 外，拉祜语亲属称谓还注重区别辈分，如儿辈、孙辈、重孙辈分别用 shaf、huaif 及 hat 加以标记。

拉祜族亲属称谓中父辈的父亲、伯父、叔父、姑父、姨父都可统称 apa，母亲、伯母、叔母、姑母、姨母都可统称 a–e，唯独父辈的舅舅和舅妈有特定的称谓。这是拉祜族人重视舅权的传统习俗在语言上的生动反映。

拉祜族称呼比自己大的同辈兄弟姐妹都在称谓的末位加 viq，比自己小的都加上 ni；称呼父辈或年龄上较长的人时都加上 loq，而比父母小的都加 shuf，体现长幼分明。

二、亲属称谓的文化内涵

亲属称谓是人类社会家庭状况的原始记录，“每一种亲属制度都表达了该制度建立时所存在的家族的实际亲属关系。因此，它也就反映了当时所流行的婚姻形态和家庭形态”[①]。拉祜族亲属称谓作为传统文化的外化或文化精神的载体的符号体系，蕴含着深厚的文化内涵。

（一）“大家庭”制的组织形式

拉祜族社会是一种大家庭制社会，拉祜语称 yielloqma，又称 yielphot（意为大房子）。大家庭组织形态是按血缘系统组成的。每个大家庭由一对祖父母的三至五代后裔组成，包括女儿、女婿、外孙女、外孙婿等母系成员，还包括儿子、儿媳、孙子、孙媳等父系成员共同居住在一间公共房子里，这种血缘姻亲纽带结成的人们的共同体形成一个庞大的家庭公社，俗称“大家庭公社”。[②]

拉祜族传统社会盛行过以母系家庭为主的社会结构，即大家庭公社的组织形式。大家庭的家长早期由母系担任，拉祜语为 yielshielma（女主人），负责组织生产、参与社会活动。按照“从妻居”的传统婚俗，拉祜男子结婚后都到女方家入赘，只留女儿在家赡养父母，财产由妇女继承，家长由妇女担任，形成母系制大家庭。随着父系制社会的确立，受母系制社会的影响，拉祜族在父系、母系共同生活的大家庭氛围中日常接触最多的核心家庭成员是 apa（父亲）、a–e（母亲）、yadmid（女儿）、awlmaqpaf（女婿）等人员。于是，表现在亲属称谓上就是拉祜语中这些称谓词都是描述性的、专用的。[③]

（二）婚姻形态

恩格斯说：“我们根据历史上所传下来的亲属制度，也可以以同样的确实

① ［美］摩尔根：《古代社会》，杨东莼译，97 页，北京，商务印书馆，1997。

② 《拉祜族简史》编写组：《拉祜族简史》，40 页，北京，民族出版社，2008。

③ 杨云燕：《拉祜族亲属称谓及其文化内涵探微》，载《怀化学院学报》，2011（10）。

性断定一种适应于这个制度的业已绝迹的家庭形式是存在的。”[①] 我们同样可以借助拉祜族的亲属称谓来探讨拉祜族传统婚姻形态的历史轨迹。

1. 血缘婚

血缘婚又称“族内班辈婚”，是人类历史上第一种婚姻形态。在旧石器时代，人类原始族群认识到不同年龄的人存在生理差别，在内部逐渐选择按辈分划分婚姻，即年龄相近的青壮年兄弟姐妹相互通婚，排斥了上下辈之间的婚姻关系。“按照这时的通婚规则，即同一辈的男女才有通婚的权利和义务，于是，在亲属方面并无父方和母方、夫方与妻方之分，也没有血亲和姻亲的区别。”[②] 血缘婚时期的姐妹是兄弟的共同妻子；兄弟是姐妹的共同丈夫，夫妻有共同的血缘。这种婚姻在拉祜族创世史诗《牡帕密帕》中记载，由葫芦里出来的拉祜始祖扎迪和娜迪生下的儿女扎依和娜依是拉祜族第一代人类始祖。扎依、娜依既是兄妹又是夫妻。拉祜语亲属称谓强调区别不同辈分，且同一辈分的人用同一个亲属称谓，如父亲、伯父、叔父、姑父、姨父通称 apa，母亲、伯母、叔母、姑母、姨母通称 a–e，妹妹、堂妹、表妹通称 awlnima。只有在“一对配偶的子孙中每一代都互为兄弟姐妹，……也互为夫妻”的血缘婚姻才会出现这样的亲属称谓。[③]

2. 普那路亚婚姻

普那路亚群婚也叫伙婚或亚血缘群，由血缘婚发展而来。人类社会的婚姻形式在家庭内部开始排除兄弟姐妹之间的婚姻形式，实行两个集团之间的婚姻。这种家庭制度是群婚制发展的最典型的阶段。创世史诗《牡帕密帕》中记载有拉祜族的第二代，即扎依、娜依生下的 8 对儿女因猎物分配产生猜疑，妹妹娜倮和哥哥扎倮分为两个部落群体。到了第三代，扎倮和娜倮的子女们继续成为夫妻。由于他们儿女的婚姻关系，兄弟姐妹由原来的夫妻开始变成互为儿女亲家的姻亲关系。拉祜族习惯实行姑表婚，即姑母的儿子娶舅父的女儿为妻，但禁止舅父的儿子娶姑母的女儿为妻。拉祜语中，父亲、姑父、姨父都可称 apa，母亲、姑母、姨母都可称 a–e。这种受交错从表婚影响而形成的称谓现象，是母系氏族社会族外群婚的反映。

---

① ［德］恩格斯：《家庭、私有制和国家的起源》，张仲宝译，35 页，北京，人民出版社，1956。

② 林耀华主编：《民族学通论》，311 页，北京，中央民族大学出版社，1997。

③ ［德］恩格斯：《家庭、私有制和国家的起源》，见《马克思恩格斯选集》（第四卷），34 页，北京，人民出版社，1995。

普那路亚群婚促使氏族的产生。随着氏族的出现，婚姻形式也发生了变化。由于拉祜族当时仍是母系氏族社会，女性子女都从母居，男性子女也都隶属于妻子的氏族。一个氏族的全体有血缘关系的同辈男子是另一个氏族的全体同辈女子和小一辈女子的共同丈夫，导致非等辈婚现象的发生。因此，拉祜族亲属称谓中存在用同一个称谓来称呼不同辈分的现象，如曾祖父、祖父、岳父同称为 alpul，曾祖母、祖母和岳母同称为 alpi。

3. 对偶婚

对偶婚是原始社会氏族公社时期的一种家庭形式，由普纳路亚家庭发展而来。早期对偶婚，夫对妻暮合晨离。晚期对偶婚发展为以女子为中心，女子定居于本氏族，丈夫来自其他氏族，实行夫从妻居的婚姻居住形式，老人多与女儿女婿居住并由其赡养。拉祜族刀耕火种的生产方式造就了其“号地”的传统。拉祜语中，maq 表示“号”[①] 的意思。拉祜族社会盛行“从妻居”，女方父母通常将未来的女婿称为 maq，意思是被女方“号中”。这些称谓和习俗都说明历史上拉祜族经历过对偶婚阶段。

拉祜族的亲属称谓作为婚姻家庭制度背景下产生的文化符号，是历史不同时期的婚姻家庭制度在语言文化上的遗留和反映。

① 号，云南汉语方言，有“占有、选中、预定”的意思。

第五章
临沧南美乡拉祜族的民间习俗

拉祜族传统习俗是在长期的生产实践和社会生活中逐渐形成并世代相传、较为稳定的风俗习惯，是拉祜族传统文化的重要组成部分。本章主要从饮食、服饰、民居、节日、丧葬等民间习俗来阐释南美乡拉祜族的生活风貌、精神信仰、道德审美及民间禁忌等文化内涵。

第一节　饮食文化

一、饮食概况

（一）古代饮食

提到饮食，首先要谈的是火，因为火与熟食及烹饪密切相关。人类最初使用的火种取自自然界中因闪电雷击、火山喷发等形成的火源。在整个原始社会时期，篝火一直是煨烤食物的主要场所，也是人工采光与热的唯一源泉。①

属于“河湟羌”的拉祜族先民，迁到“天的肚脐，地的肚脐”的地方，白天撵山，晚上下扣子②，天天打猎，过着茹毛饮血的原始初民生活。森林大火过后，他们捡回被野火烧死的野兽，发觉烧熟的肉吃起来味道鲜美。拉祜族先民发现火不仅能取暖照明，还能烧烤食物，进而逐渐懂得从火源引得火种并保存起来。

因火种不便保存，拉祜族先民便开始探索如何取火的问题。流传在南美乡拉祜族的迁徙史诗《根古》有相关内容：拉祜族先民在大理时，为了御寒和驱赶野兽而找来干火草，不停地敲击白色的火石产生火花引燃火绒，烧起篝火。后来，铁矿石出现，出现专门用于生火的铁质工具，金属击石生火得以使用。南美拉祜族至今需生火或抽烟时，便掏出火镰敲击火石，利用产生的火花引燃火绒。懂得如何生火，使吃熟食成为日常，这对丰富拉祜族饮食结构、提高拉祜族饮食质量具有极其重要的作用。火在拉祜族生产生活过程中也得到充分利用，白天可用来做饭煨茶，夜间取暖照明，防御野兽和虫蛇等的威胁。火的利用给拉祜族的生活带来很大便利，但若管理不当，火又会烧糊食物、烧伤人畜、烧毁房屋，甚至造成山火肆虐等灾害。火既重要又神秘，既可带来益处也可摧毁一切，拉祜族对火充满了敬畏。

依据迁徙史诗《根古》中的传唱内容，拉祜族先民在迁徙至牡缅密缅坝子之前，曾在大理一带从事种麻、洗麻、纺织、打猎等生产活动。拉祜族为追赶

① 林耀华：《民族学通论》，416 页，北京，中央民族大学出版社，1997。

② 下扣子，一种俗称的捕猎方法，用绳、夹子等制成，有灵活机关，置于野兽必经的路段，猎物被诱饵引诱前来触动机关，则被拴住或夹住，无法挣脱。

一头受伤的白色马鹿，一路追至牡缅密缅坝子。他们发现该地土地肥沃、水草丰美，周边山高林密、野兽众多，就决定从大理迁此定居。期间，拉祜族兄妹两个部落因为分配猎物豪猪产生误会，导致兄妹部落分开，形成拉祜纳（黑拉祜）和拉祜西（黄拉祜）两大支系。道光《普洱府志》载："野倮，即倮黑，男女皆穿青蓝布短衣裤……随身常带枪刀弩弓，罕事耕作，以捕猎为生。"[①] 清道光《他郎厅志》载，"倮黑系属化外，性情顽劣，罕事耕作，以捕猎为生，男女皆短衣裤裙，遇有仇隙，以勇悍为能"[②]。从以上传说和记载不难看出，早期游猎采集的生计方式决定了拉祜族食物主要取自狩猎的野兽、禽类和采集的野菜、野果。

（二）清代以来的饮食

随着生态环境的恶化，猎物数量的减少，游猎已经无法满足拉祜族的生活所需。为了种族的生存和繁衍，拉祜族在掌握农具制作技术后，逐渐开荒农耕，向游耕的生产方式转变。《缅宁县志》十五卷之一载："本县种族元以上无可考，据猛缅土官印谱序文之翻译则开辟缅宁者为布氏，为黄倮黑族，初住蛮乃村，又有派氏自孟连来开辟缅翁。继同布氏开荒于圈腊。今尚有派性子孙住圈腊者，曾为土司时之圈官。"[③] 该史料详细描述了拉祜族布氏开辟缅宁并在圈腊开荒农耕的历史事实。

《缅宁县志》十五至二十记载："男女均好猎，刀耕火种，喜食蛇鼠及各种虫类。"从上述汉文献记载来看，拉祜族的农业生产只有两三百年的历史。[④] 拉祜族进入牡缅密缅后，拉祜族的社会经济逐步由游猎采集向游猎农耕及定居农耕转化，由原来的狩猎采集为主、农耕为辅，逐步发展为以农耕为主、狩猎采集为辅，进行刀耕火种的粗放型农业生产，开始种植毛稗、荞麦、旱稻以及其他山地作物，并使用牛耕，饲养家畜家禽，食物来源及饮食结构有了很大的变化。这也可以从流传在临沧一带的拉祜族古歌中找到佐证。

《西南边城缅宁》一书载："清同治年间，邑中贡生邱灏记述勐缅开辟长诗一首。其诗如下：'我缅开创何年始？野人猎鹿来到此；鹿角束缠九尺茅，一

---

① 邓启华主编：《清代普洱府志选注》，340 页，昆明，云南大学出版社，2007。

② 邓启华主编：《清代普洱府志选注》，340 页，昆明，云南大学出版社，2007。

③ 彭桂萼：《西南边城缅宁》，见《彭桂萼诗文选集》，208—209 页，芒市，德宏民族出版社，1998。

④ 杨春编著：《中国拉祜族》，25 页，银川，宁夏人民出版社，2012。

树七巢鹊栖止。渴饮泉水涧之滨，携斧盛泉得锦鳞，野人胜喜负鹿去，归告侪辈共知闻，乃辟蚕从适乐土，妇子嘻嘻可以处，鸡犬豆麦时和丰，锄尔夏耘犁春雨，爰求傣君猛卯山，主奴分别自此间，历传一十有七世，世世慈仁非等闲，归流改土仍自若，瓜分不必因人说，莫非汉土莫非臣，是何磊磊以落落。至今民情享祀修，祖孙姓名播千秋，配以阿奴看郎坦，清风凛冽天地悠。'"[①]这首诗虽然近于神话，但仍说明了拉祜族先民在开发勐缅期间，已开始饲养家禽、种植豆麦作物，使用铁器农具耕作，形成定居农耕为主的生活方式了。

近代，临沧地区拉祜族的山地作物以毛稗、荞麦为主，还有旱稻、玉米、荞麦、豆类、薯类等，广种薄收，须辅以季节性的狩猎、养蜂、采集等生产劳动满足粮食需求。清《滇南杂志》卷二十四记载："大倮黑（拉祜族）……以食荞稗即为上品，其他草子、芭蕉、树枝、野菜及葛根、蛇虫、蜂蚁、蟑、鼠、禽鸟，遇之生啖……"[②]雍正《顺宁府志》卷九载""倮黑（即拉祜），亦蒲，僰之异派，其俗与僰人不甚相远。饮食取蜂蛇鼠蛤，无所不啖。然勤于耕作，妇女任力，男子出猎，多居山箐间。"[③]道光《云南通志》引《伯麟图说》："倮黑……女耕男猎，居深林。"[④]《伯麟图说》又载："倮黑……拾荞稗不足，采瓜蔬，捕狙麇以佐食。"[⑤]《景东府志》载：苦聪人"以叶构棚，无定居，略种杂粮，取山芋野菜为食"[⑥]。以上史料记载，说明拉祜族进入农业经济时代后，仍因粮食不足加之不种蔬菜而需采集野菜作为补充。

早先聚居在南美河一带的拉祜族（现归属南美乡）从事原始定居农耕和半游猎生活方式。当地拉祜族处于耿马的傣族土司直接统治之下，大约在20世纪20年代逐渐进入封建地主经济阶段，汉、傣等民族的农具和农耕技术开始传入，使得该地拉祜族的农业生产有所发展和改进，虽有封建化趋势，但生产方式仍沿袭"刀耕火种"与"轮歇耕作"为主，旱地作物以荞麦、毛稗、旱稻为主，辅以瓜豆、薯类、野菜等。农业生产工具极其简陋，仅靠烧山的草木灰作肥料，粮食产量低且收成不稳定，一年大部分时间处于缺粮状态，只能靠野菜煮稀饭艰难度日，过着食不饱腹的生活。

---

① 彭桂萼：《西南边城缅宁》，见《彭桂萼诗文选集》，209页，芒市，德宏民族出版社，1998。
② （清）曹春林：《滇南杂志》，817页，台北，华文书局，1969。
③ （清）朱占科修，周宗洛等纂：《顺宁府志》，1083页，清光绪卅年刊本（影印）。
④ 邓启华主编：《清代普洱府志选注》，340页，昆明，云南大学出版社，2007。
⑤ （清）朱占科修，周宗洛等纂：《顺宁府志》，1085页，清光绪卅年刊本（影印）。
⑥ 《云南各族古代史略》编写组：《云南各族古代史略》，176页，昆明，云南人民出版社，1977。

南美乡拉祜族以旱谷、玉米、荞麦为食，有一日吃两餐的饮食传统，上午9—10时吃早饭，下午5—6时吃晚饭。只有农忙时节，因劳动时间长、劳动强度大，才会吃三餐。一般早晨7时吃早点，午饭用竹筒做饭菜或用竹篾饭盒从家带饭菜到田地里吃，天黑回家吃晚饭。当地家庭一般有两个土锅，一个焖饭，一个煮菜。平时多为清水煮菜，仅用火灰炮制成的糊辣椒、湿姜和在火炭上烧过的食盐经过捣舂，加菜汤做成蘸水蘸着吃，也常吃凉拌野菜，很少吃肉。年节时，大多数家庭会杀猪，猪肉也多是煮熟后蘸蘸水吃，偶尔也会烧烤。农闲时节，男子多上山打猎，妇女儿童下河摸鱼蚌以补充肉食。

二、饮食器具

南美乡拉祜族传统饮食器具分炊具和餐具，以土制、木制、竹制为主。拉祜族先民长期生活在林木茂盛的山区，这种生活环境培养了拉祜族特有的对大自然浓厚的依恋情结，逐渐形成浓厚深邃的木、竹文化传统。木、竹作为一种重要的文化标志已深深地烙印在南美乡拉祜族人民的物质生活和精神生活的各个方面。拉祜族人对木、竹文化的创造和传承过程也展现了他们的思想观念和风俗习惯。

（一）炊具

据说，在陶器出现以前，人类利用天然的温泉来泡煮食物。拉祜族尽管没有利用温泉来煮熟食的条件，但是在学会生火以后，就会利用各种炊具烧煮食物。南美乡拉祜族传统烹饪方式以蒸煮为主，日常的炊具主要有土锅、锣锅，偶尔也用木甑和竹筒。

1. 竹筒

竹筒是云南少数民族常用的传统炊具。陈鼎在《滇游记》中记载："腾越铁少，土人以毛竹截断，实米其中，炽火煨之，竹焦而饭熟，甚香美，称为竹釜。"[①] 南美乡拉祜族地处深山密林，野生竹子品种丰富，在使用土锅之前，多就地取材，用竹筒做饭菜。守着大山、有着狩猎习惯的拉祜族很早就有利用鲜竹烧制饭菜的传统。人们上山打猎或放牧种地，只需带上大米即可出门。竹筒

① （清）陈鼎：《滇游记》，见《大理行纪（及其他五种）》，9页，北京，中华书局，1985。

煮饭做菜时为锅，吃饭时则为碗，方便省时，体现独特的山情野趣。陶器炊具产生以前，竹筒是拉祜族重要的炊具，在日常生活中发挥着重要的作用。

2. 土锅

陶器出现后，土锅逐渐成为人们主要的炊具。拉祜族家庭家家设有火塘，火塘中呈三角形摆三个锅庄石，上支土锅等炊具，用于烧水、做饭。拉祜族普遍使用的传统手工土锅多是以物易物的方式与周边勐永的傣族等其他民族交换得来。傣族自古喜爱用陶。明初洪武年间钱祖训所著《百夷传》记载："器皿丑拙尤甚，无水桶、木甑、木盆之类，惟陶冶之器是用。"[①] 傣语称制陶为"板磨"，汉族俗称的土锅在傣语中为"磨另"。

3. 锣锅

除了土锅，南美乡拉祜族后期还使用铝打造的传统鼓式锣锅，架在锅庄石、三脚架上可烧水、焖饭、炖菜、炒菜等。锣锅用红铜、铝等锻打而成，肚大，锅口上方内有榫口，外两耳处打孔，有一根弧形的粗铁丝做提手。锅盖形如平底锅，下部有弧形，正好可与锅口的榫口相扣。锣锅紧扣锅盖，焖饭香味扑鼻、炖煮更快，深受老百姓的喜爱。

4. 木甑

农忙、建房、婚丧嫁娶等多人一起用餐时，拉祜族家庭会用木甑蒸饭。木甑用木头、木板条制成，呈圆筒形。四周用数块梯形（上窄下宽）的木板条拼接成，距甑口三分之一处的木板外侧对称凿两个凹槽，便于端抬。底部安装横木、竹条做底板。木甑蒸饭前，要用温水把米煮至半熟捞出来沥干，再倒入木甑里蒸。木甑蒸出来的米饭晶莹剔透，松软适宜，具有原木的清香，别有风味。

（二）餐具

最初，西南地区部分少数民族用餐没有专门的用具，直接用手抓食。李京《云南志略》载，古代僚人"无匕匙，手搏饭而食之"。拉祜族以前也无专门的餐具，喜欢用芭蕉叶、蚌壳、竹筒等天然器具盛饭菜，用手抓食或用细树枝、小金竹作筷子夹菜。南美乡拉祜族传统餐具非常简陋，多就地取材，用竹、木制成。常用餐具有装水或酒的木碗、水杯及茶杯；用于盛饭、舀汤的木勺；用

① （明）钱古训撰，江应樑校注：《百夷传校注》，87页，昆明，云南人民出版社，1980。

于装饭的木饭桶；大人吃饭用的木筷；小孩吃饭用的木勺；大甜竹做成的竹碗、水杯及茶杯，野外装饭的竹篾饭盒、煮饭的竹筒、盛饭的竹勺、吃饭的竹筷。

（三）其他用具

南美乡拉祜族还有一些与饮食有关的生活用具。舂碓是拉祜族传统生活中必不可少的生活用具，被专门安置在木掌楼内，用于舂粮食。舂碓分木舂碓、石舂碓和水懒碓。舂碓由支撑架、木碓杆、碓头和石臼几部分组成，水懒碓是借水力舂谷粒，其他舂碓则靠人力。还有用于存粮食的竹篾箱、木桶；用于背水的木桶、竹筒；木质水缸、舀水的木瓢、葫芦瓢；切菜用的木砧板、用于装刀的木刀鞘；用于舂菜的木臼窝和木杵臼；木质碗柜、竹质碗筷篓等。

拉祜族最初没有桌椅板凳，一家人围着火塘蹲着用餐。后来有了用于吃饭、饮茶的竹篾桌、竹板凳、小板凳等。

人类学在分析文化的产生时，认为一种文化的产生受多种因素的影响，其中一个地区的自然环境与这个地区的文化形成有着密切的联系。斯图尔德（Steward）认为："文化核心是基本特征，具有由地方的生态适应和相似的社会文化整合水平而来的相似的功能上的相互关系。"[①] 他认为文化核心是文化系统的决定因素，这是与生计活动和经济安排有最密切关系的特征丛（群体特征）。不同的自然社会环境会塑造出不同的文化。

对于南美乡拉祜族来说，其饮食习俗中木、竹文化的形成与长久以来生活的自然环境有着千丝万缕的联系。正是置身于高山密林的自然环境决定了南美乡拉祜族能最大限度地生产和使用木质和竹质器具，形成丰富的木文化和竹文化。"作为文化，地方性知识对于各个当地民族来说，其存在的基本的价值诉求是维系当地民族人群的历史记忆。如果把地方性知识的存续理解为一个族群认同的文化与历史的建构过程，其实质就是对这个民族历史记忆的本土性叙述"。[②] 斯图尔德也指出了技术、环境在文化变迁中的作用，又进一步指出环境对技术起着许可或阻碍的作用。[③] 尽管木、竹器具在落后地区的拉祜族生活中得到普遍使用和推广，但是经过漫长的历史演变和经济社会的发展，拉祜族

① Julian. H. Steward, Theory of Culture Change: The Methodology Multi-Linear Evolution. University of Illinois Press, Urbana, 1973, p7.

② 龙先琼、杜成材：《存在与表达——论地方性知识的历史叙述》，载《吉首大学学报（社会科学版）》，2008（3）。

③ 黄淑娉、龚佩华：《文化人类学理论方法研究》，307 页，广州，广东高等教育出版社，2004。

人的传统饮食用具也不可避免地发生着变迁。有些木质生产工具也逐渐被木柄铁质工具所代替。除了竹质、木质用品外，南美乡拉祜族还用少量的陶质品如陶瓦盆、陶瓦罐、陶碗等。尽管因制作费时费力、容易受潮发霉且使用周期短等缺点，一些木质、竹质用具逐渐淡出拉祜族人的日常饮食生活，但是他们对木、竹文化仍有着难以忘却的特殊情结，因为这些用具曾在拉祜族的传统生活中无处不在，承载着太多的本土记忆。

三、主食类

（一）米面食品

南美乡拉祜族日常米面类主要粮食为毛稗米、荞面、玉米。

1. 毛稗米

毛稗是拉祜族栽种的旱稗，不同于稻田里寄生的野稗，其茎秆粗壮如高粱，米粒味道纯正清香，回味甘甜。《缅宁县志》中有缅宁（临沧县）境内种植稗子的记载。南美乡拉祜族历史上曾种植毛稗，当地有“毛稗地”的地名，以及特有的节日搭桥节最初也是为了给毛稗叫谷魂。这些都印证了毛稗曾经是当地拉祜族重要的粮食作物。舂毛稗的过程很辛苦，俗语说：“毛稗九层壳，舂断一只脚。”

2. 荞麦

荞麦被誉为“五谷之王”，民间又称其为“净肠草”，是药食同源文化的典型体现，其中苦荞最有特色。据《本草纲目》记载：苦荞味苦，性平寒，能实肠胃，益气力，续精神，利耳目，炼五脏渣秽；《千金要方》也记载苦荞有安神、活血、降气宽肠、清热肿风痛、祛积化滞等功效。南美乡拉祜族普遍种植荞麦，荞面食品也是当地群众较为重要的传统主食之一。当地荞麦每年种植两季，农历二月播种、六月收割的为夏荞，也称“苦荞”；农历八月播种、十一月收割的为冬荞，也称“甜荞”。南美地处高寒山区，空气清新、气温较低，光照时间长、通风性好，苦荞授粉充分，生长周期长，颗粒饱满，苦荞面苦中带甜，口感细腻。

3. 玉米

玉米，当地俗称“包麦”。南美拉祜族地处高寒山区，因玉米易于管理且产量较毛稗高，口感香甜软糯，引进后被大量种植，也成为当地拉祜族的主食。

毛稗、大米做的土锅饭（锣锅饭），荞面做的荞粑粑、荞面粿以及玉米面做的玉米糕、玉米砂（俗称“包谷砂”）、玉米稀饭等都是拉祜族的传统主食。

（二）特色食品

南美乡拉祜族主食较丰富，做法也别具特色。特色主食有毛稗饭、土锅饭、竹筒饭、鸡肉烂饭、糯米粑粑、荞粑粑、荞面粿、玉米糕等。

1. 毛稗食品

毛稗主要用做毛稗饭。将土锅或锣锅中加入适量淘洗的毛稗米粒和清水，置于三脚架或锅庄石上烧煮。待水烧开，撇去多半米汤，以米汤刚没过米粒为宜，用筷子将米粒戳孔。后将锅置于火塘的火炭边慢慢烘烤，不时转动饭锅使其受热均匀。待香气弥漫开来，即可食用。这种柴火焖烤出来的毛稗饭，松软可口。

2. 荞面食品

（1）荞粑粑

制作荞粑粑之前，先将荞面加适量水调成面糰（面糊）。苦荞面有一股天然的苦凉味道，若要减少苦味，就要在和面时掺上一些用新鲜粑粑树叶烧成的草木灰澄出的火灰水。加入面糰中的草木灰水要适量，量少则烤出的粑粑没有漂亮的金黄色，过量则会导致粑粑发黑。做荞粑粑不能掺入小麦面粉。当地拉祜族认为荞籽可以回家过年，而过年时小麦还在地里生长，二者不会碰面，所以两种面粉不可混在一起，否则二者互相打架会影响来年的收成。正基于此，搭桥节时，各家献饭供斋用的荞粑粑必须只用夏荞即苦荞制成。预备一块干净平整的青石板，放在火上烧至发烫，待未冒烟时舀上一两勺荞面糰在石板上摊平，不用油，其间翻动荞饼至两面焦黄。南美乡拉祜族传统荞饼一般都厚大板实。小的荞粑粑多是一勺一个，大小适中，一两分钟即熟。烤好的荞粑粑清香可口，保持其天然的苦凉清爽；也可蘸着蜂蜜吃，回味甘甜，别有一番滋味。

（2）荞面粿

用少量的冷水搅拌荞面，轻轻揉搓成豌豆大小的荞面疙瘩，待土锅饭快要焖熟时将其均匀地撒在米饭上面蒸熟，当地俗称“荞面粿”。南美乡拉祜族搭桥节当晚家家户户要做荞面粿，人人要吃荞面粿。

（3）荞糕

将和好的荞面糰发酵后倒入垫有白纱布的木甑，置于热水锅上蒸熟即可。

为使荞糕松软香甜，可在和面时加入一些鸡蛋或蜂蜜，在发好的面团表面撒上芝麻。

3. 玉米食品

（1）煮玉米

煮玉米，当地俗称“炸包麦”。刚从地里掰回的嫩玉米棒子，放在装有清水的水罐里煮熟即可，适合全家老少食用，可当主食也可当零食。

（2）爆米花

成熟的玉米或晒干的玉米粒，不适合煮吃，可以在热火灰里炮熟，制成爆米花，适合牙口欠佳的老人和小孩享用。

（3）烤玉米

稍老一点的玉米棒放在火炭上烧烤，吃起来香甜、有嚼头，牙齿好的年轻人喜欢吃这种烤玉米。

（4）玉米稀饭

干玉米粒碾成颗粒俗称“玉米砂”，一般用于煮玉米稀饭。玉米砂较硬，煮玉米稀饭前要先用清水浸泡一夜，水烧开后，改用小火慢慢地熬成玉米稀饭。玉米稀饭香甜有营养，拉祜族男女老少都喜欢吃。

（5）玉米粑粑（糕）

玉米砂继续舂细就成了玉米面，可用来做玉米粑粑、玉米糕，做法与荞面粑粑、荞面糕类似。

4. 大米食品

（1）土锅饭

将土锅或锣锅中加入适量淘洗过的大米和清水，置于火塘烧煮。待水烧开，撇去米汤，将锅置于火塘的火炭边慢慢烘烤，饭熟即可食用。

（2）竹筒饭

竹筒饭是包括拉祜族在内的很多山地民族的特色食品。拉祜族上山劳动或外出狩猎时，砍一段一端留有竹节的新鲜嫩竹（香竹或甜竹），将米装进其中，加入适量山泉水，用芭蕉叶或木头将筒口塞严，置于火上烧煮，不断翻转使其受热均匀。待竹筒烤焦米饭焖熟，将竹筒劈成两半，即可持筒吃饭。煮好的竹筒饭外包着一层白色竹膜，且带有一股竹节特有的清香，别具一番风味。

（3）香竹糯米饭

受当地傣族的影响，南美乡坡脚一带的拉祜族也会做香竹糯米饭。香竹的竹筒较小，筒壁内有一层香气扑鼻的竹膜。选一截当年生的直径约 5 厘米、竹节长约 40 厘米的香糯竹筒，一端留有竹节。将洗净浸泡过的白糯米或紫糯米加适量清水灌入竹筒，用芭蕉叶或竹叶塞紧筒口，把竹筒斜架在火上烧烤。待竹筒里的水分蒸干再放平用文火慢慢烘烤，其间需不停转动竹筒使其受热均匀。吃香竹糯米饭之前，要用刀刮净烧焦的竹筒外皮，再用刀背轻轻敲打竹筒，使竹皮与里面的糯米饭彻底脱离，后用刀在竹筒口划几道小缝，用刀或手剥去竹皮即可取出一整条包裹着一层雪白竹膜的香糯竹筒饭。这种竹筒饭拿在手里不会粘手，可随意分段食用，香软可口，清香扑鼻，且携带方便，堪称一绝。

（4）糯米粑粑

糯米粑粑是拉祜族年节必做的食品，也是祭祀和馈赠亲友的佳品。除夕夜，拉祜族家庭将当年收的糯米淘洗干净，后置于清水中浸泡数个小时，捞出沥干并倒入木甑蒸熟。蒸熟的糯米饭可倒入碓臼用木棒捣舂。舂糯米粑粑一般需要两个人协作完成，一人负责舂碓，一人不时用蘸水毛巾擦碓臼，防止粘住捣棒。待米粒全部舂细黏滑，在手掌蘸些植物油揉搓并按压成小碗口大小的圆饼，表面粘上芝麻，摊在撒有粉茨或垫有青松针、芭蕉叶的簸箕中晾着。刚舂好的糯米粑粑松软热乎，可直接蘸蜂蜜吃，香甜可口。晾干后糯米粑粑可在火塘边烤熟或切成薄片煎炸食用，也可作为干粮带到山上烧吃。

（5）鸡肉烂饭

鸡肉烂饭味道鲜美，是拉祜族的上等佳肴。因要杀鸡且制作时间长，一般只在节日、祭祀和招待贵客才做。先将一只土鸡（小黑母鸡最佳）宰后，拔净鸡毛、撕掉鸡嘴壳、鸡脚皮；开膛将鸡肠、鸡胗取出收拾干净。后将整只鸡放入大锅清水中煮熟捞出，将鸡肉撕成细丝。将淘净的大米倒入鸡汤锅中，待米煮开后，将撕好的鸡肉丝倒入锅中一起熬煮。鸡肉烂饭煮的时间很长，要有专人不停地搅拌，以防粘锅。稀饭快熟时加入舂碎的食盐、姜末、大蒜、辣椒、阿佤芫荽等佐料，继续不停地搅拌，使其彻底入味。鸡肉烂饭用的辣椒必须是新鲜的小红辣椒，有助于提鲜增辣。拉祜族选黑肉鸡做鸡肉烂饭招待客人，若用白肉鸡则表示绝交。

四、菜类

（一）菜类食材

1. 蔬菜

（1）自种蔬菜

南美乡拉祜族过去自种的菜蔬品种很少，主要有辣椒、佛手瓜（俗称“洋茄”）。后来，他们逐渐种植一些蔬菜，如青菜、芋头、黄瓜、面瓜、姜、蚕豆（俗称“兰花豆”）、额眉豆（又名“茶豆”）、四季豆（俗称“南京豆”）、土豆（俗称“洋芋”）、萝卜、白菜、辣椒、姜、蒜、阿佤芫荽等，还引种油菜、核桃等油类作物。当地拉祜族选择离家稍远的肥沃土地种菜，菜籽种在地里就任其生长，少数家庭用火塘灰及树叶杂草焚烧的草木灰施肥。南美乡拉祜族以前不论种植谷物粮食还是蔬菜，都不施肥，更忌用人畜粪便等有机肥，也不在房前屋后种菜，以防关在木掌楼下层的牛、猪、羊等牲口粪便在雨季渗入菜地。他们认为施过化肥或粪水的蔬菜很脏，无法食用。种植土豆等蔬菜需要较多的肥料，他们会用晒干的灌木、杂草等堆一个厚厚的草堆，上压一层松土，点燃任其自然熏烧，燃后的灰烬便是很好的肥料。

（2）野菜

拉祜族有很长的采集历史。南美乡拉祜族传统旱谷收成低，每年青黄不接时节很多家庭靠采集山茅野菜进行充饥。过去，当地拉祜族基本不种蔬菜，所食菜蔬多依赖采集的山茅野菜。拉祜族外出，男女老少都习惯挎一个拉祜布袋（俗称“大拉背”），遇有山茅野菜、野果菌类等统统收入囊中，回家后倒出来就是一顿的菜了。来自野外采集的山茅野菜品种丰富，蔬菜类主要有旱蕨菜、水蕨菜、刺五加叶、鱼腥菜、树头菜、水滑菜、水香菜、火镰菜、白花、香椿、刺菇、芋头、香香菜、头发菜、野芭蕉心、野芹菜、枇杷叶、光棍菜、罗锅藤、石头菜、芦子叶、故皮菜、大麻菜、灯笼花、紫兰花、牛皮菜、犁板菜、猪鼻子草、魔芋、树花、香笋、黄鳝藤、光棍菜、葛根、青薯、百合、山药、四楞薯、毛薯、黄精等；菌类主要有鸡枞、大红菌、九月菇、香菌、麻栗树窝、半个菌、木耳、松茸、白参、面瓜菌、玉米青、松毛菌、辣菌、扫把菌、八担柴、马屁泡、牛肚菌、鸡油菌、青头菌、冬菌、奶浆菌、茶树菇、珊瑚菌等；笋类主要有甜笋、苦笋、茨竹笋。此外，采集的多依果、木瓜、橄榄、芭蕉心等野果也可做菜。

2. 肉类

南美乡拉祜族的饮食结构中，肉类占有一定比例。在家庭饲养之前，当地拉祜族的肉食来源主要依赖狩猎和捕捞。

（1）家禽家畜

进入农耕定居后的拉祜族家庭饲养鸡、猪、牛、羊、鸭、鹅等，其中最重视饲养鸡、猪。当地拉祜族还有驯养马鹿的历史。鸡是拉祜族日常生活中最常用、最重要的祭祀物品，也是拉祜族待客的首选肉食。拉祜族家庭重视养猪，年节前有杀猪、请寨人吃杀猪饭的传统，吃剩的肉腌制挂干成腊肉，猪腿做成火腿。鸭、鹅、羊等平时也会杀吃，但牛是拉祜族最重要的农业生产资料，除非摔死的牛，拉祜族平时不会杀牛，也不吃牛肉。拉祜族家家户户养狗，但按照传统，拉祜族都不杀狗，更不吃狗肉。

（2）猎物野味

生活在大山怀抱、擅长狩猎的南美乡拉祜族，相较于家禽家畜，野味是其日常生活中最重要的肉食来源。拉祜族过去上山狩猎的野味主要有麂子、野猪、野兔、斑鸠、松鼠、马鹿、豪猪、刺猬、獾子、果子狸、竹鼠、麻鸡、山鸡等。除了现杀现煮，也会留下一些野味肉腌制挂干做干巴，后期经过烤、烧、炸等工序做成上等的下酒菜。

（3）虫蛹蛙鱼

当地拉祜族下河沟箐捕捞的主要有鱼、蛙、河蚌、田螺、黄鳝、泥鳅等。除了上山找野味，拉祜族男女老少还有下河捉鱼的习惯。拉祜族还喜欢下田里收集田螺（俗称螺蛳）、下沟箐捕鱼捉虾、抓石蚌、青蛙，上山爬树捕蝉、捉蜘蛛，竹林里掏竹虫等。

（二）调料

1. 食盐

食盐是人体不可缺少的成分之一，不仅能增进人的食欲，更能促进人体健康发展。云南楚雄彝族自治州（简称“楚雄州”）大姚县石羊古镇和禄丰县的黑井古镇自古都是盛产食盐的地方。两处生产的食盐除了供应周边民众食用外，还远销到四川的西昌和云南的大理一带。南美乡拉祜族从何时开始食用食盐已无从考证，但据当地的老人们讲，本地不产食盐，以前拉祜族吃的食盐是盐贩子从大理一带贩卖来到云县，拉祜族用兽皮、野味干巴、自种烟叶等从云县的草皮街将其换回来。

2. 辣椒

南美乡拉祜族喜吃辣，辣椒是日常饮食中广泛使用的重要佐料。在缺食盐的时候，南美乡拉祜族就用辣子拌菜吃，当地民间流传着“倮黑的辣子，汉人的油”的谚语。以前，拉祜族不会种菜，所食辣椒是同周边的傣族、汉族等换来，后来学会种辣椒后，辣椒成为拉祜族家家户户必种的蔬菜。当地拉祜族种植的辣椒以小米辣、小白辣、小黑辣为主，也有青辣椒。采摘的青辣椒可切圈或细条炒肉、野生菌等；剁细的新鲜小米辣是吃羊肉、牛肉扒烀时必备的佐料；采摘的鲜红辣椒切碎，加上食盐腌制成泡椒，俗称“糟辣子”，是炒肉时常用的佐料；整个小白辣（带蒂）加上食盐泡成“泡椒”，也是拉祜族喜爱的小菜；晒干的辣椒在火炭灰里炮糊或在瓦片上烤焦后舂成辣椒面，俗称“糊辣子”，是做蘸水的佐料，炸糊的干辣椒是炒菜或炸牛干巴的佐料；辣椒面淋上烧热的菜籽油做成的“油泼辣子”是吃米线等的必备佐料；辣椒面也是腌制酱菜和舂菜时常用的佐料。

3. 花椒

南美乡拉祜族家家户户自种花椒，春夏采摘花椒叶做香料，秋季采花椒果，晒干。做菜肴时花椒或花椒粉可除各种肉类的腥臊臭气，突出菜肴的麻味和香味；腌制酱菜时加入花椒粉可起到提香、改善口感的作用。加入花椒、辣椒的菜肴麻辣鲜香，可刺激人的味蕾，增加食欲。

4. 刺芹

刺芹，俗称“阿佤芫荽”“缅芫荽”，是一种生长在路边及田间地头的野菜，其嫩茎叶有特殊香味，是云南傣族、景颇族、拉祜族、佤族等制作牛撒撇、炖煮肉类时常用的香料。刺芹还是一味草药，有疏风散寒、引气消滞的功效。

5. 香茅草

香茅草，也称“包茅”，是生长在亚热带的一种香料，因其具有天然的柠檬香味，又叫“柠檬草”，是制作烧烤的常用香料。拉祜族在烤鸡、鱼、牛肉、羊肉时，先用其他调料腌制好，再用香茅包裹扎紧后放炭火上慢慢烤熟，香气四溢。香茅味辛辣，有清热解毒、芳香健胃的功效。

6. 香蓼

香蓼是一种常见的野菜，也是一种天然的香料，因其茎叶有浓郁的天然薄荷香味，是拉祜族烹饪肉类食物时常用的佐料。腌制、烧烤、炖煮肉类食材加上香蓼，不仅能够去除腥味，还能增添香气。香蓼还有一定的药用价值，可以理气除湿、消食健胃。

（三）烹饪方法

南美乡拉祜族菜蔬的烹饪方法主要分为烧烤、水煮、凉拌、煎炒、舂碓、剁制、冲制等几种。

1. 烧烤

熟食是人类饮食发展的里程碑，它不仅能使食物更加美味可口，且易于消化和吸收食物的养分，既有利于人类生理及各器官的进化，又利于人脑的发育。人类最原始最便利的熟食方法当属烧和烤（煨）。烧烤可以说是陶质器皿诞生之前人类食用熟食的通用方法。拉祜族游猎时，在野外架起篝火烧烤野味，既能取暖御寒又能吃到香嫩的兽肉。定居之后，拉祜族仍沿袭着烧烤的习惯。

2. 水煮

南美乡拉祜族家庭做菜基本以水煮为主，极少炒和炸。究其原因，大致有以下几点：一是早前当地没有引进油菜等油料作物，加之经济贫困，极少家庭有条件购买植物油（俗称“清油”）；二是过去南美乡拉祜族家庭仅有土锅或锣锅，相较于炒，更适合煮菜。

水煮菜的烹饪方法在拉祜族居住区最常见，主要适用于瓜豆、青菜等蔬菜及肉类。煮菜时不放油，煮熟后食用时一般都是蘸食盐辣子水吃。用于做蘸水的辣椒一般选用本地种的小黑干辣椒，这种辣椒籽多皮厚，香辣醇厚。将黑辣椒在热火灰中炮糊或摊在瓦片置于火上烤焦，放入舂臼中捣碎，加入适量食盐和开水即制成辣椒蘸水。在火灰中炮制后的辣椒，味道更香，还有消食的作用。有了铝制饭勺后，煮菜前他们习惯将一疙瘩盐块放在勺内置于火上烘烤至食盐发黄，俗称“滋红盐”。据说，加入这种烤盐的菜吃起来味道更香。

3. 煎炒

引种油菜、核桃等油料作物后，南美乡拉祜族开始食用菜籽油（俗称“清油”）、核桃油，逐渐采用煎炒的方式做菜。煎炒的菜吃起来更香，但容易上火，拉祜族家庭一般以水煮或凉拌为主，招待客人才会炒菜。火腿炒树头菜、豆豉炒蕨菜、白参炒鸡蛋、姜苗炒蜂蛹等都是拉祜族的特色菜。

4. 油炸

有了植物油，拉祜族也会用油炸的方式烹饪菜肴。他们喜欢将采集的昆虫如竹虫、水冬瓜树虫、杨柳树虫、蜂蛹、蝉蛹、蚂蚱、花蜘蛛等经过油炸，做成上等的下酒菜。也会将采集的山珍鸡枞炸鸡枞油，作为吃米线的最佳佐料。

5. 腌制

过去，南美乡拉祜族常将猎到的野味腌制成干巴储存起来。野味干巴是拉祜族很有特色的腌制食品，以松鼠、麂子干巴为主。此外，随着民族间的交往日益频繁，南美乡拉祜族向其他民族学会了腌制酱菜的方法，如腌萝卜、腌萝卜叶（俗称“黄菜”）、腌骨头生、酸腌菜、腌酸笋、腌蕨菜、腌豆腐乳、腌竹笋、腌藠头、腌姜丝、腌苤菜根、腌油菜花等。在拉祜族的日常饮食中，腌菜已经成为重要的辅助小菜。

6. 舂制

舂菜也是南美乡拉祜族的特色菜品之一。舂菜分为生舂、熟舂和混舂。生舂主要有舂姜辣子、舂韭菜花等。熟舂主要有舂干鱼、舂鸡脚、舂鸡架、舂牛干巴、舂鸟干巴、舂螃蟹等。南美乡山林盛产野菜，拉祜族常在舂菜时加入一些野菜，做成有地方特色的菜品，如舂槐树叶鸟干巴、舂酸格叶螃蟹、舂盐酸树叶知了等；一些野菜也常被烧熟或煮熟后加佐料舂着吃，如舂甜竹笋、舂野姜花等。拉祜族偶尔也会将新鲜的奶浆菌与烧熟的马勃菌混合在一起舂食。

7. 凉拌

凉拌菜是南美乡拉祜族的家常菜。山茅野菜经焯水烫熟后凉拌或直接凉拌生食，香辣爽脆，简易方便。辣椒、食盐、味精、豆瓣酱等都是拉祜族凉拌菜常用的调料。

8. 剁制

剁菜是拉祜族的特色菜之一。南美乡拉祜族的剁菜分生剁和熟剁两种。生剁是将生的食物原材料全部剁细后进行煎炒或凉拌，以剁鸡生最有特点；熟剁是指所剁的原料有一部分是已经煮熟的，加入其他辅料剁碎后食用，以剁橄榄生最受欢迎。

9. 冲制

年节前后是青菜抽苔的季节，南美乡拉祜族家家都会用冲制的方法制作冲菜。云南的青菜，俗称“苦菜”，有清血热、降燥火，利胆明目和通肠利便的功效。青菜苔比菜叶更苦，经过焯水至半熟，趁热保持密闭状态搁置一夜，待打开便有一股浓烈的芥末味，因吃起来辛冲刺鼻，感觉很冲而得名“冲菜”。当地拉祜族做冲菜仅限用青菜苔。

（四）特色菜品

1. 烧烤特色菜

南美乡拉祜族喜欢烧烤，除了肉食烧烤外，还喜欢在火炭灰中烧烤马勃菌（俗称“马屁泡”）、土豆、糯米粑粑，在热火灰里炮制糊辣子、玉米粒、豆子等。

（1）火烧竹筒菜

砍一节新鲜的大甜竹筒，底部留竹节，将洗净的肉块或野菜放入竹筒内，不加水，用芭蕉叶或泡桐树叶等盖住筒口，并用草藤或茅草缠紧后埋在烧红的炭火灰中烧，等到竹筒发出爆响时刨出竹筒，启开封口，将筒内的食物倒出，撒上食盐、辣椒面便可食用。火烧竹筒菜在烧制时剔除了肉、菜的水分，既保留了食物的原香又浸入了鲜竹子的清香，美味可口。

（2）烤肉

烤肉是拉祜族喜爱的特色美食。将鱼、肉拌上调料，再用芭蕉叶包起来糊上泥巴放在火塘里烧食，烧烤的食物味道更加鲜美。将鲜肉切成长条状或块状，拌上佐料后拴在竹竿上置于火塘上方烘烤晾干，做成肉干巴；其他如鸡爪、鸡胗、肉片、蚂蚱、青蛙、知了、竹虫、螃蟹、黄鳝等拉祜族也喜欢在火炭上烧至焦黄，吃起来香脆可口。烤肉中最有特色的是香茅草烤肉，将鸡、鱼等去内脏，肚内塞进经植物油拌过的食盐、刺芹、苤菜根、葱花、姜丝等，外面缠以香茅草，后涂上植物油用竹片或木棍夹住置于木炭火上烧烤至焦黄滴油，蘸上辣椒面便可食用。为避免吃烧烤引起上火，南美乡拉祜族常用青蒿子、搅棚围叶、小黄花叶等中草药加食盐泡水，制成酸爽的凉茶饮用。

（3）火烧干巴

将经过辣椒、花椒等多种佐料腌制而自然风干的牛、羊瘦肉以及松鼠肉等，置于火塘的热火灰中埋烧或火炭上烘烤，待表面焦黄、散发香味即取出，用木锤敲打至松软，即为火烧干巴。火烧干巴吃起来酥、松、香、脆，美味可口，且干巴上沾的火灰为碱性，据当地老人讲有助消化及散寒消肿的作用。

（4）烟熏肉

拉祜族在腌制猪肉时，还会用烟熏的方法。平时，将 3 至 5 斤的猪肉条用食盐腌制后，抹上花椒粉、辣椒面、蜂蜜等挂在火塘上方的木杆上，自然吸收火烟逐渐风干成烟熏肉。这种烟熏肉有一股自然的火烟味。有时，为了烟熏肉的味道更好，将晾至半干的腌肉架在火塘上的炕杆上，在柴火中加一些新鲜的扁柏树枝，烟熏猪肉 5 至 7 天后即为成品。经过烟熏的猪肉表面呈现红棕色、棕黄色，可燥湿杀虫，久藏不腐。烟熏肉可煮可炒，瘦肉棕红有泽，肥肉油而不腻，腊香味美且火烟味中带有一股扁柏的特殊清香，堪称一绝。

2. 水煮特色菜

南美乡拉祜族煮菜品种丰富，如竹筒水煮菜、煮腊肉、腊肠，酸腌菜煮鱼、臭豆腐煮鱼、酸萝卜煮鱼、香菌煮石蚌、大红菌煮鸡、甜竹笋煮鸡、白花煮蚕豆米、芭蕉心炖猪心、枇杷菜煮鱼、栌子煮鸡、甜竹笋煮羊肉等都是当地的特色美食。

（1）竹筒水煮菜

砍制一段新鲜的甜毛竹筒，一端留底，将竹节打通后，塞入鲜肉片、菜、野菜，加上适量清水，将竹筒斜搭在柴火支架上或直接将竹筒一半埋在火炭堆里烧，直至香飘四溢。这种仅用清水煮熟的竹筒菜肉食肉质鲜美，蔬菜味道纯正，营养丰富，蘸上糊辣椒面制成的蘸水香而不腻，口感极佳。

（2）煮腊肉

拉祜族常说的腊肉是指腌好挂干的猪肉。将腌制的干腊肉取出，先在火上将肉皮烧至焦煳，用刀刮洗干净后，割成数段放在锅里煮熟，后捞出切成约 5 厘米的肉片。煮好的腊肉片透明发亮，色泽鲜艳，黄里透红，吃起来味道醇香，肥而不腻，瘦不塞牙，风味独特，具有开胃、去寒、消食等功能。煮好的腊肉可直接吃，也可蘸辣子蘸水吃，香辣可口。

腊肠要先将肠衣洗净，放入清水中煮熟后捞出切成片，即可食用。因一般腌制腊肠时已经放了辣椒面，煮好的腊肠不需要辣椒蘸水。

（3）大红菌煮信鸡

大红菌也称“红菇”，素有“菇中之王”的美称，系纯天然营养佳品。据《本草纲目》载，“红菇味清、性温、开胃、止泻、解毒、滋补，常服之益寿也”，有“南方红参”之美誉。南美大森林里产出的天然野生大红菌色泽鲜艳，气味芬芳，肉质肥厚、味道鲜美、营养丰富，民间也称“红灵芝”“菌中玫瑰”。大红菌煮鸡是南美乡拉祜族一道有名的特色菜。将烘干的大红菌在清水中泡发，洗净根蒂上的泥沙备用。本地大信鸡（阉割过的公鸡）斩块后加清水大火烧开，撇去浮渣改小火慢炖，鸡汤煲的差不多时放入大红菌。大红菌不能放得过早，否则鸡肉难以煮烂。大红菌吸油，肉厚滑嫩、香馥爽口，加有大红菌的信鸡鸡汤鲜美香甜，汤色清红且不油腻，是色香味俱全的佳品。

（4）香信炖石蚌

南美乡一带森林中有野生香菌（当地俗称“香信”），营养高、口感好、味道鲜、高蛋白、低脂肪且富含多种维生素和氨基酸。石蚌（棘胸蛙）又名“石鸡”，喜欢栖息于山溪、沟汊的溪流石缝之中，四肢肥胖，肉质较牛蛙细嫩。清炖石蚌时配以葱花、胡椒、食盐、味精等佐料，即可食用。石蚌肉质细嫩，味道香浓，具有很高的食补价值。

香菌煮石蚌是南美乡拉祜族招待贵客的一道特色美食。将野生石蚌鲜品洗净后用食盐搓洗其表皮，有效去除细菌。后剖腹去内脏并冲洗干净，用食盐、白酒、姜末调味约 10 分钟；将石蚌剁成小块放入锅内，一次性加足冷水，大火烧开，撇去浮沫，放入猪油、姜块、葱段，改小火慢炖。待石蚌快炖好时，放入新鲜的香信，炖 10 分钟即可。也可用晒干的香菌，用清水泡发，洗净后滤干，加入锅中煮约 15 分钟，即可食用。该菜的特点是汤清色鲜，清淡爽口。

（5）煮鸡枞汤

鸡枞是云南的特色山珍，也是深受拉祜族喜爱的一道美食。鸡枞肉厚肥硕，质细丝白，犹如鸡丝，营养丰富，具有脆、香、嫩、鲜、甜的特点。同时，鸡枞菌因含人体所必需的氨基酸、蛋白质、脂肪及各种维生素和钙、磷、核黄酸等物质，是难得的山珍。南美拉祜族乡一带就产小黑鸡枞。

将新鲜的鸡枞刷净泥土，撕成细条，放入清水，加适量食盐、猪油，即为清炖鸡枞汤。该汤保持鸡枞的原汁原味，鲜嫩香甜。

（6）鸡枞炖乌鸡

鸡枞炖乌鸡是南美乡拉祜族的一道特色菜。鸡枞炖鸡首选乌骨鸡。乌鸡亦叫“乌骨鸡”“黑肉鸡”，其喙、眼、跖、舌皆黑色，鸡皮、筋膜、肉骨亦为黑色，为鸡中珍品。明代《本草纲目》载：“乌骨鸡，味甘，补虚，膳食最佳。”乌鸡肉质细嫩，骨质酥嫩，口感鲜美，与鲜甜的鸡枞一起清炖，更是一绝。

南美乡拉祜族除了用乌鸡，也会用鸡枞炖土鸡。土鸡是指本地只吃玉米杂粮和山间野草的散养鸡，活动空间大，毛色光滑亮丽，肉质鲜嫩紧实。土鸡配上高原山珍鸡枞的鸡枞炖土鸡自然是难得的美味。

（7）芦子煮鸡

芦子也叫“九节风”，是芦子藤的果实，可以食用，具有清热解毒、祛风除湿、活血止痛等功效。将收拾好的土鸡放入锅内，加足量清水，加盖烧至水开，撇掉漂浮物，加适量芦子包、食盐、姜片，继续慢火煲上1—2小时即可食用。芦子煮鸡是南美乡拉祜族的特色药膳之一。

（8）伸筋藤煮猪脚

伸筋藤为常用中草药，有舒筋活络的功效，俗称“宽筋藤”。将猪脚洗净切块，焯水后与洗净的伸筋藤一起放入锅内，加入足量清水、适量食盐、姜片，盖上锅盖，大火烧开再改小火慢炖2小时，即可食用。加入少许干木瓜片，味道酸甜，有理火健脾之药效。伸筋藤炖猪脚是南美乡拉祜族的特色药膳之一，有预防和治疗风湿、关节疼痛等功效。

（9）木瓜火腿煮鸡

拉祜族火腿常单指腌制或熏制发酵后晾干的猪腿。火腿可长期储存，特别是经年的火腿，尽管外表发霉长毛，但里面的腊肉色泽鲜艳，红白分明，香味浓烈。火腿性温，瘦肉香咸带甜，肥肉香而不腻，具有健脾开胃的功效。木瓜火腿煮鸡是拉祜族喜爱的传统美食。将土鸡宰后并收拾干净，剁成小块，火腿切片备用。将鸡油入锅烧至五成热，加适量姜块、干辣椒、八角、砂仁、草果煸炒爆香，倒入鸡块、火腿片，煸炒后加足量清水，放适量食盐，大火烧开转小火慢炖，鸡肉炖好后在汤中倒入适量晒干的野生酸木瓜片。出锅时加适量切段的阿佤芫荽、香葱、香菜，即可食用。木瓜火腿煮鸡鸡肉嫩滑、鸡汤酸鲜可口，具有舒筋活络、健脾养胃之功效。

（10）洗澡肉

洗澡肉也是南美乡拉祜族喜欢的一道特色美食。制作洗澡肉以选用南美当地嘴尖毛长、掉肚子的土猪肉最佳。这种猪山上散养长大，俗称“放山猪”。山猪常年在山上，吃野草、野果、树叶、野菜和草药，喝山泉水，生长期长，猪肉紧致，肥瘦适中。做洗澡肉要选用新鲜猪前、后腿肉，切片或小坨后放入土锅中直接加适量清水煮，仅放食盐，不加其他佐料，以保持肉质鲜嫩。用柴火煮沸并炖半个小时，其间切勿搅锅，避免肉有腥味。猪肉炖熟后起锅，用葱、香菜、香油、味精、酱油、辣子面等配料制成蘸水调料，食用时将水煮肉放在蘸水中蘸上调料，该过程被如同给猪肉“洗个澡”，“洗澡肉”因此而得名。洗澡肉讲究保持肉的原味，肉质鲜美是洗澡肉最主要的特点。

为了方便省事，拉祜族也常直接将山猪肉切块，加上适量鲜姜、食盐、草果、花椒，注入足量冷水置于柴火上炖熟。出锅后，连汤带肉一起食用，肉质鲜嫩、不肥不腻，老少皆宜。

（11）煮蜂浆

蜂浆是南美乡拉祜族一道特色美食。从新采摘的蜂饼中取出肥嫩的蜂蛹，再将蜂蛹的白浆全部挤出，倒入开水锅中煮片刻，即制成嫩如豆腐的白色蜂浆，味道鲜美，极富营养。

3. 煎炒特色菜

（1）火腿炒树头菜

树头菜是楤木的嫩芽，富含卵磷脂和鞘磷脂的重要成分胆碱，可食药两用，有“山菜之王”美誉。树头菜嫩芽肥大鲜嫩，据说新鲜的树头菜直接用芭蕉叶包好即可，不能用冷水清洗，否则会加重苦味。烹饪前将树头菜用沸水煮3至5分钟，去除苦味，捞出与火腿片一起煎炒。树头菜苦中带甜，火腿片咸香味浓，煎炒后的火腿树头菜别有一番风味。

（2）豆豉炒蕨菜

南美乡一带的蕨菜分为水蕨菜和旱蕨菜。水蕨菜长在潮湿的沟箐，无苦味，采摘的新鲜水蕨菜洗净切段，即可加豆豉炒吃，脆嫩爽口。若是旱蕨菜，采摘回来则需要焯水，撕开其茎用清水浸泡三四天，其间经常换水漂洗以除苦涩和黏丝。炒菜时，捞出沥干，切段后加入大蒜、豆豉，用植物油爆炒，也是拉祜族喜爱的时令小菜。

（3）炒野生菌

雨季时节，各种野生菌子陆续破土而出，拉祜族开始采摘，或炒或炖，将美味发挥到极致。玉米青、老猎头、青头菌、鸡屁儿菌、奶浆菌、九月菇、香菌、麻栗树窝、半个菌、干巴菌、马勃、松毛菌、木耳、白参、扫把菌、八担柴、牛肚菌、鸡油菌、冬菌、茶树菇、珊瑚菌等菌类洗净后，除马勃菌（俗称“马屁泡”）需切片、干巴菌需撕成丝外，其他都是掰成几瓣即可加小黑辣、大蒜，用猪油爆炒，味道鲜美。拉祜族炒菌子有用猪油和大蒜的习惯，民间的说法是二者可提香，也可以解毒。

（4）姜苗炒蜂蛹

南美乡拉祜族食用的蜂指的是不产蜜的土蜂、葫芦蜂、大黑土蜂等野蜂的蜂蛹和幼虫。这些蜂蛹和幼虫富含高蛋白。从蜂饼中取出幼虫和蜂蛹，过清水捞出沥干，备好花椒、葱花、切细的姜苗、小米辣，足量的食用油烧热，花椒炸香后滤除，放入蜂蛹干煸一会儿，加入佐料煸炒出香味，加适量食盐，炒出金黄出锅。炒蜂鲜嫩香辣，营养丰富，具有开胃消食、调节免疫的功效。

4. 油炸特色菜

（1）炸竹虫

竹虫是竹蜂的幼虫，化蛹时初期呈乳白色，形状酷似虫草。幼虫寄居于苦竹内，以竹纤维为食。农历冬月，竹虫体肥停食，形似蚕蛹，肥白滚圆，富含高蛋白和十余种人体所需的氨基酸，具有养脾健胃之功效。将采来的新鲜竹虫用开水汆后，待锅内菜籽油烧至三成热时放入竹虫炸 3 分钟，呈金黄色捞出装盘，撒上葱、花椒、食盐即可。油煎竹虫金黄油亮、酥脆可口，是下酒佳品。因水冬瓜树虫和杨柳树虫很难找到且更美味，炸水冬瓜树虫、炸杨柳树虫成为难得的美味。

（2）炸油鸡枞

油鸡枞是临沧拉祜族喜欢的美食，也是馈赠亲友的佳品。《滇南杂志》记载："土人食盐而脯之，经年可食；若熬液为油，代以酱豉，其味优佳，浓鲜美艳，侵溢喉舌间，为滇中佳品。"[①] 这里说的美味就是油鸡枞。油鸡枞的主料是鸡枞，辅以菜籽油、干辣椒、大蒜、八角、花椒、精食盐。将鸡枞根部的泥沙刷净，茎、叶盖等撕成细条，经过数小时油炸，至鸡枞水分散尽，黄而不脆即成。油鸡枞色泽褐红，鸡枞肉焦黄而不脆，干香回甜，鲜香麻辣，便于储存。因鸡枞量少、不易找到，且做油鸡枞费时费力，只有采到稍多一些的鸡枞，主人才会考虑做油鸡枞。做好的鸡枞油装入玻璃罐中，留着日后待客或吃米线时享用。

5. 腌制特色菜

（1）腌制野味干巴

干巴是拉祜族对干的腊肉（一般不包括猪肉）的一种叫法。长期以来，南美乡拉祜族形成一套成熟的储存食物的方法。过去，将猎得的松鼠、麂子等剥去皮毛，开膛去除内脏，抹上食盐、辣椒面、花椒粉等佐料，松鼠等体型小的整只拴着，麂子等体型大的要将肉割成小长条，用一根竹棍串着架在火塘的炕笆上烘烤，晾干后成干腊肉，可长期保存，留作自用或交换物品。

---

① （清）曹春林：《滇南杂志》卷十四，483 页，台北，华文书局，1969。

（2）爆腌肉

将3至5斤的五花肉条，用花椒、白酒、盐巴、草果粉、辣椒面等揉搓入味，在盆里腌制3天，后取出抹上一层菜籽油挂在通风处晾晒7至10天，肉块表面有点干硬即可。这种腌肉最适合加葱或蒜苗直接爆炒，因此这道菜叫"爆腌肉"。爆腌肉味道香，有嚼头，是年轻人喜欢吃的一道下饭菜。

（3）腌甜藠头

将新采的藠头鳞茎剥去外皮洗净晾干，后备适量干辣椒面、红糖、食盐和白酒，按照一定的比例将混合搅拌均匀，装入洗净无油的瓦罐（俗称"腌菜坛子"）中，盖上盖子。瓦罐的口沿要盛满清水，避免进空气，有效产生乳酸。腌制两个月后即可食用，藠头疙瘩酸甜可口，是拉祜族土锅饭的下饭菜。此法也可腌制姜丝、苤菜根、油菜花等。

（4）腌酸笋

拉祜族将采来的大苦竹笋用开水煮半熟，捞出撕成粗细适中的笋条，用冷水浸泡两三天，换水数次。待苦、麻、涩等味道全部去除后捞出，挤出水分后加入食盐、辣子面、花椒面等，拌匀后装入陶罐中封存腌制。待发酵后捞出食用，酸香开胃，是拉祜族喜欢的下饭美食。

（5）水腌菜

采来较老的青菜茎叶，洗净沥干，切成一厘米长的细段，拌上适量食盐，装入干净的坛子，几天后即可掏出食用。拉祜族也常用此法腌制蕨菜。

6. 舂制特色菜

（1）舂姜辣子

舂姜辣子首选本地的小黑辣椒。南美乡拉祜族种植的黑辣椒呈细长圆形，一般长5厘米。果实未成熟时呈绿色，后变成紫色或紫黑色，最后变为鲜黑色。黑辣椒营养价值高，富含多种维生素；其特殊的黑辣椒素，富含维生素C，含有较多抗氧化物质，还能杀抑胃腹内的寄生虫。黑辣椒以香辣著称，特别适合焙干后舂细作调料。南美乡拉祜族舂姜辣子要先取一些晒干的黑辣椒，放入烧热木炭灰中或铁锅中焙干至外皮焦煳时取出，加入新鲜姜丝和适量食盐、味精一起捣舂。这种姜辣子味道香辣，且存放时间较长，是一道开胃的下饭菜。若把辣椒换成在火灰中烧至焦黄的核桃仁，就成了拉祜族的另一道美食舂核桃仁。

（2）萝卜叶舂移依果

萝卜叶具有开胃、止泻、止痢的作用。移依果是云南移依树的果实，其粗纤维和植物单宁含量高。其他地方的移依果生吃酸涩且多渣，只能做成果脯或舂菜，但南美乡的移依果涩味较淡，生吃时果渣少，酸味纯正。舂之前，先将成熟的移依果洗净去皮，去籽切成四瓣，用淡盐水浸泡后捞出，将果肉捣碎成蓉状，其间加上新鲜的萝卜叶、食盐、味精、白糖、焙干的辣椒一起舂。萝卜叶舂移依果酸甜爽口，鲜辣清香，有助于清理肠胃、促进消化，既可当菜，也可当零食，深受拉祜族喜爱。舂韭菜花方法类似。

（3）舂鱼生

将新鲜的小鱼烘焙至焦黄，与在热火灰中炮制烧熟的野芹菜、烤焦的辣椒一起放入石臼，加入适量食盐、姜、芫荽捣碎即可。

（4）舂螃蟹生

将洗净的螃蟹烘焙至焦黄，与在热火灰中炮制烧熟的酸格叶、表皮焦煳的干辣椒一起放入石臼，加入食盐、姜、芫荽适量后捣碎即可。

（5）舂奶浆菌马勃

马勃，俗称“马屁泡”，嫩时成白色，味道鲜美，嫩如豆腐，老时中心呈黑色，略带苦味，具有清热解毒、利咽、解毒的食用效果。马勃可炒吃，也可直接在火灰中烧吃。奶浆菌因弄断它身体的任何部位，都会流出像牛奶一样颜色的乳白色液体而得名。奶浆菌可直接生吃，质脆鲜嫩，香味浓郁。将烧熟的马勃与新鲜的奶浆菌放入舂臼，加适量食盐、焙干的辣椒、阿佤芫荽等一起舂，这道菜是当地拉祜族的特色美食。

7. 凉拌特色菜

凉拌菜多是将食材洗净捞出，加入少许食盐、香油、芫荽、味精、辣椒面或豆豉等搅拌均匀，即可食用。凉拌菜可以保持蔬菜原有的味道，是南美乡拉祜族常用的做菜方法。凉拌菜时，除木耳、鱼腥菜叶外，其他鲜鸡枞、刺五加、猪耳朵菜、火镰菜、鱼腥菜根（当地俗称“折耳根”）等野菜均需切成小段。凉拌树花、凉拌山蕨菜、凉拌牛撒撇、凉拌芦子叶、芦子叶拌蜂儿、萝卜叶拌蜂儿、熟地毛拌木耳菜等都是深受拉祜族喜爱的凉菜。

（1）凉拌移依芽

将移依幼果（俗称“移依芽”）洗净去除外层果毛，加适量食盐、辣椒面、白糖搅拌即可食用。移依芽酸味不及移依果，既可当菜也可作为日常的小零食。凉拌木瓜芽也用此法。

（2）凉拌藠头

藠头富含蛋白质、钙、磷、铁，胡萝卜素、维生素C，有通阳散结，理气导滞作用，是拉祜族喜欢的传统食品，口感嫩、脆、鲜、辣，具有健脾开胃的作用。南美乡拉祜族将采来的藠头去根须清洗干净后，将叶和鳞茎切成小段，放上酱油、辣椒、味精，搅拌后腌制10分钟，即可食用。

（3）凉拌芦子叶

芦子叶也叫“芦子兰”或者“叶子兰”，是胡椒科植物思茅胡椒的叶子，是一种有药用价值的野菜，其叶有特殊的香味，可食用。将采摘的新鲜芦子叶洗净切成细丝，加食盐、蒜末、辣椒、水豆豉、酱油等调味搅拌即可食用。此道菜是南美乡拉祜族的特色美食，具有祛风除湿、通经活络、调理脾胃的药用价值。

（4）萝卜叶拌蜂蛹

萝卜叶拌蜂蛹是南美乡拉祜族的特色菜。将萝卜叶洗净焯水，蜂蛹（俗称“蜂儿”）在清水中淘洗沥干，放入沸水中焯烫3分钟后捞出，将萝卜叶、香菜、阿佤芫荽、大蒜、辣椒切细剁碎，加适量味精、食盐，一起搅拌入味即可食用。

（5）凉拌火镰菜

火镰菜也称“刷把菜”，有清热败火的功效，是一种药食同源的蔬菜。取新采的火镰菜嫩叶洗净，焯水后捞出，置于凉水盆中浸漂半小时，捞出捏干水分切段摆在盘中，备一些剁椒和剁好的蒜泥，加入适量生抽、食盐、味精调匀；将调汁浇盘中的火镰菜上拌匀即可食用。也可用豆瓣酱凉拌火镰菜。具有味道清鲜、苦凉爽口的特色。

（6）凉拌鱼腥菜

鱼腥菜，其根俗称“折耳根”。鱼腥菜作为野菜的历史较久。唐人苏颂称：“生湿地，山谷阴处亦能蔓生，叶如荞麦而肥，茎紫赤色……叶有腥气，故俗称：鱼腥草。”[①] 凉拌鱼腥菜一般指选用鱼腥草的茎叶或只用鱼腥草的根部（折耳根），用水豆豉进行凉拌即可。它具有清热解毒、消肿排脓、利尿通淋等功效，是典型的药食同源的野生佳蔬。

（7）凉拌树花菜

树花，学名“扁枝衣”，是一种寄生在树枝上的可食用的苔类植物，它质

---

① （宋）苏颂编撰，尚志钧辑校：《本草图经》，586页，合肥，安徽科学技术出版社，1994。t

地柔软，形似白色、黄色的珊瑚。先要将晒干的野生树花在清水中浸泡，发开后漂洗淘净。放入开水锅中加一点食用碱（苏打）或火塘的草木灰去除苦涩味，焯煮5—8分钟，捞出放凉。备好姜丝、蒜泥，阿佤芫荽、香菜切段，小米辣剁细，再加入适量的柠檬汁、食盐、生抽、香油、味精、白糖拌匀即可。酸辣微苦却干香耐嚼。树花菜还可与鱼腥菜、腌制的油菜花等凉拌食用。

8. 剁制特色菜

拉祜族剁制特色菜不多，主要有剁鸡生、剁骨头糁、橄榄树皮剁生、剁牛肉等几种。

（1）剁鸡生

选一只2斤左右的仔鸡，剖好洗净，宰下鸡头、鸡脚、鸡翅膀、鸡胸脯，在砧板上连骨带肉一起剁细，与青辣椒、新鲜酸木瓜、姜丝、大蒜等一起爆炒，肉香骨酥，酸辣可口，骨头也一并吃掉，是下饭的佳品。

（2）橄榄树皮剁生

橄榄树皮剁生属于熟剁，是拉祜族过年杀猪时必做的一道特色菜。取新鲜的野生嫩橄榄树皮的内层，经淘米水洗过后在米汤中浸泡一会儿，捞出沥干与苤菜根和烧熟的猪里脊肉片一起剁成细末，将烧熟的猪肝、猪皮切成细薄片，掺上新鲜猪血，加食盐、辣椒、阿佤芫荽、姜丝、蒜末、花椒、酱油、味精等佐料，充分搅拌后可食用。这道菜里脊肉、猪肝烧至八成熟最佳，保证肉质鲜嫩清甜。滇橄榄树学名叫“余甘子”，为一种重要的药食两用植物。橄榄树皮具有健脾开胃、理气活血、清热杀虫等功效。橄榄树皮剁生也可以是橄榄树皮和剁细的精瘦猪肉或牛肉加佐料凉拌而成。

（3）骨头糁

年节前，南美乡拉祜族村寨家家户户杀年猪，制作骨头糁。取下新鲜的猪肋骨、头骨和脊柱骨等，用大砍刀剁细，撒上食盐、草果粉、花椒粉、辣椒面、白酒（自烤玉米酒、荞酒等）搅拌，倒入土坛中塞满压实，坛口处加水密封，腌制一个月，即可食用。骨头糁虽有腌制的环节，但骨头的剁制是其显著的特点。骨头糁有炒、煮、蒸等多种吃法，用来炒吃麻辣鲜香，酒香甜润。

9. 冲制特色菜

（1）凉拌冲菜

将捂好的有芥末味的青菜苔（俗称“冲菜”）取出切成小段，加适量食盐、酱油、味精、辣椒油，花椒面、白糖、醋，少量芫荽或蒜苗拌匀即可。凉拌冲菜苔除了麻、辣、鲜、香、脆以外，“冲菜”的妙处在于辛辣芳香，味道十分独特，咀嚼时有催泪性的强烈刺激性辣味，若感冒的时候吃“冲菜”，瞬间能打通鼻窍。冲菜也被称为用鼻子感受的美食。

（2）煎炒冲菜

将有冲鼻的芥末味的青菜苔（冲菜）切小段，锅中菜籽油烧热后煸香几个干辣椒，辣椒焦煳即可放入蒜苗，蒜苗出香味即倒入青菜苔，加适量食盐翻炒几下即可出锅。煎炒出的“冲菜”芥末味淡了一些，吃起来脆嫩可口。

表 5–1　南美拉祜族乡野菜名录

序号	汉语名	拉祜语名	汉音译名
1	芹菜	huqjutxawl	呼噜哦
2	水滑菜	xeulletxawl	而列哦
3	光棍菜	phiercaq	撇炸
4	锣锅藤	pheultifxawl	迫敌哦
5	蕨菜	dalkuqlu	达故噜
6	石头菜	sittatxawl	湿达哦
7	火镰菜	millozaf	篾陆炸
8	树头菜	xotdzil	无直
9	芦子叶	tuiljelphar	叠努爬
10	故皮菜	miljutphar	迷租爬
11	琵琶菜	shilpuphar	昔步爬
12	大麻菜	xurrawlcaq	无弱炸
13	七麻菜	dierphuphar	哦若炸
14	鱼腥菜	xawlzhifnul-iel	哦磁奴
15	苦笋	valqhattu	袜咔嘟
16	甜笋	valchuaitu	袜戳嘟
17	香笋	malnultu	麻奴嘟
18	茨竹笋	malziltu	麻直嘟
19	实心笋	rawltu	弱嘟
20	鸡枞	xatmul	阿姆
21	黄鸡枞	xatmulqafma	阿姆嘎吗

续表

序号	汉语名	拉祜语名	汉音译名
22	香菌	chilmul	漆木
23	麻栗树窝	mulbat	木把
24	大红菌	mulniqofma	木尼窝吗
25	小红菌	mulniquif–iel	木尼谷
26	辣菌	mulchawqaf ma	木辍嘎吗
27	奶浆菌	mulchuail	木踹
28	面瓜菌	saqqhatmul	撒卡木
29	木耳	mullaqqot	毛腊古
30	树花	sitmu	四木
31	扫把菌	milshitmul	密洗木
32	黄鳝藤	valfeuqqof xawl	袜奋各哦
33	大光棍菜	puqmatma	布那吗
34	小光棍菜	puqphu–iel	布浦
35	鸡冠菜	xatdzilxawl	阿资哦
36	灰趴菜	nalxawl	南哦
37	酸荞菜	ciqpietxawl	记瘪哦

表 5–2　南美拉祜族乡传统可食用野生动物名录

序号	汉语名	拉祜语名	汉音译名
1	豹子	lal	拉
2	熊	yielpaf	叶八
3	马鹿	kheuril	克日
4	山驴	hal	哈
5	麂子	tshiniquaiq–iel	次尼故
6	野猪	hievar	海袜
7	豪猪	fatpu	发布
8	穿山甲	fatkhotma	发苦麻
9	竹鼠	fatphil	发皮
10	果子狸	pafvil	八为

续表

序号	汉语名	拉祜语名	汉音译名
11	飞螺	patshuf	发叔
12	白鹇	vawl	啊哦
13	蜜蜂	piedma	别麻
14	黄蜂	piedzil	别直
15	夜蜂	si	施别
16	葫芦蜂	pielgalphu	别嘎普
17	挂蜂	pielhaq	别哈
18	黑斑鸠	gulnatma	谷那吗
19	绿斑鸠	gulnawbeo-iel	谷糯白
20	斑鸠	apeuqaf	啊白嘎
21	小乖斑	apeu dzer-iel	啊白结
22	青鸡	chil paf	切八
23	野猫	axawl	啊哦
24	水老鼠	xeulfat	而发
25	石鼠	haqfat	汉发
26	青蛙	pafshullieq-iel	八叔列
27	叼鼠	fatlalthawt	发妥
28	炸绿	pilol	毕绿
29	箭花鼠	fattiqshif	发地昔
30	水老蛙	xeulziqngat ma	而自啊吗
31	铁林鸽	qulmiel	啊篾嘎吗
32	麻雀	jalmeil-iel	扎梅
33	黑老鼠	fatnatma	发那吗
34	黑头翁	dalxawlawr	达窝罗
35	箐鸡	qhawkhie	科开
36	牛鸡	ngatniqofma	啊呢各吗
37	牛陀螺鸡	shawfphu	说
38	麻鸡	hielngat	海啊
39	野鸡	hiexat	说铺

续表

序号	汉语名	拉祜语名	汉音译名
40	黄飞螺	fatshiqquif	发需古
41	小挂蜂	pielhaqxui–iel	别哈弱
42	绿皮蜂	pielnawfyier	别糯叶
43	大土蜂	pieltulmal	别独麻
44	布谷鸟	qawqpuf	过不
45	胡光雀	phoqoflul	坡谷绿
46	画眉	ciqielmal	皆麻
47	黄嘴巴鼠	fatshuo	发说
48	白肚皮鼠	fatlawl	发洛
49	梅子老鼠	pheulsuail	追尿
50	旱獭	valsuail	袜尿
51	老鼠王	fattshilnul–iel	发次呢
52	野兔	fatthawlluail	发拖拉
53	白鱼	ngalphu	啊甫
54	扁头鱼	ngalpiqpa	啊比巴
55	红尾巴鱼	ngalmielni	啊篾呢
56	杆子鱼	ngaputil	啊布敌
57	花秋鱼	ngalgair	啊盖
58	螃蟹	aciku	啊鸡姑

五、饮食习惯

（一）饮酒

酒，拉祜语称“dzil”，汉语音译为“自”。喝酒，拉祜语称“dzildawl”，汉语音译为“自夺”。南美乡拉祜族有饮酒的习惯，酒是日常生活中不可缺少的饮品。

1. 饮酒的历史

道光《云南通志》引《恩乐县志》载：“古葱（指拉祜族）……性嗜酒，

男女负薪野蔬入市，必易一醉而归。”[①] 清云贵总督鄂尔泰《恩乐县歌》中载：“一种古棕（指拉祜族）性格殊，不耕水田种山谷。崖楼嗜酒访街期，扶醉归来喜可掬……”彭桂萼在《西南边城缅宁》载：“嗜酒如命，更为拉佤二族的特性，每遇街期，遍路都有醉倒在泥塘上的。拉祜更嗜酒如命，不分时间，凡工作疲倦，就男女老幼地大喝起来，宛如汉人的吃水饮茶一样。”[②]

2. 酿酒

（1）酒曲

南美乡拉祜族家庭基本都会制作酒曲。当地拉祜族自制酒曲的原料有十多种，多为自然生长的植物，主要有白虎草、韭菜籽、野辣蓼、草烟根、老姜、芭蕉皮、胡椒籽、山胡椒、茅草根、鸡肚子树根、辣枇树根、冬生、岩参等本地草根、树皮切碎捣烂晒干后舂成粉状，与粳米面渗汤搅拌后搓成一个个粑粑团，置于箩中焐热发酵，晒干即为酒药。传统酒曲制作受配料材料的限制，生产周期较长、工序复杂且产量少。

（2）白酒

南美乡拉祜族白酒（俗称“烧酒”“小锅酒”）是用玉米、稻谷或荞麦等谷物为原料自酿的散装粮食酒，酒精度数一般在 45 度以上。酿制白酒分为煮熟、发酵、酿造三道工序。先将玉米、稻谷或荞麦等谷物倒入大锅煮 3—4 小时至熟，捞出后在室内铺开晾 6 个多小时，再均匀拌上酒曲后进行发酵 3—7 天，后倒入大瓦缸中加盖密封继续充分发酵。发酵时间短则半月，长则一个月，时间长短会影响酒的质量和口感，但对出酒率影响不大。酿造时，将发酵好的酒饭倒入木甑置于盛水的大铁锅上蒸，蒸汽冷凝成的酒液从木甑底部的酒槽流出来，接入陶制酒罐存储。一般酿造过程需 1—2 小时，其间要适时换水，这种自制烧酒是纯正的粮食酒。

南美拉祜族多在雨季、冬季酿酒，据说雨季的出酒率比冬季高，且雨季非农忙季节，不宜外出劳作，有充足的时间进行耗时费力的酿酒。冬季，谷物归仓，有粮食用于酿酒以御寒和储存留作年节饮用。酿酒一般避开农历的四五月份，这段时间是气温最高的干季，据说受发酵时间和气温的影响，烤出的酒有时会有酸味。

---

① （清）阮元、王崧、李诚等纂修，范鑫等点校：《道光云南通志稿·点校本》七，305 页，昆明，云南美术出版社，2021。

② 彭桂萼：《彭桂萼诗文选集》，271 页，芒市，德宏民族出版社，1998。

（3）甜米酒

甜米酒是当地拉祜族用糯米酿成，俗称“白酒”。先用清水浸泡糯米，后捞出沥干上木甑蒸熟，将酒饭倒在盆中扒开摊晾，后撒上甜酒曲，淋少许凉水拌匀，装入陶罐，封好盖子，一周后即可食用。

甜米酒实质上是粮食中的淀粉完全糖化而酒化过程即将开始时而形成的水酒，甘甜可口，只隐约透出酒的醇香，是老幼皆宜的饮料，具有很高的营养价值。以甜白酒煮鸡蛋，是待客的佳品，也是滋补身体、恢复元气、催奶的保健食品。[①]南美乡拉祜族甜米酒度数较低，清凉甘甜，有很高的营养价值，当地有产妇吃鸡蛋白酒的传统。有孕妇的家庭会推算好生产日期，提前做好几坛甜米酒（俗称白酒）。待孩子出生，就用甜米酒拌红糖煮鸡蛋（俗称“鸡蛋白酒”）给产妇食用，用以补气养血、催奶。家人也会煮鸡蛋白酒招待前来贺生的亲戚朋友。

3. 饮酒器具

南美乡拉祜族传统的饮酒器具多就地取材，以木制、竹制、葫芦类为主，如竹酒筒、竹酒杯、木酒杯、葫芦瓢、葫芦、竹碗、木碗等。

4. 酒的民间利用

（1）礼品

南美乡拉祜族具有浓郁的酒文化，酒在日常生活中发挥着重要的作用。日常生活中用酒有专门的讲究，提亲、结婚、离婚时必须要有酒，节庆活动要有酒，祭祀活动要有酒，调解纠纷要有酒，丧葬活动要有酒，日常饮食也要有酒。

南美乡拉祜族订婚、结婚和离婚仪式相对简单，但均离不开酒。媒人去女方家中提亲，酒是必带的见面礼，而且女方家长对酒的态度就代表着对这门亲事的态度。女方家长若将媒人带来的酒打开并与媒人共饮，表明同意。婚礼当天，新人要向双方亲戚、寨中老人及宾客们敬酒。婚礼上，寨中老人为一对新人拴红线，并唱《祝酒歌》：“你们结婚是天地之合，不是随便玩玩。你们要互相关心，生儿育女，永不分离。”男、女双方的寨人各打歌一晚，主人家会提供足够的喜酒供寨人饮用。

扩塔节（春节）期间，拉祜族要举行盛大的打歌仪式，众人把酒狂欢，持续数日。正月初一，各自在家饮酒、娱乐。初二开始串门拜年，拜访亲戚。拜

① 傅金泉：《中国少数民族酿酒史料》，载《酿酒科技》，2011（12）。

年要带两瓶酒和一对糯米粑粑做拜年礼。客人来拜年，主人家要以酒接待。拉祜族热情好客，招待客人讲究用酒。在农忙时节，拉祜族常以酒答谢前来帮工的亲戚邻里。酒也常作为拉祜族村寨婚丧嫁娶的礼物，增进邻里感情。因此，民间有“无酒不成礼”的说法。

除了南美村外，南美乡其他村寨都有给死者敬酒的丧葬习俗。参与送葬及火化人员也会饮酒给自己壮胆。从山上的火葬场返回，主人家向送葬的寨人敬酒，以示感谢。

拉祜族不少祭祀活动也要用到酒。流传在当地的有关酒的传说，酒最初是一种用来祭祖的珍贵祭品。后来，酒用作祭神、送鬼等仪式的祭品。祭祀家神时，出于对祖先的敬畏，要供奉酒。拉祜族举行出猎、建房和备耕等仪式，需用酒祭献猎神、山神、树神、土地神等。遇有家人生病，要请磨巴看卦，若卦象显示遭房子鬼或老人鬼害，就要杀鸡备酒进行祭鬼。若人的魂丢了，家人也要请磨巴杀鸡看卦、备酒给病人叫魂。

调解民事纠纷时也必须要用酒。寨人发生纠纷，自觉有理的一方当事人首先提半斤酒请头人邀集寨中父老，根据当事双方的陈述进行决断和调解，处罚过错方。调解过后，所有参与调解者相聚痛饮，双方当事人也冰释前嫌。若有人有偷盗或其他严重违反村规民约的行为，轻则要拿出数量不等的酒，重则要杀猪或宰牛供全寨人食用，以示惩罚。

（2）药材

南美乡拉祜族地处高寒山区，旧时因贫困常年不穿鞋，自酿的白酒（俗称“小锅酒”）度数较高，性温，味甘苦辛，饮酒有助于缓解疲劳、活血通脉、御寒提神。当地拉祜族还有泡药酒治疗内、外科疾病的习惯，如用丁香花、七叶莲、大红黄萢、小红跌打、毛木通、老贯藤、五爪金等或泡酒或用酒为药引子来防治风湿性关节炎，用老贯藤切片晒干泡酒内服治风湿、外擦治跌打损伤，用小水茄、通气香泡酒内服治女性痛经。拉祜族有狩猎的传统，常取所猎的虎、豹、熊、马鹿、野猪、蛇等动物的骨或内脏泡酒，也会采集黄草石斛、杨梅、多依果等植物全株或果实等泡酒，用于滋补保健。

此外，当地拉祜族也常用酒代替酒精用于消毒。随着对野生动物保护意识的增强，加之医药知识的丰富，越来越多的人认识到自制药酒存在配方、生产工艺和流程的随意性，缺少安全保障，泡药酒的人减少了，目前以杨梅酒、青梅酒、木瓜酒、野樱桃酒等食用果实类泡酒为主。

（二）喝茶

茶，拉祜语称“lal”，汉语音译为“腊”；喝茶为“laldawl”，汉语音译为“腊夺”。

1. 喝茶的来历

茶也是南美乡拉祜族最喜爱的饮品。在当地问及喝茶的来历，拉祜族老人说：“茶是孔明教给的，拉祜族就世代喝茶了。”云南一些地区将诸葛亮称为茶祖，把茶树称为“孔明树”。民间也流传，拉祜族祖先进山打猎，在林中迷失了方向，又困又饿，就随手采几片身边的树叶嚼食。岂料，几片树叶下肚，拉祜族祖先便精神倍增，疲劳顿消。于是，他又采一些带在身边，一路嚼食，既充饥又提神，最终得以顺利走出深林。从此，这种救过拉祜族祖先的树叶——茶叶，进入拉祜族人的生活。[①]

2. 种茶

南美乡拉祜族种茶对选地很有讲究，一般选向阳坡地、红土地或杂木林地上种茶，光照好，利于排水，冬瓜树、核桃树及桃子树林因影响光照而不太适宜套种茶叶。南美拉祜族乡境内坡脚村仙人箐、铁厂箐、南华山、茶山坡等地海拔2310—2509米的原始森林自然植被丰富，多为阔叶林和实心竹林及其他树木，土壤为亚高山草甸土，俗称“山基土”，有60—80厘米的腐质层，有机肥含量高，通透性能好，分布有总面积约2万亩的野生古茶树群落。这些野生古茶树群落坐西朝东，南北两侧山箐的山泉由东向南流，茶树群落正好处于上风口的天然林地带。古茶树群落疏密不一，密度最大的为500株/亩；树龄长短不一，参照当地居民世代推测树龄最长的古茶树有千年的历史；茶树品种主要有红花油茶、红山茶、小红山茶、小白花油茶、大树茶、香果叶茶、小叶种茶、牛皮茶、小山茶、老苦茶等10余种。

除了野生古茶树，南美乡各村也大力推广种植大叶种茶，20世纪70年代，当地加强对老茶园进行改造管理，逐年新植茶园和提高采摘面积，茶叶成为当地重要的经济作物，也是当地传统产业之一。

3. 制茶

每年春天清明节前后的采茶时节，南美乡拉祜族便上山采茶。清明节前后

① 南美拉祜族乡政府编：《云南省临翔区地方志系列丛书：南美拉祜族乡志》，187页，内部资料，2017。

采的茶为明前茶，俗称“头茶”。头茶产量少，但香味浓，质量好，价格也更高。制茶多选用传统的土灶，烧柴火。将铁锅洗净，待锅烧热后倒入新采的鲜嫩茶叶，不断翻炒、抖动茶叶，直到茶叶变松软。经过翻炒杀青的茶叶倒入簸箕，趁热反复手工揉搓，将揉过的湿茶团抖开。洗锅后，进行第二次炒茶、揉茶。揉好的茶叶均匀地摊在火塘上方的炕笆慢慢烘干，制成“烘青茶”；或直接置于太阳下晒干，俗称“晒青毛茶”。

4. 烤茶

南美乡拉祜族喜欢喝茶，对茶水有讲究，他们认为茶水可以苦，但不能涩，更不能有怪味。泡茶前常先烤茶。烤茶、煨茶是当地拉祜族成年人必备的一项生活技艺，也是拉祜族最具特色的饮食文化。

（1）瓦罐茶

烤茶很有讲究，一般都是家里的老人最擅长。各家各户都有专用于烤茶的小土罐。这种手工烧制的土陶小瓦罐通常只有拳头大小。他们将新买的土罐掩埋在火塘边的草木灰中数周以增加其耐火性。烤茶前，用废弃的茶渣试烤数次，利用茶叶的清香去除粘土本身的土腥味。正式烤茶时，烤茶的人在火塘边一边煨水，一边烤茶。先将小土罐置于火炭边烤热，后放入自制的干茶，挨近烧红的火炭不时地抖动簸荡，使罐内的茶叶受热均匀。待茶叶变得焦黄，茶梗发泡，散发出茶叶的清香，将现烧的沸水倒入土罐，罐内顿时发出“扑滋、扑滋”的响声，如同雷响，空气中腾起一股浓浓的白雾，俗称“雷响茶”。依据瓦罐烤茶及泡茶的特点，南美乡拉祜族称传统泡茶方式为“瓦罐茶”“百抖茶”和“雷响茶”。待茶叶冲泡片刻，撇去漂在上面的茶渣，倒入杯中，即可趁热饮用。因土罐较小，一罐茶叶一般仅冲泡三道，每道茶可倒出三四杯。第一道茶其味微苦，第二道则甘香醇厚，最后一道回味甘甜，唇齿留香，令人回味不止。民间有烤茶“头苦、二甘、三回味”的说法。南美乡拉祜族成年男女每天都坚持喝这种雷响茶，且喜欢喝浓茶。传统烤茶糊中带香，茶味醇厚，汤色澄黄，香气馥郁，解渴提神，既利于清心明目又有消食行气、散烟醒酒之效。

（2）竹筒茶

当地拉祜族也常饮竹筒茶。竹筒茶因取材方便，操作简便，多适于野外制作。先将一年生的鲜嫩香糯竹或甜竹按节砍下，留一端的竹节做筒底，将制好的干茶放入竹筒并封口，置于火炭边慢慢烘烤。待竹筒烤至发黄、茶香飘散开来，倒入滚烫的沸水，泡两三分钟，倒出即可饮用。这种竹筒茶，汤色黄绿，清澈明亮，茶香与竹香完美融合，香气四溢，口感别具一格，令人心旷神怡。

5. 茶的民间利用

茶叶是南美乡拉祜族日常生活中的重要礼品，还具有重要的医用价值。

（1）礼品

茶是拉祜族祭竜、献神、祭祖等祭祀仪式必备的供品。茶也是拉祜族日常人情往来不可缺少的重要礼品之一。拉祜族男女对歌："哥若真爱小妹嘛，快请媒人到我家，笋叶包黄烟，饭盒装粑粑，一壶酒，两包茶，火塘边，好说话……"男方家媒人到女方家提亲，喝了酒、抽了烟，仅表示女方家长同意两个年轻人继续交往。只有喝了男方媒人拿来的茶叶泡的茶水，才表示女方家长默认自家姑娘是男方家的人。可见，茶是拉祜族婚俗中重要的礼品。当地民间也有"三片茶叶定终身"的说法。

（2）药材

在南美乡拉祜族眼中，茶叶还是有多种功效的药材。他们在长期生活实践中也积累了一些茶叶入药的宝贵经验。南美乡拉祜族早、中、晚都要喝茶，甚至不分时间，有空就喝，俨然成为重要的生活习惯。喝茶对眼睛有好处，民间有"饭后一盅茶，老来眼不花"的说法。许多拉祜族中老年人都有茶瘾，喜欢喝小罐茶、浓茶、烫茶，甚至有的老人不喝茶就会头疼、没精神。拉祜族平时饭后喜欢喝茶，吃肉后更是不离茶水，俗话说茶水可去油腻。茶叶中的咖啡因、茶碱和可可碱等成分，能够刺激胃酸的分泌，起到刮油降脂的效果。

茶水还有解毒去火的功效。当地拉祜族收集泡过的茶叶残渣存于瓦罐，制成"烂叶茶"，用于治疗肿疖生疮、烧伤等。关于"烂叶茶"解毒拔毒的功用，《本草纲目拾遗》载有"此乃泡过残茶，积存瓷罐内……治无名肿毒，犬咬及火烧成疮，俱效如神。"[①] 平日遇有眼睛发炎干涩，拉祜族常用凉茶水擦洗眼睛，利于清热解毒，可明目。拉祜族也懂得饮茶可以缓解便秘、去火化痰，生活中常在茶中加青蒿子、臭灵丹、小黄散等泡凉茶，用来降火。《本草纲目》载："茶苦而寒……最能降火，火为百病，火降则上清矣。"[②] 强调了茶水有助于缓解上火引起的疾病。拉祜族喜欢喝烤茶，对肠道疾病有一定的药效。如在烤好的茶叶中加入一点扫把叶（一种中草药）煎水喝，用于理火，助消化；或加入少许醋后饮用，可治疗痢疾。可见，茶叶具有清热理气、化湿养阴、生津

① （清）赵学敏著，闫冰等校注：《本草纲目拾遗》，217页，北京，中国中医药出版社，1998。

② （明）李时珍编纂，刘衡如、刘山永校注：《本草纲目》，1256页，北京，华夏出版社，1998。

止渴的作用。

除了自种茶，南美乡拉祜族在野外还会现采野生藤茶，烤制后作药材。藤茶煎水饮用，有降压、治惊厥及眩晕头痛等功效。

第二节　服饰文化

一、概况

服饰是人类物质文化的重要组成部分。多数民族学家认为，服装起源的根本原因是为了保护身体、防御寒冷，也有人认为服装起源于人类的羞耻感。他们以近代一些民族学材料，即有些民族广泛佩挂遮羞布把下身和胸部掩盖起来这种现象，作为自己的理论依据。①

南美乡拉祜族地处高寒山区，这里旱季光照好，紫外线强，雨季长，冬季寒冷，为了御寒保暖和遮风挡雨以及防御烈日暴晒、虫蛇叮咬等，有了穿衣的需求。

拉祜族早期缝制衣服的材料主要分为两大类：动物类有兽皮、鸟羽等；植物类有树叶、树皮等。拉祜族先民在拉祜语称“avawl-aqaw to”，汉语音译为“阿沃阿郭都”，意为“一天一夜都走不完的坝子”这个地方，才开始种麻、加工麻秆、织麻布做衣。②并留下了“洗麻塘”的地名。拉祜族创世史诗《牡帕密帕》第十三节中记载天神扎多和娜多赐给拉祜族先民棉花种子，从此拉祜族种出棉花，纺线织布又染布。③后期，拉祜族以棕皮、羊皮、自织麻布为衣，披棕皮制的蓑衣，白天当衣，晚上当被。

（一）传统服装

南美乡地处云南西南部，境内最高海拔 2835 米，最低海拔 1500 米，垂直高差 1335 米，适宜植物生长。年平均气温 14.1℃，年日照时数 2115 小时，短波辐射强，光质好。年均降雨量 2200 毫米左右，雨量充沛，属冷凉的高寒山

① 何耀华主编：《民族学通论》，422 页，北京，中央民族大学出版社，1997。

② 政协澜沧拉祜族自治县委员会编：《拉祜族史》，314 页，昆明，云南民族出版社，2003。

③ 娜朵主编：《拉祜族民间文学集》，277—281 页，昆明，云南人民出版社，1996。

区，比较适合麻的生长。拉祜语称麻为“mie”。南美乡拉祜族没有种棉花的历史，衣物除了用麻布和棕皮缝制外，极少数的富户即使家中有羊，也因不懂制作羊毡的技术，只能从其他地区换取羊毛毡作毛毯。

南美乡拉祜族服装，拉祜语称“aqporhaftieqthaw”，汉语音译为“阿波哈叠掩”。

1. 男装

（1）上衣

南美乡拉祜族传统男性服装用自制麻布手工缝制，上衣以黑色和青蓝色为主，为对襟或半斜对襟立领长袖短衣或无领右开襟短衫，衣长至臀部，前襟左上角镶有一小块黑布，两袖的中间部分接一截约五寸长的与主色不同的布块，袖口另接与整个面料相同的色布，衣领和袖边处都缝有彩色布条并绣上花草图案或纹样。衣面襟右侧幅内缝有口袋。男子上衣对称缝缀四对传统的布盘扣，俗称“疙瘩扣”，可解开和钩结，既实用又美观。这种纽扣是成对的，左为扣环，也称“扣眼”；右为扣结，也称“扣疙瘩”。缝制扣环较为简单，剪一截跟上衣一样布料的黑布，将其缝制成一根布绳，后对折成长约 7 厘米的布条，留下布扣疙瘩大小的圆圈，再将后面的两根布条全部缝连起来即可。纽扣结的做法是将单根细布绳逆时针绕一圈，后继续逆时针从左往右做挑压。接着将布条头逆时针下来，绕上去做挑压并逆时针做压挑。最后将中间的孔留好，再逆时针将布绳的头压住绕过起头的布绳条，到后面从中间孔中穿出，上下拉紧即可。这种纽扣结圆滑饱满，结实耐用。纽扣结余下的两根布绳条也要密实地缝连起来，长短与扣眼一致。

（2）裤子

男子下着宽腰大摆裆长裤，裤筒肥大，形同蜂筒，俗称“蜂筒裤”[①]。南美乡拉祜族多吸烟，别的蜂种闻见烟味飞走，只有挂蜂和蜜蜂却寻味跟来，拉祜族认为挂蜂和蜜蜂才是自己的朋友。挂蜂筑巢在悬崖或深山杂木林，因蜂巢整个挂在树上而得名。挂蜂蜂巢极为稀少且采摘不易，蜜质清澈，具有特殊草花香味，口感清凉、微苦，是拉祜族祭祀时必用的蜂蜡。当地拉祜族有养蜜蜂的习惯，将树干挖空，两端盖上木制挡板，做成蜂筒供蜜蜂筑巢，采集蜂蜜。出于对挂蜂和蜜蜂的热爱，拉祜族男裤就缝制成蜂筒状。“蜂筒裤”的裤脚边会镶上两三道彩色布条，多以金黄色为底色，再绣上红色太阳花、

① 关于蜂筒裤的内容来自对南美拉祜族乡文化站龚德书的采访。

狗牙或波浪花纹。

2. 女装

（1）长袍

南美乡拉祜族女性服饰为有领右衽大开襟青蓝布长袍，长及小腿，下摆开叉至腰部，腰部与下摆等宽，形同芭蕉叶。衣领上缝 3 条彩布，长袍长及脚面。衣领至肩处、前襟边缘至腰际拼一圈共 7 条彩色布，并缀以若干排银泡，银泡必须为双数，有的多达 600 余个。手臂部分为一截长约 16 厘米的彩布，多为黄、红和绿色。两袖下端用红、黄、绿、白等 7 块色布缝成且袖口处较紧小，有的袖边部分会绣上花草图案，具有北方游牧民族服饰特点。衣服的下摆边沿缝上几条色布或绣上花边。

（2）裤子

南美乡拉祜族女裤为宽筒短裤，裤长以露出膝盖为宜，裤脚边缝上数道彩色布条。

（3）绑腿

南美乡拉祜族女性膝盖下至脚踝部分要缠布绑腿，拉祜语称“kheu todxad”，汉语音译为“克夺格”，用黑布或蓝布作衬布，缝成圆筒状，多数上端开叉并翻下来，翻出的部分均绣上犬牙、花草图案或以色布装饰，有的还会缀上银泡。布绑腿的下端缝制方法与袖口相似，用色布或白布条横向缝制，有的绣花纹或缀银泡。

（二）传统配饰

南美乡拉祜族的配饰主要有包头、首饰、腰带、佩饰。

1. 包头

关于帽子或头饰的起因，学者们有不同意见。有人认为戴帽子是为了御寒和防日晒，也有人认为帽子是一种装饰品，或是一种标志，用以表示戴帽人的性别、年龄、部落组织、社会地位、图腾信仰等等。南美乡拉祜族男女都为短发，有缠包头的习惯，特别是女性结婚时要理光头，有“光头新娘”的习俗。拉祜族留短发，或许源于过去拉祜族在深山密林中狩猎，避免被猴子、黑熊之类抓头发，便于行动；没有条件购买梳子或洗发用品，减少洗、梳的麻烦；卫生条件差，避免细菌滋生或长虱子。缠包头既可御寒、防晒，也是一种有地域和民族特色的装饰。

（1）女性包头

南美乡拉祜族女性包头，拉祜语称“udniq”，汉语音译为“勿尼”，有节日装和生活装之分。日常生活中所缠的包头通常是一块四方形的印花毛巾，多依村和坡脚村的妇女还常戴一顶带帽沿的帽子。盛装时的包头因年龄不同而稍有区别，老年妇女缠一丈多长的黑布包头，呈盘状，一端垂至腰际，包头两端以色布条为饰，有方块、长条、犬齿图案或钉有银泡，末端缀彩色线穗，有的还拴上线球、银铃之类的小物件。中青年女性的包头以青蓝布或黑布作衬布，包头布长约 3 米，将彩色毛线从包头顶部开始编织并钉上几条整齐的银泡，下面的线穗不再编织，自然垂至脚跟，富丽堂皇。缠包头时只将包头在额头处绕一个高耸的三角形后散披在后背即可。

（2）男性包头

南美乡拉祜族成年男性结婚和喜庆时裹黑色、彩色布块缝制的包头，包头一般长 3 米，平时则戴黄军帽；男孩小帽由 6—9 片三角彩色布块拼成，帽顶缀一顶子，上缀飞鼠、麂子尾巴点缀。

2. 腰带

传统腰带，拉祜语称 hafpi，汉语音译为“哈比”，多为 1 米多长的彩色布条，有的绣上花鸟图案或几何纹样，有的仅用彩色花布拼接，系于腰间既实用又美观。

（1）女性腰带

腰带是拉祜族女性不可缺少的配饰，腰带多用红、绿、黄色布制作，长 99 厘米，宽 33 厘米，两端裁剪成长三角形。女性腰带束在长袍外，打结在肚脐处，平时多将长袍的前襟撩起别进腰带露出裤脚及布绑腿，劳作时则将长袍前后襟都别进腰带。束腰带除了便于劳作，还有利于雨季和冬季的御寒保暖。正如谚语所言：“身穿万件，不如腰系一线。”同时，南美乡拉祜族女性长袍较宽大，腰带在气温回暖季节可以起到显示身段、增加美感的作用。

（2）男性腰带

南美乡拉祜族男子的腰带不是由多块彩色布料裁剪缝制，而是用五彩线编织而成。中老年男子的腰带在左边打结，青年男子则在右边打结，小男孩不系腰带。传统男裤裤腰宽大，腰带除了固定裤子还具有装饰作用。恋爱中的姑娘常编织一条彩色腰带送给意中人，作为定情之物，意指将爱人拴在自己身边。打歌场上，男子会穿上拉祜族服装，系上精致的腰带，向寨人展示爱人的手艺。

3. 挎包

挎包，俗称“大拉背”、背袋，拉祜语称“ miqchaw”，汉语音译为“迷搓”。挎包是南美乡拉祜族男女随身携带的日常用品，也用于装饰。挎包的带子较长，多斜挎在肩上，偶尔也会将带子结起来单肩挎。南美乡拉祜族早期的挎包由麻布制成，无任何装饰，面积较大，实用性强，能装10公斤粮食。后期的拉祜族挎包呈长方形，以青蓝色麻布、棉布为衬布，横向缝上彩色布条或小块花布拼成几何图案，甚至镶上小银泡或缀上彩色绒球，色彩鲜艳，美观大方。有的挎包用色线织成，边沿镶上彩色犬牙花边，宽约10厘米，背袋绳的两端留有20厘米长的彩色线穗。挎包多用来装藤篾饭盒、烟锅、芦笙等日常用品，节日期间的新挎包主要用于装饰。

4. 烟斗

烟斗，拉祜语称“ shuqqhu”，汉语音译为“书咕”，俗称“旱烟锅”，是南美乡拉祜族人们常用的生活用品，也是重要的装饰品。烟斗主要由烟杆、斗体和烟斗咬嘴组成。烟杆用金竹制成，烟斗由土烧金竹根制成，烟斗嘴多直接用烟杆头充当，也有极少数玉质的及银质咬嘴。烟斗大小不一，长的达1米，短的有30厘米或15厘米、10厘米不等。

5. 火镰包

火镰包，拉祜语称“ miqjawr shif peu”，汉语音译为“迷着石迫”，用兽皮、麻布缝制，也有用单色布绣上花纹或用各种颜色的小块布拼成，用来装火绒草、马牙石、火镰等打火工具。南美乡拉祜族男女上山多会随身携带火镰包。火绒是一种野生火草晒干后搓成的绒棉；火镰是一小块长约10厘米的钢条，为方便操作，人们把钢条制成镰刀状，俗称“火镰”，拉祜语称“ miqjawr”，汉语音译为“迷着”；打火石，拉祜语称“ miqjawr shif”，汉语音译为“迷着石”，汉语俗称“火镰石”“火石”，取自山上一种俗称“马牙石”的富含二氧化硅、硅酸食盐或硅铝酸食盐矿物质的石头。火镰包因装火镰而得名，是南美乡拉祜族传统的手工艺品，正面常绣上玉兰花、刺桐树花等图案或用各种颜色的小块色布拼成各种图案，包口用色线编成带子穿于其间，便于拉开或收紧。火镰包常拴挂在腰间，是每一位成年人必备的饰品，也是婚恋时姑娘送给意中人的重要信物。

6. 首饰

南美乡拉祜族中老年女性喜戴银饰，如耳戴银耳环、手戴银戒指、腕戴银手镯、颈脖戴银项圈等，银饰以粗大为珍品，有的老年妇女戴直径达七八厘米的大号银耳环。当地老年男子也会戴银饰，多为戒指或手镯。银饰既用于装饰也是财富的象征，多会代代相传。拉祜族成年男女也有戴戒指的习惯。据说，戴指环与狩猎有关，开始时是拉弩时所使用的扳指，后来才逐渐演变为装饰品。

年轻的女孩一般很少戴银饰。恋爱中的姑娘们会戴意中人送的用牛筋草等编成的草编项圈、手箍和脚圈，少则戴三五道，多则十几道。婚后第三天，新郎要亲自编 24 道手箍戴在新娘手腕作为饰物。

（三）传统服饰工艺

南美乡拉祜族服饰之美在于纹样丰富多变，色泽艳美和谐。其民族服饰的工艺主要体现在衣领、衣襟、袖臂、项背、下摆、裤、绑腿套，以及帽子、包头、挎包、腰带、火镰包等。拉祜族将服装及用品上的纹饰工艺统称为“做花”。做花极讲究布局技巧，饰位的选择，一般遵从耐用和美观两个标准。衣领、袖口、衣边、背带、腰带边等讲究耐用，多用贴花、补花、锁花等工艺着意加固使之实用耐磨。胸襟、长袍的下摆、腰带两端、包头等则追求美观，多用挑花、刺绣等工艺体现精美华丽。南美乡拉祜族服饰还注重分割装饰面即较大的装饰面均分成若干局部，如女性上衣长袍，肩部至胳膊处是纵向的，故常在其上盖贴以花色布条，手腕、下摆等部位则饰以横向的彩色布带，造成对比变化的整体效果及局部的完整耐看。

1. 挑花

挑花是南美乡拉祜族缝制服饰最常用的传统工艺。挑花一般用于领口、袖边、衣襟边、上衣长袍边、绑腿及挎包背带边、腰带等处的装饰。挑花时，严格以布的经纬纱交叉呈“十”字形，对角插针成“X”形，通称“十字花”“十字绣”。其针法以“十”字形挑针为主，每针拉一对角线，两针架成一个斜“十”字组成基本单位，并以此组合各种纹样。挑花有单纱、双纱和三纱之分。单纱挑花的效果疏朗，留底较多；双纱、三纱挑花，花纹饰面效果较好，结实厚重。拉祜族服装多缝制有几何图形。各种形式中间如有较大空隙时，则挑小花填满。繁密处针针相套，不现底色，简练处仅一枝花，几条线。花纹古拙粗犷、图案整齐均匀、疏密适度，错落有致，精巧耐看。在色彩处理上，除极少数用单色挑绣外，基本上都是以彩线挑绣，显得多彩而清新、沉着而流畅。南美乡拉祜族服饰的挑花以深沉浑厚的青蓝粗布作底色，以红、黄等暖色做基调，其间或点缀蓝、绿、黑、白等冷色，使整套服装华丽而无轻佻之嫌、温暖而无燥热之感。

2. 贴花

南美乡拉祜族缝制传统服装也常用贴花的工艺。贴花是用色布剪成各种花纹或各色布条、图案等缝贴在底布的固定部位，再沿边压上丝辫或用布条缝牢，上缀贴上数百颗银片、银箔、银坠、银泡等饰物，整体上给人以纹样整齐、繁而不乱，色泽雅丽而古朴的感觉。贴花的色彩喜用红、黄、绿、蓝、白、黑等色并置，特别是女性长袍的贴花工艺，既加强了色彩对比，又丰富了变化层次，繁复中展现和谐。

3. 锁花

南美乡拉祜族传统服饰还运用了锁花工艺，俗称“锁边”。花纹有两种：一是顺经线用针，由短而长，再由长而短，绣成若干等腰三角形的锯齿纹，俗称“狗牙花”或“犬齿纹”；二是以斜针绣成的连续字纹，状如折带。锁花很少单独使用，常常与镶嵌花边等手段并用，饰于袖口、裤脚等处。使用这种工艺，服饰具有加固耐磨的作用，同时也以其单纯的形式有效烘托复杂的主题花纹。在领口、襟上、袖筒等处，缀以绣有太阳花、月亮花、扁担花、蚂蚁上树花、狗牙花、弩箭花、水波纹、菱纹、蕨蕨草叶及三叶纹的花布条，这种彩色细布条要先根据花样的需要，所选的颜色与所绣花纹的用色正好互补，相得益彰，再缝贴在青、黑色底布上。纹样简洁大方，装饰感强。

4. 穿花

穿花也称“平绣”，火镰包之类的小件衣饰上，也常用平绣的手法，一般顺经线压纬线而成花纹，工整而有规律。

5. 补花

拉祜族有时直接将彩色布条剪出花饰纹样的轮廓，下贴铺色布再压滚纹样边，视觉效果明显。一般火镰包上的百合、男装上的葫芦图案等常用补花工艺。

6. 刺绣

刺绣是拉祜族富有特色的手工工艺，一般多用于男装的领边及袖口、妇女包头、对襟长衫、绑腿、荷包、火镰包等。刺绣手法较多，又结合挑、压、镶等缝制工艺，根据图案色彩的需要，以红、白、青、绿、蓝、黄等线交替使用，纹饰多为形象的植物、山水和抽象的各种几何形图纹。

二、服饰的文化内涵

在漫漫历史长河中，拉祜族依其生产方式、生活环境、民族性格和审美意识创造了独具特色的民族服饰。由于南美乡一带交通闭塞、受其他民族影响小，拉祜族服饰基本上一直保持原生态的形貌，在款式形制、图纹装饰方面体现了民族的历史和文化表征。

拉祜族历史上没有文字，其历史和文化除了口耳相传，还体现在服装和饰物上，凭借服饰这一丰富而生动的载体实现有效传承。拉祜族将自己的思想、观念和情感转化为服饰符号中的线条、色彩和图案，成为存在文化传统和生活模式之中的重要构成部分，诠释历史来源与文化底蕴。

（一）体现农耕文化

南美乡拉祜族的人们在日常生活中会穿民族服装，其艺术形式展现自然主义风格，与定居农耕、狩猎等生计方式有关。农耕社会的劳动者抽象能力较强，善于进行抽象的思考和再现，带来了抽象纹样的繁荣和发达。拉祜族服饰的颜色以青蓝色、黑色为主，源于作为染色的蓝靛取材方便。拉祜族创世史诗《牡帕密帕》之《种葫芦》中有拉祜族先民用蓝靛染布的相关记载。拉祜族家家户户自种一种叫“蓝靛”（俗称“靛叶”）的植物，秋后将靛叶连枝带叶割回家，将其砍细并装入陶质大缸中，加上水、食盐、酸移依果，密封缸口让其浸泡几个月，形成的汁液就是染料“蓝靛”。拉祜族用蓝靛将布料染成蓝、黑色，是其主动认识自然、适应自然的反映。

拉祜族服饰上的动、植物纹样图案也与农耕经济有关，将自然界的原型在现实写真的基础上通过高度的艺术提炼、概括和夸张，成为具有浓郁乡土气息和强烈民族情趣的图案，是民族文化的体现。拉祜族服装早期为短衣裤，随着狩猎到农耕的转变，衣裤也逐渐改宽大了。衣襟边沿及挎包上的犬牙交错花纹，体现对狗独特的情感。拉祜族对狗的崇拜源于三种传说：一种传说拉祜族的祖先是吃狗的奶长大的；一种说拉祜族的粮食种子是狗尾巴带回来的；另一种说法为狗是拉祜族祖先狩猎的得力助手。认为打狗杀狗有辱祖先，吃狗肉会瞎眼睛。[①]

（二）体现迁徙文化

南美乡拉祜族属拉祜纳支系，拉祜族女性的服饰较多地保留着古羌人的服饰特点。《淮南子·齐俗篇》说“羌人括领”，《北史·宕昌传》称宕昌羌“皆衣裘褐”，郭义恭《广志》记羌人“女披大华毡以为盛饰”。女性上衣为开衩很高的高领长袍，衩口两边和衣领周围都镶有彩色几何纹布块或条纹布条，沿衣领及开襟还嵌上雪亮的银泡，这种式样在很大程度上保留着西北高寒地区的民族服饰特点。随着包括拉祜族先民在内的古羌人从西北寒冷的红土或黄土高原（拉祜语称“mil ni to qhod”，汉语音译为“密尼都库”）迁徙到西南温热的川、滇一带时，其“裘褐”“华毡”也顺应环境变化改成开衩很高的高领长袍。

南美乡拉祜族女性长袍有长长的开衩，据说是拉祜族先民生活在青海湖周围时，生活安定，还经常赶繁华的江西江洛（汉语音译，拉祜语称“ca shi ca lawl”）集市。他们照着江西江洛集市大大小小的街道那样，将拉祜妇女的长袍裁剪成长长的衩口和斜斜的开襟（表示街道的岔路），还仿照街道旁的石头花纹和蕨菜叶子形状绣成图案，用红、黑、白三色布条拼成，镶在胸围、托肩和开襟的边沿。

长袍的袖子上手臂部位有三道明显的镶银泡的布条，据说是纪念迁徙中的三次大的战争。拉祜族在迁徙历史中经历的三大战争：第一次是在北氐南氐（今青海省境内）时期，中原的秦王朝及后来的王者们为了争夺霸业，不断燃起战火，拉祜族先民不得不离开青海湖指向南迁徙。第二次是拉祜族先民定居在云南省南涧时与外来族群发生了“弓弩之战”[②]。开始时，这些人根本打不过善用弓弩的拉祜族。后来，他们派一个孤儿来到拉祜寨子，在骗得寨里人的可怜和信任后，这个孤儿趁寨里的男人都出远门打猎时用金竹做的口弦和响篾从拉祜妇女那里换走了弩销和梭镖头。他们再来攻打时，拉祜族就没法抵挡，只得战败继续迁徙。[③]第三次是拉祜族先民迁到牡缅密缅。当时，拉祜族和傣族一起开发临沧坝子，《西南边城缅宁》[④]中记载：有邑中贡生邱灏记叙缅宁开辟

---

① 政协澜沧拉祜族自治县委员会编：《拉祜族史》，254 页、18 页，昆明，云南民族出版社，2003。

② 拉祜语称“khat pheud-khat le awl law”，汉语音译为“卡迫卡勒阿拉”，意为“弩销、梭头事件”。

③ 政协澜沧拉祜族自治县委员会编：《拉祜族史》，39 页，昆明，云南民族出版社，2003。

④ 彭桂萼：《西南边城缅宁》，见《彭桂萼诗文选集》，209 页，芒市，德宏民族出版社，1998。

情形的诗句："我缅开创何年始？野人猎鹿来到此；鹿角束缠九尺茅，一树七巢鹊栖止。……爰求俸君猛卯山，主奴分别自此问。"诗句说明拉祜族先民在开发勐缅地区（今临沧市区坝子）后，从猛卯山（今德宏州瑞丽市）来的傣族土司加入了开发的行列，并成为这里的统治者，而且这时拉祜族先民从傣族人们那里学会了种田的技术。据说，开始土司与拉祜族先民还可以平等和谐相处，后来因田地分配不公，拉祜族先民就开始反对，后往南美、双江、思茅（今普洱市）、澜沧等地不断南迁。拉祜族女袍衣袖的臂膀处镶上三道缀上银泡的布条，是为了纪念在三大战争中死去的族人而在服饰上做的标记，以便让拉祜子孙世代牢记这段历史。

南美乡拉祜族妇女的包头以蓝、黑布为衬底，外层用红、黄、蓝、绿、黑、白、紫各色的彩色毛线从包头顶部编织为棱格状，并镶上整齐而雪亮的银泡，包头的末端以 33 或 99 根彩线作线穗，长约 3 米，彩色线穗垂至小腿，显得富丽堂皇。这里的数字"33"或"99"是为了纪念弓弩之战后，拉祜族男子为了救出被困住的拉祜族妇女，把拉祜挎包悄悄丢在妇女可以看见的地方，妇女们知道拉祜族男人来救她们了。于是，妇女们凑足了 99 条包头，男人们分别在城下 33 处接应。妇女将兵丁灌醉后用包头接成带子从城上甩下，并顺着带子溜下来。这些妇女们得救，拉祜族又团聚了。

衣领上缝的三道不同颜色的布条是为了让拉祜族记住拉祜族同胞的三个故乡。[①] 拉祜族长篇迁徙史诗《根古》讲述有拉祜族与其他民族激战，哥哥负了重伤，临终前挣扎着射出祖先流传的三支箭，告诉妹妹落箭之处就是拉祜族生儿育女的地方。三支箭落在了三个地方，即中国澜沧、泰国和缅甸。[②]

前襟右沿缝各色布条 7 道，缝成一排直到腰际。这里的"7"是拉祜族先民在长期不断的迁徙中对"七山七水"（拉祜语称" qhaw ma sif qhaw cie，lawl ma sif lawl cie"，汉语音译为"科玛斯科阶，洛玛斯洛阶"，意为"七座大山处，七条大河处"）的深刻记忆。从拉祜族迁徙史诗《根古》中我们可以推断出"七水"指的是金沙江、雅砻江、乌木河、食盐井河、食盐边河、把干河、安宁河，"七山"大概指雀儿山、大雪山、海子山、贡嘎山、锦屏山等。[③]"七

① 杨云燕：《拉祜族传统服饰的文化内涵——以临沧市临翔区南美乡为例》，载《思茅师范高等专科学校学报》，2011（5）。

② 澜沧县文化局，澜沧县民族事务委员会编：《拉祜民间诗歌集成》，145—146 页，昆明，云南民族出版社，1989。

③ 娜朵主编：《拉祜族民间文学集》，318 页，昆明，云南人民出版社，1996。

山七水”处大约就是指西昌、盐源、盐边、木里一带。

拉祜族随身携带的挎包，同样也是古羌人服饰文化的传承。时至今日，南美乡拉祜族男女不论上山干活还是赶集打歌，人人都会斜挎一个挎包，且当地流传一句顺口溜“出门挎背袋，以防得外财”。南美乡拉祜族常将捡拾起的野菜、山果、草药等顺手放入包内带回家。日常生活的小物件、旱烟袋等也会放入挎包，挎包因其鲜明的特色日渐演变为拉祜族服饰的重要标志。南美乡拉祜族男子过去的服饰离不开弓弩和腰刀，现已不作为狩猎工具随身携带，只是在节日或表演场合的一种装饰。帽子用飞鼠、麂子尾巴做点缀，还将兽角、牙齿、羽毛等做成小孩佩戴的装饰物，这些均体现了古羌人狩猎游牧的重要文化特征。

毋庸置疑，迁徙文化传统自然地渗入南美乡拉祜族日常文化生活，并在民族服饰上打下烙印。

（三）体现民间信仰文化

南美乡拉祜族与其他地方的拉祜族一样，在漫长的历史发展过程中，形成了一种原始的信仰文化。拉祜族的服饰也同样承载着拉祜族的民间信仰。南美乡拉祜族信仰万物有灵，头顶正中从生下来就留起一绺头发，俗称“魂毛”，又称“性命毛”，能避邪长寿，其他头发都剃光。拉祜族有缠包头的传统，他们相信包头是天神厄莎赐予的。传说厄莎在洪水泛滥时发现一个大葫芦漂在水面上，便用刀砍开。刀正好砍在拉祜族祖先的头上，鲜血直流，厄莎就解下自己的腰带缠在他们头上止血。厄莎还教拉祜族先民如何缠包头。从此，拉祜族就保持缠包头的习俗。当地拉祜族女性平常多用一块印花毛巾作包头，但在节日特别是祭献天神的时候都会缠上缀有银泡、留有长长的彩色线穗的包头，以示对天神的尊敬。

拉祜族创世史诗《牡帕密帕》（拉祜语称“mud phad mil phad”，意为“创世纪”或“造天造地”）中记载：拉祜族祖先诞生于葫芦，葫芦一直是拉祜族服饰中的经典图案。拉祜族还相信葫芦肚大籽多，是生殖力的象征。拉祜族服饰上的葫芦图案，正是生殖崇拜观物化的结果。

从葫芦里出来的拉祜族兄妹从天神那里找来棉花籽，开地种棉又纺纱织布，但不会裁剪布料。他们想请厄莎帮忙，在那里发现了乌鸦和喜鹊。妹妹觉得乌鸦和喜鹊身上的羽毛很漂亮，于是仿照乌鸦黑白相间的羽毛分布将拉祜族女性的衣服缝些彩色相间的布条来装饰，又仿照乌鸦全黑的羽毛将拉祜族男子的服装缝成全黑无修饰的样式。①

南美乡拉祜族女性长袍的衣领、上衣前襟的彩色布条都会缀以银泡装饰。银泡的数量可多可少，但必须是双数。拉祜族创世史诗《牡帕密帕》中万物均是阴阳对称、成双成对，认为筷子成双才能夹得住饭菜，结伴出门才能相互照应，所以衣服上银泡也要为双数。

（四）体现自然审美

南美乡拉祜族服饰是体现当地拉祜族心理状态的视觉符号。南美乡拉祜族服饰文化是其民族文化的重要组成部分，有着丰富的文化内涵，透过拉祜族传统服饰可以洞察其民间信仰、民族历史、经济发展、审美观念、风俗习惯、地理环境等因素。②

南美拉祜族乡境内地处高海拔、低纬度的高寒山区，自然地理环境对其民族服饰产生了直接的影响，在结构款式和质地用料上体现出与自然环境相适应的实用性。南美乡拉祜族服饰传统布料为麻棉土布，颜色主要为黑、蓝等深色，既耐磨耐脏又可充分吸收阳光，抵御寒露霜降。

拉祜族女性长袍，制作精美、色彩鲜艳，缀以银泡、彩色布条，外加手镯、项圈、耳环、腰带及彩色包头、挎包等装饰，华丽大方。相对而言，拉祜族女式短裤则显得简单朴素。女性服饰色彩对比强烈，以黑、蓝为主的深色调，局部如胸部的银泡与蓝色底布上的蓝白、袖口布条之间的红绿、黄白、红白、黄绿等色块形成色彩反差，产生调和与对比的特殊视觉效果。整套服饰的设计取自大自然的灵感，既保持了氐羌族系服饰的质朴与文化内涵，又华贵艳丽、细致精美。拉祜族服饰多用黑、蓝色等偏冷色调，色彩凝重朴实，少用红、黄等暖色调，体现了拉祜族在漫长的迁徙过程中形成的历史沉重感和谨慎内敛的审美心理。蓝色和黑色是天空和夜幕的颜色，也便于从自然界植物中获得染料，体现拉祜族对自然色彩的本能记忆。

南美乡拉祜族传统服饰充分展示民族特色和审美个性。其剪裁与配饰，总体上呈现繁简有致，疏密得当的布局。女式长袍、包头、绑腿及男女腰带均是“繁”的代表，色彩绚丽，精美复杂；而女式短裤及男式衣裤均型制简单，线条简洁，体现了“简”的风格，但简中有繁，细微之处的繁复点缀使其简约而

① 政协澜沧拉祜族自治县委员会编：《拉祜族史》，18页，昆明，云南民族出版社，2003。

② 王正华：《拉祜族服饰文化概述》，载《云南民族学院学报》，1995（1）。

不呆板。尤其是女装，整体上给人繁而有致、错杂有序的感觉，繁缛杂叠的设计彰显了简洁流畅的线条美。

服饰是拉祜族传统文化的精髓，不仅仅是简单的御寒防风蔽身之物，也承载着极其丰富的文化信息，构成展示和追忆祖先迁徙壮举的物化态载体。拉祜族服饰的色彩、款式和纹样，既是对生存区域地理环境的一种生动写照，也透露出生生不息、物我合一的生存理念。

第三节　民居文化

民居不仅是人们挡风避雨的地方，更是他们精神交流和情感寄托的重要场所，是他们表达文化观念的重要符号。历史上，包括拉祜族先民在内的河湟古羌人以牧或猎为其主要生存手段。这种游猎生产方式使拉祜族难以形成定居的生活方式。拉祜族早期的主要居住形式是半穴居住屋，俗称“窝棚”，其特点是多以天然坑壁为墙，以坑为室，上搭树枝树叶等简棚以避风雨，是一种简易的民居建筑。到了近代，拉祜族逐步由游猎迁徙过渡为狩猎游耕。随着人口的增多和生存空间的不断缩小，大规模、不间断地刀耕火种的游耕方式受到很大限制，拉祜族只得采取“轮耕”的耕作方式。“轮耕”客观上缩小了拉祜族的游耕范围，生产活动区域相对固定，生活资料来源的相对稳定，为拉祜族建立固定的房屋、进行稳定的生活奠定了物质基础。于是，便出现定居农耕，形成聚族而居的村寨。

一、居住环境与村寨布局

南美乡多高山密林，“刀耕火种、广种薄收、山荒则徙”的耕作方式决定了拉祜族传统村寨具有显著的不稳定性。受民间信仰和传统习俗的影响，过去拉祜族村寨搬迁先要选好新的寨址。一般挑选森林茂密、资源丰富、土地较多且地势较高的向阳山坡，安置寨神、祭祀山神后确定寨址。之后，头人和磨巴优先选择建房地址，其他各家再选址建房。

南美拉祜族乡地处北回归线以南的低纬度地区，怒江山脉向南延伸部分横断山脉纵谷区南部，属滇西高山纵谷地区，海拔落差较大，境内山脉纵横交错，气候冷凉多雨，森林覆盖率达78.3%以上，生物资源丰富多样。在立体化的空间分布特征下，其横断面表现为“山林—聚落—农田—河谷”的垂直梯度自然生态格局，从而形成高山纵谷地带典型的立体气候与垂直空间特征。为适应自然地理环境和族群防御的客观需求，形成了与“山林—聚落—农田—河谷”的垂直梯度自然生态格局相适应的村寨分布特征。当地拉祜族村寨多建在海拔2000米左右的山坡。村寨依山而建，民居呈梯度依次布局，在树林掩映下错落有致，遵循了依山就势、顺应自然的“缘地策略”。这种村寨布局便于山地耕作和传统狩猎，干季光照充足，干爽通风，借助自然坡度利于雨季排水，且山腰凉爽，蚊虫少，有利于种族的繁衍生息。民居及村寨周边栽种大龙竹和芭蕉树，炊烟袅袅，静谧祥和。

拉祜语称村寨为“ qhat”，汉语音译为“卡”。“卡”是拉祜族社会最基本的组织形态，一个“卡”就是一个村寨。最初的“卡”由具有相同血缘关系的集团组成，通常是由有着共同始祖母的后代组成的氏族公社。随着不断迁徙、战乱及社会的发展演进，这种血缘关系维系的集团“卡”逐渐变为血缘不同但地缘相同的不同家庭的联合体。“卡”的规模，由于受原始游猎农耕生产方式的局限，一般二三十户，少则四五户，多则五六十户，大寨子极少。

二、传统民居

古代拉祜族不会建房，拉祜族先民多以洞穴为居和结茅为室。据创世史诗《牡帕密帕》中记载：“早先居住的是岩穴、土洞，吃的是野兽、野果……”①。清《顺宁府志》说：“大倮黑……不葺庐舍，崖居野处……”②；康熙《楚雄府志》卷一描述拉祜族先民“居深箐，择丛蔽日处，结茅而居”；光绪《顺宁府志》卷三十四载：“大倮黑……多居山箐间……”③；道光《云南通志》引《思茅采访》说：“苦聪……居无常处，山荒则徙……”；《元江府志》卷二说：“苦聪、

① 政协澜沧拉祜族自治县委员会编：《拉祜族史》，299页，昆明，云南民族出版社，2003。

② （清）朱占科修，周宗洛等纂：《顺宁府志》，1085页，清光绪卅年刊本（影印）。

③ （清）朱占科修，周宗洛等纂：《顺宁府志》，1083页，清光绪卅年刊本（影印）。

居无定处，沿箐而居……”[①]两汉时期的“北氐南氐”时期，为适应狩猎迁徙和初期农耕经济的需要，有了“窝棚”式的住房，即用一根细而长的小树干搭在树丫杈上或石坎土坎上，上面覆盖树枝树叶而成。

南美乡拉祜族早期的传统民居建筑是窝棚和落地式茅屋。随着经济由游猎采集经济发展为定居农耕经济，拉祜族有了真正意义上的干栏式住房。干栏式木掌楼是当地拉祜族最具代表性的传统民居，因不同的建房特点有不同的名称，如铺茅草屋顶的叫“茅草房”，栅片房顶的叫“栅片房”，竹笆墙面的叫竹笆房，墙面挂泥的叫“挂墙房”。

（一）窝棚

早期游猎采集的生产方式决定了拉祜族选择搭建简易的窝棚作为临时居所。窝棚，拉祜语称“poqo”，汉语音译为“班考”，俗称“歇山窝铺”，是拉祜族从游猎生产方式发展到游耕生产方式的必然产物。农耕生产的初期，拉祜族传统的崇尚游猎的习俗及“喜迁徙”的民族特点，导致拉祜族的农耕生产表现为游猎农耕并存的一种生产方式，加之“刀耕火种”的生产方式，呈现了一种游动生产状态，进而决定了其居住方式的临时性、游动性和不稳定性。直到清代，史料还有拉祜族“以叶构棚，无定居”等记载。

建造简易窝棚，先用一根长树干搭在土坎、石坎或栽在土里的一棵树丫杈上，其上覆盖树枝、芭蕉叶等即成，入口向阳，留一低矮小门。后又发展为窝棚式住房，用一根高三米左右顶部有丫杈的木桩作为中柱栽地上，用一根直的树干搭在树杈上做梁，两边再搭上树枝或竹竿做架子，用藤子绑上一些竹片或树枝，从下到上一层层覆盖荞杆、茅草（利于排水），最外层横向压几排竹条以抗风，窝棚受建材的局限，一般一两年就要重新翻修。

定居农耕阶段，因南美乡山多地广，土地贫瘠，拉祜族刀耕火种的原始生产方式劳动效率低下。山地普遍离村寨较远，农忙时节和看守庄稼的时段，为减少来回路上的时间，要住在山上的窝棚。大家庭中的小家庭一年差不多有 10 个月住在窝棚里，煨茶做饭、休息睡觉，还会养鸡养猪。

① 政协澜沧拉祜族自治县委员会编：《拉祜族史》，293 页，昆明，云南民族出版社，2003。

（二）挂墙房

挂墙房，拉祜语称“jernieqyiel”，汉语音译为“节乃页”，俗称“泥巴房”，因墙面挂上泥草而得名，是拉祜族传统房屋建筑形式。建造挂墙房需要木料、竹片、稻草、茅草、泥等材料。一般需要12根木桩做柱子，分前中后3排，每排4根，均栽入地基0.5米，4根中柱高约4.5米，在2米高的地方开口便于搭梁。梁木为3根约8米的长木料，柱子和横梁构成房屋的主框架。在墙体部分的柱子间栽上木桩，用竹条或竹片沿墙体绑扎成网格状支架，其下端固定在柱子的凹槽。在墙面竹片的外面从下往上糊上一层用土、稻草秆、水和成的泥，将整个墙体的泥巴抹平，屋顶铺以茅草。挂墙房建筑面积一般为50—60平方米，一般隔成3间（左右两间住人；中间置火塘，用于待客、做饭），房门开在中间。挂墙房整个墙体光洁平整，抗风防雨，结实耐用。

（三）木掌楼

木掌楼，拉祜语称“mudpheyiel”，汉语音译为“牡苤叶”，俗称“掌楼房”，是拉祜族传统干栏式房屋。其建材包括树杈、木楞、木板条、竹竿、竹篾笆、茅草等，整座房子约长6米，宽3米，高4.8米。木掌楼分上下两层，上层住人，下层关牛羊、鸡猪等。木掌楼分三部分，各部分之间用竹篾笆墙隔开，有房门且必须顺着山梁，面朝南方。拉祜族认为，山梁是太阳升起的方向，面向南方暖和，房门向着山梁开吉利；垭口、山箐较为阴暗，是鬼怪藏身的地方，房门若对着这些会不吉利。第一部分为楼梯入口处，拉祜语称“cadlawd”，汉语音译为“扎腊”，俗称“晒台”，放置水桶、鞋子，供洗脚洗脸、洗衣物、晾晒东西；第二部分为木掌楼内的外间，拉祜语称“cadtilkeul”，汉语音译为“扎迪格”，放置粮食、杵臼、石磨、手磨等生活用具；里面部分是一家人起居生活的地方，拉祜语称“rirkeul”，汉语音译为“日格”。中间设大火塘，火塘用木框架，底用一尺土夯实，长约1.3米、宽1米，火塘内燃柴供家人做饭、煨茶和取暖。以前，南美乡拉祜族群众生活贫困，没有被褥，晚上全家人围着火塘睡觉。

火塘是拉祜族最重要的空间场所，有着丰富而独特的火塘文化。鉴于对火的敬畏和崇拜，拉祜族在日常生活中产生了相关的火塘禁忌，如忌讳用脚踏火塘上的三脚架；禁止在火塘的烧柴方向烧烤肉食、烘饭、煨茶水等；向火塘添加柴火，需先烧木柴的根部，忌讳拿倒了；火塘正位（正上方）是放置锅碗瓢盆刀具及食物的地方，不能坐；左边竹笆墙的墙脚是神位，神坛前是家庭主妇（拉祜语称“yielshiefma”，汉语音译为“叶谢玛”）和其他妇女坐卧休息之处，贵宾经女主人邀请，可以坐；右边是男人们的活动空间，进来的男人都可以坐；火塘的下方是儿女或小夫妻活动的地方，男女皆可坐。客人进家也需严格遵守这种座次规矩。后来，条件逐渐好转，有了被褥之后，晚上全家人在火塘边铺床睡觉，白天把被褥收起来放在竹笆墙的墙根。拉祜族火塘的火常年不熄，人出门时要用火灰将火盖严，一则防止火灭，二则避免失火。木掌楼干燥防潮、防虫防兽，是拉祜族对自然环境的一种积极适应。

三、木掌楼的建造

（一）结构

南美乡拉祜族传统房屋木掌楼是用木桩和竹篾笆搭建成的上下两层楼房，是落地式茅屋基础上的一种改进。木掌楼一般长约6米、宽3—5米、高4—5米，分上下两层。

木掌楼上层高约2.3米，一般隔成三间，即卧室、舂碓处及晒台，共有两道门。都是顺梁开门，由楼梯上去，最外面是门外的小晒台，用竹子或木头铺成的，晒台除用于晾晒粮食、衣物外，还可放置鸡笼、供女性织布缝衣、男性编织竹器及小孩玩耍等。进入木掌楼第一道门，就是摆放舂碓的地方，平日在这里舂谷子、磨面，还会摆放石磨、木杵臼、簸箕、筛子、小篾箩、背篓、锄头、铁锹等用具。进入第二道门就是置放有火塘的内室，前半部分中央设火塘，上方挂竹篾笆作炕笆用来防火和烘干粮食、腊肉等。火塘除了做饭，也是家庭会客、休息及娱乐的中心，类似于汉族的客厅，四周为接待客人和堆放杂物的地方。后半部分依据家庭人口的多少灵活设置内屋的大小和隔间。如果家里人口不多，就分为两个隔间。老人住一个大隔间，这里安置有家庭的火塘，紧挨老人的床头的地方放置有饭甄和神龛（一个专门用于祭献神灵的小篾箩）。人口多，就视情况隔成若干个隔间。中间是中年夫妻睡的地方，年纪更小的未成年人则在火塘的最下方挨着舂碓处的竹篾笆墙睡。

下层高约1.8米，主要用来关牲畜、堆放木柴、摆放农具等杂物。一般不设围墙，有些为了方便关牲口会在立柱间用藤篾条拴几根竹竿作围栏。在上下两层之间的门口处，斜靠着一根麻栗树干仅砍刻出几道台阶的简易楼梯，一般楼梯宽度仅供一人上下。在楼梯旁的地上，通常摆放着一个用一节树干凿成的木水槽，里面盛满清水，供家人劳动回来洗脚。脚洗干净后赤脚上楼进入木掌楼。

木掌楼没有房檐，墙由竹篾笆编成，屋顶多用茅草，少数用薄木铺成。这种住房结构不仅在取材上立足现实自然条件，而且这种住房结构功能本身也是适应现实环境条件的产物。①

拉祜族在木掌楼内生火，易发生火灾，因农耕生产力低下，产量极低，粮食珍贵。为防止火灾损毁粮食，只能在木掌楼附近另盖一间仓房用来储存粮食。仓房为木质吊脚楼结构，用实心竹编成的篾笆片做围墙，囤箩大多是用厚木板制成的大木箱子，也有用竹子编的。这种仓房不大，内置装荞麦、玉米、谷子等粮食的囤箩，能有效防潮、防鼠、防虫蚁。

（二）建造准备

南美乡拉祜族建造传统木掌楼的筹备工作包括选建房日、准备建材、选址等程序，正式建房必须在一天内完成，届时全寨老小共同参与。

1. 挑选建房日

南美乡拉祜族一般在农历的十月、十二月及二月建新房，正月不砍树、不建房。绝大部分家庭选择在农历十二月建新房，一则干季气候好，二则是农闲时节，便于集中人力建房。南美乡坡脚村基本是在农历的腊月盖新房，当地习俗只有在农历十月献坟节过后才能进行割茅草、砍树等工作。②

建新房前还要挑选吉日，须避开家里父母等长辈去世的祭日及家中现有人员的生日，这些日子是按照拉祜族传统的十二属相记日方式所对应的日子。拉祜族传统历法采用属相记日，12 个属相的一个周期为一轮。按照拉祜族属相记日若家中老人去世的日子是属兔日，那么在农历十月、十二月及二月中任何一个月建新房时都要避开使用所有属兔日。若家中有父、母去世，一般三年后才能建新房，俗称“守孝”。拉祜族房子比较简易，木料、茅草及篾笆最多维持 3 年就要拆掉，再盖新房子，俗称“三年两头换”。通常在原地利用可用的建筑材料进行翻盖。

① 晓根：《拉祜族传统居室文化特点演变》，载《云南民族学院学报》（哲学社会科学版），2000（3）。

② 根据作者 2015 年 5 月 9 日采访扎妥的记录整理。

若家有父母去世，一般要另选址新建房。若现实情况不允许等到父母去世满三年建房的，可在父母去世满一轮（12天）后的当年建新房，俗称“抢孝”。家中有诸如上吊、服药、自杀、摔死、溺水、他杀等非正常死亡的，要在人死的当天烧掉房子，后另择地、择日建新房。

2. 备建材

按照南美乡拉祜族传统的建房习俗，新房必须要在一天内建成并要搬进新房安家。否则，就要被弃置，再选地另建。为了保证能在一天内建好新房，需要提前准备木材、竹子、茅草等材料。一般要提前两个月准备，即选择在农历十月盖房，就要在七月先砍下编竹笆墙的竹子，八月先砍几棵树、割几把茅草，即遵从“七竹八木”的传统。

当地拉祜族建房要提前两个月准备建材，通常只是砍一两棵树、割几把茅草。拉祜族建房分工明确，一般沿袭“男子砍树、女子割茅”的传统协作方式。砍树一般选在农历八月初或八月下旬完成，据说可以防止木料遭虫蛀，民间有“月亏取树”的传统。南美乡拉祜族忌在亲人的忌日及家人生日的属相日动工盖房，但可以在家人生日的属相日提前砍树。提前砍树多由家中男主人自己上山砍，也可约寨里的男子一起砍。参与砍木料的男性属相不限，但家中有老人去世（俗称“头上有孝”）的人必须要在老人去世满12天才能上山参与砍树。砍树当天，若在路上遇到蛇、蜥蜴、青蛙等动物视为不吉，需原路返回，择日再去。

上山后，先挑选建新房的树种，常选黄心楠、白桦树（俗称“冬瓜树”）和朱栗树，以黄心楠为佳。拉祜族木掌楼的柱子和大梁必须使用同一种树的木料，楼棱也可用能够结果子的其他树的木料。挑选好树，还要仔细查看确保不是断头树且树上无老鼠做窝或熊、蛇等爬过的痕迹特征后方可砍树，否则家人住在新房里会生病、不顺利。南美村拉祜族不忌讳砍日食、月食照过的树做新房的木料，但自行倒伏的树木不可用做建材。

砍树时，用传统的斧子和刀剖开树皮，将树干砍削平整。若是大树，砍倒后再用楔子剖分成数根木料。据当地老人讲，早前原始森林里有很多大树，砍一棵剖开的木料就够一幢木掌楼用的柱子了。柱子两端要砍成扁形，做梁的木料无需削扁，但要削光滑。

砍倒的树尽量当天抬回，若来不及，也可放在山上过后再抬回。择日上山抬树前仍要仔细查看砍倒的树这期间是否有老鼠做窝、熊爪抓过或蛇等爬过的痕迹，确认没有后方可将树抬回家。若在砍树或抬树回来的路上遇到蛇、蜥蜴等动物也视为不吉，砍好的树也不能用于建房，择日重新再砍。建房用的木料，男人可以从上面跨过。若木头被女人跨过，则需要更换。

铺盖房顶用的茅草一般也要提前两个月割好几把，由家中的女主人完成。同砍树一样，家人生日对应的属相日可以割茅草，但忌讳在家里老人去世祭日对应的属相日割茅草。

其他大部分盖房用的木料、茅草等到正式盖房那天，全寨人一起帮忙准备。

3. 选址

南美村拉祜族建房子[①]的选址较为简单，一般在地势较高、视野开阔和向阳的山梁或山坡上建新房。选址讲究顺山顺河，即房子背靠着山，面向河流。

看好场地后，主人要先祭献掌管土地的山神，征求山神的意见。主人用竹篾编织两个等腰三角形的平面体交错成一个竹编，再用小棍将此竹编支起来，点燃挂蜂蜡条，献上米饭、茶叶、烟叶、食盐、酒等礼品，进行祈祷。主人回家依照当晚所梦见的东西判定是否吉利。如果当晚未做梦或梦见了吉利的梦兆，则说明山神同意其在此建房。否则，再重新选地，重新祭山神，直至获得山神应允方算选址成功。在正式动工建房前，主人为了确保山神同意其使用这块土地，还需做一次占卜，在该地块上挖个小坑，按家里的人数放进同等数量的大米粒，一粒米代表一位家庭成员，后用一块石头或木片盖在坑口，上用土盖好。再摆上酒、茶叶、烟叶等祭品，点燃挂蜂蜡条祈祷山神同意其在此建房。第二天，前去扒开土坑查看，若埋下的米粒全在且完好无损则说明神灵同意其在此建房。若埋下的米粒有缺失或被啃咬等情况，则说明山神不同意其在此建房居住，需重新找地再祭祀、占卜。

（三）建房

南美乡拉祜族建新房秉承互助协作的传统。正式建新房当天，全寨男女老少齐聚一起，帮忙建房，男人们负责砍树、抬树和砍削木料；女人们负责割茅草、编草排、平整地基和做饭；孩子们也帮忙做递东西、抱茅草等力所能及的事。一般柱子、火塘上方楼楞的木料要选用黄朱栗树或黑朱栗树，过梁要选用水冬瓜树。

---

① 本部分内容根据作者2014年4月27日晚在临沧市第二人民医院采访正在住院的南美村罗小发的记录整理。

搭建木掌楼，先将8棵树丫杈直接栽入土中加固，在距离地面1.6米处搭建木掌楼的中间部分，再在距地面2.4米处放短柱做梁横档，再在距地面3.2米处放中柱，也称“中梁”。中柱高4.8米，短柱高4.7米。木掌楼有3根木梁，为中梁、前沿梁和后沿梁，正中间的中梁（也称“正梁”）由一棵长树制成。木掌楼还有18根木料，即8根楼棱、3根中柱、5根矮柱及楼梯口的2根立柱。柱子一般选择用丫杈的树干制成，其底端直接栽插进地下，顶端丫杈正好可以支撑梁木。柱子的中间部分抠凿出树洞方便将一层的楼棱穿插进去。立柱子时，必须将木料的根部那端埋入土中，忌讳本末倒置。安架房梁也要严格遵守方位规则，梁木的根部要对着太阳升起的东方且树梢那端一律朝南。

木掌楼的中间部分供人居住和堆放物品，先搭好横木楼楞，再铺以木板或实心竹扎成的竹板做地板，四周用新竹篾编成的大块竹篾笆席或新砍的大龙竹敲扁后编成的竹笆片围栅做墙体。梁上搭椽子，横向均匀地摆放一些细竹竿或木棍，上面铺盖茅草或木栅片，用藤条或竹篾捆绑加固做房顶。

房顶所铺草排的茅草一般选用柔软而结实的、向阳处的长势茂盛且没有被牲畜吃过的山茅草，最好割已枯黄的一米以上的老茅草，更耐用。一般的木掌楼需要四五十捆茅草。女人们将茅草一小把一小把地扎好，男人们则将扎好的草把抛至房顶，用大龙竹破成的篾片条夹起后用藤篾绑在椽子上，扎茅草的时候要扎中间靠上位置，否则茅草容易滑下来。铺盖茅草的时候要从房檐往上一层一层地压着往上铺即上一层茅草的草尖压着下一层的根部，压着的重叠部分为茅草长度的三分之一，保证排水。栅片房顶是将劈好的长方形木栅片用三绞篾拴好绑在椽子上，也是从下往上铺，一层压着一层，比建茅草屋顶要更费时费力，也更耐用。

当地的栅片是用树干（一般选用容易破开成片的泡四栗树、箐干栗树）截断并劈成0.5米长、0.2米宽的木片，再用竹篾将木片串连成木排，一层压着一层地铺在椽子上做房顶。拉祜族干栏式木掌楼的建筑样式自成一体，其优点是防潮湿，透气通风，冬暖夏凉，因屋内生火，烟熏不断，蚊虫在房内难以停留，从而起到驱虫效果，减少疟疾之类传染病的发生；其缺点是光线暗，火烟熏人，沙眼病多，容易发生火灾等。[①]

① 思茅行署民族事务委员会：《思茅拉祜族传统文化调查》，44页，昆明，云南人民出版社，1993。

（四）贺新房

南美乡拉祜族新房要在一天内建成，太阳升起的时候上梁，当天举行贺新房（俗称“进新房”）仪式。为了保证顺利举行贺新房仪式，如果新房来不及在一天内建好，就象征性地将房顶先铺上一点茅草，铺几块楼板，日后再接着铺完。贺新房先要举行送木神仪式，到河里或山涧用新编的 8 块竹篾笆铲一些干净的沙子，用新竹筒打水。回到新房子，将这 8 块竹篾笆一层层地摞起来，点上 12 支挂蜂蜡，一支置于竹篾笆上，一支置于火塘边，每根柱子上各插一支。之后，磨巴念经祈祷，家中男主人在前面洒沙子，女主人在后面洒水，一直洒至楼梯口。接着，男主人将从老房子搬来的荞麦籽种、弩、三脚架拿进新房平放在楼板上。最后，安好火塘，摆好供桌、饭甑、神箩等，在火塘生火烧水。按照传统习俗，新房内的火塘第一次生火的火种必须要从老房子的火塘引来。火塘和铁三脚架安置好后便不能再随意挪动，也不准外人触碰，否则视为不吉利。

主人一家当晚需在新房子睡觉。若家人暂时没法搬来被褥或不想到新房睡，就编两块小篾笆绑在新房的左右两根柱子上，左柱代表男主人，右柱代表女主人。如果当天赶不上搬完剩下的东西，则可后面再搬进来。若猪、鸡等牲口当天没法安置好，可择日再赶过来。当晚，主人家要在新房的火塘煮一锅伴有荞面粿的糯米饭吃。其他供前来帮忙的众人吃的饭菜可在老房子里煮好，端到新房一起食用。

贺新房当天，主人吃完糯米饭要举行祭祀家神仪式。主人先用背箩背来一些干净的沙子堆放在新房子的一个角落，上面放一个干净的圆石头，石头上点燃一支挂蜂蜡，摆上一碗净水。安置好家神祭台，磨巴点上挂蜂蜡并念经祈祷，建新房的家人磕头，愿家神保佑家人日子越过越红火。

建新房的当天，主人招待帮忙者一天的饭食即可，无需其他报酬。为了犒劳众人，房主要杀猪宰鸡、备酒，置办一顿丰盛的晚餐，答谢寨人。众人开怀畅饮，席间德高望重的老人们咏唱贺新房调，众人饮酒喝茶，吹笙打歌，祝贺新房建成。

四、文化内涵

建筑是人与自然、人与大地之间一种“文化”对话的方式。① 建筑是人类为求得生存的基本活动之一，也是不同时代人们辛勤劳动的结果。因此，建筑不仅能够表现各个历史时期建筑物本身的生产技术和艺术水平，也可以反映某一历史时期生产力发展水平和科学技术、文化艺术的成就，以及当时社会的政治和经济状况。② 民居建筑依托于当地的环境，以空间为直接对象，是人类利用固体材料建造的能遮风避雨、抵抗自然灾害、满足自身生存和发展需要的空间。这种技术和艺术的综合创作，是一部反映特定时空范围内民族文化特点的“百科全书”，深刻体现了一个民族的道德观、群体意识、和谐精神等伦理思想、民间信仰、民族心理和价值观念。被誉为“凝固的音乐”的建筑，作为物质文化的重要构成部分，在民族文化系统中具有重要而不可替代的地位。建筑文化具有外显性，但在物化的实体之中又往往包含着丰富而深刻的文化内涵，是外显与内在的有机结合体。③ 拉祜族传统民居作为拉祜族家庭生活的内在空间，透过其具体的外在物象，折射出与生产生活相结合的经济文化、同家庭人际关系相结合的社会文化、与自然地理环境相协调的生态文化及与思维意识相结合的宗教文化。拉祜族民居不仅仅是拉祜族挡风避雨的地方，更是他们精神交流、精神寄托的重要场所，是他们表达自己文化观念、传承文化意识的重要符号。④ 拉祜族木掌楼的文化内涵体现了如下几个方面。

（一）体现了原始的社会组织

拉祜族的木掌楼分个体家庭小型掌楼房和母系制大家庭掌楼房两种。上层住人，分为三部分，即房内住房、舂碓处和晒台。楼上的后半部分隔出若干间内房作卧室，进门左边为正户主住处（老人、女人为正户主），右边为副户主（男人）住处，靠门隔墙一边为客人及小孩住处。⑤ 前半部分中央设火塘。从

① 王振复：《大地上的“宇宙”——中国建筑文化理念》，2页，上海，复旦大学出版社，2001。

② 张增祺：《云南建筑史》，1页，昆明，云南美术出版社，1999。

③ 施惟达、段柄昌等编著：《云南民族文化概说》，306页，昆明，云南大学出版社，2004。

④ 林永：《拉祜族的建筑与居住习俗变迁》，见《拉祜族文化研究》，85页，昆明，云南大学出版社，2012。

⑤ 临沧市文化局编著：《临沧市非物质文化遗产保护名录》，197页，昆明，云南人民出版社，2007。

家中住房安排可以看出，拉祜族女性在家中居支配地位，男人居从属地位。拉祜族有从妻居的习俗，结婚后男子要入住女方家，所以家中老人也是女方的家长。拉祜族小型木掌楼体现了拉祜族母系制的社会特征，其大小及内部结构多少依家中人口情况而定。

拉祜族的大型木掌楼也称“长房”或“大房子”，在小型木掌楼基础上增加室内住房数量形成。拉祜族大家庭长房为一大长方形，建筑面积120—230平方米，房屋中间是一通道，两侧按家中子女的多少及婚姻状况，用竹笆片或木板隔成若干个两边对称、大小相同的单间供各个小家庭居住。一对夫妻及其子女住一个小房内，组成一个小家庭。每个小家庭各设一个火塘，成为大家庭内的基本生活单位。①“长房”的社会组织称为“大家庭公社”，按血缘系统组成，往往由一对始祖父母的三至五代后裔组成，包括多个小家庭。拉祜族各个小家庭各设火塘，集体生活在一个大房子内，以始祖母为核心，形成共同生产、共同生活的大家庭公社，是以原始母系制公有制经济为基础的社会组织形态。

随着私有制经济的萌芽和发展，小家庭居住在野外的窝棚“班考”已不再只是为了管理大家庭的土地，还辅以开垦荒地，自养家禽等不断增加小家庭收入。小家庭在“班考”居住的时间越来越长，只有在年节时才回到“长房”里与家人团聚。这时的各个小家庭尽管形式上仍共同生活在一个长房里，但事实上已基本算是个体家庭了。随着私有经济的进一步发展，各小家庭为了得到充分发展，纷纷迁出“长房”并定居在“班考”。大家庭公社组织解体，标志着拉祜族个体小家庭私有制的确立，也标志着母系制的结束和父系制的确立。

拉祜族早期的“卡”是指由一个女子所生的后代及配偶共同劳动生活在以一个火塘为纽带的氏族集团，或称之为母系的氏族集团，一个长房可组成一个“卡”即村寨。后因长期迁徙、战乱和社会发展，这种母系制血缘关系组成的集团“卡”逐渐变为不同血缘共同组成的地缘性家庭联合体。直到20世纪50年代初，在耿马、双江、澜沧、勐海等地的拉祜族，尽管一个村寨一个姓氏的父系村寨比较多见，但还有一些血缘氏族的母系村寨“卡”。②原本为适应刀耕火种的生产方式在野外搭建的供小家庭临时居住的“班考”就逐渐发展为新的自然村寨。

---

① 《拉祜族简史》编写组：《拉祜族简史》，96页，北京，民族出版社，2008。

② 政协澜沧拉祜族自治县委员会编：《拉祜族史》，108页，昆明，云南民族出版社，2003。

“长房”和“班考”的历史变迁不仅体现拉祜族居住空间的嬗变，更重要的是它记录着拉祜族由母系制氏族家庭组织发展为母系父系双系制的社会演进历程。

（二）体现了原始的生产状况

为了适应狩猎和采集经济需要不断迁徙的生活状态，拉祜族先民以洞穴为居、结茅为室。到了近代，分布在澜沧江东西两岸广大地域内的拉祜族，逐步由游猎迁徙发展为定居农耕，于是逐渐产生真正意义上的住房。

拉祜族普遍居住在海拔 1000 米以上山高林密、雨量充沛、气候温和的山区或半山区，还有的居住在海拔较高、气候寒冷、土地贫瘠的高寒山区。这些地区均适合狩猎采集和发展山地农业，应用原始刀耕火种的生产方式。

拉祜族大家庭早期是一种原始共产制的经济组织，对内实行公有制，家庭成员共同生产、共同消费，对外则是私有制。这种经济结构是适应拉祜族漫长的原始迁徙农业，辅以狩猎采集的原始经济而发展起来的。大家庭公社的原始共产制经济中，垦荒和劳动密集型农活由大家庭成员集体完成，而分阶段的管理和分散的小块土地则由各小家庭分别承担；粮食由大家庭统一保管，统一分配；牲畜、家禽也由大家庭饲养，统一消费；耕牛、农具等生产资料也由大家庭集体添置，按需分配给小家庭使用和保管。

随着生产的发展，大家庭人口不断增多，加之山地轮歇耕种，田地越种越远，耕作管理越来越不方便。为了节省往返路上的时间，每个小家庭都在自己负责经营管理的田地旁建起简易住房。拉祜族小家庭上山种地的第一天不干活，只搭窝铺，俗称“歇山”。小家庭大多数时间生活在“班考”里，除经营好大家庭的庄稼外，还可养猪养鸡和经营其他副业，收入归小家庭已有。直到庄稼收割完毕，各小家庭把收割的粮食运回大家庭集体储存后就离开“班考”，陆续回到大家庭一起居住，这就是拉祜族的双重居住地的习俗。①

拉祜族大家庭早期的原始公有制经济在长期发展中逐步向个体家庭私有制经济转化，随着小家庭的诞生，逐渐形成个体家庭私有制经济的雏形。如土地由大家庭集体生产变为大家庭只经营大片土地，小片或分散的土地由小家庭耕种，收入已有；集体生产的粮食扣除共用部分后，按人口平均分配给小家庭；

① 政协澜沧拉祜族自治县委员会编：《拉祜族史》，101 页，昆明，云南民族出版社，2003。

大家庭集体只饲养大牲畜，小家庭可以自养鸡、猪；集体购置生产资料变为大家庭只添置大农具，小农具各小家庭自购自用；大家庭集体生活变为各小家庭自设火塘，各自支锅做饭。大家庭公社经济向个体经济转化过程中，各小家庭的私有经济得到更充分的发展，他们在野外“班考”里生活的时间越来越长，除了完成大家庭的生产任务，还积极开垦小块土地耕种，饲养家禽等以增加小家庭的收入。拉祜族大家庭公有制经济从内容到形式逐渐过渡到个体家庭私有制经济形态。

（三）体现了原始的生态文化

传说故事中，拉祜族先民在山里遇到一只受伤的马鹿，看到受伤的马鹿求救的眼神，好心的拉祜族先民就寻找草药为马鹿治伤。马鹿为了感恩，就托梦给拉祜族先民并告诉他们：“一间房子上下两层楼房，三根红松木做柱子，七根松树木做横梁，竹篾笆做围墙，茅草盖屋顶。”① 这就是拉祜族干栏式木掌楼的原始格局。从拉祜族的建房传说可以看到拉祜族先民有着原始狩猎的历史，同时马鹿托梦建房的传说也折射出善良淳朴的拉祜族先民与动物之间和睦相处的温馨。拉祜族建房依托周围的环境，全部使用原生态的木头、竹子及茅草等原料，体现了拉祜族与自然和谐共生的朴素理念。

南美乡拉祜族干栏式木掌楼的原料全部使用木头、竹子和茅草，就地取材，结构简易，建造粗糙。木或竹质材料作为拉祜族传统建筑文化中最为重要的组成元素，它不仅为拉祜族提供了舒适宜人的居住环境，更重要的是，作为一种建筑风格，其融入了朴实的哲学观念，体现了朴素的生态意识。木竹结构建筑材料具有生产能耗少、优质环保、坚实耐用、可再生等优点，而且在保温、节能、环保、舒适、结构灵活性等方面有着传统砖混结构和石头建筑无可比拟的优越性，正好满足拉祜族游猎游耕生产方式和与山林自然环境相适宜的现实。同时，从抗震角度来说，木竹结构具有极其明显的轻便性，而且木料典型的梁柱体系使空间分隔灵活，素有“墙倒屋不倒”之说。正是这种舒适宜人的自然材料与合理的建筑结构的完美结合，为现代建筑的发展提供了许多方法和依据。②

---

① 临沧市文化局编著：《临沧市非物质文化遗产保护名录》，196 页，昆明，云南人民出版社，2007。

② 杨昌鸣：《东南亚与中国西南少数民族建筑文化探析》，82 页，天津，天津大学出版社，2004。

（四）体现了原始的民间信仰

拉祜族崇尚“万物有灵观”，厄莎崇拜、灵魂崇拜、鬼神崇拜是拉祜族民间信仰的核心和主要内容。他们认为洼地或箐沟谷地是鬼怪的通道，若在这些地方建房则挡了鬼的路，鬼就会让人生病；也不能在别人房子的废墟上建房，以前“凶死”的恶鬼或留下的不吉利的东西会让人不得安宁。当地拉祜族还忌讳用红毛树做房子的柱子和梁木，以免房屋遭雷击。红毛树，俗称“辣毛树”，其树干、树叶上有绒毛。人一旦碰着，就会身体奇痒难耐。因此，拉祜族送鬼时常用红毛树棍或直接将鬼送到红毛树下。

建房前看好地址后要祭献山神，求得山神许可后方能建房。因为土地由山神掌管，如果不征得山神允许，人住进去也不会顺利。即便得到山神默许，在正式动工前还要进行占卜，确定可以使用这块土地。砍伐树木前也要祭献山神、树神，如果不祭祀树神就砍木料的话，入住新房后家人就会遭山神怪罪或被“房子鬼”伤害。拉祜族即使是搭建简易的窝铺，也要祭祀山神。在附近找一棵大树，在树根处摆上米、茶叶、烟叶等祭品。祭完山神回来，将茶水围着窝铺倒三圈。晚上，待山神来查看，发现受到主人祭拜，就会将前来打算袭击人的老虎、豹子等野兽赶走，保佑人可以安心住在窝铺。

新房建好后还要安好家神祭祀台位和火塘并点香祈祷，请家神保佑家人顺利平安。火塘在拉祜族传统民居中的重要性体现了祖先崇拜。

可见，拉祜族相信神灵都直接或间接地与人们的生产生活产生关联。作为生活的重要空间载体，拉祜族房屋同样从选址到建造过程处处体现着其朴素的民间信仰。

拉祜族传统民居以木、竹为主要建筑材料，是拉祜族生活的有形空间。作为一种有形的文化遗产，拉祜族民居建筑蕴含着拉祜族深刻的认识理念和特有的思维方式，保留着最原生态的民族文化，记录了拉祜族社会生产的演化。

五、“班考”及其文化内涵

南美乡拉祜族早期的农耕为刀耕火种，烧荒轮作的山地越来越远，加之交通不便，为便于看守地里的庄稼及节省农忙季节消耗在往返路上的时间，除了正式居住的木掌楼外，拉祜族还在远处田地边搭建临时的居住场所“班考”。

这就是固定住所木掌楼与临时住所“班考”两种居住方式在拉祜族聚居区长期并存的重要原因。

因“班考”是临时性住房，其搭建比木掌楼要简单粗糙。在野外地边临时搭起的窝棚，建造简易，都是在地上栽两根树杈，上置一根横梁，砍一些树干，一端搭在横梁上，一端斜靠在地上，上铺树叶、茅草即成。因此，“班考”现象是拉祜族历史发展与现实经济生产特有的产物，是与游猎游耕生产相一致的。[①]

随着游猎游耕生产向定居、半定居农业经济形态的过渡，拉祜族社会生产力水平逐渐提高，劳动产品也相应增多。自成化二十二年（1486 年），傣族派蛮派闷兄弟与拉祜族的布倒幕迎大侯[②]土州三子俸开基为长官司长官，缅宁（今临沧市）傣族世袭的土司政权由此开始。[③]南美乡拉祜族在傣族土司的领导管辖下，受周边勐托、勐永、耿马等地的生产力水平较为发达的傣族、汉族的影响，农耕生产力得到不断提高，为个体小家庭摆脱大家庭的控制进而独立门户创造了条件。

这种母系社会的大家庭制度，崇尚“从妻居”，女性处于主导地位，处理家庭中的大小事务。家中儿子婚后要带着生产工具到女方家生产生活，但无权干涉女方家中的事务，更没有财产继承权。女儿婚后则仍跟父母及其他家庭成员共同居住在大家庭内，成年的夫妻可另立火塘，单独做饭。住在“班考”期间所收的粮食、所养的鸡鸭等，可留部分归自己小家庭所有，其余交给大家庭，但还不是一个独立的经济单位。

随着农耕生产在生产中所占比例逐渐提高，加之铁质生产工具的普及，那些懂得农耕技术、善于耕作的小家庭逐渐掌握更多的生产资料和生活资料。同时，原先处于失语状态的“从妻居”的男子对大家庭的贡献越来越大，在小家庭生产生活中的作用也越来越凸显。随着“从妻居”男子在小家庭经济地位的不断巩固，无形中威胁和动摇了母系制大家庭的地位，父系制度开始萌芽。尽管小家庭在经济上有了脱离大家庭控制的资本，但是大家庭社会的影响却难以在短时间内消退。这种双方力量上的均衡造成了双方对抗中的妥协，从而形成

① 张晓松、晓根：《拉祜族“班考”现象的文化阐释》，载《学术探索》，2000（6）。

② 大侯：今临沧市云县。

③ 临沧县民族宗教事务局编：《临沧县民族志》，12 页，内部资料，1998。

了双系大家庭并存的局面。[①] 在年节或新米节等重大节日，各个小家庭仍会带着酒、肉等回到大家庭团聚。

随着父系制度的产生，一些自立能力较强的小家庭因具备一定的生产实力而主动要求从大家庭中分离出去，拉祜语称为“ yielpiel”，汉语音译为“叶白”，意为“分家”，直接搬到“班考”生活。这时的小家庭，既有属于自己的土地，也有自己的生产生活工具，完全是一个独立的家庭。对于自立门户的小家庭来说，“班考”已不再是原来的为了生产的临时住地，而是固定的住所。随着时间的推移，许多“班考”逐渐演化成新的大家庭和村寨。[②]

“班考”作为一种社会历史文化现象，对拉祜族社会经济文化生活产生了重要的影响。它既是临时住所，又是新的固定住所形成的前提条件。老“班考”不断派生出新的“班考”，这一过程也是拉祜族家庭社会不断拓展，不断演变的过程。“班考”文化内蕴的真实意义正在于此。[③] 尽管后期的拉祜族将农忙时节便于休息或生活的临时窝棚仍称作“班考”，但与有生产生活意义的小家庭居住的传统“班考”存在很大不同。

第四节　节日文化

岁时节庆习俗是民族文化生活的直接表现形式之一。民族的物质文化生活习俗、社交习俗、家庭习俗和人生习俗只是构成了这种表现形式的局部，而岁时节庆习俗则是这一表现形式的综合。因为只有岁时节庆习俗才有可能全面或比较全面地反映民族的历史、经济、物质生活、宗教、道德、审美观、禁忌等各种文化现象。[④] 少数民族传统节日庆典及其所呈现的传统文化、民俗事象和民族精神称为少数民族传统节日文化。

南美乡拉祜族传统节日主要有春节（年节）、清明节（献坟节）、搭桥节（俗称“叫毛稗魂节”“叫荞魂节”）、新米节（尝新节）、祭竜（祭芭蕉节）、

① 张晓松、晓根：《拉祜族“班考”现象的文化阐释》，载《学术探索》，2000（6）。
② 晓根：《拉祜文化论》，145 页，昆明，云南大学出版社，1997。
③ 张晓松、晓根：《拉祜族“班考”现象的文化阐释》，载《学术探索》，2000（6）。
④ 林耀华主编：《民族学通论》，453 页，北京，中央民族大学出版社，1997。

叫魂节，其中以年节和搭桥节最为隆重，而搭桥节则最具特色。按照节日的来源和性质，拉祜族的所有节日都具有时令性和宗教性特征。

一、传统节日

（一）年节（扩塔节）

拉祜族称年节为“qhawrthad”，汉语音译为“扩塔”，相当于汉族的春节。南美乡拉祜族的年节分“大年”和“小年”，正月初一至初四为“大年”，又叫“女人年”；正月初九至正月十二为“小年”，又称“男人年”。传说很久以前，拉祜族男人们进山打猎，因追捕马鹿而迷路，他们回到寨子时女人们已经领着老人、孩子过完年节了。于是，妇女们为了慰劳和补偿因狩猎而错过年节的男人们，决定再过一次年节，俗称“男人年”。

1. 节前准备

扩塔节是南美乡拉祜族最重视、最隆重、持续时间最长的传统节日。家家提前一两个月就要约伴去山上砍柴，家里男性长辈给孩子们做芦笙、陀螺、搓麻线，妇女们忙着赶制一家人的新衣、挎包，青年人忙着做口弦、火镰包等。年节前几天，各寨组织打扫村寨，各家搞大扫除，清洗衣物。除夕当天，家家烤酒、杀猪。夜晚家家舂糯米粑粑，人人洗澡更衣。寨心和各家门前要栽一棵青松，供上粑粑、甘蔗，寓意生命常青、生活甜美。

南美乡拉祜族年节期间有打歌[①]的习俗。拉祜族村寨专门负责年节打歌事务的人俗称“歌头”，打歌必须先在歌头家进行。歌头是义务为村民打歌服务，但各家拿到打歌场没有吃完的酒、肉，按照习俗给歌头用来招待打歌手、芦笙手等人，升斗里各家取剩的玉米、谷子也留给歌头做种子。南美乡拉祜族年节前要打“老年歌”，辞旧迎新。打“老年歌”从除夕晚上八九点开始，一直到正月初一上午八九点，众人才“收歌”休息。

2. 打“新年歌”

农历正月初二下午一、二点钟开始打“新年歌”。新年歌分为起歌、正式打歌、收歌、关竜等四个步骤。起歌前先要选好打歌手、吹芦笙手，挑选芦笙吹得好、歌打得好且勤劳善良、品行端正、德高望重的男士为打歌骨干，具体

① 打歌，是拉祜族等西南少数民族喜闻乐见的一种民间自娱性歌舞。

人数视歌头家的场地情况而定。

（1）起歌

起歌之前，歌头要备好竹篾桌并摆好祭祀用的一切物品。起歌时，歌头将一个圆形竹篾桌置于自家堂屋的神位前，摆上堆满谷物的圆箩和升斗，谷物中间插上一对挂蜂蜡（也可用香）。接着，歌头领着众人磕头祈祷，求厄莎、歌神保佑本次打歌顺利，人人平安，家家吉祥。礼毕，歌头带领打歌手、芦笙手起歌。一位力气大的打歌手将摆有谷箩的竹篾桌抬着紧跟在歌头和其他歌手后面，先在歌头家木掌楼的火塘边打歌。他们先顺时针打歌七圈，再逆时针打歌七圈，后边打歌边下楼，将竹篾桌置于歌场中央。此番打歌将天神、歌神请到了打歌场，歌头再次向供奉歌神的竹篾桌磕头、念经，祈求平安；歌手们则围着篾桌吹笙打歌，边跳边向四方祭拜。祭祀完毕，男女老少可进入村寨打歌场打新年歌。正月初二下午参加起歌的所有人一定要到第二天八九点才能歇息。其余场次打歌时间的长短可自主选择。

（2）正式打歌

拉祜族年节的打歌隆重又热闹，人人穿上节日盛装走入歌场，打歌持续数天。凡到歌场打歌的男人，都要先给歌头家的神位磕头，再向歌场中央的神桌磕头后方可加入打歌队伍，若是德高望重的人，在磕头前还要先上两炷香，每场如此。磕头时，可向神位供上自带的糯米粑粑等祭品。各家外来的客人由男主人领着到歌头家和歌场磕头后可加入打歌。妇女、孩子到歌场打歌不需磕头，可直接加入。歌头、芦笙手和打歌手是场上的核心，众人在他们的带领下合着芦笙节奏打歌，步调一致，整齐划一。男人们在歌场内层围着篾桌吹笙打歌，步伐粗犷、矫健有力；妇女们穿着自制的绚丽多彩的民族服装，头戴曳地的彩色包头，在外层携手成圈打歌。芦笙吹起则开始打歌，芦笙停则停下休息。每晚打歌场中间都会燃起一大堆篝火，柴由各户凑来。在歌场打歌，人人须遵守规矩，尊老爱幼，讲文明礼让。

（3）收歌

南美乡拉祜族年节接近尾声会打收歌，意指打歌即将结束。年节期间，所有参加本歌场打歌的人，收歌时都要悉数到场参加打歌。他们认为，只有这样在新的一年才能得到歌神和天神的保佑，诸事顺利。收歌时仍需歌头带领，由一个力气大的打歌手将打歌场中供祭品的篾桌连升斗一齐抬起，顺时针打歌七圈、逆时针打歌七圈，边打歌边向四方拜谢后，倒退着打歌一直退入歌头家，将篾桌升斗安放在歌头家火塘右边的神位前，众人再吹一会儿芦笙。众人收好芦笙，收歌仪式完成，整个年节的打歌正式结束。

收歌时因故需中途离场者，自行在打歌场围着篾桌先顺时针打歌三圈又逆时针打歌三圈，再上歌头家神桌和歌场神桌分别磕头后即可离开。

（4）关竜

收歌完毕，竜头[①]领着众人到竜林（芭蕉林）举行关竜仪式。众人在竜头带领下向竜坛磕头，先祭大竜，后依次到拱门、遮袜（寨神）磕头，各自回家吃饭。几个打歌的师傅则需留在竜头家吃饭，食物是事先各户送来的。

年节期间用于打歌的柴、米、油、盐、菜及钱等由村寨各户拼凑，有收入的村寨会补助一些酒、钱物，有能力的家庭也会主动多承担一些。

3. 预测雨水收成

新年第一天早上，拉祜族家庭会观察前一天晚上供在净水碗里的水，如果变少则推测新的一年雨量少，可能会干旱；若无变化，则预示新的一年雨水充足。拉祜族还有根据农历正月初一清晨的云霞色彩来推测谷物收成好坏的习惯，旭日东升前，若云霞呈红色，便预示种红谷会丰收；若为白色，则预示种植白谷更合适。

（二）清明节

南美乡拉祜族的清明节，俗称“献祖节”“祭祖节”，拉祜语称“chawsi awfcad”，汉语音译为“搓司哦扎”，意为“给死人吃饭”。南美乡拉祜族崇尚火葬，人去世后抬到公共火化场，火化后将骨灰扫拢，不垒坟，早先没有祭祖的习惯，随着民族间的交流交往，受外来文化的影响，南华户肯、坡脚一带的拉祜族才逐渐形成祭祖习俗，小南美和多依林一带的拉祜族一直不举行祭祖仪式。祭祖活动一年有两次，第一次是在农历二月，第二次在农历十月。

1. 南华村清明节习俗

南华村拉祜族分别在每年农历的二月和十月初六以后的第一个属马日在家中举行祭祖仪式。祭祖当天，户主先将准备祭祖的鸡、猪宰杀好，把鸡（猪）肉、饭菜一起摆进筛子或簸箕里，置于篾桌上，倒上茶、酒，点上烟丝、挂蜂蜡或香，再依次礼请自家的各位祖先回家领受祭品，口中念念有词：“请各位

① 竜头，即负责管理竜坛的人。

先人保佑家人有钱有米、无病无痛、好吃好在，样样顺利，样样好。”献毕，将献给祖先的饭菜全部收进一个大碗里，端到村外一并倒掉，让那些无人请回家的孤魂野鬼享用。

2. 户肯寨清明节习俗

户肯寨的拉祜族在农历二月和十月初六后的第一个属蛇日祭祖，分别祭祀寨人祖先和自家祖先，均是将祭品抬到当地山林中的火葬场举行祭献仪式。

（1）祭寨人祖先

在家里宰杀猪、鸡并煮好，备上茶、酒、烟，先献给村寨最老的祖先，即“awljawdmawd”，汉语音译为“阿伽摩”，意为“寨人的祖先”。

（2）祭自家祖先

全寨人到坟场，一齐动手砍除坟场周边的杂草树木。祭自家祖先前，户主先将家中已故的人全部请来一个坟（不立碑，不垒坟，但骨灰作有标记）前，将带来的饭菜、少许烟丝、白酒、茶水等祭品摆放在自家祖坟前。祭品必须是自家养的猪或鸡（一公一母），没有鸡、猪的家庭，可用鸡蛋作祭品，但不可用买或换来的。作为祭品的猪、鸡，不论大小，一定要现场杀牲见血。用于祭祖的米饭多为糯米饭，且碗数必须是单数，烟、酒、水果、糕点等数量不限。鸡或猪的血、头、脖子、身子肉、翅膀、脚、肝、肚、肠、毛、粪等各取一点，代表完整的猪或鸡放于碗中，后点上挂蜂蜡，将这些祭品献给已故的亲人。

户主带领家人向祖坟（只是有标记的骨灰拢扫成的小土堆）磕头、祈求祖先保佑全家人身体安康、事事顺利，五谷丰登、六畜兴旺。祭祖期间大家要磕两次头，摆好祭品请祖先前来享用祭品时磕一次头，约十几分钟后再磕头一次，意为与用餐后的祖先拜别。祭祖结束，各自收拾好东西，祭品全部丢撒在坟场，让老鼠、飞鸟等捡食。

参加祭祖的人全部下山，到河里洗脸、洗澡，还要清洗芰刀、背篓，此举拉祜语为“mieq ha”，汉语音译为“咩哈”，意为“甩掉瘟神、恶鬼，干干净净地过节”。同时，家人下河抓鱼，若抓不到大鱼，也要摸些小鱼、小虾、螃蟹甚至水中的虫子之类拿回家做菜。待众人上岸，磨巴在河边拉起叫魂线为寨人叫魂，几个小伙则站在岸边用树枝蘸上河水洒在所有回来的人身上，众人光着脚从横在路上的荆棘上跨过，意为将不吉利的东西全部挡在身后。众人还要一起拆除年节时搭建的老寨门，搭建新寨门。磨巴念经，将鬼怪等不吉利的东西全部挡在寨外。众人回寨的时候必须要从新寨门进入寨子，后各自回家。

清明节这天，若是上午举行仪式，则午饭后可以休息、串门，男人还可以上山打猎，但所有人禁止下地干活。

3. 坡脚村清明节习俗

坡脚村拉祜族一般在农历十月初六以后的属蛇日祭祖，但个别寨子在农历二月和十月的第一个属龙日进行祭祖献坟。

清明节这天，只要是成了家的，不论辈分，各家都要杀一只鸡，蒸一锅糯米饭和一锅米饭。各家带一碗饭（糯米饭、大米饭各一半）、一碗煮好的南京豆、一竹筒清水以及少许干烟叶、辣椒、食盐、茶叶、白酒、爆米花、挂蜂蜡，再将煮熟的鸡头、鸡脚、鸡翅膀、鸡肝、鸡心、鸡血各取一点带到火葬场（俗称坟地）。进入火葬场，各家在自家大家庭的公共坟地插一根约 2 米的上端系一白纸条的细叶子树的树干，一一摆上供品，后将挂蜂蜡插在米饭上点燃，众人一起磕头。祭祖结束，返回家中。清明节这天，众人可在家吃猪肉、鸡肉。

（三）搭桥节

1. 搭桥节的由来

传说，当地的一位拉祜族先民需要过河，但河水湍急，无法过去，只得求助于河边的穿山甲和蚂蚁。穿山甲说可像自己一样缩成团由河底滚过去，蚂蚁则说可顺着倒在河里的树枝爬过去。这位拉祜族先民赞同蚂蚁的提议，在河上架起一根木头，踩着木头就顺利地过河了。穿山甲为此嫉妒蚂蚁，只要一见到蚂蚁就要吃掉。这也是穿山甲爱吃蚂蚁的传说由来。拉祜族先民架木头过河的这天是农历四月的第一个属龙日，拉祜族为了纪念这个日子，就在这天过搭桥节。①

2. 搭桥节的内容及类别

搭桥节是临沧南美乡拉祜族特有的传统节日。当地拉祜族一般分别在农历四月和六月的第一个属龙日过搭桥节并举行祭祀仪式。拉祜族信仰泛灵论，相信“万物有灵”，不仅人有灵魂，山川河流、动物植物、谷物庄稼等都有魂。同人的魂一样，这些魂也会丢掉，只有将野外谷物的魂留住并顺利叫回家里的

① 南美拉祜族乡政府编：《南美拉祜族乡志》，内部资料，2017。

仓库，来年谷种才会发芽，庄稼才会丰收。因此，搭桥节的目的就是给谷物叫魂并搭桥，方便毛稗等谷物的魂能过河回家。因节日活动中搭建新桥、给毛稗、荞麦等庄稼以及人、牛马鸡猪等叫魂，民间也称之为“搭桥节”“叫魂节”。

农历四月的搭桥节，拉祜语称“colziqxadyul”，其中“colziq”，汉语音译为“总自”，意为“搭桥”；“xadyul”汉语音译为“哈祜”，意思是“纳毛稗魂、叫毛稗魂”。“colziqxadyul”，意为“叫毛稗魂、让毛稗回家而搭桥”，俗称“叫毛稗魂节”，是当地拉祜族特有的民族传统节日。

六月的搭桥节当地拉祜族称“叫荞魂节”。拉祜语称“xadbotie”，汉语音译为“哈波叠”，意为“叫荞魂”；目的是为了“xadboyul”，汉语音译为“哈波祜”，意为“纳荞福”。叫荞魂节是南美乡拉祜族搭桥节的重要组成部分。搭桥节在拉祜语中也统称为叫“lawd”，汉语音译为“腊”，意为“添加”“添上”，表达祈吉求福，添福添禄的意愿。

从内容相似度角度看，搭桥节是南美乡拉祜族的独有节日，具有唯一性；从产生时间上看，搭桥节属于传统节日；从组织者的角度看，属于民间操办节日；从规模大小来看，属于群体性节日；根据活动内容来看，属于宗教节日及农事节庆。

3. 桥主及责任区

南美乡拉祜族村寨负责组织搭桥节活动的人被称为“桥主”。不同村寨有自己的桥主，负责搭不同的桥。桥主在村寨除了负责组织搭桥节活动外，不享有其他行政管理特权。按照传统习俗，搭桥节活动用于祭祀的猪由桥主家无偿提供，若桥主无经济能力操办搭桥事务，可改为村寨集体负责所需财物，桥主只负责主持，后来偶尔也有由村委会或小组长负责组织的搭桥。

桥主实行家族世袭制，按照传统习惯传男不传女，桥主同哪个儿子在一起生活就传给哪个儿子，大多都是传给小儿子。但各村寨又各有区别。

南华村共有10位桥主，桥主分布在各个村民小组。南华村主要负责给半山路河和硝塘河搭桥，其中五组的箐口寨、六组的平寨、九组的岩子脚寨共同负责搭半山路河桥，七、八组的西山寨、三组的半坡寨、四组的河边寨共同负责搭硝塘河桥。一、二组的南华寨都是汉族，他们不过搭桥节，只有少数会参加拉祜族的搭桥活动。

坡脚村每年要搭三道大桥，分别为坡脚河大桥、耙窝田大桥和铁厂路大桥。坡脚村的桥主基本是父传子承。

早期，多依村搭桥节时主要搭的是桃子坝下面的栅龙坝河，由桥主组织拉祜族群众搭桥。桥主为世袭，一般都是传给大儿子或大女儿。多依村四、五、六组（全由拉祜族组成）的群众过搭桥节，其他的一、二、三和七组（为汉、彝、回等多民族杂居）则不过搭桥节。1982 年家庭联产承包责任制后，四、五、六组不再组织集体搭桥活动，各户自行砍一棵树给小河、小沟搭桥。

南美村搭桥节期间各寨（组）负责给附近要经过的河搭桥，具体为一、二组（竹笆山自然村）负责给响篾寨河和大坟地河搭桥；三、四组（阿里新寨自然村）负责给阿里新寨沟（小河）搭桥；五、七组（南楞田自然村）负责给白石岩河搭桥；六组（夹山自然村）负责给夹山河搭桥；八组（株栗坡自然村）负责给磨刀河搭桥；九组（箐口自然村）和十组（团山自然村）共同负责给团山河搭桥。

4. 搭桥节的仪式

南美乡四个村委会的拉祜族村寨农历四月、六月的搭桥节均有特定的祭祀仪式且有一些细节上的差别。

（1）四月搭桥节

四月的搭桥节是南美乡拉祜族特有的传统节日。早先，毛稗是当地拉祜族普遍种植的重要谷物，甚至保留有以毛稗命名的地名“毛稗地”。农历四月是毛稗收割前的重要时期，也是当地雨季来临的时节，适合搭桥。

四月的搭桥节活动为期三天，各村习俗大致相同。南华村、坡脚村、多依村都是搭桥节前一天砍树，劈桥板，砍桥木，搭桥节当天拖桥板、搭桥，后一天休息。南美村是搭桥节前两天上山砍树、劈桥板，搭桥节前一天拖桥板，搭桥节当天搭桥，也是三天。搭桥节当天主要举行搭桥、洗桥、诵经、叫魂等仪式。南美村拉祜族每年农历四月初六以后的第一个属龙日过搭桥节。[①] 南华村[②]、坡脚村[③]、多依村[④] 拉祜族一般在每年四月第一个属龙日过搭桥节，如果因为农忙或其他原因赶不上第一轮（12 天，因拉祜族有按照十二属相进行计时的习俗）的属龙日，就推后一轮，只要是四月之内的一个属龙日就行。四月的搭

① 根据 2014 年 5 月 24 日采访罗小发的记录整理。

② 根据 2014 年 5 月 24 日采访罗大明和龚世军的记录整理。

③ 根据 2014 年 5 月 9 日采访王有民和罗有秀的记录整理。

④ 根据 2014 年 5 月 1 日采访李扎发的记录整理。

桥节活动由桥主负责组织。

砍树 搭桥节前，除妻子有身孕、还在为长辈守孝或生病体弱的外，其他全部青壮男劳力由桥主带领进入深山选树、砍树。搭桥用的木头一般选择当地高大且笔直的黑朱栗树、椿树、水冬瓜树及黄心楠树，现在偶尔也用红毛树，每年只准砍一棵。选定要砍的一棵大树后，桥主在其树根处摆上茶叶、爆米花、酒，点燃挂蜂蜡，念经祭祀，并领着大家一起磕头。祭词的大意是："今天我们搭桥需要用你这棵树，我们想把你砍下来，现在用这些东西祭献你，希望你不要怪罪我们。"祭祀完毕，众人将选好的树木砍倒、剥皮。

劈桥板 砍倒剥皮的桥木还要劈开，削成用作桥板的厚木板。桥板的长短、宽窄视河的具体宽度而定，大桥的桥木长达8—12米，宽约1米，重达四五百斤；稍小的桥木长约3—5米，宽约50—70厘米，重一二百斤。若当天来得及，就在两端用斧头各凿出一个洞，便于拴上拖桥板的藤子。劈好的新桥板当晚就摆在山上。

拖桥板 搭桥节当天，各寨拉祜族早饭后去所属的桥主家集合。各家自带一两斤大米、一撮食盐、少许茶叶、一截15—20厘米的挂蜂蜡、一些爆米花及按照每人两根的标准准备好足量的白色叫魂线①、自家支锅的铁锅圈等到河边搭桥处聚集。除特殊情况外，全村男女青壮劳力上百人一起上山拖桥板。拖桥板是用从当地原始森林里现砍的新鲜老光藤②或铁藤制成，这两种藤子粗长且结实，适合拖厚重的桥板。用藤子拴好新桥板，众人一路拖着走。拉祜族认为桥板是被脚踩的，可以从上面跨过，但不能放在肩上扛、背上背，只能拖着走。拖桥板少则数十人，多则数百人，一路翻山蹚河，一直拖至要搭桥的河边，场面相当壮观。

搭桥 搭桥节当天，除妻子怀孕的夫妻、头上有孝的人及体弱生病的老人外，其他男女老少都去参加搭桥仪式。用于搭桥节的猪，以前由桥主提供并在家杀，现在多是由集体负责，杀猪地点也移至搭桥处。因搭桥后当天禁止杀生，搭桥节祭祀用的猪、鸡必须要在搭桥仪式举行之前就杀好，否则杀猪、鸡者就不能参加搭桥祭祀仪式。若猪、鸡在桥主家杀，只取少量猪血、猪鬃、猪尾巴毛、鸡血、鸡毛带到河边搭桥处；若在河边杀猪、鸡，则同样取少量这些

① 叫魂线多用白线，也可用红、蓝和黑线，线的根数不限，但必须是双数，多数是八根，同一种色线的根数必须取双数。通常，这八根线搓成一股花线为叫魂线。

② 鸡血藤的一种，有重要的药用价值，能治拉肚子，还有补血的功效。

血、毛等供品备用。众人齐心协力清除河边的杂草、整理加固桥墩，拆除老旧桥板。众人在头人的指导下将新桥板搭在桥中间，可留用的旧桥板移至两边。新桥板在搭好之前，粗糙的底面朝上。待光滑的正面翻上来，才算搭好新桥板。

叫魂、拴魂线 桥主或一位德高望重的拉祜族老者用新摘的水冬瓜树叶和青木树叶将桥面从头至尾清扫干净，寓意清洁、平安。众人可在桥头摆上茶叶、爆米花等。所有人下河捧水冲洗桥面，从河里捞沙子堆放在桥板的四角处，并在沙堆上各插上一套祭品，包括两根竹竿和两个竹筒。两个新的小竹筒的顶部要斜着削尖，一个装沙子，一个装水；两根新竹竿一根的上端劈开，编成漏斗式小竹笼，里面放上茶叶、爆米花，还插上一截挂蜂蜡；另外的一根竹竿是一套里面最长的，大约有1—2米高，顶端劈开中间夹起一条长约30—60厘米、宽约6—7厘米的白色招魂幡（必须是绝对干净的白纸条，不能有字和污点），招魂幡越长越好。这些祭祀用品都是当天现砍、现做。还在河边捡来一些石头洗净，用藤条拴住，拳头大小的石头代表“小猪”，鸡蛋大小的石头代表“小鸡”，并将这些代表猪、鸡的石头堆在桥的两端供奉给神灵。尔后，众人在磨巴及桥主的带领下在桥头举行搭桥祭祀仪式。磨巴将杀猪时预留的猪鬃、鸡毛、猪血、鸡血堆在桥上的沙子旁，桥主沿桥板正中间从桥头至桥尾拉一条白色叫魂线，这条线由集体提供。各家自带的叫魂线由家中任意两人分别在桥两端牵好拉直，各家自拉的叫魂线只能拉在桥板中间的叫魂线两侧。待各家的叫魂线都拉好，桥主将各家凑来的挂蜂蜡点着（若是此次搭桥由组长负责，就得由组长来点燃挂蜂蜡），各家户主也将自带的挂蜂蜡插在桥头点燃。桥主领着众人磕头，男的脱帽，女的摘下包头，只是低头，不作揖也不跪。接着，众人撤回村寨方向的河岸上，观看桥主撒荞籽花和爆米花，念叫魂调，为谷物、众人及牲畜叫魂。祭词的大意是：“毛稗、谷物的种子我们已经种下了，今天将桥搭好，谷物种子的魂也叫醒了，谷物长势好，栽一棵能发好几棵。种粮就能粮满仓，养猪就会猪满圈。粮食吃不完，肉吃不完。大人小娃都好好的，无病无灾，好吃好在，样样好啊。”磨巴边念经叫魂，边给众人拴上叫魂线。拴叫魂线时，一般是桥主或磨巴先给年长的拴，年长的给年轻人拴，年轻人可以相互拴魂线。拉祜族叫魂线一般是拴在手腕或胳膊上，也可以拴在脖子上，手腕上的魂线一般要按照男左女右的习惯拴，也可以两只手腕都拴。不管怎样，每个人必须要拴一对叫魂线。叫魂线拴好后，桥主或磨巴再领着众人磕头祭拜，可以跪也可不跪，但必须摘帽、摘头巾，双手手心向上摊开，低头鞠躬。搭桥节这天，寨内家家户户都要吃猪、鸡肉，但献饭祭祀时不能用猪肉。众人在桥边架起大铁锅，猪肉煮好后，由桥主按照人头分到各家，各自回家吃饭。

回家 除了南华村搭桥节当天在河边喝酒聚餐外，其他村寨搭桥仪式结束直接回寨。回寨前，各家还会下河摸几个拳头大小的石头，捞沙子。男主人用刀别篓、女主人用背箩背上一两斤沙子，用新砍的竹筒背上两斤河水，还要捞上若干个圆石头背回家。回寨时，众人边走边喊"qawrla，qawrla"，意为"所有的魂回来，回来"。回寨的路上，各家还要采一束朱栗树花、摘一些杨梅带回家。

祭家神、拴魂线 南美乡各寨拉祜族在河边祭祀结束，回家还要继续举行叫魂仪式。到家后，各家户主将朱栗花插在自家的神位墙上，祈求来年谷物像朱栗花一样，谷穗又多又长，谷粒又多又密；将从河里带回的清水、沙子和鹅卵石在家中神位处供一会儿，后将清水倒在猪、牛、鸡圈的墙角，捡回的石头摆在家中房子的四角及牲口圈四周，带回来的沙子撒在房内的四角及大门前。小石头用剩余的叫魂线系起来，拴在家里的猪圈门口，鸡圈门口只拴魂线，希望家中六畜兴旺。多依村拉祜族是将捡回的石头摆在家中房子的四角及牲口圈四周，带回来的沙子撒在房内的四角及大门前。① 当晚，各家将早上带到搭桥处又带回家的大米添些糯米、荞麦砂一起煮熟，有的家庭还会将糯米饭和荞麦砂舂成粑粑。各家还会杀一只鸡，用清水将整只鸡煮至半熟。拉祜族每个家庭都有一个专供叫魂用的篾箩，俗称"叫魂箩"。祭祀家神时，叫魂箩前的地上堆着家人从搭桥处背回来的沙子，沙堆上插着一些采回的朱栗花，再从背回的石头中挑选一个大的压在沙堆上，上摆一支挂蜂蜡。家人先请磨巴在自家叫魂箩里左边放上一碗净水和一双筷子，右边放上一碗米饭（大米、糯米和荞麦砂混煮的饭）和一双筷子，正中间摆上一个装有鸡头、鸡脚、鸡翅膀的碗，一些食盐、茶叶、爆糯米花、朱栗花、杨梅等祭品。房主点上挂蜂蜡，磨巴用筷子夹起女主人准备好的叫魂线泡在净水碗里，念叫魂调，大意是："粮食魂、牲口魂、人魂都回来了，今年会粮食满仓、牲口满圈、人人平安、没痛没灾。家里样样好。"念完，家人按年龄大小依次跪下磕头，双手平摊，手掌朝上，不

① 据说，猪圈拴石头的说法是因为石头比较沉，有分量，希望拴上从河边搭桥节祭祀地方拿回的石头，猪圈里的猪会像石头一样有重量，又肥又大。

作揖。磨巴按长幼顺序依次给每人拴叫魂线。

所有的人拴好叫魂线，集中再给家神磕一次头。随后，磨巴给鸡头骨、鸡大腿骨插竹签看鸡卦，根据卦象判断这家的谷魂是否都顺利回来了。礼毕，全家围坐火塘而食。多依村搭桥节这天，各家还要下河摸鱼，当晚就煮鱼汤喝掉。

搭小桥、叫魂　多依村拉祜族下午四点到六点之间，各家户主要带着家人去山边小水沟处搭桥叫魂。一个人在桥头、一个人在桥尾，拉着叫魂线，由磨巴念叫魂调。在挨着自家房子的岔路口，还要继续叫魂。一个人问："家里各个的魂都回来了吗?"一个人答："都回来了，都回来了。"搭桥祭祀仪式结束，全家返回。

节后休息　搭桥节晚上至第二天，全寨休息，禁止下地干活，甚至连在家中舂碓、磨面等活计都不能做，年轻人则可以下河摸鱼，上山摘杨梅、黄藨，年纪大的就睡觉、喝酒、聊天。直到晚饭前，各家点上挂蜂蜡，磕头，后将前一天放在叫魂箩里的祭祀用的米饭、鸡肉等撤下，蒸熟后一家人分吃掉。

至此，搭桥节才算结束。

四月搭桥节时，除了集体组织搭大桥外，也要给寨子边的小河、小沟搭桥，一般都是各家庭自愿、自行完成。

附：坡脚村耙窝田搭桥实录

2014年5月9日，坡脚村的四、五、六、七组到耙窝田搭桥。农历四月十一日是四月的第一个属龙日。各社干部组织村民搭桥。耙窝田三面环山，中间南美河水向东南双江拉祜族佤族布朗族傣族自治县勐库镇方向缓缓流去，在河两岸约有田面积40余亩。这次搭桥用的桥板取材红毛树，已于前一天砍倒劈好了。砍树地点在河下游2公里的深山密林里。笔者到的时候，河边有临沧摄影家协会的20余人及村中妇女、小孩17人，其他人都去山上参加拖桥木了。我环视四周，发现河的两岸有10头水牛、13匹骡子，黑头翁及其他不知名的小鸟们叽叽喳喳地叫个不停，到处绿树成荫，生机盎然。14点40分，新砍的桥板拖到距离搭桥处500米的地方，我数了一下，共有86人参加拖桥，成年男性41人，女性23人，小孩22人。拉祜族拖桥板有个小讲究，树根部分即桥板的根部要朝向东方，摆在前面，树头朝西，在后。砍削得较为平整光滑的一面桥板做桥面，桥面在搭好之前一直朝下，桥板搭好后才能翻过来。桥主大声指挥众人在拖桥板的时候不能坐着，不然桥板就拖不动了。这次拖来的桥板长约20米，宽约20厘米。桥板搭好后，众人下河捞沙子堆放在桥板的两头，还放上爆米花，手捧河水清洗桥面，桥头桥尾各插上一根长约2米的竹竿，上挂长长的白纸条，用来祭祀管理桥木的山神。另外两个一尺多高的竹筒，一个装水，一个装沙子，用来祭祀负责治水的河神。约40厘米长顶端挂白纸条的小竹竿也要插上若干个。桥尾和桥头的沙堆以及竹竿旁都点着一截挂蜂蜡。桥主在桥板的中间拉有一根白色的叫魂线。磨巴念经，众人磕头。新桥搭好后，这根叫魂线就一直留在桥板上。大家下河摸几个石头，用绳子拴起来带回家，放在自家猪圈里，祈愿来年鸡鸭成群、六畜兴旺。

回家后，户主在叫魂箩上点着挂蜂蜡。叫魂箩前面左右各放一碗鸡肉、一碗米饭、一碗清水、若干叫魂线、朱栗花、杨梅等。没有参加搭桥或在搭桥处没有拴叫魂线的人，回家后由房主按照年龄大小依次拴叫魂线。

（2）六月搭桥节

南美乡拉祜族各村寨每年农历六月有过搭桥节的传统。六月的搭桥节，俗称“叫荞魂节”，目的是给地里即将成熟的荞麦叫魂。南华村拉祜族也称六月搭桥节为“芟路节”。[①] 六月搭桥节的过节日期略有不同。南华村平寨、西山等村寨的拉祜族农历六月初六以后的第一个属猴日过，特殊情况可推迟，但必须在六月里的属猴日进行；南美村各村寨的拉祜族则是在农历六月的第一个属猪日过；多依村拉祜族群众农历六月二十四日过搭桥节。

六月搭桥节这天，每户都要收点苦荞籽种回来，做荞麦砂饭。这一天只修路、搭桥，不干其他活。白天，全寨男女到出行干道芟草、平整路面并清扫道路，同时打扫竜坛，加固竜坛的围栏、芟除杂草，更换竹编漏斗内的茶叶和大米，但不祭献竜神。早上，南华村拉祜族各家自带一碗荞面砂到桥主家。桥主家将各家拿来的荞面砂拌在一起，蒸熟后又分给各家。其他村寨用于祭家神的荞麦砂饭是各户自己煮的。男壮劳力上山砍树、劈桥板，女人们负责芟除、清理路边杂草。六月搭桥节需准备的东西及搭桥时的祭祀仪式与四月搭桥时相同。完成搭桥，各户就直接回家，准备祭祀家神。回家后，户主摆上一碗清

① 根据2014年5月24日采访罗大明和龚世军的笔记整理。

水、一碗荞面砂饭，点上挂蜂蜡（插在叫魂箩上），全家磕头、拴叫魂线。六月搭桥节这天，各家各户还有煮大竹笋吃的习俗。据说是为了博得来年谷物丰收、生活像竹子一样节节高的好彩头。有的家庭会杀鸡，仅是改善伙食，不用于祭祀。晚上，各户杀鸡煮肉，煮荞麦砂饭，准备丰盛的晚餐。饭前，盛一碗荞面砂饭祭献家神，第二天清晨会撤下神坛上的供品。

多依村拉祜族与其他地方不同，是农历六月二十四日过搭桥节，当地汉族、彝族等在这一天过火把节。搭桥的桥木一般都选用水冬瓜树。搭桥节用于祭祀的猪由集体出钱购买，鸡则是由各家各户自带到搭桥处宰杀。该村搭桥及祭家神仪式与其他村寨相同。

家中有人体弱多病，家人还会在六月搭桥节这天备好鸡、爆米花、茶叶、盐、叫魂线、一套祭祀物品及一根新桥木到村寨旁边的小河沟搭桥，请磨巴为病人叫魂，让病人好起来。

当地一些拉祜族认为搭桥节除了给毛稗、荞麦等谷物及人畜等叫魂之外，可能也有祭龙、祭河神、水神的意思。因为龙主司行雨，河神也是管水的，拉祜族认为即使搭好了桥，还要祈求龙和河神保佑风调雨顺，以免洪水泛滥将桥、田地冲毁，导致毛稗魂、荞麦魂等无法顺利回家。从现实角度来看，修缮桥木，排除路障，方便了村民日常出入。南美乡拉祜族的搭桥节以鲜活的生活状态和民俗样式来诠释拉祜族人文情结，是拉祜族传统文化的重要内容。透过搭桥节的具体物象和节日形式，我们不难发现蕴含在仪式背后的文化内涵，继而探索拉祜族人的民间信仰和民族心理。

（四）新米节

新米节俗称“尝新节”，拉祜语称“ awfshiqzi”，汉语音译为“哦四自”，意为“吃新米，尝新饭”，是拉祜族民间传统节日。拉祜族民间一直有吃新米、过新米节的传统习俗，也流传着不少关于新米节由来的说法。《拉祜民间诗歌集成》记载：“……旱地支上阿别干，水田支上扎冬鲁。到了七月十五日，过新米节吃新米。”①

南美乡拉祜族一般是在农历八月的第一个属龙日过新米节。若自家谷物尚未完全成熟，也可在其他的属龙日过新米节。新米节当天，家人到自家田里掐

① 澜沧县文化局编：《拉祜民间诗歌集成》，96—98页，昆明，云南民族出版社，1989。

几束成熟的稻穗，挂在家中神位上方的墙上。待煮晚饭时，剥几粒新米混入原来的米中一起煮熟，也煮一些新取回的玉米、瓜菜、核桃、豆类等。新米节这天，家中所有人都要回家，连牲畜也要赶回家，全家停止生产，多数家庭会杀鸡、烤酒，备好时鲜瓜豆，条件好的家庭还会杀猪，邀请亲朋好友一起聚餐。

米饭煮熟后，将第一碗新米饭、瓜豆菜蔬、糯米粑粑摆在神位前，点上挂蜂蜡，敬献天神和祖先，感谢天神、祖先保佑粮食丰收。家人还要给狗盛一碗新米饭。传说，拉祜族从天神那里讨了谷种，途中过河时谷种被大水冲走了。幸而狗尾巴上还粘着几颗谷粒，保住了谷种，拉祜族得以耕作生产。接着，将新米饭祭献给祖先，全家人磕头后才开始吃饭。吃饭时，长辈先吃完，晚辈才开始吃。主人认为家中农具、耕牛一年来为谷物丰收也出力了，新米饭也要给它们抹上一点，以示感谢。有的家庭还唱新米歌，举行打歌跳芦笙舞。[①] 新米节期间，已成家的儿女要带着新米、肉类、新鲜瓜果等来看望父母，长辈要给晚辈拴福线。

南美乡拉祜族忌讳在属鸡日过新米节，据说鸡嗉囊装得多且鸡的消化能力强，若是在属鸡日吃新米，来年会像鸡一样“肚子饿得快”。过去，南美乡多依村拉祜族无水田可种水稻，没有过新米节的习俗。[②]

（五）祭竜（祭芭蕉节）

拉祜族祭祀寨神的地方即竜林，竜林里搭有祭坛，拉祜族语为“milkeul”，汉语音译为“密科”。南美乡拉祜族的寨子都有竜林，且与其他地方拉祜族以树林为竜林不同，其竜林为芭蕉林，竜树为芭蕉树。

1. 祭竜（祭芭蕉节）的由来

关于南美乡拉祜族视芭蕉树为竜树的由来，当地有两种说法。一种说法为：拉祜族从云县战败，一路被追赶，逃到云县头道水时遇到大片芭蕉林，遂砍倒芭蕉向前开路。待追兵赶到时，发现拉祜族砍倒的芭蕉芯已长出一尺多长，误以为拉祜族已经跑远，就放弃追赶。其实，拉祜族并未走远，只是芭蕉芯长得很快而已。此后，南美乡一带的拉祜族视芭蕉树为救命树，为了感谢它的救命之恩，把它当作竜树即神树来祭拜。临沧城周边的南本、大田至今还有两个拉祜族居住过的曾以芭蕉为竜树命名的老寨，名为“老黑竜塘”。另一种

① 临翔区南美拉祜族乡九年制学校编：《我是南美拉祜人》，7 页，内部资料，2015。

② 根据 2023 年 4 月 4 日电话采访南美乡教管会原主任李学忠的陈述整理。

版本为：拉祜族在临沧坝子被追兵追赶，拉祜族一路砍松树开路，松树一砍就死掉了，容易暴露拉祜族的行踪。追兵穷追不舍，拉祜人逃到博尚忙贤一带的芭蕉林，一边逃一边砍芭蕉树开路。待追兵追到的时候，看见砍倒的芭蕉树根都长出了很长的新芽，想着也追不上了，就折回去了。拉祜族得以幸存。从此，拉祜族称芭蕉树为救命的神树，祭竜就是祭芭蕉树。这就是南美乡拉祜族祭竜（祭芭蕉节）的由来。

2. 竜坛及竜主

南美乡拉祜族村寨都有竜林，竜林里设竜坛，竜坛内都栽种有一丛芭蕉，供奉着竜神。竜神是村寨的寨神，是保佑村寨祥和、人畜兴旺的神。竜分“母竜”和“子竜”。母竜是当地设立最早、最大的竜，子竜从母竜中分出。随着人口增多，为了生存，就要从老寨中分出一部分另立新寨，分寨的时候也要从原有的竜（俗称母竜）中分出去一个，另立新竜即子竜。建新竜时，要从母竜的芭蕉丛中分出两棵芭蕉树，分别由新寨的“ghatshie”（汉语音译为“卡些”，指头人）和“ qhatliel”（汉语音译为“卡列”，指头人的助手）两人亲手栽种好。众人搬来一些干净的石头垒成祭竜神坛，砍树桩围成栅栏，洒上清水，堆上沙子，点蜡祭祀。

竜坛的内外共围栅两层篱笆，所栅篱笆的大小根据芭蕉树丛的面积而定，以防止鸡猪牛马等进去。有的地方，村民在竜坛的外面再种上一圈芭蕉树。除祭竜日外，平时寨人均禁止进入种有竜树（芭蕉）的竜林，更不得进入竜坛，竜主也只有在帮人祭竜时才能进去。竜林特别是竜树是圣洁的神树，寨人只在祭竜时才能给竜林里的芭蕉浇干净的清水，禁止任何人触摸、砍伐，也禁止吃结出的芭蕉花和芭蕉，更杜绝给其施肥。南美乡拉祜山区共有三个大竜（母竜）即户肯大竜、西山（他歇）大竜和小南美阿里新寨大竜，另有八个小竜（子竜），分别为崩叠（五社）、岩教、河边寨、箐口寨、平寨、竹笆山、多依村的烂坝寨（毕依）、大窝铺等小竜。在这些传统的竜坛基础上，建南楞田“拉祜族风情园”时在广场又新设了一个竜坛。

南美乡拉祜族称专门负责管理竜林和负责祭竜坛的人为“ qhatwaq shiepaf”，汉语音译为“嘎袜协巴”，意为“竜主”，有的竜主还兼任打歌的歌头，主持打歌。南美乡拉祜族村寨的“ qhatshie”，汉语音译为“卡些”，类似现在的村长，负责管理村子行政事务；“ qhatwaq shiepaf”（竜主）则负责管理竜林及主持宗教祭祀活动。南美乡拉祜族老竜主去世后多数由其最小的儿子接任，据说是因老竜主多跟小儿子住在一起，便于传授。祭竜的口诀和方法属家庭内密传。按照传统的分工惯例，一直由罗氏家族管竜，李氏家族管村务。一个寨子的竜主，只有在没有罗姓人选时才由李或其他姓氏的人来担任。凡竜林的事，由罗家主持，村长等进行协助。南美乡的竹笆山、户肯村等地的竜林都由罗姓竜主管理。

南美村共有 2 个竜林，竜都有专门的竜主，按照传统的习惯，竜主实行世袭制，竜主的位置优先传给小儿子，家中没有儿子的就传给小女儿。其中的一个竜林设在乡政府上面一组响篾寨寨后的东边，参加祭祀为一组响篾寨、二组雷打梁子的拉祜村民，竜主叫罗老四布，学名叫罗成富；另一个设在四组阿里新寨寨后的东边，参加祭祀的为三组栅犁地、四组阿里新寨、五和七组南楞田、六组夹山、八组株栗树坡、九组箐口、十组团山及杨梅树坡寨的拉祜族村民，竜主叫罗扎六，学名叫罗新文。

南华村有 4 个竜林，分别设在半坡扎古海、平寨、西山、岩脚寨子。南华村西山寨一带拉祜族的竜林设在村寨的中心，拉祜语称“ qhatvawl”，汉语音译为“嘎袜”，意为较大的竜林。“ qhatvawl”一般设在寨子中间广场，立一根三尺塔形圆木，四周打木桩、用粗竹笆围起半人高的栅栏，以防鸡猪牛羊等破坏。栅栏内插几个竹筒做成的漏斗状祭祀器具，内装炸荞麦花、爆米花、茶叶等祭祀物品。

多依村只有 1 个竜，由大窝铺寨、中寨、新寨和烂坝寨共同祭献。现任竜主名叫罗老大厄莎（厄莎基本等同于磨巴）。竜主世代相传，传至罗老大厄莎已是第八代了。多依村与南美村不同，竜主一般只传位给大儿子，没有儿子的传位给大女婿。多依村的竜林位于烂巴寨小学旁边的洼子。竜主在村寨一般没有管理行政事务的权利，却是管理竜林和祭祀竜树的负责人。

坡脚村原来只有一个母竜即户肯大竜，在户肯老寨后面的山上，为四、五、六、七组共有，竜主是罗应宝。由于一些原因，竜林里的竜树曾被砍掉，1987 年时任村长王有林曾领着村民重新培植了一回，后来因栽种不成功，该竜坛被迫废弃，也不在此举行祭竜仪式。

3. 祭竜（祭芭蕉节）时间

南美乡拉祜族的竜坛由竜主专门管理，每年过年打歌结束即收歌的时候要组织寨人祭竜，叫“关竜”。因此，祭竜日即是过年打歌的收歌日，打歌结束即祭竜、关竜。按照传统习俗，南美拉祜山区分为多依林、户肯、西山、南美等片区，各片区祭竜、关竜时间均沿用传统的时间，尽管各不相同，但一般在农历二月初八后的属猴日、属猪日或属鼠日举行祭竜仪式。

依照传统习惯，不同的竜有不同的祭竜日期，坡脚村户肯大竜每年农历正月初六后的第一个属鼠日举行祭祀仪式，嘣叠（五社）小竜则在农历正月初六以后的第一个属鼠日进行祭祀；西山（他歇）大竜是在农历正月初六后的第一个属猴日祭祀，岩教、河边寨、箐口寨、平寨等小竜也在属猴日祭祀；小南美阿里新寨大竜在农历二月第一个属猪日祭祀，竹笆山、多依村烂坝寨（毕依）、大窝铺小竜在属虎日祭竜。调查中得知，各处祭竜时间不同是因为很早的时候，南美一带只有一位拉祜头人会念经，因高山阻隔，寨与寨之间至少要花一天的时间，为了能帮各寨念经，只得将祭竜日期全都错开，该传统一直沿袭至今。

后来，南美乡各村的祭竜在传统习俗的基础上又有了一定的调整。多依村拉祜族祭竜仪式①共有三次，为一个完整周期。第一次祭竜日是当年农历十二月的最后一个属猪日，祭竜仪式由竜主个人来完成，但共祭此竜的各户要送给竜主数量不等的茶叶和大米，这天全寨人休息；第二次祭竜日是次年农历正月的第一个属猪日，寨人男性参加祭竜；第三次祭竜日则是次年五月的第一个属猪日，这次祭竜仪式较前两次多了一个关竜环节。关竜后，到当年的十二月又是新一轮的祭竜。多依村一轮三次的祭竜都无叫魂仪式，也不拴叫魂线。南美村拉祜族一年要举行两次祭竜仪式。第一次祭竜是在农历正月的第一个属猪日，竜林所属村寨的男女老少都到竜坛参加祭竜仪式；第二次祭竜日为农历十二月（俗称腊月）的最后一个属猪日，仅由竜主带上祭品，在竜坛内点挂蜂蜡，代表众人磕头、祭竜。南华村②是在正月年节收歌的第二天即属鸡日祭竜，正月的另外两个属鸡日仍要祭竜。坡脚村是在农历正月第一个属鼠日举行祭竜仪式。

4. 祭竜（祭芭蕉节）过程

（1）准备工作

祭竜日前夕，各竜坛的竜主会通知各寨做好祭竜的准备工作，各家要准备好挂蜂蜡③、茶叶、叫魂线④等祭祀物品。所有要参加祭竜的人在祭竜前一日必须洗澡。

① 有关多依村的祭竜习俗是根据 2014 年 5 月 2 日访问多依村老村长扎发的采访记录整理而成。

② 有关南华村的祭竜习俗是根据 2014 年 7 月 8 日在南华村小组长扎普家的采访记录整理而成。

③ 当地制作挂蜂蜡是先将挂蜂饼置于小竹筒内放火里烧制或是将挂蜂饼放在锅里煮，前种方法更常用，蜂蜡熬出后趁热将蜂蜡搓成小蜡条即可。

④ 早先只用白麻线，后用棉线，不限颜色，以白线居多。

祭竜日清晨，竜主事先安排一部分人负责打扫竜坛、捞运沙子、找来大石头等工作。各家安排一两个人早起砍竹子、树（枯树除外）、八角藤、野葡萄藤等，带到竜林给竜坛栅篱笆，还要砍新竹筒背清水。祭竜时要搭祭台，竜树（芭蕉树）根要堆沙子，一般要40—50斤。用于祭竜的沙子和一块大石头都须从未被人、畜等踩踏过的洁净沟箐取来。祭竜日清晨，多依村拉祜族各家要送一些茶叶和大米给竜主。早饭后，寨人可上山挖老鼠、打猎。当天下午4点钟以后，众人换上干净的衣服，各家带上准备好的挂蜂蜡和叫魂线等祭品，用新砍的竹筒背上清水，前往自己所属的竜林参加祭竜仪式。

南美村竜林所属村寨的男女老少都前往竜坛祭竜，坡脚村多数村寨只允许男性村民参加祭竜仪式，少数寨子女性也可以参加祭竜仪式但不能进入竜坛的内层，而南华村、多依村除妻子有孕、戴孝者以及年老体弱以外的所有成年男性均可参加祭竜，女性则禁止参加祭竜。祭竜当天，各家煮南京豆吃，所有人禁止喝酒和吃肉，但可以喝茶。若是喝过酒、吃过肉的人就不能去竜林参加祭竜仪式，认为这样会触怒竜神，给自己和村寨带来灾祸。

（2）围栅竜坛

至竜坛，第一件事就是栅篱笆。为防止人和动物进去，南美乡拉祜族的竜坛均有里外两层栅栏，且相当密实，每年祭竜当天都要修葺栅栏，但在形状和方式等细节上有一些差别。坡脚村拉祜族的竜坛里层要用砍来的木桩（大树干劈成几半，小树干就直接用圆木）密密匝匝地围栽成四方形；外层用八角藤子将密密地栽插的大龙竹片编成篱笆。竜坛的外层栅栏一般长约20米，也呈四方形，留有一个小门。南美村竜坛篱笆里外两层相隔约1米左右，内层篱笆较矮，由一根根竖直地栽插在地上的木条围成四方形，木条之间不能用任何藤篾拴编；外层的篱笆较高，用树干做桩，再用竹条及树条编成篾席状，整个呈圆形。多依村竜坛的篱笆是用砍来的小碗口粗的树干密插在土里，再用竹条编起来，里外两层均呈圆形。南华村竜坛内层的篱笆为圆形，一般选用野葡萄藤将密栽的水冬瓜树、朱栗树、黄心楠树的树干从半腰编起来；外层呈四方形，用劈开的大龙竹竹条栅起后再用竹篾条编起而成。

各竜坛负责给竜坛内层栅篱笆的只有少数人，且必须脱鞋、摘帽，放下挎包及背篓后方可进入，其间禁止讲汉语、嬉笑打闹。按照南美村的传统做法，在竜坛栅篱笆时，所有人要以竜林为中心，各家要栅好竜坛与自家对应方位的篱笆，即家住竜林东边的各户要负责栅好竜坛东边的篱笆，以此类推。多依村围栅竜树的篱笆不必年年翻新，祭竜当天只将已枯朽的树干、竹条更换掉即可，平日若有破损，则由竜主负责修补。坡脚村各家将自带的叫魂线拿出一根，依次接起来绕竜坛里的芭蕉丛围上一圈，剩下的叫魂线留着拿回家。

（3）祭竜

南美乡各村祭竜时的祭品有清水、茶叶、沙子、挂蜂蜡、爆米花、白幡、叫魂线等，具体物件和数量上略有不同。南美村竜主将 6 个约 80 厘米长中间留有竹节的新鲜竹竿底部削尖后分别栽在芭蕉树丛根部的左右两边（依据山向来说）各插上三根，用来装清水，再将新砍的两根长约 80 厘米的竹竿上端劈开编成长约 10 厘米的竹笼，一个装沙子、一个装茶叶，分插在竜树（芭蕉树丛）的两侧。竜主将 50 公斤左右的干净沙子堆在芭蕉树的左、右及前方，前方的沙堆上放一个准备好的大石头（用于放挂蜂蜡），并在左右两边各插上三面高约 80 厘米、用蜡纸（后改用白纸）做成的白幡。竜树丛的正前面放置一个竜主用水冬瓜树刻成的高约 50 厘米、边长约 10 厘米的正方形木塔。木塔前面约 30 厘米处的沙堆上插上竜主用水冬瓜树削的一个长约 20 厘米、宽约 10 厘米的小木板，用于放置挂蜂蜡。多依村祭竜前，竜主要砍掉竜坛里的芭蕉丛两侧最靠外的一棵芭蕉树的上端，形成一棵芭蕉树桩，将带来的挂蜂蜡放在上面。竜主还需用新竹子编两个小竹笼，分别装上茶叶和沙子，也放在该芭蕉树桩上。南华村拉祜族祭竜竜主需准备四套物品，每套包括一根高约 40 厘米顶端挂有白幡的细竹竿、一根约 35 厘米顶端劈开编成竹笼内装糯米花和茶叶的细竹竿、一个约 30 厘米内装干净沙子的小竹筒、一个装净水的小竹筒。值得一提的是，南华村祭竜各家需准备一碗糯米花带到竜坛，除了装小竹笼外，还需将整个竜坛的地上都撒上一层。

竜主将大石头、小木板或芭蕉树桩上的挂蜂蜡点燃，前来参加祭竜的各家将用新竹筒背来的清水交由竜主洒在芭蕉树根。竜主一边洒水，一边念经为寨人祈福，领着众人磕头。磕头时双手手心向上摊开，作鞠躬状。所有进入竜坛内层的人禁止穿鞋、戴帽、背挎包、背篓。坡脚村拉祜族祭竜磕头很有讲究，竜主及几个在内层帮忙的男性在竜坛内层，其他男性在栅栏外层，妇女在栅栏外面磕头。南美村祭竜时，竜主、栅篱笆者及其他众人依次磕头，每人必须依次在竜树的左边、右边及中间各磕一个头。竜主及在内层帮忙的人在内层磕头，其他人多数则在栅栏外磕头。在外层的人脱掉鞋子、卸下挎包、包头等也可以进入内层磕头。多依村竜主及参加祭竜的人则都要到内层依次磕头。竜主等人带着清水、挂蜂蜡条、米、茶等在东、南、西、北方向依次打扫、洒水、供上祭品，点上挂蜂蜡，竜主请来磨巴念经，祭拜四方神灵。据说经文的大意是祈求竜神保佑寨人诸事顺利平安、谷物丰收、人畜兴旺、大吉大利之类的，后给众人拴叫魂线。一般按照男左女右的习惯来拴魂线，也可分别拴在两只手腕。最后，众人一起双膝下跪，摘帽，双手手心向上摊开，低头鞠躬。

（4）返寨祭祀

竜主家祭祀　祭毕，竜主将从竜林挖来的一棵芭蕉树苗抬回家并供于火塘左方的神位处，参加祭竜仪式的人跟着竜主到竜主家。竜主在自家的供桌靠前方摆一个净水碗，靠后摆一个叫魂箩。净水碗旁、叫魂箩里各点上一支挂蜂蜡。竜主将所有人带来的叫魂线都泡在净水碗里（为避免混淆，各家要做好记号），念经。竜主先磕头，其他人依次磕头。竜主给每人左、右手腕各拴一根叫魂线。参加祭竜的人将自家多余的叫魂线带回拴给家中未能参加祭竜的人。除几个打歌能手留在竜主家外，其他人各自回家吃饭。

各家祭祀　当晚，各寨都有在家中祭祀家神的习俗，但大多不拴叫魂线。坡脚村各家主人要给自家叫魂箩里的净水碗重新换上清水，点上挂蜂蜡，领着家人磕头，请会念经的人来家里念经。挂蜂蜡点完之前，家中所有人必须守在叫魂箩旁边。南华村祭竜日在自家献饭时，要准备一对糯米粑粑、一碗净水、一杯酒、一杯茶、两根玉米棒、一把烟叶、一些钱及黄瓜、面瓜、南京豆等籽种摆在叫魂箩边，在叫魂箩插一截挂蜂蜡。户主点燃蜂蜡，家人磕头。礼毕，将这些供品全部撤下。

第二天下午四五点钟，竜主将供在家中的这棵芭蕉苗拿出去丢掉，正月的整个祭竜活动结束。

5. 农历正月祭竜日禁忌

南美乡拉祜族各寨村民对竜林和竜神充满敬畏。祭竜是村寨的大事，既隆重又神圣。特别是农历正月的祭竜日当天，除了去山上竜林祭竜外，其他时间大家或待在家或在寨内串门，但各寨禁止寨人外出串寨、走亲戚，也禁止买卖，更忌讳外人进寨。各寨会派专人守住路口，以防外人进寨带来不吉利、不干净的东西或把本寨的好福气、好运气给带走了，最担心外人进入而打扰了竜神，寨子遭竜神降罪。遇有贸然进寨的，不论何人，一律罚款。若有不明情况贸然进寨的，不论何人，要么赶在祭竜前离开寨子，要么留在寨中住一晚。如果确需离开的话，必须要向竜主交纳尾数为 6（意指六六顺，诸事顺意）的罚金，少则1.6元、6.6元、13.6元，多则36元、66元、96元，用于购买祭品祭献、安抚竜神。他们相信，处罚外人买祭品祭祀竜神，请求竜神原谅，不要因被打扰而怪罪寨人，保佑村寨平安。

祭竜日当天寨人只做与祭竜有关的事情，祭竜结束就休息。坡脚村多数寨子祭竜当天吃饭时只能用山上现砍的金竹做筷子。祭竜当天，寨人在竜坛禁止吃肉、喝酒，少数寨子祭竜后回到自己家则可以喝酒。多依村祭竜当天不去竜坛参加祭竜仪式的人，在家也可喝酒但禁止吃肉。南华村祭竜这天，去竜坛参加祭竜仪式的人禁止喝酒。祭竜日，全寨休息，可以下河拿鱼、串门聊天、打牌等活动，但禁止上山打猎、下地干活。

6. 其他祭竜习俗

坡脚村拉祜族除了农历正月第一个属鼠日举行正式的祭竜仪式外，农历每月十五、三十两日，男女老少也都要去竜林磕头。坡脚村原有竜林因故弃用后，村民仍沿袭传统，农历每月的十五、三十日，户主都会领着家人在家中磕头。南华村农历六月搭桥节时还需再更换一次竜林内的爆荞麦花、爆米花及茶叶。多依村拉祜族受祭竜习俗的影响，每月的第一个属猪日即使不是祭竜日，也全部休息，但这天可以喝酒、吃肉。农忙时节，若是赶上当月的第一个属猪日，多依村拉祜族宁可出钱请当地汉族、彝族等帮助干活，也要保持不干活的传统习俗。正月十三和正月二十五日南华村的祭竜也都是在属鸡日，但这两次没有任何祭祀仪式，仅是当天全寨人照旧休息。

除了全寨组织的集体祭竜活动之外，遇家里有人生病、家中不顺且怀疑是因冒犯竜神所致时，家人会拿上食盐、米、茶叶到竜主家请其到竜林代其祭竜，以消灾除病。据老人们讲，人或动物若触犯竜神而遭到竜神怪罪，就会出现神志不清、遍山疯跑、不会站立等症状，轻者竜主可以帮忙祭祀破解，重者甚至连竜主祭祀安抚都无济于事。祭竜时，竜主念经很快且古语词多，就连拉祜族老人都听不懂，据说是秘传。

（六）叫魂节[①]

叫魂，拉祜语称“hakul”，汉语音译为“哈古”。在南美乡拉祜族村寨，除了四月和六月搭桥给毛稗、荞麦叫魂外，平常也经常为了给人叫魂而搭桥。

① 根据2014年5月9日采访王有民和罗有秀的记录整理，感谢他们亲自带作者前往村寨附近的沟箐实地调查并进行讲解。

这种因家人生病、家事不顺而叫魂的搭桥仪式只在农历的双月如二月、四月、六月、八月、十月、十二月举行，以十二月最为普遍。当地拉祜族也在农历十二月（俗称腊月）过“叫魂节”，也称“腊月叫魂节”。拉祜族家庭一般在每年十二月选定一天（属虎日、属蛇日除外，最好为属牛日、属龙日和属狗日）过叫魂节，主要活动是在山中沟箐处搭一座小桥或只搭一块新桥板。在叫魂节期间，一些家中有病人的家庭会进行叫魂。除了个人行为的叫魂仪式，有的村寨还会举行集体叫魂仪式。多依村烂坝寨的拉祜族群众每年都要在叫魂日由大磨巴李扎妥领着集中举行叫魂仪式。

家中有人生病的家庭除了请磨巴，还会请一些亲戚、邻居来给病人叫魂、拴叫魂线。叫魂一般选在傍晚时分进行，磨巴根据病人症状判定魂大概在哪里丢了，跑向了哪个方向。随后，病人的家人抱着一只备好的公鸡，提一个装有清水碗、茶叶、米花、食盐和一束拴有叫魂线的朱栗花杈枝的叫魂篾箩，同其他前来帮忙叫魂的人一起跟着磨巴到预定的地方为病人叫魂。先将一块砍削好的新木板搭在小沟上，意为搭桥。搭桥有两层意思，一则方便病人被阻隔在河对面的魂能从桥上顺利回家；二则是方便其他的人通过，俗称做好事，积阴德。在桥的两边插上带来的朱栗花杈枝，点上挂蜂蜡，向四方祭拜。开始为病人叫魂，大意为：“XX（人名），不知道是什么东西吓着你了，让你丢了魂。你的魂啊，快回家来，快回家来，你的爹娘父母在等你回来，你的媳妇儿女在等你回来，你的兄弟姐妹在等你回来，你的亲朋好友在等你回来。你不要怕，山高就绕路来，我们带着芰刀弓弩；水深就过桥来，我们把桥都搭好了，你跑到了哪里就从哪里回来。你家杀鸡献饭，有吃有喝。听着我的声音，跟着我的声音回来，跟着朱栗花回来，跟着公鸡回来，回来啰！回来啰！回来啰！”现场的家人替病人答应：“听到了，回来了。”磨巴一路念着叫魂词，直到主人家门口，又高声问：“XX的魂回来了吗？”家人忙回答：“回来了，回来了。”进到主人家，磨巴将该公鸡交给主人家宰杀，将朱栗花杈枝插在病人住室的墙上，并解下系在朱栗花杈枝上的叫魂线，边给病人拴叫魂线边念经：“魂线拴在了你的手，让你活到九十九。从今以后，你没病没痛，无灾无难，样样好。”被叫魂人致谢，叫魂仪式结束。众人坐下来喝茶、饮酒、吸烟，一起吃鸡肉烂饭。吃完，磨巴依据鸡头骨、鸡股骨的卦相，判断病人的魂是否顺利回家了。如果卦象显示病人的魂没有叫回来，需择日再举行叫魂仪式，且用于祭祀的牲畜要比前一次的大才行。所有请来的人都要带数量不限的酒，当晚在主人家吃饭、喝酒。饭后，各自回家。

平时，如果家中不顺、家人病痛需要叫魂，家人就去搭桥，一家一次只能更换一块桥板。搭桥叫魂时，家人要先准备两只鸡，一公一母，鸡要在家里杀好。需备好一套新砍的鲜竹制作的祭祀物件，包括两根竹竿和两个竹筒。两竹筒顶部斜着削尖，分别装沙子和水。一根竹竿上端劈开，编成竹笼子，上插一截挂蜂蜡，笼内装茶叶、爆米花；一根竹竿顶端劈开夹一个白色纸条。除这套必备的祭祀用具外，也可多插几根顶端夹白纸条的小竹竿。

对于病情严重的病人，家人则需要请磨巴叫魂数次，且所杀的牲畜一次比一次要大，甚至会杀猪、杀牛。拉祜族叫魂要杀牲祭祀的行为严重影响了家庭生产生活，因为猪是拉祜族家庭重要的副业和肉食消费来源，牛更是重要的农业生产资料，也是家庭的重要财产。

二、传统节日的社会功能

拉祜族传统节日文化既是其民族文化的重要组成部分，也是拉祜族国家认同、文化认同的重要载体。经过一代代人的传承延续至今，其活动形式及节日主题承载着一定的社会文化功能。

（一）传承并弘扬拉祜族传统文化

拉祜族传统节日承载着拉祜族的发展史，蕴含着拉祜族灿烂优秀的文化遗产，彰显了该民族的内在精神气质。传统节日借助特定而具体的节日仪式与特定人群的群体实践，传承区域性文化。在节日期间，通过祭祀或展演的具体物象唤起该群体对与该节日有关的关键性人物或事件的记忆，产生对固定节日的特定认知。如南美乡拉祜族的祭芭蕉节通过祭祀芭蕉树的具体场景，让所有参与祭祀的拉祜族民众清晰地勾起拉祜族祖先曾被芭蕉树相救这一典型历史事件的特殊记忆。从而，祭竜即“祭芭蕉树”的节日活动生动地再现了拉祜族曾经的生活传统，形成表达核心文化元素的集体想象，发挥着凝聚人心的作用。“只有使过去复活，一个民族才能存活。”[①] 从这个意义上讲，传统节日起源的文化记忆不在于翔实的历史事实，而在于传续、弘扬传统社会的价值。

① ［德］扬·阿斯曼：《文化记忆：早期高级文化中的文字、回忆和政治身份》，金寿福、黄晓晨译，136 页，北京，北京大学出版社，2015。

民族发展过程中的文化信仰或历史事件凝固成基于共同体认同的文化信仰和想象，建构成该族群众的传统节日。通过特有的节日仪式展演及特定的文化解释，传统节日文化对民族主体的生活发挥着规范行为和定型认知的作用。基于传统节日凝聚了历史与现实的多元关系，在特定的地域环境和民众现实需求的共同作用和推动下，传统节日以特定的固化仪式为中心建构起节日文化的历史记忆，在节日活动的集体交流和人神互动的关系中得到丰富和传承。传统节日借助公共性的节日活动中的某些本土文化的象征工具和符号来传递情感，其象征符号是历史记忆和文化记忆的对象，均离不开当地民众的社会、文化、群体的集体记忆，并在年复一年的周期性的生活实践中得以接续。通过对节日仪式的传承和解读，赋予传统节日文化更多的能动性，不断建构新的文化生活，进而使传统节日的符号象征更加具有穿透力和生命力。以年节期间的祭竜为例，祭竜（祭芭蕉树）的节日习俗源于在牡缅密缅的拉祜族祖先在迁徙过程中曾被追杀，躲进芭蕉林得以逃脱的历史事件。这一历史事件与民族命运和地域环境相关联，使得南美乡的拉祜族借助祭竜（祭芭蕉树）的具体环节和仪式符号等传统节日传承场域内的景观唤起该习俗所承载的久远的文化记忆，实现传统记忆与现代文化的交流、祖先生活与当代生活的互融，进而激发沉淀在内心深处的丰富的民族情感，建构、拓展和丰富该地区拉祜族的历史传统。因此，祭芭蕉的传统节日仪式成为定型化的文化记忆。同时，南美乡特有的搭桥节活动也集中展示了拉祜族民间习俗、民间信仰、民族礼俗、民族服饰和民族饮食等传统文化，拉祜族群众在节日的现实环境中接受文化熏陶，有助于培养深厚的民族情结。具体的祭祀仪式遵循着拉祜族古老而既定的、严谨而丰富的活动规范重复地展开，并基于这些程式化的重复动作不断巩固和强化传统节日的文化记忆，实现传统节日在现代生活行动中的再生产。拉祜族服饰、建筑上的葫芦状标志以及木掌楼上的老鼠梁、现代房屋上的鸟和老鼠啄葫芦的装饰、路边有葫芦标志的路灯等器物均是根据拉祜族祖先在老鼠帮助下得以从葫芦里诞生这一文化信仰建立起来。传统节日的文化记忆源自集体并作用于集体，传统节日的仪式以过去的历史和文化为基础，但在传承过去的同时，也将规约和影响着现在和未来。拉祜族传统节日文化不可能保持一成不变，在现实因素的综合作用下，出现一定程度的变迁当是大势所趋。

（二）满足群众物质和精神生活需要

少数民族传统节日不仅有利于缓解疲劳、娱乐身心和陶冶情操，还有助于增进友情和释放自我。“少数民族节日丰富多彩的文化艺术活动熔游艺娱乐、体育健身、群众文艺表演欣赏及人际交往于一炉，起到增进友谊、陶冶情操、净化灵魂、追求情趣和爱好的作用。”①

扩塔节（年节）期间，南美乡拉祜族聚集在广场，吹响芦笙，跳起芦笙舞，时而模仿山上飞禽走兽，时而模仿拉祜人一年四季生产生活的场景，形象生动。舞者在场院或平地上围成一圈，和着音乐的节奏踏地跺脚，翩翩起舞，通宵达旦。芦笙舞既是拉祜族向天神和寨神祈吉求福的仪式性活动，也是拉祜族群众放松自我、愉悦身心的娱乐性活动。芦笙舞广场还是拉祜族青年男女相互交流、增进感情的理想场所。

搭桥节的主要仪式和活动，直接就是为农业生产的收割环节做准备，除了在精神上了却搭建新桥谷物的魂就会顺利归家的心愿，在物质层面也是集中人力在农闲时节修桥补路，方便接下来的收割季节运回粮食。更为重要的是，通过搭桥节仪式也是要提醒大家，谷物已经种下了，谷魂回家要过的桥也搭建好了，叫谷魂的祭祀仪式也完成了，需要集体帮忙创造的外部条件已经有了，接下来就需要各家庭负责做好自家田地的保水保肥、薅秧除草等事情，确保庄稼的丰收。各户参加完集体的搭桥仪式，回家要蒸糯米饭、杀鸡献饭，供朱栗花，祈求家神保佑粮食丰收。搭桥节当晚，女人吹哔噜、弹响篾，男人吹直箫、弹三弦，大家在一起尽情欢乐，这种集体欢愉丰富了拉祜族的精神文化生活。搭桥节的第二天，禁止生产劳动，可以串亲戚，增进亲戚邻里之间的感情。不论是四月搭桥节集体的搭桥祭祀还是六月搭桥节个体家庭举行的祭祀，这些活动显示拉祜族群众必须尽一切力量保证谷物的魂能够顺利回家的决心，以便在精神上获得丰产的心灵慰藉。

（三）增强民族凝聚力

传统节日，通过一系列特定的节日活动、仪式行为、民族服饰、舞蹈动作等相关的物质性的或象征性的符号呈现或重现民众的生活历史，唤起人们对与节日特定的文化现象以及过去的历史事件的文化记忆，通过集体的节日仪式行

① 李资源等：《中国共产党与少数民族传统文化保护和发展研究》，476页，北京，人民出版社，2014。

为，实现巩固以集体为核心的身份认同的目的。“文化记忆不可言说且无时间限制的内容必须不断地与活跃的记忆产生新的结合并被其掌握。随着在自由辨别的环境下对这一内容的吸收，个体除了个人认同和社会认同之外，也获得了文化认同。”[①]传统节日源于一个群体共同体认同的文化信仰。

传统节日不仅是拉祜族文化认同的重要标志，还是拉祜族集体意识的生动反映。南美乡拉祜族传统节日尽管还显得不够丰富，但却有着独特的文化意义。各个传统节日包含了系统性的符号元素，如服饰、食品、歌舞、仪式等，具有外部化、客观化以及“不可言说”的经验在民众生活中被感知、被传承，却又在不同时代生成新的记忆，由此获得并强化了传统节日的文化认同。[②]拉祜族传统节日文化带有拉祜族的文化特征和仪式表达，节日庆祝过程中，拉祜族民众穿上节日盛装，“从社会层面来说，只要是同一民族或同一地区的人，几乎都前往参加节日活动，同日而庆，形成一种民族亲和力。”[③]年节时的打歌场上，吹笙打歌时起歌、收歌等每个环节都有严格的程序和规范，“一定的歌舞、游戏等文化活动有着特殊的含义，它使仪式更具正式性和严肃性。”[④]除了特定的时间外，其他的打歌较为随意，大家携手成圈，欢声笑语，有助于增进彼此之间的感情。年节时的打歌场是拉祜族群众交往的重要平台，尤其是青年男女交往的重要舞台。

拉祜族的传统节日具有民族性、地域性和周期性，其涵括的文化记忆具有持久性、稳定性和建构性。南美乡拉祜族的搭桥节和祭芭蕉节是当地拉祜族独有的节日，这些特定的节日文化符号在当地的群众中产生巨大的亲和力和凝聚力，并在周期性的节日仪式活动中得到传承和强化。借助集体记忆，借助共享的传统，借助对共同历史和遗产的认识，才能保持集体认同的凝聚性。[⑤]节日文化活动通过仪式传统和行为教育等方式将参加特定节日场域的人群形成拥有共同生活传统、信仰体系及价值观念的共同体。

---

① ［德］阿斯特莉特·埃尔：《文化记忆理论读本》，冯亚琳主编，44—45 页，北京，北京大学出版社，2012。

② 王丹：《传统节日研究的三个维度——基于文化记忆理论的视角》，载《中国人民大学学报》，2020（1）。

③ 李资源等：《中国共产党与少数民族传统文化保护和发展研究》，475 页，北京，人民出版社，2014。

④ 周宁宁：《新疆民族传统文化的社会功能初探》，载《新疆社科论坛》，2014（6）。

⑤ ［英］戴维·莫利、凯文·罗宾斯：《认同的空间：全球媒介、电子世界景观与文化边界》，司艳译，98 页，南京，南京大学出版社，2001。

通常情况下，搭桥节是南美乡一个村寨或多个村寨的拉祜族共同参加的活动，砍伐、运载和搭桥木等均是力气活，单靠个人和少数人的力量是无法实现的，俗话说："众人拾柴火焰高。"搭桥节这天，拉祜族穿上崭新的民族服装、祭献神灵和谷魂、吃富有民族特色的食物，整个过程是当地拉祜族群众建立和调节人际关系的黏合剂。对拉祜族成员来说，搭桥节活动惯有的广泛的群众性能够形成一种驱动力和号召力，参加搭桥活动能强化文化的认同，而未参加者自然就会受到传统文化的精神约束和承担村寨舆论的巨大压力。

尽管搭桥节属于南美乡一带拉祜族特有的节日，但它不同于祭竜（祭芭蕉节）等节日有诸多限制，搭桥节的节庆活动除拉祜族男女老少均参加外，其他民族也可参加，外来人员只要愿意参加，拉祜族群众都会热情欢迎。因搭桥节具有开放性、包容性等特点，随着搭桥节的名气和影响越来越大，当地拉祜族举行搭桥节活动时，通常居住在周边的其他民族也会前来参加节日祭祀，现场体验节日气氛，搭桥仪式现场变成了彼此之间交往的重要舞台。借助这个大舞台，各族群众齐心协力拖桥板、一起祈求谷物丰收、表达平安幸福的美好诉求，有助于民族交往交流交融。

通过一系列特定的仪式和事件，把与传统节日相关的文化想象及自然地理空间转化为具象的现实的生活传统，并在民众的头脑中凝固为心照不宣的共识，这些节日文化知识既强化了民族文化和地域文化认同，又使传统节日习俗获得活力，得以在传统节日活动中不断巩固并实现传统节日文化的传承和再生产。同时，传统节日起源于民众集体性的仪式活动，这些活动年复一年地重复上演，即是对于节日起源及其相关人物、事件的文化记忆的"重复"并强化与具有共同历史起源、共同生活传统的民众的联系。[①]共同的民间信仰、民族文化情结、民族服饰文化和节日现场氛围，本身就可产生一种强大的亲和力和震撼力。总之，向心力是中华民族的精神表现之一，传统节日文化是凝聚向心力、强化民族认同感的重要精神纽带。

（四）助推经济发展

少数民族传统节日不仅是少数民族传统文化展示的重要舞台，还是推动

---

① 王丹：《传统节日研究的三个维度——基于文化记忆理论的视角》，载《中国人民大学学报》，2020（1）。

经济发展的重要动因。[①]少数民族传统节日中的饮食、歌舞表演等可以推动当地经济发展，尤其是与少数民族传统节日相关的民俗村、乐器园、服饰坊等都可以拉动经济发展。过去，南美乡处于集中连片特困地区，经济发展较滞后，但文化资源丰富，且文化产业具有资源消耗低、对环境污染小、产业经济利润高、受益时间长等特点。与其他地区相比，依托民族文化发展乡村旅游具有不可比拟的地域优势。

随着时代的发展，传统节日需要展现与时代相适应的形式和内容，要切实与地方文化、乡村文明、旅游经济灵活有效地结合起来，努力探索传统节日活动在生活实践、经济发展中效益的最大化、品质的最优化。利用南美乡拉祜族已有的节日文化，通过乡村旅游而转变为一种文化资本，这就是对社会结构规则的遵循与策略性的利用。[②]因此，作为拉祜族传统文化的重要组成部分，节日文化可以成为乡村振兴中产业发展的新增长点，发展文化产业是发展乡土文化生产力的现实路径。

三、传统节日的文化内涵

南美乡拉祜族的传统节日从不同的角度展现着拉祜族在长期社会实践中形成的历史传统、宗教信仰、民族心理、民族文化等深层内涵。传统节日是拉祜族民族文化的重要组成部分，也是传承文化的重要载体。拉祜族传统节日根植于该民族的社会经济文化土壤之中，涉及民族经济、民族文化、民族政治、民族宗教、民族习俗等多方面，具有鲜明的民族特色，是拉祜族精神文明的重要组成部分。[③]尽管，在与汉、傣等其他民族文化的接触过程中，拉祜族的传统节日在历史发展中有一定的变异，但其始终保持着拉祜族特有的文化内涵。

（一）浓郁的民间信仰特色

拉祜族民间信仰崇尚万物有灵论。在文化记忆中，基于事实的历史被转化为回忆中的历史，从而变成了神话。神话是具有奠基意义的历史，这段历史被

① 张玉祥：《论少数民族传统节日文化的社会功能》，载《新疆社科论坛》，2019（3）。

② 马翀炜、陈庆德：《民族文化资本化》，240页，北京，人民出版社，2004。

③ 晓根：《拉祜族传统节日文化特点浅析》，载《云南师范大学哲学社会科学学报》，1996（2）。

讲述，是因为可以以起源时期为依据对当下进行阐释[①]，传统节日以仪式为核心形成民众生产生活秩序的结构化，并在社会历史延续中不断融入神话、传说及习俗，在内容上是“发生在绝对的过去”，在形式上具有“高度成型”的庆典仪式性的社会交往和节日，媒介是以文字、图像、舞蹈等进行的传统的、象征性的编码及展演。[②]与国内外拉祜族的传统节日不同，搭桥节和祭芭蕉节（祭竜）是南美乡拉祜族特有的传统节日。通过节日文化活动，将民众由“日常性”生产生活情境带入“神圣性”的人神共欢的情境。在传统节日期间，民众与神灵、祖先共同存在于同一空间，并且进入“共时域”。如年节（扩塔节）期间，人们通过祭祀，唤醒对天神和祖先的回忆，实现人神共愉、无障碍的共同生活；清明节（献祖节）和搭桥节期间，借助祭祀为载体，日常生活中缺席的祖先得以与民众共存一处，并在传统节日仪式作用下实施建构；祭芭蕉节期间，迁徙过程中遭遇危难和惊险的历史记忆再次被激活。利用过去并将其固化在社会记忆里，这种做法的另一个动机是致敬。我们把它理解为所有为了塑造集体认同的象征性表达形式。在宗教领域，这与构建集体有关，这种集体构建通过共同的回忆得到传播，并通过仪式和节日重新获得活力。节日“巩固”了与共同历史基础的联系。[③]

民间信仰作为拉祜族民族文化的重要组成部分，渗透并影响着其社会生产生活的各个方面。拉祜族民间信仰主要包括自然崇拜、图腾崇拜、灵物崇拜、祖先崇拜等，其核心是万物有灵的原始观念。南美乡拉祜族信仰万物有灵，主要信仰对象有“sha”“ha”和“ned”。通常情况下，“sha”，汉语音译为“莎”，指“神”；“ha”，汉语音译为“哈”，指“魂”；“ned”，汉语音译为“内”，指“鬼、精灵”。日常生活中，“sha”“ha”和“ned”之间没有绝对的界限，在帮助、护佑人时就成为神，在祸害人时就是鬼。拉祜族认为，天地间的万物都有“ned”（指精灵、鬼）和“ha”（指灵魂）。人做事不成功，是因为没有得到“ned”的保护或“ha”没有附着在对应的人和物上，所以人们在进行各种活动之前都要举行祭祀活动，如农业生产中要祭山神、谷魂等。按照

---

① ［德］扬·阿斯曼：《文化记忆：早期高级文化中的文字、回忆和政治身份》，金寿福、黄晓晨译，46页，北京，北京大学出版社，2015。

② ［德］扬·阿斯曼：《文化记忆：早期高级文化中的文字、回忆和政治身份》，金寿福、黄晓晨译，51页，北京，北京大学出版社，2015。

③ ［德］阿斯特莉特·埃尔：《文化记忆理论读本》，冯亚琳主编，30页，北京，北京大学出版社，2012。

传统，拉祜族的搭桥节就是为了给毛稗、苦荞叫魂。他们认为只有叫过魂的庄稼才会长势好、收成好，收回家后还很耐吃；这种籽种来年的出芽率也高，能保证来年的丰收。

南美乡拉祜族普遍认为“一座山有一个山神，一条河有一条龙，每样东西都有魂”。一座山上的花草树木、野兽鸟雀、土地等都由这里的山神掌管。人们上山或路过山都要祭献山神。[①] 搭桥节前几天，拉祜族要上山砍树，制作新的桥板。众人选中合适的大树后，桥主带领众人祭拜山神，征求山神的意见：“山神啊，我们要过搭桥节了，旧的桥木用不成了，需要换上新的桥木。今天我们看上了这棵树，求山神答应将这棵树送给我们，同意我们把它做成新的桥木，还请保佑我们砍树的时候不要受伤，将来搭的桥木结实耐用。”第二天，桥主带着众人再次上山查看，了解山神的旨意。如果挂蜂蜡烧尽，原来插的那根树枝也倒地，说明山神授意众人砍这棵树且愿意保佑大家平安；反之，视为山神不同意大家砍这棵树。众人需要另选一棵树，再重新祭拜山神，直到认为得到山神授意砍树为止。

搭桥节当天，为谷物叫魂。人们用葫芦舀起清澈的河水将新桥木冲洗干净，意为告知谷神，谷物的魂魄回家要路过的桥已经搭好、洗净，可以放心回来了。搭桥节仪式中，借助水、葫芦和沙子等实物道具，经过磨巴的诵经祈祷，将拉祜族传统的谷物种植借助神灵的魔力物化为现实的谷物丰收。当晚，拉祜族家庭都要蒸糯米饭，他们相信糯米有黏性可以黏住谷魂，吃了糯米饭，谷魂也同样附着在家人的身上，人人身体健康、福气满满。搭桥节的这些简单朴素的活动仪式折射出拉祜族浓郁的万物有灵的民间信仰。

拉祜族先民意识到水对庄稼的重要性，相信有超自然的力量在支配和管理水。于是，选取在属龙日举行搭桥仪式，就是为了祈盼龙即水神能保佑拉祜族来年有个风调雨顺、五谷丰登的好年景。属于农耕祭祀的搭桥节，紧密对应于拉祜族的农事节令，按照农耕生产在收割前这一特定阶段的特殊要求进行相应的祭祀。这种民间信仰的神灵崇拜寄生于农耕文化，农耕文化离不开原始民间信仰的扶持，它自身又是原始民间信仰的母体。二者双向互补，既是具有农业特征的原始宗教，也可称为原始宗教特征浓厚的农业文化。[②]

---

① 苏汉林、杨元美、李红军编著：《临沧南美乡拉祜族发展研究》，28页，昆明，云南民族出版社，2007。

② 任兆胜、李云峰主编：《稻作与祭仪——第二届中日民俗文化国际学术研讨会论文集》，154页，昆明，云南人民出版社，2003。

（二）祈吉祛灾的心理

拉祜族崇尚万物有灵观，人们期望求吉避凶，认为以特定时间为凝聚点的节日，通过约定俗成的祭祀仪式而具有支配某一方面吉凶祸福的魔力。南美乡拉祜族在 1957 年以前，还处于原始农耕状态，基本还是“刀耕火种”的生产方式，这种原始耕作费时费力且产量很低，荞麦每亩单产仅为几十公斤，玉米 100 公斤左右。[①] 在生产力极为低下、完全靠天吃饭、处于极度贫困的拉祜族人民的内心深处，特别渴望能得到神灵庇佑，能吃得饱，穿得暖。谷物的丰收，有利于保证个体家庭的生存和健康。所以，搭桥节这天，拉祜族男女老少怀揣农事顺利、五谷丰登的愿望，借助杀鸡、堆沙子、舀水洗桥、点蜡挂幡、磕头祭祀等表达了对神灵的虔诚和敬畏，通过采摘朱栗树花、下河捉鱼、捡回石头挂在猪、鸡圈等系列行为获得神灵护佑、粮食丰收的心理慰藉和精神寄托。

（三）体现明显的农耕文化

传统节日的文化记忆并非记忆过去，而是将过去的传统节日仪式在当下生活的框架中唤醒、延续、激活，并且不断丰富与传统节日有关的事件和人物，使其鲜活起来。[②] 年节期间，供奉在歌头堂屋神位前和摆在打歌场中央的圆形竹篾桌上摆满堆满谷物的圆箩和升斗，歌头领着众人磕头祈祷，求天神、寨神和歌神保佑人人平安，五谷丰登。经过打歌和祭祀仪式的谷物具有神力，家家户户都带走一些拌在谷种中，可以保佑来年种子都发芽，有个好收成。

拉祜族没有具体的年代概念，只能以十二属相纪年，以“月亮历”（相当于农历）记月，用十二属相来记日，重要的节庆和祭祀活动多选在农历某月的某个属相日举行。南美乡拉祜族的搭桥节一般都是在每年农历四月和六月的属龙日举行。拉祜族相信，河神是天神专门安排管理山河中的龙及洪水的神。龙，拉祜语叫“cawd”，掌管着水。据说如果冒犯了河神，龙就会兴风作浪。[③]

---

① 苏汉林、杨元美、李红军编著：《临沧南美乡拉祜族发展研究》，95 页，昆明，云南民族出版社，2007。

② 王丹：《传统节日研究的三个维度——基于文化记忆理论的视角》，载《中国人民大学学报》，2020（1）。

③ 政协澜沧拉祜族自治县委员会编：《拉祜族史》，231 页，昆明，云南民族出版社，2003。

届时，洪水暴发而淹死人畜、毁坏山地和农田，这直接关系到农作物的收成和人的粮食供给。南美乡拉祜族既种旱稻，也有水稻。谷物为植物，属于五行之“木”，其生长离不开水，正好与五行中“水生木”之说相合。定居农耕以后，雨水是庄稼丰歉的重要因素，故而结束狩猎转为农耕生产方式的拉祜族同其他稻作民族一样极其重视祭祀河神，祈求保佑谷物丰收。拉祜族重视祭祀水神和龙，在古歌中也有所体现。南美乡拉祜族结婚时咏唱的《古调》中就有拉祜族追龙的情节：他们把从龙身上取下的龙鳞做成金片、银片，用剥下的龙皮制作象脚鼓的鼓皮，敲打这种象脚鼓发出来的声音是祈祷幸福的声音，还可以唤醒谷物的魂魄，能保佑拉祜新人种下的谷物种子顺利发芽，来年庄稼有好收成，也会给新人招来金银财宝。[①]

四月搭桥节，拉祜族村民在磨巴的带领下下河捞起沙子堆放在桥木的两端，他们希望不久从地里收回的粮食也像这些沙子一样多得数也数不清，吃也吃不完。这里舀水必须用葫芦，体现了拉祜族的葫芦崇拜情结，葫芦肚大籽多，具有强大旺盛的生殖力，用葫芦舀水寓意期望谷物像葫芦一样结籽多，繁殖旺。结束后，各家还要杀鸡供朱栗花，也是希望祖先神灵保佑谷物在来年能像朱栗花一样繁盛丰产。不难发现，四月的搭桥节的整个祭祀过程均展现了浓郁的农耕稻作文化的特点。六月的搭桥节的祭祀方式虽是家庭集体行为，远不及四月搭桥节隆重，但同样不缺乏稻作文化的因素。这天，各家均不外出劳作，在家里做苦荞粑粑以祭祀谷神，他们相信苦荞粑粑可以粘住苦荞的魂。而且，拉祜族人相信通过搭桥节的相关祭祀仪式，他们地里快要成熟的谷物的谷魂就能顺利回到家里，保证来年的作物丰收。同时，借助粑粑固有的黏性把人的魂魄也牢牢地黏住，以免肉体和魂魄分离，保佑家人健康、人丁兴旺。

搭桥节的舀水、捧水洗桥、洗沙子等环节，也是稻作文化的重要表现形式。透过搭桥节中祭祀河神的仪式，可了解贯穿于拉祜族农耕文化的纯朴的生态观，河神与龙、龙与水、水与谷物、谷物与人，最终反映的是人与自然的关系，追求人与自然的和谐是拉祜族传统文化在农耕文化中的再现。

---

① 杨云燕编著：《临沧南美乡拉祜族古歌》，45 页，昆明，云南民族出版社，2018。

仪式既可使参加节庆的人从日常生活中的连续性中分离出来，进入一个相对独立的特定时空，也是使节庆的各项活动有条不紊地进行的必要环节。[①]仪式与社会生活是密切相关的。拉祜族传统搭桥节、年节等节日的整个祭祀过程中以各种形式来讨好和敬献神灵，以期在仪式结束后得到神灵的保佑和恩赐。这些祭祀仪式不仅体现了拉祜族对原始农耕的敬重和纪念，更彰显了稻作文化顽强的生命力。

拉祜族传统节日在历史发展演进过程中，在内容和形式上不可避免地发生了一些变化。如传统意义上的拉祜族搭桥节是一种纯粹的农业祭祀仪式，现在越来越多的拉祜族人对搭桥节节日文化有了新的解读和诠释，在淡化拉祜族民间信仰认知的基础上，彰显了拉祜族热心公益事业、集体主义观念强的特点。当然，随着时代的变迁，拉祜族传统节日发生变化也是人类文化发展的一种普遍现象。南美乡拉祜族传统节日历史上有较固化的传统文化模式，有既定的时间、地点、仪式和内容，是当地拉祜族群众在生产实践和日常生活中形成的一种文化现象，是拉祜族社会观念、价值取向、社会心理和传统意识的一种外化，在短期内不会发生实质性的变化，即便在岁月更替中其外在的显性形式有所变化，但其隐性的深层次结构和文化内核却得到传承，在今后仍会以其强大的历史惯性影响着当地拉祜族群众的生活实践。

第五节　丧葬文化

丧葬是人类社会特有的一种文化现象，是人生礼仪的一项重要内容。受地理环境、历史阶段及宗教信仰、民族文化等因素的影响，南美乡拉祜族的丧葬仪式以火葬为主。拉祜族先民实行火葬跟氐羌传统习俗有关。古羌人以游牧为业，逐水草而居，崇尚灵魂不灭。认为火葬既可以避免因居无定所而将亲人弃于荒野，又可使亲人的灵魂借助烟雾升入另一世界，聚柴火焚便是绝好的葬式。拉祜族先民视火为光明洁净之神，认为通过火葬可以让死者升天，灵魂到达光明世界，祖先的亡灵能够保佑子孙后代。

① 杨志新、杨永建主编：《民族传统节庆》，11页，昆明，云南科技出版社，2006。

南美乡拉祜族的火葬习俗也源于拉祜族对火的崇拜与敬畏及灵魂不灭的民间信仰。南美村拉祜族丧葬习俗[①]、南华村丧葬习俗[②]、坡脚村丧葬习俗[③]、多依村丧葬习俗[④]略有不同。

一、南美乡拉祜族的火葬场

南美乡拉祜族崇尚火葬，长期以来约定俗成形成一些固定的火葬场，分属不同的村寨、家族。每村都有一个专用的火化场，甚至有的家族自己就有一个火化场。山上的火葬场俗称“烧人场”，拉祜语为“chawchitgeud”。火葬场没有特殊限制，是按照习惯传下来的，多在村寨附近几百米或一公里处，面积四五亩不等。

在共有的一个大火葬场内，又会约定俗成地分出不同的小火葬场，不同的家族又划定各自不同的火葬区域。即使是一个家族的火葬场，火化时还会依据性别、年龄等区分不同的地点，细节上也有一定的讲究。按照传统习俗，老年死者要在其所属的火葬场靠前面的位置火化，以示对老人的尊重；中年死者则在火葬场的中间位置火化；年龄小的死者要在火葬场靠后的位置火化。

南美村拉祜族共有四个火葬场，分别为大垭口坟地、娜朵古坟地、木嘎坟地及扎厄叶玛坟地。其中，大垭口坟地是南美村一组、二组、竹笆山、响篾寨、雷打梁子几个村寨共有的火葬场；娜朵古坟地和木嘎坟地为南美村三、四、五、六、七、八组共有的火葬场，位于南美村村委会脚下的河对岸约两公里处；扎厄叶玛坟地为南美村九、十组共有的火葬场，位于杨梅树坡以南约一公里处，杨梅树坡、箐口及团山等寨子也共用此火葬场。

南华村拉祜族共有四个火葬场，分别为大坟地、阿列山坟地、那的坟地和石湖山坟地。大坟地、阿列山坟地和那的坟地用于火化正常死亡的人，石湖山坟地也叫隔界山坟地，是非正常死亡者火化的坟地。

坡脚村拉祜族共有两个火葬场，分别为竜树林坟地和磨哈梁子坟地。竜树林坟地为坡脚村一、二、三村民小组共用的火葬场，磨哈梁子坟地为该村四、

① 根据2014年8月23—29日采访罗小发的笔记整理。

② 根据2014年6月9日采访坡脚村王有林、罗有秀的记录整理。

③ 根据2014年6月9日采访坡脚村王有林、罗有秀的记录整理。

④ 根据2015年6月5日采访大窝铺寨扎发的笔记整理。

五、六、七村民小组共用的火葬场。

多依村拉祜族有一个公共火葬场，位于新寨旁边苹果山，四、五、六组的村民死后在此火化。多依村的汉族也有棚房坡头和丙盐箐两个火葬场，该村彝族大都是土葬。

火葬场被视为神圣的地方，那里的一草一木除了用于火化外，任何人不得随便乱动，否则认为会遭到神灵的惩罚。寨人路过火葬场也都是绕着走，尽量避免打扰死者。

二、南美乡拉祜族火葬的程序

南美乡拉祜族人去世后基本都是实行火葬（除少数多依村村民）。在南美乡拉祜族心目中，火化是“最干净、最好的归宿”，他们唯恐死后没人来“烧”自己，丢弃于荒野或埋入地下。认为火化时，人的魂魄随着火烟上天，进入极乐世界，尸体也被化成灰烬，不会再在世间作怪。

南美乡拉祜族将死亡分为正常和非正常两种方式。其中，寿终正寝、病死等顺应自然的、无法抗拒力量导致的死亡被称为正常性死亡，而淹死、烧死、难产致死、摔死、毒死、自杀、猎物咬伤、外伤致死等类型的死亡被称为非正常死亡。不同的死亡形式有各自相应的火葬方式。

（一）正常死亡者的丧葬

1. 报丧

南美乡拉祜族死者生前若是生病，家人会守护在身边，悉心照料。在其弥留之际，家人会询问其心愿，听其交代未了事宜，也会安慰其不要挂念家人及家事，安心地去与祖先团聚。当地拉祜族老人在儿女成家后就会让子女当家，其间有不会处理的事情可以请教老人，但老人不再插手家庭外部的事务，特别是与其他家庭的经济往来。老人在临死前，多是说一些期望子孙好好发展的话。当地女性成员一般都佩戴有银饰，在临死前，多数家庭会将这些银器摘下来，留给后人。

人在家中一断气，家人就吹牛角或朝天鸣枪（自制土枪）报丧，寨人听到枪声或牛角声就知道有人去世了，寨里的邻居及附近村寨的人闻讯就会赶来吊唁、帮忙料理丧事。南华村有人去世，家人则不鸣枪，只是村寨邻里相互转告。远处的亲戚只得安排专人前去报信。

2. 装殓

南美乡拉祜族家里有人去世，人在哪里断气，就停睡在哪里。家里人会请磨巴来给死者洗脸、洗澡，换上提前做好的衣服和帽子，忌讳给死者穿鞋子。家人会砍一棵水冬瓜树削成一块手掌大的小木板，摆在死者卧室右边的地上，请磨巴用手搓一大截带有棉线蜡芯的挂蜂蜡条，绕七圈盘成一个圆饼（状如蚊香饼）置于该木板上，水烟筒、酒、米饭等摆在死者卧室的旁边，点上挂蜂蜡，同时将烟筒里的烟丝点上，意为请死者享用。这支挂蜂蜡的火专门用来点水烟敬给死者，因此不能一次性烧完，点一会儿就要吹熄，同时撤下并倒掉供的饭菜。其间，若家人摆饭菜招待前来吊唁的亲戚，也必须给死者摆上饭菜、酒，点上挂蜂蜡，点上水烟，请死者再吃一回。过一会儿再吹熄挂蜂蜡，撤下、倒掉饭菜、供品。

拉祜族认为，生者世界和死者世界具有同样的自然环境和社会环境，死者和生者的世界一样，都有村寨和家庭，都要生产生活。人就是在生者世界和死者世界不断轮回转世。因此，通常情况下，家人或子女都会尽力安排好死者的后事并为死者提供与生前一样的生产生活物品。民间认为，若没有安顿好死者，其灵魂就会滞留家中并迁怒于家人，让家人不得安宁。死者家里有猪的要杀猪，没猪的要杀鸡。死者家里杀猪或杀鸡是有讲究的，不能用刀杀死，必须用绳子拴住，再用木棒打死。死者的尸体未抬出门时，猪要在家里打死。一旦尸体抬出家门，就不能再在家里打死了，只能将猪拉至野外再用木棒打死。杀猪杀鸡前，要用一根麻绳或白线拴住鸡、猪的脚，绳子的另一端系在死者的手上，意为将这些鸡、猪送给死者带到阴间去饲养。磨巴对着死者念："XX 送你一头猪，XX 送给你一头牛，XX 送给你一只鸡，你把这些猪、鸡带到那边去好好养着。"

待其家人、亲戚到齐后，磨巴摆正死者的头部，并将其双手交叉平放胸前，拉直双脚，再用四五米长的麻布或白布裹尸。同时叮嘱死者："你不必担心害怕，世上所有人都会死，世间万物也都会死。你也不要挂念家人，安安心心地走，去和祖先团聚吧。走的时候，给你的银子你拿走，给你的背袋你拿走，给你的锅瓢碗盏你拿走，给你盖房子的茅草你拿走，给你的背篓你也拿走。请你把毛稗魂留下，把谷子魂留下，把玉米魂留下，把荞麦魂留下，让后人能好好地过日子。”家人会在死者嘴里放一点银子，俗称“含口”。有的家庭将一点碎银放入布袋，置于死者的腋下。磨巴又对着死者念经：“给你银子770两（或990两），够你和祖先团聚这一路的盘缠了。”

按照惯例，尸体要用木掌楼内的两根水冬瓜树椽子（俗称“楼棱”）做成的担架抬去火化场。死者性别不同，要抽掉的楼棱也不同。拉祜族建房时就准备好了楼棱，若死者为男性就抽出火塘正上方的2根楼棱，若死者是女性就抽出安放于火塘的2根楼棱。用两根楼棱扎成担架，再用蓑衣、毛毯、被子等将死者裹好的尸体盖起，砍一根皮上有刺的饭藤篾（当地还有一种表皮光滑的糯藤篾）破成四半将裹好的尸体按“男性捆三道箍、女性捆四道箍”的习俗拴好固定在担架上。这种捆扎方式主要源于“男过三六九道关，女过二四八道关”的说法。

3. 出殡

南美乡拉祜族人去世一般都是当天出殡，但属龙、属虎日去世的则要在家里停一天后再出殡，据说这些日子不宜出殡。午后去世的，也因时间太短，无法完成砍柴、火化等系列事宜，也要等到第二天再出殡。

刚出殡时，一般由儿子、女婿抬担架。尸体抬出去之前，有一个人端一碗斋饭，一人拿一个点着的火把（火把是用从楼板下抽一根楼棱劈开上端，从死者家中的火塘引火），还要准备好一个白纸条。抬出木掌楼时，如果死者生前是猎手，家人要在尸体抬出木掌楼时朝天放一枪（以前打猎用的土枪），再抽一把木掌楼上方屋檐的茅草垫在死者的头下，其他小辈都在木掌楼的楼梯口处磕头（摘下帽子或头巾，双手手心向上平摊，站立鞠躬即可，少数也有跪下的）。未出寨子时，担架只能由抬尸人用手或胳膊托起来走，出了寨子才能用肩膀抬，路上众人可轮流换班。参加送葬的人一般都是男性，妇女和老婆怀孕的男性不去送葬，留在家里筹办伙食。

一路上，抬担架的走在前，死者家属及其他送葬者跟随其后。走在前面的送葬人边走边射弩、打枪，意为追赶挡在前面的豺狼虎豹，清除路障，死者生前是猎手的，家人还要沿路朝前射箭，为死者开道，直到火葬场。送葬的队伍中有一个人提着一口从死者家里带来的装满米饭的土锅，一个人拿一根从死者家的火塘点着的火把，还有一个人拿一只刚长出尾巴的小鸡仔，其他的人分别拿着死者生前用过的物品。送葬用的火把是用做抬尸担架所剩下的一截楼棱劈成的细木条扎成，用于点燃火化尸体的柴火。若死者家离火葬场较远，为避免火把在途中烧完，半路上就先灭掉，到了火葬场再点起来。但灭火把只能用帽子扇，忌讳用嘴吹。死在野外的，尸体在抬去火葬场的途中如果不能路过其家，就派人从其家中拿一根楼梭到死者死的地方破开做成火把，并点火，拿到火葬场引火。

去往火葬场的途中有一个惯用的休息点，所有参加送葬的人都会停下来休息。这时，又将为死者点水烟筒的那条挂蜂蜡点着，点上烟丝，请死者也休息、吸烟。在这里，还要将从家带来的那只小鸡仔摔死，并将鸡头、脚、翅膀砍下放在带来的米饭锅里再装上一些水，同死者生前用过、不方便一路拿的一些东西如被子、褥子、席子、草帘子等就在这里一起烧掉，请死者拿走享用。土锅及饭食就丢在这里，不再要了。也有的村寨在半路休息时不给死者供烟、茶和酒。等到送葬的人回到家后，再由磨巴搓好挂蜂蜡条，点上烟丝再请死者抽烟。

南美村的习俗略有不同，死者出殡之后，主人家里才能杀猪、杀鸡。若是家中的老人去世，每个儿子须送一头猪，家里没有的就要买一头送来，用于待客。家中的女儿则不强求送猪、鸡。女性家人及亲戚留在家里做饭，男性家属、寨人及亲戚大多数参加送葬，负责抬担架、砍柴、火化等，剩下的少数男性则留在家里负责杀猪、杀鸡。死者自己家里只能杀一头 150—260 斤的猪，自家没合适的可以买来，鸡的数量则不限，少则三四只，多则三四十只。当天吃不完的，接下来的几天都可以吃。尸体抬出门，不论到火化场的路程有多远，中途都不能停下休息，但可以换人抬担架。

4. 选火化地点

到了专用的火葬场，先将担架放下，请死者“休息”。同时，点上蜂蜡条，点着烟丝，请死者“抽烟”。接着，磨巴用“抛鸡蛋”的方式来确定具体的火化地点。摩巴拿出从死者家里带来的一个鸡蛋，口中念：“XX 啊！现在为你找在那边生活的地方，我丢这个鸡蛋，你准备好毛巾，要是你愿意住的地方，你就别接，让鸡蛋摔烂；若是你看不上这个地方，你就接着，莫让鸡蛋摔烂。”念毕，摩巴抛鸡蛋，鸡蛋若摔烂，说明死者同意，就在该处火化。若鸡蛋完好无损，磨巴就换个地方再念再抛，直到鸡蛋摔烂为止。

5. 砍柴堆柴

到了坟地，所有送葬的人来到已故的头人的坟前，点上挂蜂蜡，磕头。南美乡拉祜族没有垒坟的习惯，头人的坟也仅以一个专门供点蜡的石头为标志。祭拜完头人，负责砍柴的人就开始在坟山砍树。火葬场周围坟山上的一草一木平时都不能动，树林茂密。用于火化的木柴在火葬地周围的山林临时现砍，一般只选白泡尖栗树、杨梅树，也可用除黄皮树、大油果树、枇杷叶树外的其他树种。第一次参加火化的男性成员，不论年龄大小，都必须先用左手砍柴七刀，之后才能改用右手砍。负责砍柴的人砍的砍，劈的劈，最后将柴块背到火化点。

在选定的火化位置，将砍来的四根杈桩按照长方形栽在四个角上。按照男八层、女九层的习惯将柴块码成井字形的柴堆架子，一般堆两庹左右，高约 3 米，其他的柴块靠在外围摆放，剩下的柴块在四方形周围斜靠着堆起梯形的柴堆，中空处塞一些细柴方便引火。接着不断在木桩的周边竖着搭放木柴，具体要堆多少，依死者的身长、胖瘦而定，一般以能将尸体完全烧完而略有结余为宜。对于烧女人的木柴要比男人的多架一层，当地拉祜族有三种说法：一是认为女人会生孩子，肠子比男人多一截；二是认为男人不吃不喝可以活 8 天，女人不吃不喝可以活 9 天；三是男人比女人少一节骨头。

负责砍柴的人砍好柴后，就可以在火化场旁边休息，吸烟、喝酒、聊天。在砍柴及柴堆烧旺期间，死者被停放在火化场的一边，死者身旁放有水烟锅、一杯酒、一碗饭，挂蜂蜡也一直点着。

6. 火化

南美乡拉祜族将火化尸体的过程称为“chawchit”。chaw 是拉祜族语“人”的意思，chit 即烧，合起来即火化，俗称“烧人”。

负责火化的一般是两三个老年人。备足木柴，经磨巴念咒，用带来的火把点火。待木柴烧旺，再将尸体按照山体的走势即头朝向山那边（西北方），脚朝向河那边（东南方）横向摆放，且要面朝下放在架好的木柴堆上，四周再斜搭一些木柴焚烧。同时，还要烧一把用麻皮扎好的茅草，据说是给死者在去找祖先的路上打苍蝇和恶鬼。尸体面朝下铺在柴堆上，避免尸体烧的过程翘起来，影响效果，也不美观。火化过程中，负责火化的人在柴堆旁拿着长丫杈及时加火并保持柴堆的平衡，防止坍塌。其他人只要会做也可以上前帮忙。

烧尸体的同时，还要将死者生前用过的东西一起烧掉。若是男性死者，要烧掉其用过的床板、弩、刀子、刀别笼、蓑衣、帽子、拉祜挎包、锄头、锅碗瓢盆、生前的所有衣物等；若是女性死者，要一起烧的有其床板、背篓、包头、拉祜挎包、镰刀、锅碗瓢盆、生前的所有衣物等。据参加过火葬的村民讲，若是死者家里一切顺利、死者生前用过的东西也都拿来烧了，尸体火化时会烧得干净且顺利，无臭味；若死者用过的东西没有找全及死者想要的东西家人不知晓等情况，会出现尸体很难烧尽、柴火容易熄灭或臭味太大。遇有这种情况，家人就要继续寻找遗漏的东西，赶紧拿去烧给死者。家里的那块放挂蜂蜡条的水冬瓜树木板也要拿到火葬场，待蜂蜡点完后一起烧掉。人死后，家里的叫魂箩也要抬到火葬场，一起烧掉。

若死者家人一时找不到遗漏的东西，负责火化的人就会告之死者："即使有什么东西忘记烧给你了，你也不要记着，不是故意不给你带走，是忙忘了，一时想不起来。你赶紧烧，烧得干干净净，不然就把你丢在山脚，让豹子、老虎叼走吃了。"

坡脚村拉祜族在尸体快要火化完的时候，会在死者家门前为死者举行祭献仪式，将杀好的猪鼻子、猪蹄子、鸡头、鸡脚、鸡翅膀直接割下来，连同一碗米饭、一杯酒、一把烟叶、一杯茶等放在簸箕上，意为给死者献饭、酒、烟和茶。点上挂蜂蜡，留在家里的人给死者磕头（不用下跪，只是脱帽鞠躬）。若死者年纪大，所有人都要磕头；若死者较年轻，则只是死者的家人及亲戚磕头。

直到尸体和所有的木柴烧尽，用清水绕火塘洒一圈，确保灭火，火化才算结束。

7. 安葬

南美乡各村的安葬习俗略有不同，分开陈述。

南华村拉祜族死者家人将宰杀的猪、鸡煮熟，取部分肉拿到火葬场祭献。祭毕，死者的一位家人（多为长子）砍来冬瓜树、细叶子树（小叶榕树）的树枝扎一把扫帚，持扫帚逆时针和顺时针方向各扫七圈，将骨灰和柴灰扫在一起，用土将骨灰围成一个小堆，插上木杆或垒几个石头做标记，不起坟，不立碑。

南美村拉祜族是由死者的两位亲人（一般是儿子或女婿）各砍一把树叶做扫帚，一人顺时针扫七圈，另一人逆时针扫七圈，将死者的骨灰和柴灰扫在一起。家人将煮熟的猪或鸡肉拿一些到火葬场，祭献死者。祭完就用土掩埋骨灰，垒几个石头作标记。这以后，一般就不再去坟地给死者献饭，遇有家里不顺等情况，会在家杀鸡、猪或牛献饭，请人看卦。

坡脚村拉祜族火化完毕，负责火化的其中一人沿着火化场顺时针扫三圈，再逆时针扫三圈，将骨灰及草木灰扫拢后，在坟山砍来一根细叶子树的树干，劈开其顶部，将从死者家中带来的白纸条夹上去插在骨灰堆前即可，不垒坟也不立碑。

多依村拉祜族火化结束，由死者的长子扎一个扫把，围着火灰逆时针扫七圈再顺时针扫七圈，将骨灰扫拢，用土扒堆，插上一个带有白纸条的木杆作标记。然后，用清水围着火化场洒一圈，献饭后即返回村寨。也有极少数拉祜族死后直接入棺或收骨灰土葬并立碑。

8. 返寨

火化结束，送葬的人返回寨子。出火葬场之前，大家砍来两棵带有鲜叶的水冬瓜树、细叶子树或棉花树的树枝架起一个篷子，所有送葬的人从下面走出去。离开火葬场后，沿途每人摘一根茅草别在自己的耳朵或帽子上。走到河边，大家将茅草扯下来丢在水里任由水淌走，用青蒿子、桃树叶等洗脸、洗手，还要磨一下刀子、斧头等在坟地用过但仍需带回家用的东西。

主人家门口事先预备好一大盆蒿子叶、桃树叶泡制的水，死者家人用一根烧红的柴头棒蘸着水边往坟地回来的人身上洒边念："你们的魂回来了吗？"众人回答："回来了。"

多依村所有参加送葬的人在进寨前都要取一根茅草插于自己的后衣领。磨巴提前在村口道路两边插上两棵"阴阳树"，待所有送葬的人都进寨后，磨巴将"阴阳树"砍倒，意为将死者与活人隔离开。进寨后，所有人将身上的茅草扯掉丢在身后，用桃树叶水、蒿子水洗手、洗脸。

9. 唱引路调（俗称"归祖调"）

当地拉祜族人死后，家人及亲戚要找一只白肚皮老鼠（拉祜语称"fatlawr"，汉译音译为"发洛"）指引死者顺利与祖先团聚。拉祜族认为，其祖先靠白肚皮老鼠帮忙咬开了葫芦才得以出来，只有老鼠最清楚与祖先团聚的路。一路上有老鼠的指引，死者就不会迷路，且抓着老鼠的尾巴路上会更省力，能早日到达"mudjadmiljad"[①]。

死者家人将煮熟的白肚皮老鼠、一碗酒、一碗茶，一把草烟，一碗水、猪脚、猪头、猪嘴皮、猪肠子、猪心肺、鸡头、鸡脚、鸡翅膀、鸡肝、一锅南京

① "mudjadmiljad"汉语音译为"牡加密加"，意为"天边地边"，指拉祜族祖先生活的地方。

豆和一锅米饭及按送葬人数准备好的白色小布条和白纸条一起摆在簸箕里置于自家门口的篾炕笆上。这一锅米饭是用寨里各家各户来吊丧时拿来的米煮的饭，俗称“阴阳饭”。所有参加送葬的人每人用左手拿一撮饭、一撮豆子、一撮烟丝和一撮茶叶放在簸箕里。

诸样摆好后，磨巴点上蜂蜡，给死者念指路经也叫送魂调，为死者招魂引路。“yarqawmaf”是拉祜族处理丧事时的超度活动。[①] 引路调的大意为：从生下那天起，就注定什么时候死。不要挂念亲人，也不要耽搁，跟着白肚皮老鼠按照拉祜族迁徙的路线原路返回，经过牡缅密缅、大理，回到“mudjadmiljad”与祖先团聚。路上遇着大河搭桥过去，遇着野兽用弩弓打，遇着什么都不要害怕。到了祖先那里，会分给你田地、牲口，你可以生活生产。亡魂听着引路调，知道怎样去与祖先一起生活，避免死者迷路或回来骚扰家人及亲戚。

磨巴念引路调（归祖调）将亡魂送到祖先那里，担心亡魂跟着自己回来，会称自己是“apinachadqu”[②] 来脱身。每人拿起一份小布条及小白纸条放在簸箕里的米饭旁边烧掉。如果死者年纪较大，边烧还要边磕头；若死者较年轻，则不需要磕头。礼毕，死者家人留下米饭，意为要留好谷种，守好谷魂，其余簸箕里的东西抬至去火葬场半路的休息点烧掉。

10. 叫魂

归祖仪式结束，主人家备好只有鸡肉、猪肉、豆腐汤、南京豆的丧席招待众人。饭后，磨巴给众人叫魂。主人家的叫魂箩已经烧掉了，需供一个新的叫魂箩。磨巴在新的叫魂箩里摆一碗米饭、一碗净水，在净水碗上摆一双筷子，净水碗边、叫魂箩里各点一支挂蜂蜡，用筷子将主人家备好的叫魂线夹到净水碗里蘸湿后，念叫魂调，依次给大家拴魂线。

11. 悼念死者

南美村送葬当晚，寨人聚在广场，弹牛腿琴、吹响篾、聊天等。火葬当天及第二天，死者的家人及其亲戚只能吃肉食或酱菜，不能吃绿色蔬菜。送葬第二天，全寨人休息，悼念死者。

坡脚村正常死亡者被寨人称为是“死得好的人”，火葬当天，全寨休息，悼念死者。每年献坟节，其家人会前往坟地举行一次祭献仪式。

---

① “yarqaw”是“路”的意思，“maf”是“教”的意思。

② “apinachadqu”汉语音译为“阿比娜采古”，汉语名为“锅蓝雀”，一种约拇指大小，生活在草丛中，食虫子、草籽的小鸟，拉祜族称其为“替身鸟”。

多依村出殡当日，全寨停止生产劳动以示哀悼。死者火葬的第三天晚上，家人给死者骨灰堆前插的烟斗里塞好草烟，点着给死者敬烟。

死者火葬满 12 天，之前所有参加送葬的人再次聚到死者家，其家人用南京豆、小饭豆、大米等煮一锅豆饭，给每人一块约 10 厘米长的白色小布条和一张 10 厘米长的白纸条，一起烧掉。

至此，整个丧葬仪式结束。

（二）非正常死亡者的丧葬

拉祜族非正常死亡者的丧葬程序非常简单，且除了几个参加火化的人外，寨里其他亲戚邻居都不参加送葬。

对于死在家里的非正常死亡者，也是抽掉自家木掌楼的楼棱抬，但死在野外的死者因死的地方离其家较远，抬去火化时无法路过死者家的房子，就要用野外砍来的其他树干抬去火化。死在野外的且属非正常死亡的、死前未结婚的人，要在野外砍两棵山苍籽树（俗称山胡椒树）的树干来抬，而死在野外的且是非正常死亡的，若死者是已婚的成年人，则用砍来的两棵水冬瓜树干抬尸体。死在外面的死者尸体都不用家中的被子裹，只是用从家里拿来的裹尸布裹起来。若死者是年轻人，只用一根树干或竹子抬，若死者年纪大或已婚且有小孩，则用一根楼棱抬，用藤篾绑住手脚，直接抬出去。

非正常死亡和年幼的死者尸体原则上不可在公共火葬场内火化，只能在火葬场的最下方的边上或另择地烧掉、掩埋。但年龄稍大的非正常死亡者俗称凶死者（一般是 40 岁以上）也要在火葬场的中间区域火化。这类死者火化时不准用从家里的火塘带来的火种引火，要用石头、火镰打火。

南美乡拉祜族人极其痛恨自杀行为，对自杀身亡的死者也有严厉的惩罚措施。火化前，磨巴会边念咒语边将黄泡刺等夹在死者手指缝、身上绑上黄泡刺，还用锥子刺、黄泡刺扎其手心、脚心及眼珠等处，以示惩罚。其他参加送葬的人也会拿刺扎死者，他们认为人的生命由神赐给，经父母养育长大，自杀不仅是对生命的不尊重，更是对神灵的亵渎和父母的不孝，还给活着的人带来无尽的悲伤和痛苦，对寨子其他居民也产生不好的影响。严惩这类死者，以警示生者要珍爱生命。非正常死亡的死者（包括在公共火葬场火化的老年死者）火化后，所有送葬人回寨时在河边还要举行一次送鬼仪式，意将鬼魂送走，以免其跟着送葬的人回寨打扰生者。磨巴用黄泡刺在河边架起七道三角形状的刺篷，最接近火葬场的第一道刺篷上绑有芭蕉树干，送葬的人依次从这七道刺篷下钻出来，钻第一道刺篷时必须要摸一下芭蕉树干。

亡者家里提供一头猪供负责火化的人在野外做饭吃。这头猪不能在寨子里杀，必须在村寨外面有水的地方杀掉。吃不完的猪肉全部扔掉，做饭用的锅碗瓢盆也必须全部扔掉。火化当天，死者家人不可在家里生火、做饭，要到离家很远的地方去做饭。其家人在死者火化当天或12天后要拆掉房子，拿到别处烧，其间借住到亲戚家。这类死者也不可能得到家人的任何祭献。

三、火葬的成因

（一）自然环境

拉祜族古歌《中邦命邦》中唱到：拉祜族祖先“必低依兄”最早居住在“milnitoqhod”，即西北以黄河、湟水流域为中心的黄土高原地带。这里是“锁达厄及此，麻达莎皮此”，意为到处是茂密的森林和竹林，连天神厄莎都行走不便。[①]“地少五谷，以产牧为业。”[②]此后，为了获得食物而大肆烧毁森林。森林逐渐被烧光，露出了光秃秃的黄土地。因此，土地难以为生活在这里的人们提供实际上的依赖价值，更称不上生存之本，自然也难以成为维系情感的纽带。因此，人们难以形成农耕民族那样强烈而鲜明的“入土为安”的意识，也未推崇土葬，反而是选择较为简便易行的火葬。

同时，西北黄土高原地区因水土流失导致土层较薄，对于只有简陋木制、石制、竹制等工具的拉祜族先民来说，若选择土葬需要挖出较大的墓穴，相当费时费力。与农耕民族截然不同，拉祜族先民在内的古羌人所从事的游牧生产，必须逐水草而居，“所居无常，依随水草”[③]，不断转换地域空间。囿于条件，借助一把火将尸体烧得干干净净，需要的人力少、耗费的材料少。因此，拉祜族先民首选火葬方式来处理尸体。

① 晓根：《拉祜文化论》，24页，昆明，云南大学出版社，1997。

② 朱士光：《西北地区历史时期生态环境变迁及其基本特征》，载《中国历史地理论丛》，2002年第17卷第三辑。

③ （南朝宋）范晔撰，李贤等注：《后汉书·西羌传》，2869页，北京，中华书局，1965。

（二）战乱

范晔在《后汉书·西羌传》中有论述，包括拉祜族祖先在内的古羌人的首领为爰剑，“羌无弋爰剑者，秦厉公时为秦所拘执以为奴隶。不知爰剑何戎之别也。后得亡归……又与劓女遇于野，遂成夫妇”①。后得以逃脱，聚旧部为帅，传至曾孙忍。据《先秦民族史》记载：“西戎②与周朝和诸夏的关系是很密切的，也常发生战争。”③“厉王无道，诸侯或叛之。西戎侵镐。孝王时，伐西戎，西戎来献。”④春秋时期，与西戎抗衡的，主要是秦国。“秦襄公与西戎的战争，大概是很频繁的。”⑤“秦穆公伐茅戎胜之，又用由余之谋，伐戎王，益国十二，开地千里，随霸西戎。”⑥公元前4世纪初，秦献公欲得先世霸业，大动干戈，讨伐西戎，迫使古羌人远离故地。《西羌传》云：“忍季父卬畏秦之威，将其种人附落而南，出赐支河⑦曲数千里与众羌绝远不复交通。”⑧通过青海阿哈特拉发掘卡约文化的墓葬除了土葬，还有火葬。可以推断，古羌人在商周时期的丧葬兼有火葬和土葬。⑨到了汉代，火葬逐渐成为古羌人主要的丧葬方式。

除了先秦王朝的逐霸西戎以及吐蕃势力的入侵，古羌人内部也出现了斗争。在众多的羌支之间，他们各据有一定的领域，“更相抄暴，以力为雄”，频繁地发生着相互争夺械斗的关系……”⑩另有充国对以“羌人所以易制者，以其种自有豪，数相攻击，势不一也。”⑪长期的战乱和颠沛流离让古羌人对死者充满了敬佩和怜悯。据《后汉书》“其兵长在山谷，短于平地，不能持久，而果于触突，以战死为吉利，病终为不祥”⑫的记载，氐羌是一个以战死为荣的族群。为了族群的利益而战死的人，势必受到族人的敬仰和尊敬，族人绝不会

① （南朝宋）范晔撰，李贤等注：《后汉书·西羌传》，2875页，北京，中华书局，1965。
② 西戎：周朝称氐羌系统的民族为西戎。
③ 田继周：《先秦民族史》，408页，成都，四川民族出版社，1988。
④ （西汉）司马迁：《史记·秦本纪》，38页，长沙，岳麓书社，1995。
⑤ 田继周：《先秦民族史》，408页，成都，四川民族出版社，1988。
⑥ （西汉）司马迁：《史记·秦本纪》，44页，长沙，岳麓书社，1995。
⑦ 赐支河，今青海境内，其南即至大渡河、雅砻江流域一带。
⑧ 田继周：《先秦民族史》，410页，成都，四川民族出版社，1988。
⑨ 黎明春：《论羌族火葬的成因》，载《文史杂志》，2015（5）。
⑩ 田继周：《秦汉民族史》，272页，成都，四川民族出版社，1996。
⑪ 田继周：《秦汉民族史》，288页，成都，四川民族出版社，1996。
⑫ （南朝宋）范晔撰，李贤等注：《后汉书·西羌传》，2869页，北京，中华书局，1965。

漠视部落的英雄横尸荒野。但在物质条件极度匮乏的情况下，加之战乱和居无定所，族人没有条件为这些死者挖掘墓穴，认真掩埋。因此，火葬便成为理想的处理方式，省时省力又安全。

（三）万物有灵观

由于对自然现象如日月星辰、风雨雷电无法理解以及对天灾人祸的恐惧，拉祜族自然地就把人本身以及人以外出现的自然现象等同相看，把他们接触到的与他们关系密切的自然物人格化。拉祜族崇尚“万物有灵观”，形成人和自然界万事万物皆有灵魂的信仰观念，认为世界上的万物都是有形的具体躯壳与无形的抽象灵魂的结合体。拉祜族先民相信，人除了看得见、摸得着的肉体外，还有一个看不见、摸不着、有活力、有生命、有超出肉体本身且能主宰人的生命的灵魂。肉体是灵魂的载体。

拉祜族认为，正常情况下的灵魂和肉体是有机联系在一起的。一旦灵魂离开躯体或灵魂与躯体相互分离，人就会生病或死亡。当人生了重病或受到惊吓，就要请磨巴通过杀猪或鸡、点香念咒、祭祀叫魂等仪式使得被鬼怪勾走或飘荡在野外的魂魄重新归附在病人的身上，恢复健康。人死以后，为了使其灵魂能够尽快地去另一个世界与祖先团聚，不再侵扰活着的人，就需要认真安抚好死者的灵魂。拉祜族认为，死者在另一个世界和人世间一样，也要进行生产劳动、吃饭抽烟、养鸡养猪等活动。于是，死者的子女要送鸡、猪等给其在阴间养，要点上烟丝，摆上猪肉、鸡肉、饭菜等供其享用。

从社会心理学角度来看，不同民族的丧葬行为都有一个共性趋同的最终目的，即把死者从活人群体中尽快地排斥出去。法国学者列维·布留尔在《原始思维》中，对各种丧葬行为作了经典的论述：“不管尸体以什么方式处理——土葬、火葬、树葬、崖葬等等，都是把死者从活人群体中彻底排斥出去的仪式。”①

（四）火神崇拜

拉祜族对火充满了崇拜和敬畏。新房建好后，要先安好火塘三脚架，祭祀火精灵②。各家都精心保护好自家火塘里的火种，确保常年不灭。拉祜族家中火

① ［法］列维·布留尔：《原始思维》，丁由译，306页，北京，商务印书馆，1987。

② 火精灵，拉祜语为“almif ni”，汉语音译为“阿迷尼”。

塘上的锅庄石或铁三脚架禁止脚踏，禁止放脏东西，禁止在家中火塘煮狗肉。火塘靠墙的地方，是供奉火精灵的地方，人不能触碰或放置其他物品。火塘既是一家人取暖做饭的地方，也是家庭休息、娱乐及会客的重要场所，对火的崇拜依托火塘这一客观载体而融入拉祜族的日常生活。每逢节日，拉祜族家庭都要祭祀火精灵，年节的时候还要在火塘上方摆两个粑粑祭献火神。除个体家庭外，还会组织全寨性的祭祀火精灵仪式，一般是发生火灾后，村寨要杀猪，举行祭祀仪式，届时各家要熄灭火塘的火种，同时清理一些火炭、火灰、破布等送给磨巴祭祀火精灵，由磨巴收集并唱祭祀词后统一丢到寨外，意为将火灾的灾星送到寨外。仪式结束，各家各户才能重新生火。通过火葬，让躯体化为灰烬，回归自然，灵魂随着燃烧的火焰和升腾的烟雾，回到祖先的身边，在另一世界与祖先团聚。

（五）祖先崇拜

《后汉书·西羌传》：“后得亡归，而秦人追之急，藏于岩穴中得免，羌人云爰剑初藏穴中，秦人焚之，有景象如虎，为其蔽火，得以不死。既出，又与劓女遇于野，遂成夫妇。”[①]“诸羌见爰剑被焚不死，怪其神，共畏事之，推以为豪。”[②]无弋爰剑本来只是一个秦国的奴隶，被秦国的人追赶，躲在山中的岩穴，秦人没有办法，只好放火烧山，逼其出来，但由于某种巧合，无弋爰剑并没有被烧死。古羌人认为无弋爰剑是天神的使者，因得到火神的庇护才能“被焚不死”，成为神所庇佑的人。于是，众人推举爰剑为部落的首领。

拉祜族崇尚火葬，除了古羌人的祖先爰剑与火有着深刻的渊源外，还与拉祜族自身的祖先崇拜有关。拉祜族认为，人死了不可怕，是到另一个世界与祖先团聚了。

可见，南美乡拉祜族实行火葬既与拉祜祖先居住的客观地理环境、生计方式有关，也与历史上的长期战乱、民族心理以及民间信仰等密切相关，是对传统丧葬方式的一种沿袭。总之，当地拉祜族传承火葬是历史演进过程中作出的一种理性选择，蕴含了人与自然、生者与死者之间和谐统一的生存哲理。透过火葬这一社会现象，通过条分缕析其成因及演变，揭示其文化内涵对现今的丧

① （南朝宋）范晔撰，李贤等注：《后汉书·西羌传》，2875页，北京，中华书局，1965。
② （南朝宋）范晔撰，李贤等注：《后汉书·西羌传》，2876页，北京，中华书局，1965。

葬改革具有一定的现实意义。

四、丧葬习俗的文化内涵

丧葬是民族文化的一种重要表现，反映出民族的生产方式、风俗习惯、民间信仰、经济条件及民族心理。南美乡拉祜族传统丧葬习俗仪式尽管简单，却有不少值得分析和肯定的地方，特别是在有些地方出现厚葬薄养、葬礼奢华攀比的当今社会，我们有必要探讨南美乡拉祜族火葬在构建美丽乡村、和谐社会以及建设社会主义乡风文明的大环境所起的积极作用。

（一）坚持厚养薄葬，提倡珍爱生命，促进家庭和谐

孝敬老人一向是拉祜族人的传统美德。杀鸡要把鸡头、心肝、鸡血等先给老人吃，新年的新水要先给老人洗脸、手。在日常生产生活中，处处都体现出对家中及村寨老人的敬重和关心，但拉祜族老人的葬礼却是简简单单，绝不会大操大办。这种坚持厚养薄葬的做法，让拉祜老人可以快乐幸福地安享晚年。老人去世后，儿女要守孝三年，三年内儿女禁止婚嫁，这使尊老爱幼的传统伦理意识再一次得到强化。火葬的当天，全寨男女老少都要停止生产劳动，以示对死者的悼念。同时，寨里几乎所有男子都要参加葬礼仪式。

老有所养，老有所依，珍爱生命的南美乡拉祜族人，在其朴素简单的丧葬习俗中奏响了强劲的家庭和谐之声。

（二）增强血缘情感，调节社会关系，促进村寨和谐

中国社会自古以来一直重视血缘关系的维系和强固，尤其是西南边远地区的拉祜族，更是保留着以血缘关系为主的社会组织结构。丧葬礼仪在其增强家族血缘情感和民族的内聚力过程中充当着重要的角色。时至今日，古老的氏族宗法血统的遗风余俗和观念习惯仍然成为一种强劲而稳固的心理力量，在丧葬礼仪中表现得极为鲜明。

南美乡拉祜族把丧事看得比喜事更重要，如村寨里有人死亡，人人都要停下其他事务来帮忙。人去世后，村寨邻里无论有无血缘亲戚关系，也不管生

前来往疏密，都会前来吊唁和帮助。其他村寨的亲朋好友得知消息后，也会设法前来吊唁。大家拿来米、菜、钱等，尽其所能给予帮助。礼物的多少和东西的贵贱都无所谓，只要人来了，主人家就很高兴，大家看重的就是这份真挚朴实的邻里亲情。在丧事中，不同身份、不同性别和年龄的人各司其职，分工协作。杀猪、砍柴、买东西、抬担架去火葬场等均由中青年男子担当，妇女和年轻姑娘做后勤服务。如果有人对丧事袖手旁观，就会受到众人谴责和鄙视。访谈中我们得知，若是平日里两家人有点小矛盾，即使平日互不搭理，但是若一家有丧事，另一家只要来帮忙，两家的恩怨就一笔勾销。不难看出，处理丧事的过程，不仅可以增进村寨成员的团结，而且促进往来沟通，有助于增强民族凝聚力。南美乡拉祜族丧葬习俗，将拉祜族人团结互助及和谐共处的传统道德观念诠释得淋漓尽致。

（三）抒发故土情怀，保护生态环境，促进人与自然和谐

拉祜族历史上没有文字，传统文化只能靠口耳相传。拉祜族漫长的民族迁徙史，在拉祜族史诗、民间故事、古歌谣中多有保存。拉祜族的迁徙史，是拉祜人为求生存、发展而辗转千山万水的苦难史，是每一个拉祜人都应该铭记的大事。尽管历经坎坷建设了新的家园，然而千百年来人们对拉祜祖先居住过的故土仍情笃弥深。寻根溯源，拉祜人死后希望回到祖先居住的地方，与祖宗亡灵团聚，这种思乡寻根、魂归祖宗的观念，在丧葬活动的送魂仪式中得到充分体现。各地拉祜族人死后请磨巴诵“送魂调”，把亡灵送到拉祜族先民生活的地方，其中的地点越近越详细，越远越模糊。

南美乡拉祜族死者都在山中坟地的火葬场火化，仪式简单朴实，具有地域性。南美乡拉祜族的传统葬俗不立碑、不起坟、不举行扫墓祭拜活动，体现了拉祜族人自觉协调人与自然环境的意识和能力，确保一个和谐的生存环境。公共火葬地周围的山林被视为神圣的地方，除了火化外，树不能随便砍、土不能随便动，不能把不干净的东西带入其中，更不准牛等牲畜进入，违者将受到严厉惩罚。这样既保护了树林，又净化了水源。南美乡拉祜族坚持火葬的葬俗，也在一定程度上减少细菌的传播，净化生存环境。

人的生生不息需要真真切切的生存空间。南美乡拉祜族一直实行的火葬在直接安抚死者的同时，又间接地保护了耕地，为生者提供了充足的生存空间。

拉祜族丧葬习俗中坚持有序砍伐森林、决不污染水源、极少占地等行为规则，体现了生态环保意识及乐观向上的生死观。目前，南美乡拉祜族山区的生态环境仍处于良性循环，除了拉祜族根深蒂固的热爱山林、保护山林的生态自觉意识外，也与拉祜族的传统火葬习俗有很大关系。

临沧市南美乡拉祜族的丧葬习俗没有浓厚的入土为安的思想观念，折射出厚养薄葬、善待环境、重视生者等积极意义。

第六章
临沧南美乡拉祜族的民间娱乐

在本质上，人既是物质性存在，也是精神性存在，具有物质性和精神性需要。南美乡拉祜族在生产生活实践中创造了满足人还是精神性存在的民间娱乐文化，通过舞蹈、乐器演奏、山歌、游戏、故事讲述等休闲娱乐活动丰富业余文化生活，起到消除疲劳、缓解压力并促进人际交流的作用。这些传统民间娱乐具有趣味性和互动性等特点，其所形成的价值观念、语言风格、思维模式、艺术特色等蕴含着的艺术元素和审美情趣，有益于精神愉悦，形成和谐的人际关系。

第一节　乐器

南美乡拉祜族的民间乐器主要有葫芦笙、竹箫、直箫、哔噜、响篾、牛腿琴、口弦等，均为民众自制。

一、葫芦笙

葫芦笙，拉祜语称为“nawf”，汉语音译为“喏”，意为会说话的乐器，具有唤醒、召唤的作用，葫芦笙因其笙斗用空葫芦制作而得名，是拉祜族成年男子随身携带的乐器，深受喜爱，他们常把芦笙比喻为“小老婆”。拉祜族男青年都会吹芦笙。拉祜族的葫芦笙制作较精细，音箱用直径5—10厘米的弯把小干葫芦制成。音管用野生的泡竹制作，音管的长短、粗细主要以葫芦的大小而定。音管选好后用烧得通红的烙铁将音管顶端和音孔烙通，5根音管一根比一根短，成5音。每根笙管在靠近葫芦处都开有一个圆形按音孔，在插入葫芦内的竹管部分镂刻出一个长方形的竹制簧片。簧片以坚硬且富有弹性的野生老金竹削成，用蜂蜡粘在音管上。蜂蜡既利于粘稳簧片，也有调解音质的作用。小葫芦的腹部为笙斗，五根笙管环列插于葫芦斗中，管底微露于外，用蜂蜡固定。葫芦把上套一个木质吹管。拉祜族葫芦笙音色纯正，经久耐用。葫芦笙分为高音、中音、低音三种，各地形状大同小异。葫芦笙有大有小，有长有短，小芦笙音质清脆高昂，大芦笙则深厚沉闷。最小的葫芦笙，葫芦如鸡蛋大小，通高不到15厘米，大的葫芦笙则通高达90厘米以上。

拉祜族的芦笙不仅是一种娱乐的乐器，而且具有传情、传递友情、消除疲劳、凝聚人心、增强团结等功能。

二、牛腿琴

牛腿琴，拉祜语称“tie”，汉语音译为“得”。琴体用一整段硬木制成，面上装薄板构成共鸣箱。两根弦，五度定音，琴弓一般用二胡弓。因其外形上细下粗如牛腿，琴端二角似羊角，又称“牛巴腿”“羊角弦”。牛腿琴多是丧葬期间晚上在主人家弹奏，用以舒缓主人家人的心情。平时邻里之间夜晚串门或火塘边偶尔也弹奏牛腿琴以排解寂寞。

三、小三弦

小三弦，拉祜语称“tif”，汉语音译为“低”，是拉祜族喜爱的弹拨弦鸣乐器。南美乡小三弦是从澜沧等拉祜族聚居区传过来的，其拉祜族小三弦形制比较独特，与汉族及云南其他民族的小三弦都有较大区别。琴体小巧玲珑，多使用一整块当地的糯梨木、茶木斫制而成，以茶木制作的音质最佳。琴箱也可单独制作，再装入琴头和琴杆。它由共鸣箱、琴头、琴杆、弦轴、琴马和琴弦等部分组成，规格大小不一，琴长约 50 厘米。琴箱为扁圆形共鸣箱，琴框上、下开有装入琴杆的方孔，正面蒙以蛤蚧皮、羊皮或蛇皮，并用竹钉固定粘牢，后面设有木制镂空图案的音窗。琴箱直径约 10 厘米、厚约 5 厘米，较一般三弦小，故其发音坚实脆亮。琴头为扁铲形，上部较宽，顶端朝后呈弧形弯曲，下部中间设有弦槽或弦库，明开的弦槽中间通透，暗开的弦库则由背面开槽、正面雕以图案花纹为饰，琴弦由下方的弦孔中穿出。琴头两侧设有三个短而粗的硬木制弦轴为左二右一，这与其他三弦的左一右二有显著不同。琴杆短而宽，呈半圆柱状体，上方设有金属山口或在山口处嵌以金属薄片，正面平坦为按弦指板，其上不设品位。琴箱皮面中央置有一截铁棍为琴马，下面垫以一块薄铁片。装三个弦轴，三条钢丝弦，依次按四度或五度关系定弦。[①] 拉祜族小三弦制作精细，音色清亮优美。演奏时，琴箱置于右腹部，左手持琴按弦，右手食指绑竹制拨片弹弦发音，只弹不挑，很少用轮或滚的奏法。左手按弦不用指肚，而用指甲触弦，称跪指。中、外两弦奏旋律，内弦弹和音伴奏。[②] 拉祜族打歌场打歌时只用小三弦和芦笙伴奏，不用牛腿琴；家中围坐火塘闲聊或客人来家，也会弹小三弦助兴；拉祜族男青年串姑娘时，也常弹奏小三弦。

---

① 临翔区南美拉祜族乡教育办公室、临翔区南美乡九年制学校编：《我是南美拉祜人》，4 页，内部资料，2014。

② 苏汉林、杨元美、李红军编著：《临沧南美乡拉祜族发展研究》，86 页，昆明，云南民族出版社，2007。

四、响篾

响篾，拉祜语称“athad”，汉语音译为“阿踏”，俗称“口琴”“吹篾”，是拉祜族非常喜爱的古老的传统民间乐器。响篾小巧精致，只有一个簧，是拉祜族成年男女抒发感情，自弹自娱的传统乐器。弹奏时，左手持响篾置于唇边，右手拇指拨动响篾较尖一头的小齿状竹片的顶部，使之颤动并与嘴唇轻触。同时，口中轻轻吹气，震颤小齿状竹片发音。利用口型的变化与竹片弹动震颤，弹拨出不同的音律曲调。响篾声音较小，音色优美，除了独奏，还可以多支合奏，和声丰富，悦耳动听。夜深人静时弹奏，则格外清脆响亮。在婚恋中，男女青年相约一起弹奏响篾互诉衷肠。白天，劳作期间也会吹奏响篾解乏。晚上，在火塘边也常吹奏响篾。南美乡拉祜族的成年人都有并会吹奏响篾，是大家钟爱的一件乐器。

五、逮篾

逮篾，拉祜语称“arid”，汉语音译为“阿日”，俗称“弹篾”。其形状和制作与响篾相似，也是拉祜族喜爱的传统乐器。弹篾多用白金竹片制成，比响篾要短得多，长有5—6厘米且中间并排刻有两个簧片，两端系有绳子。弹奏逮篾时，左手拉住一端的绳子，另一端的逮绳的线头套在右手指上，将簧片放在嘴唇边，右手使劲逮拉线绳使簧片振动发声。演奏者双唇向前似筒状，以增加簧片的共鸣，并借以控制吹气和变换口型等方法，产生不同的乐音。男女青年在夜深人静谈情说爱时常用逮篾传情达意，婉转动听，如布谷鸟在歌唱。演奏逮篾需要力气加技巧，只有少数技艺娴熟的人才能完成。

六、哔噜

哔噜，拉祜语称“bullo”或“bullieq”，俗称“吡咧”，因模拟其发音而得名。选一根长30厘米、直径1厘米的一截空竹管，一端留竹节，俗称“堵头”；无竹节的另一端为通口。除去管内杂物，将竹管正面削平，画上一条直线并用刀在竹管近竹节（堵头）处削出长4厘米、宽0.8厘米的簧片。距簧片

4 厘米处刻通长方形的一个小通气口，以间距 4 厘米依次再凿刻出 3 个同样的通气口。哔噜上的四个通气口对应“2、3、5、6”四个音符。拉祜族人一般在农历五六月雨季期间在野外种稻子、守庄稼时吹奏哔噜，音色低沉，排解寂寞。也可就地取稻谷秆和芦苇梢等材料制作哔噜，做法相同。

七、横箫

横箫，拉祜语称“tiqkailo”，汉语音译为“底该噜”，也俗称“长笛”。取一根长 30 厘米的空竹管，竹梢一端留竹节钻通。有 1 个吹气孔、6 个按音孔、1 个基音孔、2 个助音孔、1 个膜孔。在竹根一端堵有用布或木塞做成的笛塞。在竹管较粗的那端开吹气孔。横箫是利用空气振动发声和空气柱共鸣的原理制作而成。横箫上第一孔为吹气孔，用于贴箫膜（竹管内的内膜，俗称“竹衣”）的膜孔为第二孔，6 个按音孔以 3 厘米的等间距均匀分布在笛杆上，从箫尾（竹梢）数依次为第三、四、五、六、七、八孔。制作横箫要挑选表面光洁的竹管且内径不能太细，备用的竹管要经过烘烤和竹面的抛光打磨。横箫有“1、2、3、4、5、6、7”七个音符，加之基音孔和助音孔的调音作用，横箫能奏出清脆而圆润的乐音。南美乡多依村大地基一带的拉祜族在结婚办喜事时会吹奏横箫。

南美乡民间乐器各有不同的功用。芦笙为芦笙舞的伴奏乐器。按照习俗，每年秋收到年后下种期间为拉祜族吹笙娱乐的时间。收歌关竜至新米节期间则禁止吹奏芦笙、箫。民间的说法是，年节关竜后寨人要专心农作，忙于下种育苗没时间吹笙跳舞，且地里的谷物在发芽、打苞、抽穗期间若听到芦笙的声响，谷魂受到惊扰而影响谷物的丰产。再者，过去拉祜族一年中有半年的时间在闹饥荒，过完年就要到处挖野菜、找野果等充饥，也无心再吹笙娱乐。扩塔节（春节）、新米节等节日期间，南美乡拉祜族的打歌会用小三弦来伴奏。小三弦音色清亮、优美，是拉祜族青年男女社交和爱情生活中常用的乐器。响篾、逮篾、牛腿琴、口弦是晚上串门唱调时吹弹。横箫和哔噜是放牛人、串山人在放牧、串山打猎，在“班考”守庄稼时为排解寂寞、吓走野兽而自娱自乐的传统乐器。入夏后开始吹奏直萧和哔噜，立冬后禁止吹。立冬后，所有庄稼都收割归仓，守庄稼的人也回家，不再寂寞。哔噜吹响时如麂子的叫声，猎手打猎时常会吹响哔噜引诱真的麂子前来猎捕。因此，横箫和哔噜仅限于在山上吹，防止在家吹招来野兽。响篾的使用则没有时间限制。

第二节　民间歌曲

民歌是人们在社会实践中为表情达意而口头创作的一种歌曲形式。民歌通过口传心授在群众中世代相传，集中体现了一个民族的民族精神、性格、气质、心理素质、风土人情和审美情趣。民歌的音乐语言简明、洗练，音乐形象鲜明生动、短小精悍、易于传唱，具有鲜明的民族特征和地方色彩。

南美乡拉祜族民间歌曲根据演唱内容分为古歌、山歌、情歌、儿歌、催眠曲和习俗歌。

一、古歌

古歌，拉祜语称“tawdkud khawd”，汉语音译为“搭古扩”。南美乡拉祜族古歌主要有反映拉祜族迁徙历程的《根古》和反映婚姻习俗的《古调》。

南美乡村寨的重要活动如年节、婚礼等都要唱古歌。当地拉祜族认为，唱古歌是一件神圣而严肃的事情，有严格的时间，严禁随意演唱。年节期间，寨人围着火塘演唱迁徙史诗《根古》，由德高望重的老人领唱，众人合唱，唱到高兴处，一个个兴高采烈，群情激昂；唱到悲伤处，则黯然神伤，潸然泪下。《古调》只在每年农历十二月、二月有结婚的家庭请人来家里火塘边唱，时间为晚上10时到第二天早上七八时（约10个小时），第一晚上在女方父母家唱，第二天晚上在男方父母家唱，可以领唱、合唱，也可以轮唱。当地拉祜族认为，演唱古歌可以铭记祖先的历史，得到祖先的庇护，实现家庭和睦和村寨兴旺。

南美乡拉祜族村寨，会唱古歌是一件自豪的事情，特别是古歌的领唱者更是得到寨人的敬重。不少人都会自觉学唱古歌，但古歌内容庞杂且多古语词和四音格词，又无文本，需要反复记忆和长时间跟唱才能掌握。拉祜族历史上没有文字，古歌的传承依赖口耳相传，一般分为长辈传授和个人自学两种传承方式。

学唱古歌不受年龄、性别限制，可向家中或寨中会唱古歌的人学习，最好是自己家就有会唱古歌的老人，有便利的条件。因此，家族传承成为拉祜族古歌传承的重要方式。每到节日或婚礼活动，拉祜族群众必然聚会，众人咏唱古歌。古歌演唱活动，为年轻人自学古歌创造了良好的条件。特别是一些聪慧的年轻人，常在这种场合自学古歌。经过一段时间的潜心学习，就可以参加合唱。待能记住绝大多数歌词或能完全唱下来，就可以当领唱，甚至成为大家公认的民间艺人。

二、山歌

山歌，拉祜语称“ qameol khawd”，汉语音译为“嘎摸阔”。拉祜族在日常生产生活过程中喜欢唱山歌小调，俗称“唱调子”，拉祜语称“ qameol ti”，汉语音译为“嘎么低”。南美乡拉祜族喜欢唱山歌，可用拉祜语或汉语唱，多在山野放牧、串山、劳作间隙唱，也可以在家唱。山歌可独唱、对唱或轮唱，用于交流感情、放松心情、调节情绪及活跃气氛。山歌内容广泛，有爱情、劳动、赞美家乡、歌唱新生活等，一年四季都可唱。山歌的节奏较自由，曲调丰富，多即兴填词编唱，歌词通俗押韵，句子长短不一，曲调高亢悠扬，尾音下滑，拖腔悠长。在野外唱的山歌没有严格要求，但在家唱山歌小调时禁唱荤调，歌词要老少皆宜。如《喝茶歌》等。

喝茶歌（独唱）

早上起来不喝茶，有酒有肉难吃下；
中午出工不喝茶，干活不有[①]气渣渣[②]；
晚上回家不喝茶，一天劳累难解下。

三、情歌

情歌，拉祜语称“ niehaq yadhaq khawd”或“ faf dar khawd”，汉语音译为“乃哈亚哈阔”或“发嗒阔”。拉祜族情歌是青年男女相恋时在歌场或野外唱的民歌，曲调优美，借歌传情。咏唱形式有独唱、对唱和轮唱，多为对唱。拉祜族内敛含蓄，体现在情歌上为歌词含蓄委婉，多用比喻、拟人的手法以物寓情，以情寓景，借歌传递真挚的情感。

---

① 不有：临沧方言，意为没有。
② 气渣渣：临沧方言，意为力气、精神。

想妹想得睡不着[①]（男独唱）

妹的脸儿如满月，妹的歌声似画眉。
白天见妹不敢说，夜晚想妹睡不着。
阿妹人美好心肠，不见阿妹心里慌。
天上月亮会不见，妹在哥心不会忘。
……

我俩竹叶不分离[②]（对唱）

哈啊，我亲爱的姑娘哦，幸福日子已经来临啊，
从今我们在一起，就像人和土地永远不分离。
劳动生产同心干，一边一个同卖力。
不管你啊到哪里，树干和树叶在一起。
竹竿竹叶不分离，我跟你走脚不离。
如果你朝西边走，道路遥远我伴着你。
一个后面紧紧跟，一个前面慢慢走。
好比筷子是一双，紧紧跟着你足迹。
你抬脚来我抬脚，你甩手来我甩手。

四、哄娃娃歌

哄娃娃歌即是催眠曲，是拉祜族老年妇女或母亲们哄婴儿睡觉时哼唱的歌。歌词简单且反复哼唱，有的仅有曲调，无歌词，尾音常拖长，曲调优美安闲。常一边背着娃娃，一边哼着调子，有时还随调子节奏不停晃动，让婴儿入睡。

莫哭了，莫闹了[③]

哎！莫哭了啊，阿爹拿给好看的东西给你啊。
莫哭了，快快睡觉，阿妈去割菜，一下就回来啰。
莫哭了，悄悄睡觉，莫哭了，莫闹了。

---

① 《想妹想得睡不着》是由男子独唱的一首情歌，表达对心上人的思念之情。由扎发演唱。

② 《我俩竹叶不分离》为男女对唱的一首情歌，表达永不分离的真挚情感。由郑刚采集，罗成和演唱，李昌明、李有林翻译，王瑛华意译。

③ 《莫哭了，莫闹了》是大人哄小孩子时唱的儿歌，多为一边背小孩一边晃着唱。由郑刚采集，罗成和演唱，李昌明、李有林翻译，王瑛华意译。

五、儿歌

儿歌是以低幼儿童为主要接受对象的具有民歌风味的简短诗歌。它是儿童文学最古老也是最基本的体裁形式之一。根据儿童的思想、心理、感情、想象、趣味、理解力、生活经验、语言特点与表现手法等而编唱的口头短句，也称“童谣”。拉祜族儿歌生活色彩浓厚、形象生动，译成汉语后押韵，朗朗上口，易于识记、传唱。

小画笔

小小画笔尖又尖，拿在手里画圈圈。
画个太阳亮闪闪，画个月亮弯又弯。

厄莎

厄莎厄莎真是神，会用葫芦来造人。
厄莎厄莎真够长，天当被来地当床。
厄莎厄莎真能睡，一觉就是五百年。
厄莎厄莎真叫大，日月为眼照天下。

六、习俗歌

按照习俗，在特定场合所唱的歌，可以用一个调子填进不同的词，也可以根据已有的曲子现场即兴填词唱。南美乡拉祜族习俗歌主要有与生产劳动有关的《出猎歌》《撒玉米调》《收工调》，有关礼仪的《迎宾曲》《丰收酒歌》，婚礼中的《说教歌》以及丧葬习俗有关的《安葬调》等。

（一）生产劳动歌

出猎歌[①]

（汉语）撵山的汉子，

① 根据2011年12月26日在南美乡南美村何峨讲述的材料整理而成。

拉拉弩弦噶牢，
试试猎枪噶响。
进山的猎狗，
磨磨爪子噶利，
嗅嗅鼻子噶灵。
撵山的汉子，
先祭山神，
山上野味归他管。
再祭猎神，
打野味他说了算。
老人教给射弩，
猎得野味敬他们。
撵山的汉子，
搭好弩箭，
挖好陷阱，
只等野味快快来，
打得野味好回寨。

砍柴调（独唱）

我们啊砍柴厄啊到山上哎，
见柴哦啊抱拢来哎啊啊。
背着柴哎把手甩哎哎哦，
这里满山哎哎哦啊是干柴哎哎哦。
背着柴哎下山来，
快快走哎把手甩。
高兴得甩手哎脚步也轻轻，
砍柴回家哎真啊高兴，
一路回来一路唱哎。

撒玉米调[①]（合唱）

嘿哦啊哎，嘿哦啊哎，这里的人啊都一起来唱，

我们大家啊一起都来唱哎一起来唱。

众人来商量哎大家都来想办法，大家齐伸手啊都来种玉米。

大家齐伸手啊一齐撒玉米籽啰。大家齐伸脚啊一齐踩土来盖[②]啰。

（二）迎客歌

拉祜迎宾曲[③]

（汉语）芦笙吹起来吹起来，打歌跳起来跳起来。

弦子弹起来弹起来哎，调子唱起来唱起来。

拉祜山寨喜洋洋哎，猎虎民族多欢快哎。

山笑水笑迎客来，葫芦子孙迎客来。

敬上一杯茶呀，迎呀么迎客来。

敬上一杯酒呀，迎呀么迎客来。

朋友朋友欢迎你，

欢迎朋友做客来做客来。

（拉祜语）

Nawf meot ha law meot ha law, cal qhet pawt ha shel pawt ha shel.

Teo ka ha law te ka ha law, qa meol qa ha shed qa ha shel.

Ladhof qhat lawl kal na na sha la, shaf bawt shiel paf ka na na sha la.

Qhaw xeuf lawl xeal awl chaw lal, ap phor kul qo awl chaw lal.

Lal khied ted peol dawl, awl chaw lal awl chaw lal.

Dzil khied ted peol dawl, awl chaw lal awl chaw lal.

Awl viq awl nj sha la dar sha la dar.

Awl viq awl ni khieq chaw viq chaw lal.

---

① 《撒玉米调》，是南美乡拉祜族在种玉米前或种玉米时对唱的调子。

② 拉祜族用传统方式种玉米的时候，多人一起合作，两人一组，一人戳坑，一人手脚并用，向坑内撒下玉米籽后即顺脚扒土踩盖种子。

③ 临沧的拉祜族迎宾曲，由王红心作词，舒翔作曲，在临沧市广为传唱。

（三）酒歌

丰收酒歌[①]

（汉语）毕芦响起，收谷打米，大伙儿围火团团坐，抬起酒碗轮着唱。
你也夺，我也夺，大家一起地白夺，喔喔喔喔。
拉祜山寨打起歌，喔喔喔喔。
拉祜山寨打起歌，拉祜山寨打起歌。

（拉祜语）

Piq lu bu la, cal xeot cal jawr, nie heu ted xeul aq mil pad meul, dzil khied chid lie ted giel dawl.
Nawl kal dawl, ngal kal dawl, niel heu ted giel dawl, ol ol ol ol.
Ladhof qhat law ca qhet law, ol ol ol ol.
Ladhof qhat law ca qhet law, Ladhof qhat law ca qhet law.

（四）婚礼歌

说教歌

天和地是一对，
山和水是一对，
男和女也是一对。
从今天开始，
你们两个人要像
背索配背篓，
刀心配刀壳，
茶盖配茶壶，
永不分离。
……
从今以后，
你们两个人，
要多多地怀孕，
要多多地生育，

① 《丰收酒歌》，舒翔作曲，段寿军作词。

一个挨一个，
像葫芦结果紧相连，
……①

（五）安葬调

某某，某某，
这是天神地神安排好的日子，
不只是你一个人会死，
你不要难过，
你也不要生气。
今天，
全家老小送你上山，
三亲六戚送你上山，
这里是你愿意在的地方，
你就好好地留在这里。
从今往后，
家里的大人小孩，
你不要想念。
家里的大事小事，
你不要操心。
我们回家了，
你不要跟着来，
也不要追着来，
你带着你的东西，
放心地走，
去跟祖先一起生活，
不要来打扰家里的人，
更不要给家里带来麻烦。
放心地走啰，走啰。

① 摘自临翔区南美乡九年制学校编乡土教材《我是南美拉祜人》，22页，内部资料，2015。

第三节　舞蹈

南美乡拉祜族热爱歌舞，很多人都会吹拉弹唱，男女老少都喜欢“打歌”。除了芦笙舞、“打歌”、结队对歌等集体欢愉外，个人在野外放牧、干农活期间也会哼唱小曲进行自娱自乐。民间有说法：“好玩不过唱着小曲吹芦笙打歌去，欢乐不过唱着小曲吹芦笙打歌的人。”“唱曲吹芦笙打歌使得山走路，使得水上坡。”①

南美乡拉祜族生活在山区，生产很不发达，生活条件艰苦，历史上主要以狩猎为主，多跑、跳等下肢运动，加之传统“刀耕火种”的原始农业生产习俗让拉祜族性格顽强、身手敏捷、体格强健。

世代生活于山区的拉祜族，创造了丰富多彩的民族文化，特别是舞蹈。拉祜族的民间舞蹈，拉祜语称“ qafqhet”，汉语音译为“噶凯”，意为“打歌、跳舞”，是与芦笙舞联系密切的古老舞种。在院子或广场上围成一圈，男子吹奏芦笙，踏地跺脚旋转，在内圈跳着芦笙舞；女子在外层携手成圈，合着芦笙的节奏跳舞。吹芦笙，拉祜语称“ nawfmeot”，汉语音译为“诺末”。拉祜族酷爱打歌，俗称“芦笙一响，腿脚就痒”，“打歌打到太阳落，跳起黄灰做得药”，尽情释放情感，酣畅淋漓。

最初，打歌仅用于祭祀神灵，只限神职人员可以打歌敬神，祈福消灾。后来，在保留祭神内涵的基础上，逐渐演变成拉祜族人人都可参加的一种民间娱乐活动。

以前，打歌主要集中在户肯、平寨、河边寨、西山、岩子脚等拉祜族村寨。南美乡拉祜族的舞蹈以西山寨最有名，有很多种套路。西山和岩脚寨的拉祜族一直保持着打歌习俗。南美村的拉祜族寨子以前不打歌，只唱调子，1978年以后才开始流行结婚打歌，但过年仍不打歌。南华村拉祜族与汉族杂居，1950年后才开始在新人结婚时才组织打歌。1981年后，西山寨的拉祜族也开始在结婚时组织打歌。坡脚村的拉祜族爱唱山歌，喜欢打歌，过年、婚丧、进新房等都流行打歌。

---

① 临翔区南美乡教育办公室，临翔区南美乡九年制学校编：《我是南美拉祜人》，20页，内部资料，2014。

南美乡传统舞蹈的基本动作主要有三种。基本动作一：双手抱握芦笙，屈膝，身体微前俯。左腿向左前上一步，左转四分之一圈，屈膝，同时右腿屈膝后抬 25 度。右腿向前上一步，左腿屈膝后抬 25 度。左腿后退一步，右腿收呈左丁字步。基本动作二：双手抱握芦笙，屈膝，身体稍前俯。出左脚，走四步，身体随重心自然摆动。左腿先退，后退四步，身体随重心自然摆动。基本动作三：双脚站立呈小八字步，双手抱握芦笙，屈膝，身体微前俯。右腿向右斜上方上一步，右转四分之一圈；左腿向右前方踢 45 度。原地跳一下。左腿落地，右腿微离地。右腿收呈左丁字步。

南美乡拉祜族舞蹈统称为打歌，按照舞蹈内容及场合不同，主要分为芦笙舞和跳歌。

一、芦笙舞

（一）概况

芦笙舞是以芦笙伴奏、由领舞者领舞的群体性舞蹈，是拉祜族自娱自乐的舞蹈。南美乡拉祜族年节时都要跳芦笙舞，有起歌、正式打歌、收歌、祭竜等环节。南美乡拉祜族过年打歌，由歌头组织，村、小组干部及村中有威望的人协助歌头做好打歌的后勤服务工作。目前仍保持过年打歌传统习俗的有平寨、西山、岩脚、河边寨 4 个寨子，其中西山打歌传承得最好。保持打歌习俗的各村都有固定的打歌场和歌头，一般在祭歌神的歌头家，歌头家即打歌场。有的村寨的歌头还兼任竜头，当地称竜头“磨巴”或“厄萨”，既管打歌又管祭竜；有的村寨的歌头和竜头分设，各司其职。南美乡拉祜族能歌善舞，尤以年节芦笙舞打歌最有特点。南美乡拉祜族各村寨组织打歌的人为歌头，歌头实行世袭制。按照习俗，老歌头多与小儿子住，歌头基本都由小儿子继承，以便口传身授。如果歌头家中没有亲生儿子，就在其直系亲属的儿子中选择一位来培养歌头，一般在老歌头不久于人世前密传给接班人。每逢起歌之日，拉祜族男女老少都到自己所属的歌头家参加打歌。

年节期间，有打歌传统的几个村寨的拉祜族一定要在歌头家的打歌场打歌。南美乡拉祜族年节打歌分为“老年歌”和“新年歌”。除夕晚上开始打“老年歌”，正月初二下午开始打“新年歌”。除夕晚上七八点起歌，天亮要收歌，意味着上一年的歌打完了。正月初一这天，全寨休息，禁止出村，男女青年可在村边玩耍、游戏，晚上休息。正月初二上午，大家相互拜年，下午一两点起新歌，意指开始打新一年的歌。凡参加打第一场新年歌的人，必须要坚持到初三上午八九点钟停歌，方能离开打歌场。芦笙手、打歌的师傅由歌头家负责提供早饭，其他人则各自回家吃饭，晚上接着集中打歌。按照传统习俗，“新年歌”的打歌一定要满五天，打不足五天的要继续打，直打到关竜日为止。尽管年节期间必须天天打歌，但却不一定每晚都通宵达旦，只有打歌开始和结束的几个晚上要打到天亮。

南美、南华、户肯等村寨的起歌时间是统一的，但收歌关竜的时间却有不同。南美村各寨在属猪日收歌关竜，南华村各寨是属猴日收歌关竜，坡脚村的户肯寨是属鼠日收歌关竜。到了初六这天，如果正好是本村收歌关竜的属相日，则收歌关竜；如果不是，就继续打歌，直到本村的收歌关竜的属相日那天才收歌关竜。关竜的第二天，全村人休息，不出村、不劳动，也不许外村人进村。南美乡拉祜族过年时间，短则 8 天，长则近 20 天。如 2013 年，南华西山拉祜族属猴日收歌关竜，新年歌从正月初二属猴日打起，打到正月初六满五天，但正月初六是属鼠日，不能关竜，打到正月十四才是他们属猴关竜日，即行收歌关竜，加上正月十五休息，西山拉祜族 2013 年实际过年 15 天；户肯拉祜族属鼠日收歌关竜，正月初六属鼠，正是户肯村收歌关竜日，就要收歌关竜，户肯拉祜族 2013 年实际过年 7 天；小南美属猪日收歌关竜，正月初六属鼠，须再打一轮 12 天，到正月十七才属猪，才行收歌关竜，小南美乡拉祜族 2013 年实际过年 18 天。

打歌期间，不分男女老幼，外村人也可以参加打歌。过年打歌，正是男女青年找对象、谈情说爱的好时机，男女青年到打歌场一边打歌，一边物色心仪的对象。打歌场上，大家聚在一起，竞相展示个人的打歌技艺和吹笙水平。打歌和吹笙技艺出众者会得到众人的尊敬和钦佩。南美乡拉祜族打歌的伴奏乐器为自制的葫芦笙和竹箫，以芦笙为主。南美乡拉祜族男子基本都会吹奏葫芦笙，但会吹箫的人较少。打歌场中央摆放一张竹篾桌，桌子上摆满谷物种子和谷花的圆箩和升斗。打歌活动中，烟、酒、茶一样不能少，特别要备足小锅酒。收歌关竜时，要收起芦笙和箫，不再吹笙打歌。正月关竜后的其他日子，仅可吹奏芦笙，禁止吹笙打歌。农历二至七月期间禁止吹芦笙。吹箫仅可吹山歌小调，禁止吹打歌调。多依村的拉祜族女子在闲暇时间喜欢吹箫。八月新米节（尝新节）后，可以吹芦笙和箫打歌了。

南美乡拉祜族在给死者守灵时会打歌，即跳“chawsiqaf”，汉语音译为“搓司嘎”，意为“守灵舞”。人去世后，其家人守在尸体旁，磨巴给死者唱引路调（也叫“指路经”）。其他人在木掌楼外打歌，开始打倒歌，大家围圈，在芦笙和箫的伴奏下逆时针方向跳三圈，再顺时针方向跳三圈，之后则是平时的打歌动作。

（二）特点

南美乡拉祜族年节时跳的芦笙舞属于山区型舞蹈，其动律特征以正步、踏步、磋步、绕步和身段的俯、仰、摆、转等为主，下身肢体动作较多，踢、踏、跳频繁，屈膝开胯，动作富有弹性，节奏有张有弛，表现手法时而夸张洒脱，时而逼真细腻，形成深沉坚毅、洒脱机巧的艺术风格。这种动律特征形成的原因包含历史因素、民族心理及地域环境等。当地拉祜族打歌中保留较多的原始动作，如模拟动物情趣、生产劳动类动作。拉祜族舞蹈的动律是其民族心理的外在体现。人们能在打歌场上数小时甚至数天进行吹笙、踢、踏、转身和跳跃，与日常的翻山越岭、背负劳作密不可分。

（三）分类

南美乡拉祜族芦笙舞的套路有数十种之多，依内容和表现形式分为礼仪舞、生产生活舞和模拟动物舞三类。

礼仪舞是拉祜族民间信仰在意识形态的反映，祭祀礼仪舞只在重大节日和祭祀活动中跳，并按一定的程序贯穿于活动的始终。拉祜族把葫芦视为祖先诞生的母体象征，拉祜族相信葫芦笙是通天神器，通过吹笙与天神对话。人们吹笙跳舞，祭神娱神，与神同乐，祈求神灵护佑寨人平安，来年风调雨顺、五谷丰登、六畜兴旺，实现心理慰藉。礼仪舞主要有《起歌》《合脚歌》《江内江外歌》《三进三退歌》《一脚半歌》《五脚歌》《踏脚歌》《跺步歌》《收歌》等套路。

生产生活舞蹈以生产生活的某种动作形态为原形，通过舞蹈艺术性地再现生活，抒发情感，是拉祜族生产生活形态历史流程的形象记录。[①] 劳动生产舞一般有 30 多套动作，主要反映早期劳动生产全过程的模拟动作舞蹈，主要有《找地歌》《砍树歌》《芟地歌》《挖地歌》《犁地歌》《下种歌》《栽秧歌》《扯藤子歌》《打谷子歌》《扬谷子歌》《簸谷子歌》《背背篓歌》等套路。

① 非遗中国：拉祜族芦笙舞，http://www.360doc.com/content/19/0611/13/64659119_841735719.shtml，2019-06-11。

生活舞主要有14余种套路，主要是模拟日常生活中的基本动作，充满生活情趣。生活舞主要有《舂谷子歌》《簸米歌》《舂盐辣子歌》《大三脚歌》《反三脚歌》《跺三脚歌》《倒三脚歌》《纵脚歌》《烘脚歌》《哄娃娃歌》《扫地歌》《炕饭歌》[1] 等。

模拟动物舞的舞蹈动作主要模拟动物的动作，形象逼真。主要流行的舞蹈有《画眉捡食歌》《黄鼠狼瞄蜂子歌》《布谷鸟歌》《信鸡摆尾舞歌》《麂子歌》《苍蝇搓脚歌》《斑鸠拾食歌》《箐鸡摆尾歌》等。这部分舞蹈要求神态和动作有一定的技巧和默契，具有一定的表演性。

（四）基本套路

南美乡拉祜族打歌以西山一带村寨最有特点，打歌的套路丰富，据说有几十种套路。

1. 礼仪舞

①起歌

起歌指年节期间最开始的打歌。南美乡每年农历大年初二晚上，在“歌头”（世袭的起歌人）家的堂屋中间放一篾桌，上置一装有10斤稻谷的篾箩，谷中插上20根挂蜂蜡。歌头点燃蜂蜡，与四个小伙一起围着篾桌吹奏芦笙，分别按顺时针和逆时针方向跳三圈芦笙舞。尔后，其中一人将篾桌搬至院子，歌头及这四位小伙围着篾桌吹奏芦笙，再按顺时针、逆时针各跳三圈芦笙舞。

起歌的套路：开始前，男女围成圆圈，男子双手抱握芦笙；面对圆心，双腿屈膝，身体微前俯。打歌时，随芦笙节奏，众人左腿向左侧横移一步；同时右腿屈膝开胯25度，右脚落至右脚尖前跺一步，身微前俯，右腿向右侧横移一步，左腿向右前方踢出45度。

起歌

1=C $\frac{2}{4}$ ♩=120

| 7 5 7 5 | 5 7 5 ‖

[1] “炕饭”指的是以前没有饭桌，都是围着火塘边吃饭，土锅饭做好后，吃饭前一直放在火边烘着，将碗筷等摆放好准备吃饭。

起歌的舞蹈动作多为脚下动作，可循环地跳，无规定的结束动作，给人一种总也跳不完的感觉。起歌表明一年的打歌已经开始了，以后可以尽情地跳舞了。

完成打歌的领舞（俗称“起歌”），四个年轻人一同祭拜四方并磕头，后众人脱包头向搬到院子中央的篾桌磕头，后开始打歌。打歌从农历正月初二开始，一直跳到属猴日为止。若初三或初四是属猴日，年节还未过完，就要跳一轮（12 天），直到下一个属猴日才能结束打歌。

②合脚歌

合脚歌是通过舞蹈告诉所有参加打歌的人，打歌已经起好头了，大家要注意统一芦笙调和舞步（合脚步）了。

合脚歌的套路：开始前，男女交叉站成两排（甲乙组），男子双手抱握芦笙，双腿屈膝，身微前俯。女子双手自然下垂，身体随芦笙节奏自然摆动。打歌时，随芦笙节奏，甲组先出左脚向左踏步转半圈，一拍踏一步；乙组先出右脚向右踏步转半圈，一拍踏一步；甲组右腿向左前方踢出 45 度（对脚）；乙组左脚向右前方踢出 45 度；甲组先出右脚向右踏步转半圈，一拍踏一步；乙组先出左脚向左踏步转半圈，一拍踏一步；甲组左腿向右前方踢出 45 度（对脚）；乙组右脚向左前方踢出 45 度。

合脚歌

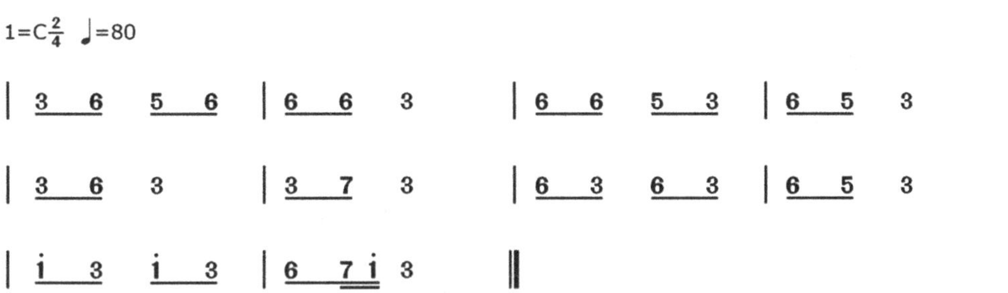

③江内江外歌

江内江外歌是流传在南美拉祜族乡南美村、南华村户肯寨、坡脚村等地的一种自娱性舞蹈。当地以南美河为界分为“江内”和“江外”。“江内”指南美村、坡脚等村寨；“江外”指西山等村寨。“江内江外歌”的舞蹈动作较为简单，节奏感强，俗称“三步一甩手”。南美乡拉祜族多在春节和农闲时跳江内江外歌，打歌场上男女老幼数百人欢歌起舞，气氛热烈，整齐壮观。

准备姿势同上。打歌时，随芦笙节奏，左腿向左前方上一步，同时右腿屈膝开胯25度；右腿落在左脚尖前踩一步；右腿向右前方上一步，同时左腿屈膝开胯25度；左腿落在右脚尖前踩一步；身向右转半圈，左脚向左前方上一步，同时右腿屈膝，开胯25度；右腿落在左脚尖前踩一步；身向左转半圈，右脚向右前方上一步，同时左腿屈膝，开胯25度；左腿落在右脚尖前踩一步。

江内江外歌

1=C $\frac{2}{4}$ ♩=120

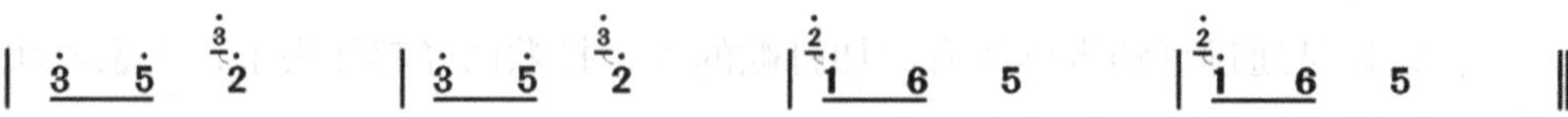

④三进三退歌

准备姿势同上。跳舞时，随芦笙节奏，右腿屈膝，左脚伸直放在右脚尖前，身微前俯，双脚向前跳三下；停一下；左腿向左后方退一步，送左胯，右吸腿10度，身向右倾；右腿向右后方退一步，送右胯，左吸腿10度，身向左倾；左腿向左后方退一步，送左胯，右吸腿10度，身向右倾；右腿向右后方退一步，送右胯，左吸腿10度，身向左倾。相同动作重复跳一遍。

右腿屈膝，左脚伸直放在右脚尖前，身微前俯，双脚向前跳三下，停一下；左腿向左前上一步，左转四分之一圈，屈膝，同时右腿屈膝后抬25度；右腿向前上一步，左腿屈膝后抬25度；左腿后退一步，右腿收呈左丁字步。

左腿向左后方退一步，送左胯，右吸腿10度，身向右倾；右腿向右后方退一步，送右胯，左吸腿10度，身向左倾。相同动作重复跳一遍。

右腿向右斜上方上一步，右左转四分之一圈；左腿向右前方踢45度；原地跳一下；左腿落地，右腿微离地；右腿收，呈左丁字步。

三进三退歌

1=C $\frac{2}{4}$ ♩=160

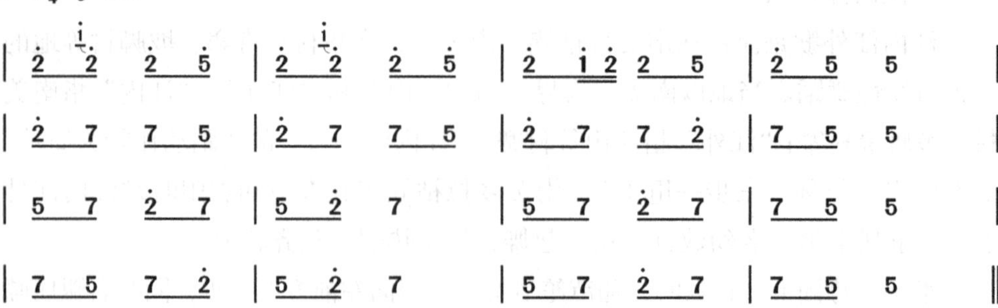

⑤一脚半歌

准备姿势同上。打歌时，随芦笙节奏，左腿向左前上一步，左转四分之一圈，屈膝，同时右腿屈膝后抬 25 度；右腿向前上一步，左腿屈膝后抬 25 度；左腿后退一步；右腿收呈左丁字步；右腿向右方横移一步，横移时微跳，右脚跳落时，左脚提起靠近右腿；左腿向左方横移一步，横移时微跳。左脚跳落时，右脚提起靠左腿；右腿向右方横移一步，横移时微跳。右脚跳落时，左脚提起靠近右腿；左腿向左方横移一步，横移时微跳，左脚跳落时，右脚提起靠左腿；右脚跟离地跳起，左腿收走 45 度；脚跟在右小肚旁屈膝，微勾脚；左脚跟离地跳起，右腿收走 45 度；脚跟在左小肚旁屈膝，微勾脚；右脚掌落地双腿屈膝。

一脚半歌

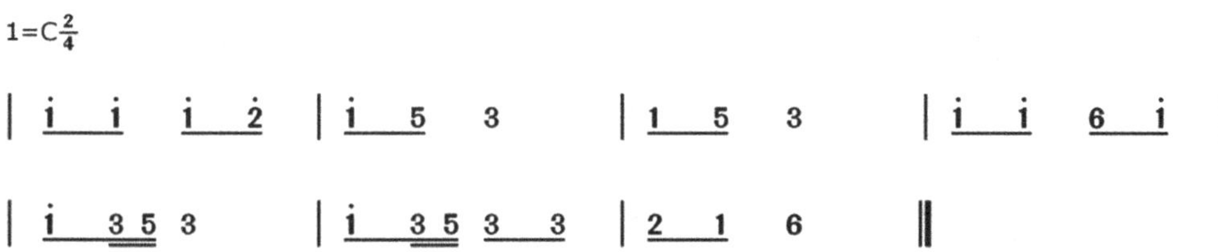

⑥五脚歌

准备姿势同上。打歌时，随芦笙节奏，左腿向左前上一步，左转四分之一圈，屈膝，同时右腿屈膝后抬 25 度；右腿向前上一步，左腿屈膝后抬 25 度；左腿后退一步；右腿收，呈左丁字步；右腿为重心，左脚吸腿关胯靠于右小腿旁；上身稍向右倾，向右旋转半圈；左腿为重心，右脚吸腿关胯靠于左小腿旁；上身稍向左倾，向左旋转半圈；左腿为重心，右脚吸腿关胯靠于左小腿旁；上身稍向左倾，向左旋转半圈；右腿为重心，左脚吸腿关胯靠于右小腿旁；上身稍向右倾，向右旋转半圈；右腿向右斜上方上一步，右左转四分之一圈；左腿向右前方踢 45 度；原地跳一下；左腿落地，右腿微离地；右腿收，呈左丁字步。

五脚歌

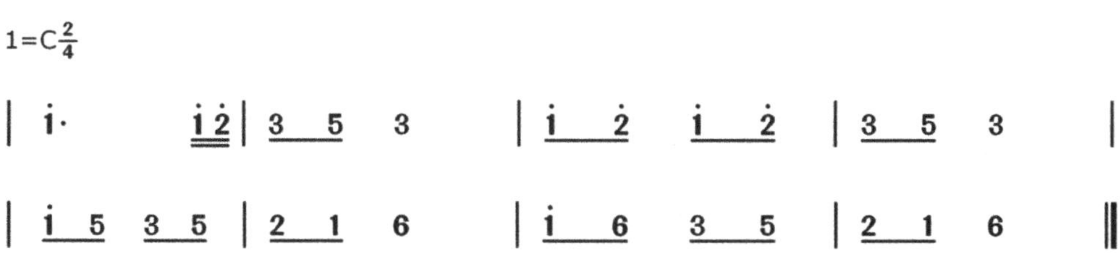

⑦跳脚歌

准备姿势同上。打歌时，随芦笙节奏，男子双手抱握、吹奏芦笙，屈膝，身微前俯。左腿向左前上一步，左转四分之一圈，屈膝，同时右腿屈膝后抬 25 度；右腿向前上一步，左腿屈膝后抬 25 度；左腿后退一步；右腿收，呈左丁字步；双跳步正步往前连缩四次，缩成小圈；双脚正步往后连退四次，扩成大圈；向右转四分之一圈，面朝逆时针方向双脚正步向前连跳四次；双脚正步后连跳四次。

跳脚歌

1=C $\frac{2}{4}$

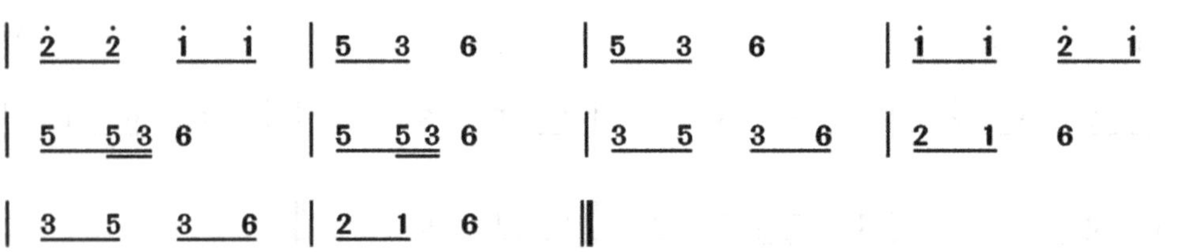

⑧跺步歌

准备姿势同上。打歌时，随芦笙节奏，男子双手抱握、吹奏芦笙，屈膝，身微前俯。左腿向左前上一步，左转四分之一圈，屈膝，同时右腿屈膝后抬 25 度；右腿向前上一步，左腿屈膝后抬 25 度；左腿后退一步；右腿收，呈左丁字步；左腿向左斜前方上一步；右脚跟至左脚旁，双腿同时往下跺，半蹲；右腿向右斜前方上一步；左脚跟至右脚旁，双腿同时往下跺，半蹲；左腿往后左斜方撤一步，右腿抬起 90 度，上身微后仰；原地跳一下；后腿落地，身微前俯，同时左腿后抬 45 度；原地跳一拍；右腿往后右斜方撤一步，左腿抬起 90 度，上身微后仰；原地跳一下。

跺步歌

1=C $\frac{2}{4}$

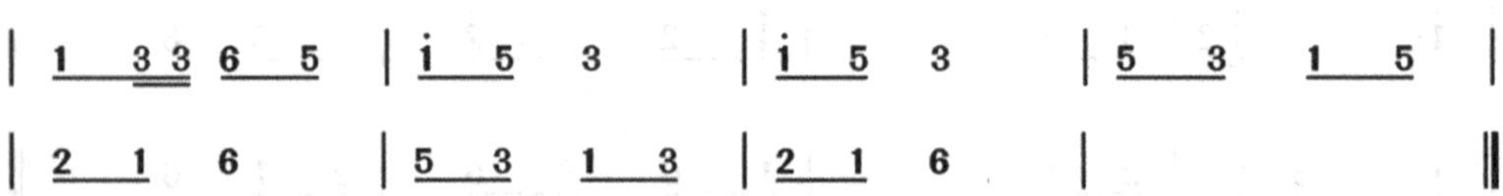

2. 生产生活舞

（1）劳动生产舞

生产生活类打歌是流传于南美拉祜族乡南美村、坡脚村和南华村等村寨的拉祜族群众自娱性舞蹈，主要包括插秧歌、扯藤子歌、芟地歌、背背箩歌等舞蹈。这类舞蹈是人们模仿生产生活的一些经典动作，形象生动，自然古朴。

①芟地歌

准备姿势同上。打歌时，随芦笙节奏，左腿向左横移一步，同时右腿开胯屈膝 25 度；右腿落在左脚前，同时左腿微离地；左脚向左前方横移一步；右腿向左前方踢 90 度。再向相反方向，将上述舞蹈动作重复跳一遍。

芟地歌

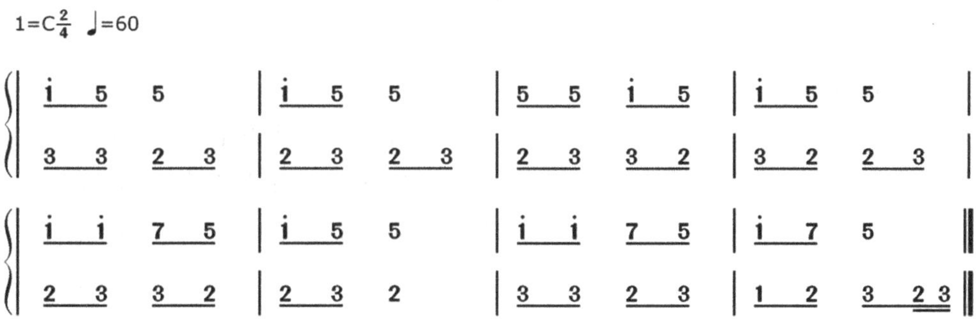

②栽秧歌

准备姿势同上。打歌时，随芦笙节奏，右腿向右方横移一步，同时左腿从左斜方“盖腿”至右前方；左小腿从右前收回至右膝呈吸腿状；左膝伸直落在右脚前，同时右腿猛屈膝，原地停一下；双脚向右转半圈，左腿猛屈膝，右膝伸直脚跟挨地，原地停一下；双脚向左转半圈，右腿猛屈膝，左膝伸直脚跟挨地，原地停一下。再向相反方向，将上述舞蹈动作重复跳一遍。

栽秧歌

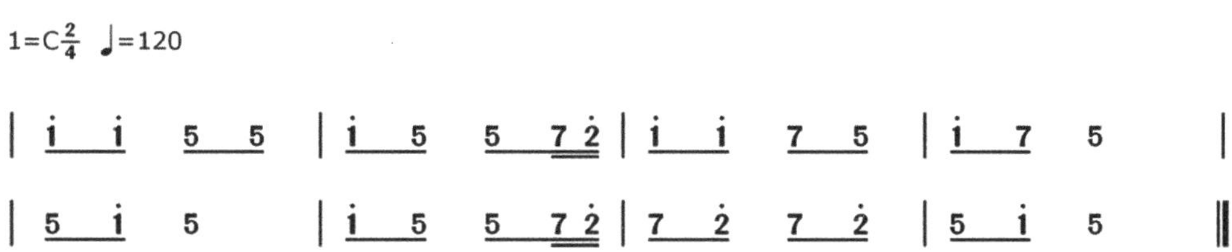

③扯藤子歌

准备姿势同上。打歌时，随芦笙节奏，右腿向右侧横移一大步呈右弓步，身体向左倾；左脚向右拖步靠拢右脚，双腿直立；右脚向右方上一步，同时左脚向右前方踢出25度，原地停一下；左脚落在右脚尖前，原地停一下。再以相反的方向，将原来的动作跳一遍。

扯藤子歌

1=C $\frac{2}{4}$ ♩=60

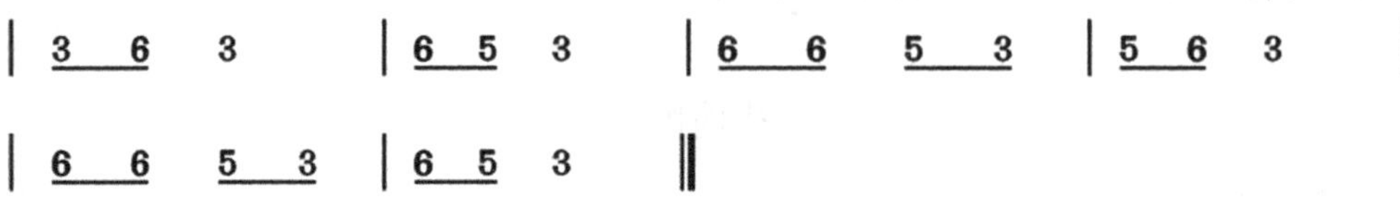

④背背篓歌

准备姿势同上。打歌时，随芦笙节奏，右脚向右前方上一步，同时送右胯，身向左倾；左腿上步至右脚前，同时送左胯；右脚上步至左脚前，同时送右胯，原地停一下。以上动作重复一遍。左脚向后退一步，右脚向后退一步，左脚再向后退一步，原地停一下。再右脚向右前方上一步，同时送右胯，身向左倾；左腿上步至右脚前，同时送左胯；右脚上步至左脚前，同时送右胯，原地停一下。重心移至两脚脚尖，双脚脚跟离地、落地。重复一遍该动作。

背背篓歌

1=C $\frac{2}{4}$ ♩=120

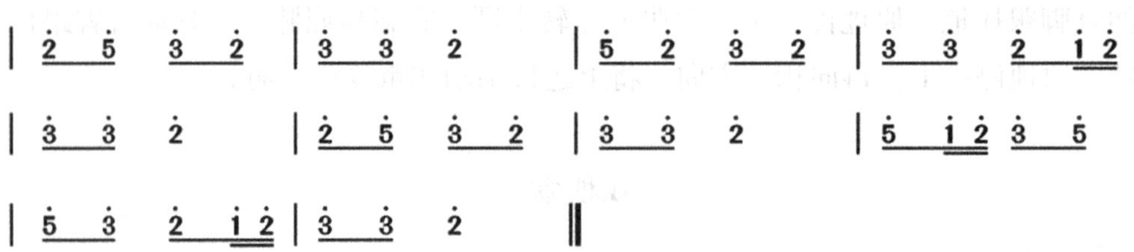

（2）生活舞

南美乡拉祜族的生活类芦笙舞主要包括三脚歌、扫地歌和哄娃娃歌等舞蹈。生活舞主要流传在南美拉祜族乡南华、户肯、坡脚等村，是一种自娱性民间民族舞蹈。其中三脚歌是该地方男女老少都会跳、爱跳的舞蹈，舞蹈动作多为模拟打猎回来在火塘边烤火烘脚的动作，目前收集到的三脚歌有大三脚、反三脚、跺三脚、倒三脚、纵脚、烘脚歌等套路，主要由芦笙伴奏。跳三脚歌时，人数不限，少则两人，多则数十数百人。男女围成圆圈，面对圆心向左或向右边走边舞，多为做几个基本动作后加转身、半蹲等动作。其特点为腿的屈伸及身体前倾后仰幅度较大，特别是跺脚和踏地时，几乎是全脚掌着地，小腿灵活有力，动作敏捷，节奏鲜明。

①大三脚歌

打歌开始前，男女围成圆圈，身面向圆心，男子手握芦笙，女子双手自然下垂，屈膝，身体微前俯。打歌时，随芦笙节奏，左腿向左前上一步，左转四分之一圈，屈膝，同时右腿屈膝后抬 25 度；右腿向前上一步，左腿屈膝后抬 25 度；左腿后退一步，右腿收呈左丁字步；右腿屈膝横移一步，同时左腿开胯 45 度；左腿落右脚尖前，身微前俯；左腿向圆心猛上一步双腿屈膝，同时右脚尖顶地；右脚跟落地身直立，左腿前抬 25 度；左腿原地跺一下，右腿微离地；右腿落地；右腿右上一步，右转四分之一圈，左腿右前踢 45 度；原地跳一下；左腿上一步，右腿微离地；右腿收，呈左丁字步。

大三脚歌

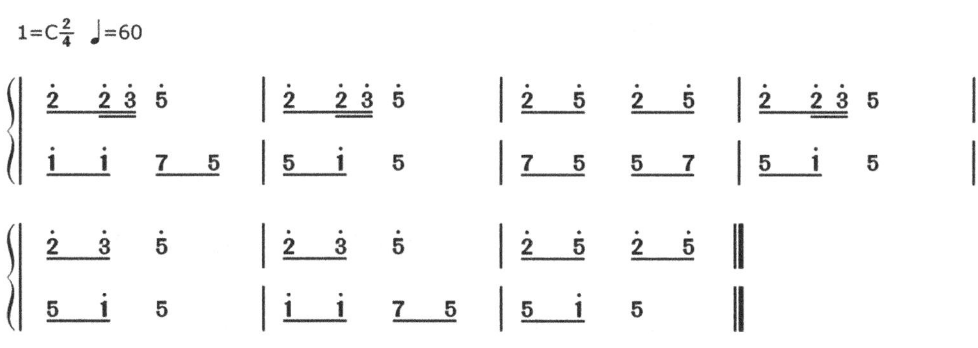

②反三脚歌

打歌之前，准备姿势同上。打歌时，随芦笙节奏，左腿向左前上一步，左转四分之一圈，屈膝，同时右腿屈膝后抬 25 度；右腿向前上一步，左腿屈膝后抬 25 度；左腿后退一步，右腿收呈左丁字步；右腿屈膝向右横移一步，同时左腿开胯屈膝45度；左腿落右脚尖前，身微前俯；左腿向左后方退一步，右膝向左膝靠拢拖步；同时脚尖顶地，停一下；右腿向右后方退一步，左膝向右膝靠拢拖步；同时脚尖顶地，停一下；左腿屈膝向左横移一步，同时右腿屈膝开胯45度；右腿落在左脚尖前；右腿屈膝向右横移一步，同时左腿屈膝开胯45度；左腿落在右脚尖前；左腿屈膝向圆心踢出45度；左脚落地双腿屈膝。

反三脚歌

1=C $\frac{2}{4}$ ♩=60

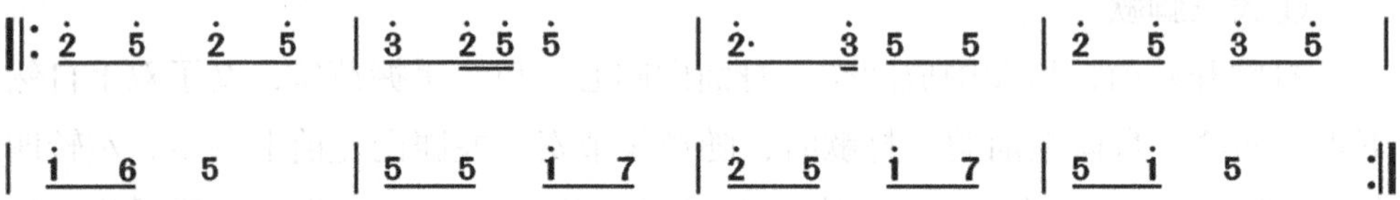

③跺三脚歌

打歌之前，准备姿势同上。打歌时，随芦笙节奏，左腿向左前上一步，左转四分之一圈，屈膝，同时右腿屈膝后抬25度；右腿向前上一步，左腿屈膝后抬25度；左腿后退一步，右腿收呈左丁字步；右腿屈膝向右横移一步，同时左腿屈膝开胯25度；左脚落在右脚尖前跺一下；左腿向圆心大迈一步，猛屈膝。右腿后抬25度；右腿后退一步，身微直立；左腿向左横移一步，右腿微离地；右腿向左腿靠拢跺一下；左腿屈膝向左横移一步，同时右腿屈膝开胯25度；右脚落在左脚尖前跺一下。

跺三脚歌

1=C $\frac{2}{4}$ ♩=80

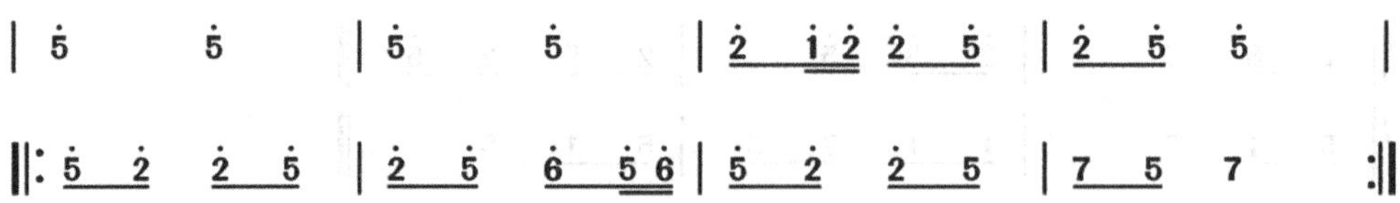

④纵三脚歌

打歌前，准备姿势同上。打歌时，随芦笙节奏，左腿屈膝向圆内上一大步半蹲；同时右腿后抬25度；右腿后退一步，起身左腿微离地；左腿向左前上一步呈左弓步；重心移至右腿，呈右弓步；左腿屈膝向圆内上一大步半蹲；同时右腿后抬 25 度；右腿后退一步，起身左腿微离地；左腿向左前上一步呈左弓步；重心移至右腿，呈右弓步。

纵三脚歌

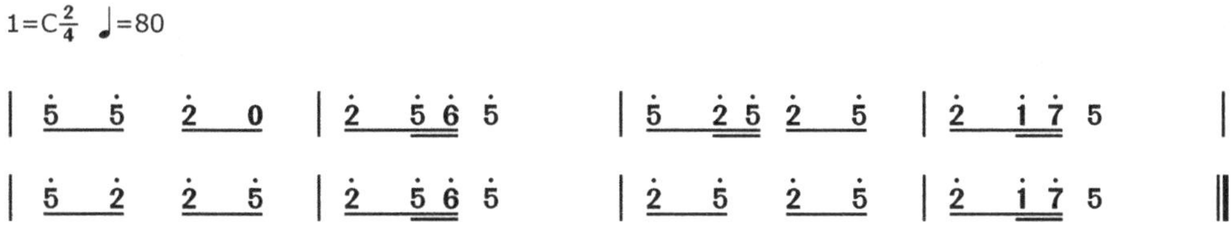

⑤倒三脚歌

准备姿势同上。打歌时，随芦笙节奏，双脚同时向左前方跺步；左腿往后撤一步；右腿后撤一步，同时左脚前抬起 45 度；原地跳一下；双脚同时向右前方跺步；右腿后撤一步；左腿往后撤一步，同时右脚前抬起 45 度；原地跳一下；右腿落地，左腿踢出后很快收回；右脚原地跳一下；左腿落地，右腿踢出后很快收回；左脚原地跳一下；右腿向右斜上方上一步，右左转四分之一圈；左腿向右前方踢 45 度；原地跳一下；左腿落地，右腿微离地；右腿收呈左丁字步。

倒三脚歌

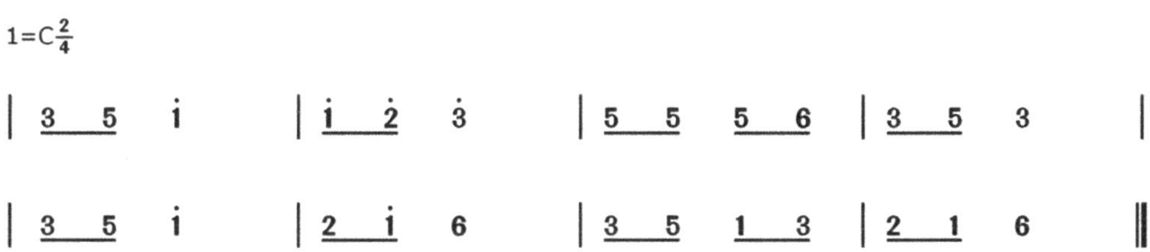

⑥烘脚歌

打歌前，男女围成圆圈，身面向圆心，男子双手抱握、吹奏芦笙，双腿屈膝，身体前俯；女子双手自然下垂，身随芦笙节奏自然摆动。随芦笙节奏，出左脚，走四步，身随重心自然摆动；左腿先退，后退四步，身随重心自然摆动；左腿向左横移跺一步；送左胯同时右腿吸腿 25 度；身向右侧；右腿向右横移跺一步；送右胯同时左腿吸腿 25 度；身向左侧；左脚落地；同时右腿向左前踢出45度；原地跳一下后落地；左脚上一步；同时右脚向前擦出10度；右脚上一步；同时左脚向前擦出10度。随后反复跳上述动作至芦笙停。

烘脚歌

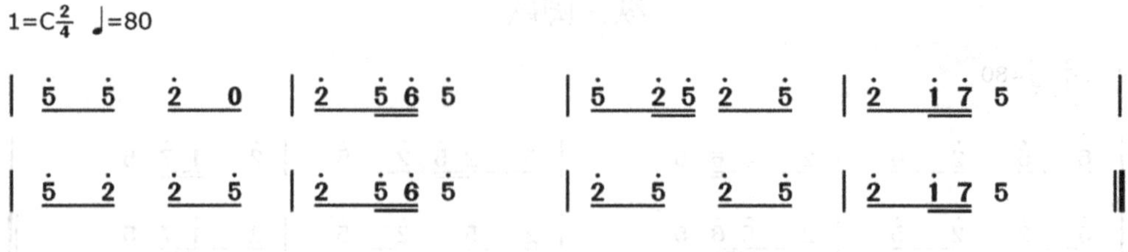

⑦扫地歌

准备姿势同上。打歌时，随芦笙节奏，左腿向左斜前方迈一步，同时右腿微离地10度；右腿上一步至左脚前，同时向左转四分之一圈，左腿微离地10度；左腿向左横移一大步呈左弓步；右腿拖脚掌至左脚旁。同时双腿直立，送左胯；右腿向右斜前方迈一步，同时左腿微离地10度；左腿上一步至右脚前，同时向右转四分之一圈，右腿微离地10度；右腿向右横移一大步呈右弓步；左腿拖脚掌至右脚旁。同时双腿直立，送右胯。再将上述动作重复跳一遍。

扫地歌

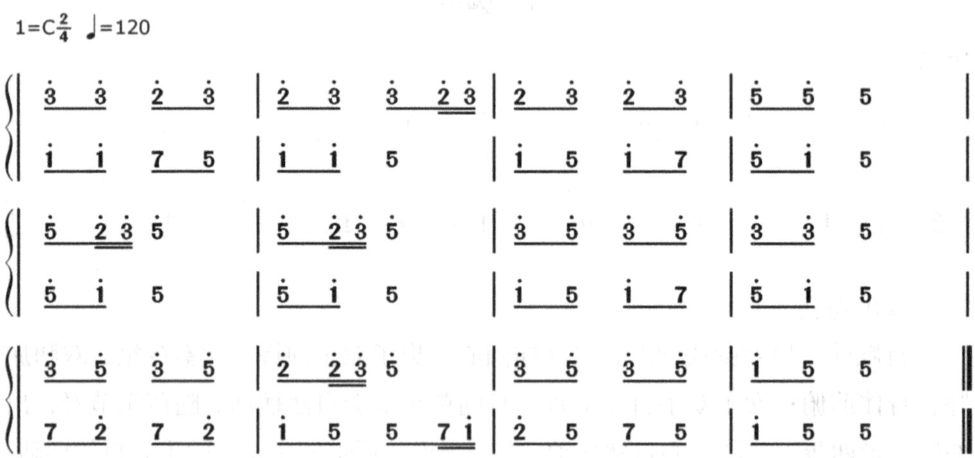

⑧哄娃娃歌

准备姿势同上。打歌时，随芦笙节奏，出左脚，走四步，身体随重心自然摆动。左腿后退四步，身体随重心自然摆动。该舞蹈动作再重复两次。再双脚向右转四分之一圈，身体朝逆时针方向，左腿上一步。右腿上步至左腿前，再左脚上步至右脚前，同时上身向左转四分之一圈（面向圆心），原地停一下。重复上述动作一次。[①]

哄娃娃歌

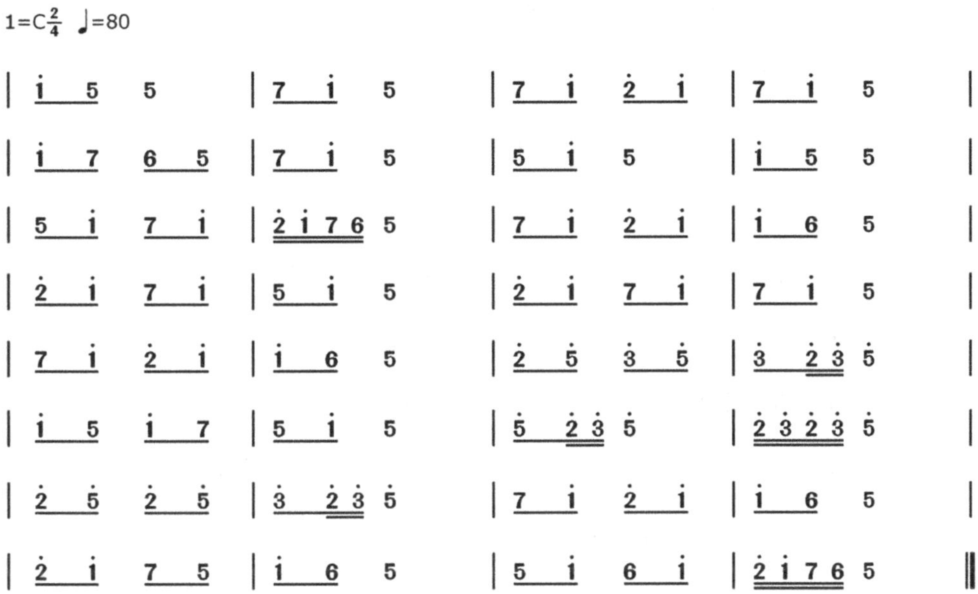

3. 模拟动物舞

①斑鸠捡食歌

斑鸠捡食舞是流传于临沧市南美拉祜族乡南美村、南华村、坡脚村、西山寨及户肯寨等地的拉祜族民间舞蹈，以南华村最为完整丰富。斑鸠捡食舞主要是表现斑鸠的动态情趣，与三脚歌相比较，动作轻巧灵活，富有表现力，如抬脚、转身、踢步和踏步等难度较大。该舞生动逼真、富有情趣，展现了拉祜族高超的民间舞蹈艺术，也反映了拉祜族群众对动物的观察较为深入细致。在形式、风格和动律上，同斑鸠捡食舞较为接近的还有画眉捡食、布谷鸟歌、箐鸡摆尾舞等九种舞蹈。

准备姿势同上。跳舞时，随芦笙节奏，出左脚，走四步，身体随重心自然

① 本部分内容在民间艺人罗大明、李有林指导下并结合有关资料整理完成。

摆动；左腿先退，后退四步，身体随重心自然摆动。伸左脚向左侧横走两步；左腿向左侧横移一大步，停一下。相同动作重复跳一遍。右腿右上一步，右转四分之一圈，左腿向右前“盖腿”至右脚尖前落地，身子猛向前俯，同时右腿后抬 25 度；右腿落地，左腿稍离地；向左转半圈，面对顺时针方向，呈左“虚步”，原地停一下。相同动作重复跳一遍。左腿上下屈伸跺一步；右腿上下屈伸跺一步；双腿屈膝向前连跳三步，原地停一下；右腿向右斜上方上一步，右左转四分之一圈；左腿向右前方踢 45 度，原地跳一下；左腿落地，右腿微离地；右腿收，呈左丁字步。

斑鸠捡食歌

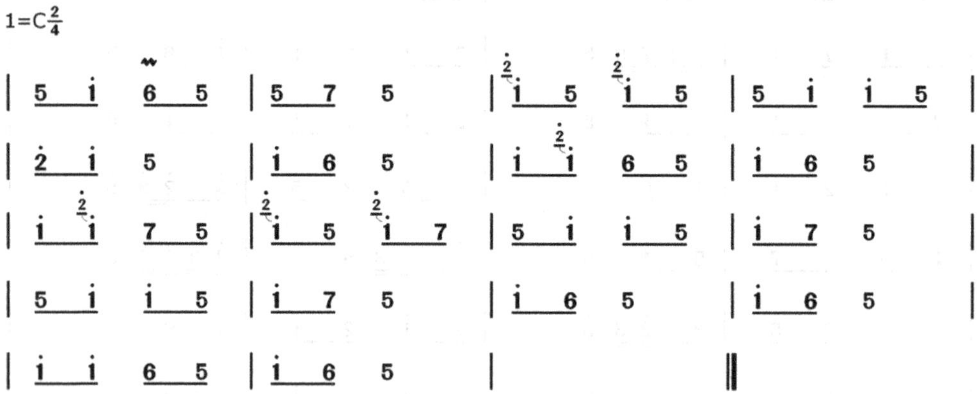

②画眉捡食歌

准备姿势同上。跳舞时，随芦笙节奏，出左脚，上前走四步，左脚先退四步，身体随重心自然摆动；左脚向左侧横走三步，双腿微屈膝，原地停一下；左脚向左侧横走三步，双腿微屈膝，原地停一下。右腿右上一步，右转四分之一圈，左腿向右前“盖腿”至右脚尖前落地；身子猛向前俯，同时右腿后抬 10 度；右脚跟落地，左腿微离地；向左转半圈，左腿从右前方至左前方落地呈“左弓步”，原地停一下。这些动作重复跳一遍。双腿向后转半圈，右腿前抬 90 度，两拍抬一步；双腿向后转半圈，左腿前抬 90 度，两拍抬一步；左脚落在右脚尖前，双腿屈膝，身微前俯，原地停一下。双腿向前跳三步，原地停一下；双腿后退跳三步，原地停一下。右腿向右斜上方上一步，右腿左转四分之一圈；左腿向右前方踢 45 度，原地跳一下。左腿落地，右腿微离地；右腿收，呈左丁字步。

画眉捡食歌

1=C $\frac{2}{4}$

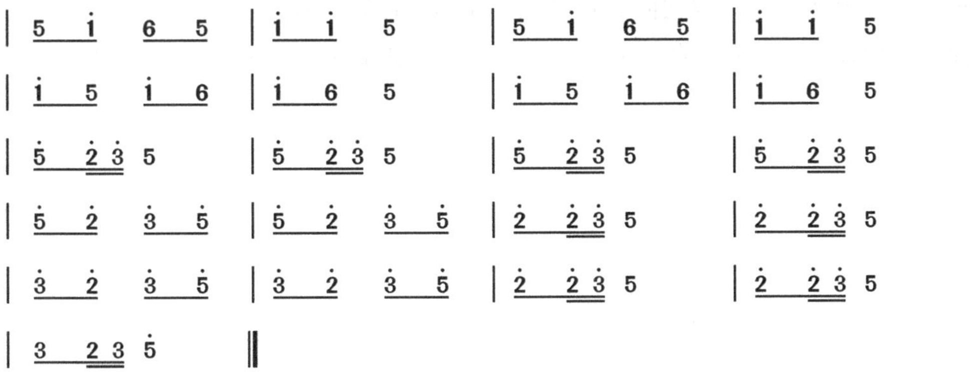

③信鸡摆尾歌

准备姿势同上。跳舞时，随芦笙节奏，先出左脚，向左侧走三步，停一下。左脚再向左侧走三步，停一下。右腿右上一步，右转四分之一圈，左腿向右前“盖腿”至右脚尖前落地，身子猛向前俯，同时右腿后抬25度；右腿后落地，左腿微离地；左腿从右前方移至左前方转半圈，呈左弓步，原地停一下。重复跳一遍动作。右腿上一步，右转四分之一圈，屈膝，左腿上一步伸直至右脚尖前跺一步，左腿向右前方跺一步，左脚向左前方跺一步，原地停一下。左腿左上一步向右转四分之一圈；右腿后抬25度，同时右小腿在空中向右绕一圈；右腿上一步落地，同时向左转半圈。双腿直立，身子微向前俯；左腿收，右腿丁字步转半圈后直立。上述动作重复跳一遍。

信鸡摆尾歌

1=C $\frac{2}{4}$ ♩=60

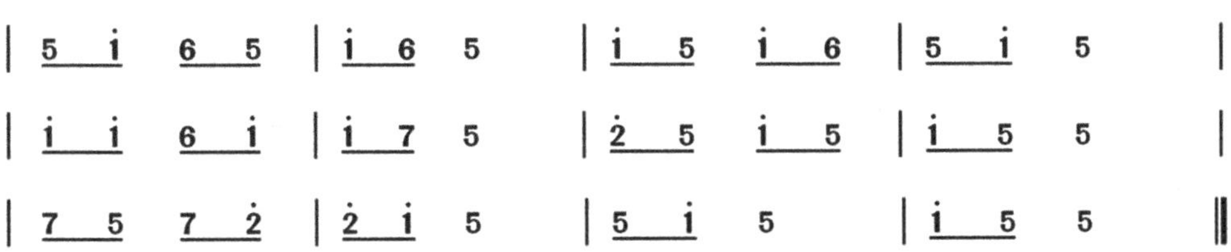

④布谷鸟歌

准备姿势同上。跳舞时，随芦笙节奏，左腿向圈内迈一大步，身体微后仰，同时双腿屈膝，右脚后抬 20 度；右腿后退一步，左腿微离地，身体直立。重复一遍上述动作。双腿向右转半圈。左腿原地猛屈膝，右腿向前擦出至左脚前方，原地停一下；双腿向左转半圈。右腿原地猛屈膝，左腿向前擦出至右脚前方，原地停一下。

布谷鸟歌

1=C $\frac{2}{4}$ ♩=120

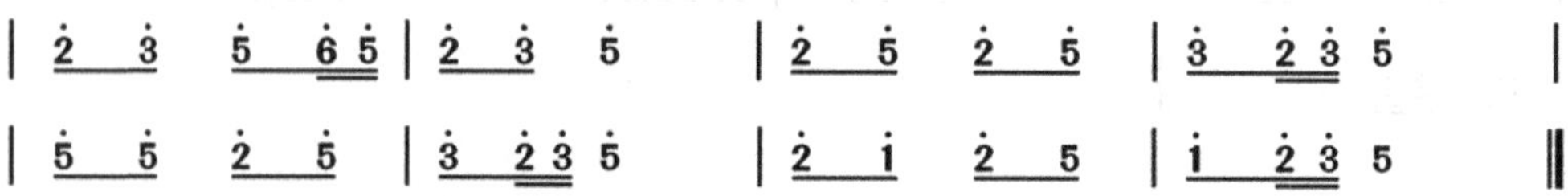

⑤箐鸡摆尾歌

准备姿势同上。跳舞时，随芦笙节奏，右腿向前上一步，左腿屈膝后抬 25 度；左腿后退一步，右腿收起呈左丁字步；右腿向右横移一步，同时左腿屈膝，开胯 25 度；左腿落在右脚尖前跺一步。左腿向左横移一步，送左胯吸右腿 10 度，身向右倾；右腿向右横移一步，送右胯吸左腿 10 度，身向左倾。左腿向左横移一步，同时右腿向左前方踢 25 度，原地跳一下；右腿向右横移一步，同时左腿向右前方踢 25 度，原地跳一下。左腿向圈内迈一大步，猛屈膝。右腿紧靠左小腿跪蹲，身微前俯，右腿后退一步，身体直立同时左腿稍离地；左腿向圈内迈一大步，猛屈膝。右腿紧靠左小腿跪蹲，身微前俯，右腿后退一步，身体直立同时左腿稍离地。

箐鸡摆尾歌

1=C $\frac{2}{4}$ ♩=120

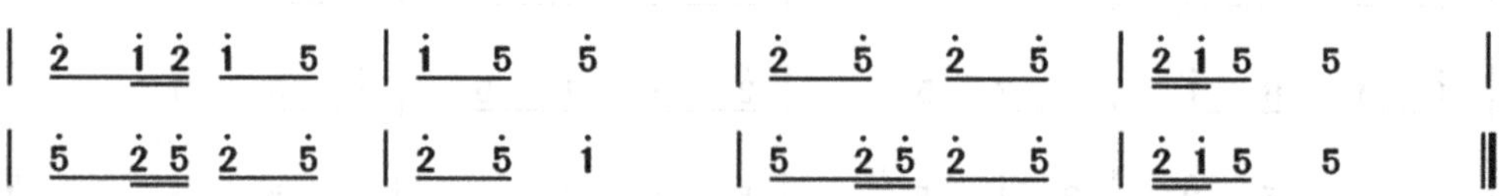

⑥麂子歌

准备姿势同上。跳舞时，随芦笙节奏，左腿向左前上一步，左转四分之一圈，屈膝，同时右腿屈膝后抬25度；右腿向前上一步，左腿屈膝后抬25度；左腿后退一步，右腿收起呈左丁字步；面对圈内中心，右腿向右横移一步，同时左腿开胯屈膝25度；左腿落在右脚尖前跺一步。双腿向右转四分之一圈，左腿向前一步，猛屈膝同时右腿后抬90度，向前跳两步。双腿向左转四分之一圈，右腿向前一步，猛屈膝同时左腿后抬90度，向后跳两步。

麂子歌

1=C $\frac{2}{4}$ ♩=60

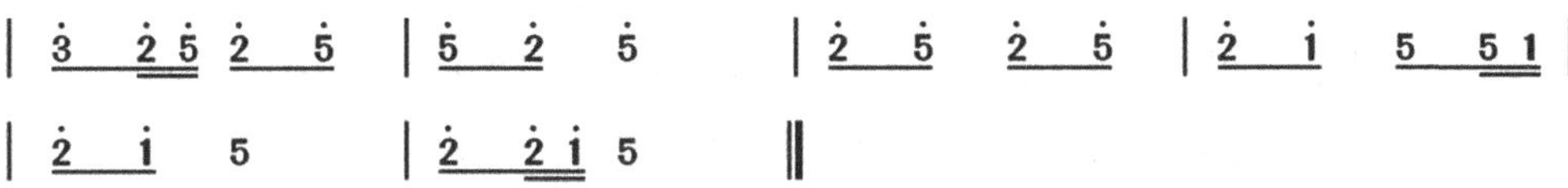

⑦黄鼠狼瞄蜂子歌

舞蹈开始前，男女双手下垂，围成圆圈。跳舞时，随芦笙节奏，面朝逆时针方向，出左脚上一步，手随身体自然摆动；右脚上步至左脚前；左脚上步至右脚前，同时右臂屈肘，右手置于额前呈“瞭望”状，原地停一下。再面朝顺时针方向，出右脚上一步，手随身体自然摆动。左脚上步至右脚前，右脚上步至左脚前，同时左臂屈肘，左手置于额前呈“瞭望”状，原地停一下。

黄鼠狼瞄蜂子歌

1=C $\frac{2}{4}$ ♩=120

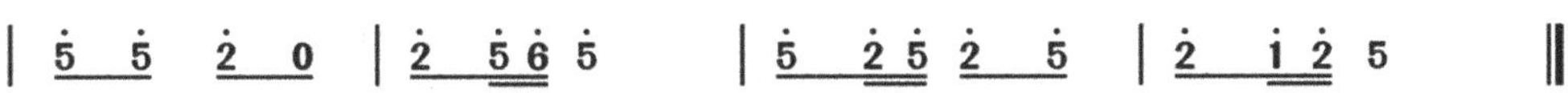

⑧苍蝇搓脚歌

准备姿势同上。打歌时，随芦笙节奏，出左脚，走四步，左腿后退四步，身体随重心自然摆动。左腿向左横移一步，同时右脚“小盖腿”；左腿半蹲呈右“端腿”；右腿踮跳一步，同时向左转四分之一圈；右腿踮跳一步，同时向左转四分之一圈。再向相反方向，将上述舞蹈动作跳一遍。

苍蝇搓脚歌

1=C $\frac{2}{4}$ ♩=120

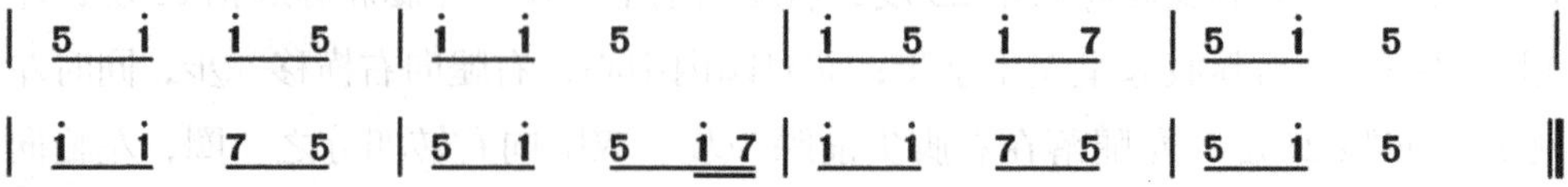

除了过年跳芦笙舞外，南美乡拉祜族在平时如结婚、进新房、聚会等也会组织跳歌，主要跳三脚歌。平时的跳歌也叫打歌，尽管也会吹葫芦笙伴奏，但是与年节时的芦笙舞不同。结婚时的跳歌没有特别的讲究，拉祜族结婚时男女方村寨都要打歌。女方寨子在结婚前一天晚上打歌，男方的寨子是结婚当晚打歌，通宵达旦。打歌由男女方家庭自行组织，不请歌头，也无起歌、收歌等舞蹈环节，只是亲朋好友聚在一起为新人打歌助兴。打歌的时间视情况而定，也可即打即散。在农闲或聚会时也会在广场打歌进行文化娱乐。

表 6–1　拉祜族民间芦笙舞调查表

舞蹈类别	舞蹈名称	表演内容及形式	舞蹈流传地	音乐伴奏	民间艺人
礼仪舞	起歌 合脚歌 江内江外歌 三进三退歌 一脚半歌 五脚歌 踏脚歌 跺步歌 收歌	在年节祭祀活动中跳，属祭祀性和集体性舞蹈	南美村 南华村 坡脚村	芦笙	李有林
生产劳动舞	芟地歌 栽秧歌 扯藤子歌 背背箩歌	模拟表现生产劳动类动作，属自娱性和集体性舞蹈	南美村 南华村 坡脚村	芦笙	罗大忠

续表

<table>
<tr><th>舞蹈类别</th><th>舞蹈名称</th><th>表演内容及形式</th><th>舞蹈流传地</th><th>音乐伴奏</th><th>民间艺人</th></tr>
<tr><td rowspan="2">生活舞</td><td>大三脚歌
反三脚歌
跺三脚歌
倒三脚歌
烘脚歌
纵脚歌</td><td>模拟打猎回来在火塘边伸腿烤脚的各种动作，属自娱性和集体性的舞蹈</td><td>南美村
南华村
坡脚村</td><td>芦笙</td><td>罗大明</td></tr>
<tr><td>扫地歌
哄娃娃歌</td><td>模拟表现生活类动作，属自娱性和集体性舞蹈</td><td>南美村
南华村
坡脚村</td><td>芦笙</td><td>罗大忠</td></tr>
<tr><td>模拟动物舞</td><td>画眉捡食歌
斑鸠捡食歌
信鸡摆尾歌
布谷鸟歌
箐鸡摆尾歌
麂子歌
苍蝇搓脚歌
黄鼠狼瞄蜂子歌</td><td>模拟动物生态动作和情趣，属自娱性和集体性舞蹈</td><td>南美村
南华村
坡脚村</td><td>芦笙</td><td>龚世忠</td></tr>
</table>

表 6–2　拉祜族舞蹈民间艺人调查表

姓名	艺名	性别	民族	擅长何种舞蹈	住址	备注
罗扎约	歌王	男	拉祜族	栽秧歌	坡脚村户肯寨	歌头
罗大旺		男	拉祜族	三脚歌	坡脚村户肯寨	
罗有福		男	拉祜族	三脚歌	坡脚村户肯寨	
李自珍		男	拉祜族	布谷鸟歌	坡脚村户肯寨	
罗有康		男	拉祜族	麂子歌	坡脚村坡脚寨	
李应和		男	拉祜族	箐鸡摆尾歌	坡脚村坡脚寨	歌头
俸廷龙		男	拉祜族	扯藤子歌	坡脚村坡脚寨	
李光学		男	拉祜族	画眉捡食歌	坡脚村坡脚寨	
罗大忠		男	拉祜族	黄鼠狼瞄蜂子歌	南华村河边寨	歌头
罗开明		男	拉祜族	苍蝇搓脚歌	南美村平寨	歌头
李大明		男	拉祜族	箐鸡摆尾歌	南华村岩子脚寨	
李文阿		男	拉祜族	栽秧歌	南华村岩子脚寨	歌头
李有林		男	拉祜族	扫地歌三脚歌	南华村南华寨	
龚世忠		男	拉祜族	斑鸠捡食歌	南华村河边寨	
罗大明		男	拉祜族	扫地歌	南华村河边寨	

第四节　游戏

南美乡拉祜族青年男女在年节或其他农忙间隙会开展一些具有浓厚乡土特色的休闲体育活动来丰富业余生活，主要有射弩、打陀螺、荡秋千、抹锅底灰、打土伐仗、打土灰仗、打水仗、甩石头等。

一、打陀螺

拉祜族称打陀螺为“打地螺”。陀螺取材方便，成本较低，轻巧便于携带。打陀螺是深受拉祜族喜爱的一项传统体育运动，具有对抗性、竞技性、表演性和娱乐性。

南美乡拉祜族在年节期间打陀螺，各寨男子竞相打陀螺，众人围观，热闹非凡。南美乡拉祜族打陀螺队在临翔区举办的第一、二届少数民族体育运动会上个人赛和团体赛的竞赛中荣获二等奖。

（一）由来

相传，从前拉祜族种植的棉花不会接桃挂果，天神让拉祜族打陀螺，待把陀螺抽开花，棉花就会开花结果了。为了棉花丰收，拉祜族便拼命地打陀螺。关于打陀螺的由来，拉祜族民间还流传一则传说。

很久以前，天下人和动物都在一起生活。有一次，人和动物聚会，讨论什么东西最难栽。有一个人说：“黄瓜和面瓜最难栽。”

大家决定种黄瓜和面瓜。这一年，大家辛辛苦苦种了许多黄瓜和面瓜。可是，到了丰收的季节，地里一个瓜都没有结。后来，人和动物又在一起商量办法，要种出黄瓜和面瓜。大家想来想去，谁也说不出办法。这时，另一个人说：“我有办法让黄瓜和面瓜结果。”

人和动物都相信他，让他教办法。那人说：“每年，你们要去砍紫阳木树做陀螺，来打着玩。打得好，地里的黄瓜和面瓜就会结果。”

人们回到家中，动手做陀螺来打，打了三天三夜。第二年，又到了丰收的季节，地里果然结了许多黄瓜和面瓜。

从那以后，拉祜人就有过年打陀螺的习惯。每年在地里把种子撒下后，人们就开始打陀螺。从当年的一月份打到四月份。这段时间，家家户户都来打陀螺，希望来年有个好收成。这一习俗一直流传到现在，成为拉祜族过年过节不可缺少的娱乐方式。[①]

（二）制作

拉祜族的陀螺分石制、木制和竹制几种，以木制最为常见。制作木陀螺前，通常选用一截质地坚硬密实、耐腐耐磨、耐虫蛀的棠梨木、栗木、马樱花木等干木头。先在木头的一端削出一个平面，并画圆，找出圆心，边削边旋转木棒，最后削成顶部光滑，底部尖，呈圆锥体类似子弹头的形状，还要在陀螺上面刻出几道光滑的凹槽。制作陀螺最关键的是掌握好重心，避免陀螺不稳。陀螺砍削完成，涂上油，抛光并打蜡，染成红、黄、蓝、绿、青等色。为了增加陀螺的重量，提高杀伤力，有的陀螺的尖端会镶上铁钉。最大的陀螺重约 2 公斤，成人玩的一般 0.25—0.5 公斤，儿童玩的陀螺约 0.25 公斤。陀螺鞭由鞭杆和陀螺绳组成，鞭杆为一段长约 1 米的拇指般粗细、表面光滑的干金竹，硬度强、韧性好，不易折断。稍粗的一端缠上由麻绳或动物毛皮搓成的柔软耐磨的陀螺线。陀螺线的长短有一定的讲究，一般线的长度应小于或等于自己在进攻时抛掷陀螺的距离。过短则陀螺旋转力度不够，过长则在旋放或抛掷陀螺时不能完全放开缠绕在陀螺上的线，易弄断陀螺线甚至导致陀螺失控而伤及他人。

（三）日常玩法

打陀螺有多种方法，不同的玩法有不同的规则和相应的场地，主要特点是“旋”和“准”。常见的玩法是将陀螺的尖头着地，鞭绳缠绕螺身几圈，然后旋转并迅速放开鞭绳，使陀螺旋转；或用手直接旋转陀螺，待陀螺着地，以鞭绳抽之，使之不停旋转或相互碰撞。打陀螺的质量与缠绳、站姿、绳长及出手高度等技巧都有密切关系。以右手投掷陀螺者为例，左手持陀螺，钉朝右，右手拿绳线，左手压住绳线前端，后右手持绳线往前以顺时针方向缠绑陀螺，第一

① 娜朵主编：《拉祜族民间文学集》，31—32 页，昆明，云南人民出版社，1996。

下绑在陀螺钉的凹陷处，第二下再往陀螺钉前端缠绕，第三下再往陀螺钉后端缠绕，形成一个“X”形的交叉点，前三下绳线要缠紧，接着继续缠绳；绳线末端留下一小段，右手食、中指夹住线端，顺时针缠绕一两圈；右手握陀螺，陀螺钉朝左，拇指在下，中指对准目标，往前投掷，待陀螺快离线时，手腕轻轻往下压，则陀螺能旋转入地。投掷陀螺的姿势分立姿和高跪姿。立姿投掷时，双腿呈小弓箭步，两脚张开约与肩同宽，身体的重心稍微向前倾；高跪姿投掷时，臀部不接触到脚部，脚弯曲呈直角，身体与大腿尽量呈一条直线。持陀螺的手往前伸直，用眼睛测量手摆动至目标物上方时即可掷出陀螺。

打陀螺的玩法常见的有四种。方法一，选一块平地，在地上画一个圆圈，大小随意。可两人玩也可多人玩，但人数必须为偶数，两人一对。一方为攻方，一方为守方。首先由守方用鞭子抽打陀螺，使之旋转入圆圈内，再由攻方将自己的陀螺抽打使其旋转入圈内并撞击对方的陀螺；如果将对方的陀螺撞出圈外即算获胜，双方继续攻守；若未撞到对方陀螺，则两方轮流攻守；如果撞到了对方的陀螺但未将其撞出圈外，则陀螺旋转的时间长的一方胜。方法二，在地上画一个圆圈，将陀螺旋放或抽打到一定距离外的规定范围内，看谁放得准，看谁旋得久。方法三，此种方法不画圈，裁判先将一陀螺旋放后，其他人站在一定距离之外用旋转着的陀螺去打击之，看谁打得准，看谁的陀螺转得久，打得准且旋转时间长者胜。方法四，用鞭子抽着陀螺上斜坡，或抽陀螺越过各种障碍，看谁的陀螺先到达终点，先到者为胜。

（四）陀螺比赛

拉祜族打陀螺比赛的规则是在一块长约 5 米、宽约 3 米的平地上画两道线，将场地分为前中后三个区域。面积较大的前场为防守区域，中场为攻击区域，后场为甩陀区域。参加竞技的人分为防守方（俗称“支家”）和进攻方（俗称“打家”），轮流攻防。比赛前分别在进攻和旋放陀螺的位置各撒一些松针做标记。首先由防守方将陀螺旋转到前场的防守区域，待其旋转稳定后，攻方站在攻击区域外扔出旋转的陀螺去打击放陀区的守方陀螺，以将守方陀螺击死或砸出界外且保持旋转者为胜。若第一个选手抛出的陀螺未击中对方陀螺，第二个选手接着攻击，依次进行。仅击中对方的陀螺但未将其撞出防守区域，下一个攻击者则要退到甩陀区进行攻击。

还可选一块 5—13 平米的平地，在地上画出相距 8 米的两道线，即攻击线和防守线。该场地多为团队比赛，每队不能少于两人。首先由守方依次将陀螺旋转至防守线内，攻方站在攻击线依次将本队的陀螺掷向守方的陀螺。攻方不得双脚越过或压住攻击线攻击，否则视为无效；守方不得将陀螺旋转出防守线外，否则攻击方可随意越过攻击线攻击。一轮下来，若攻击方有一个人击中并将对方的陀螺击倒致其不能旋转，则双方继续攻守；若双方无一人击中，则攻、守方交换。最后上场的是双方事先选出的实力最强者，俗称“老压”。“老压”往往都是陀螺制作的质量高、打陀螺技术精湛、有数十年打陀螺经验的老手，是陀螺队的队长。

二、射弩

拉祜族射弩有悠久的历史，《滇南志略》：“苦葱，……居傍山谷，男子垂髮，以蓝布裹头，著麻布短衣，跣足，挟刀弩，猎禽兽为食。”弩是拉祜族成年男子农忙护秋、农闲打猎必备的工具。按照习俗，南美乡拉祜族男孩 10 岁左右就开始跟着男性长辈学习射弩、狩猎，先学射树叶，再试射跑动的东西，逐步提高射弩技艺。拉祜族村寨成年男子人人会射弩。

射弩也成为拉祜族男性闲暇时的一项重要的体育健身活动，平时大家互相切磋技艺，邀约比赛，年节期间各村寨也常举行正式的射弩比赛。射弩比赛时间不限，人数不限，分为对空和对地射击以及立姿和坐姿两种姿势，比赛时每人以数量相同的箭，命中率高者为胜。对地射击实行淘汰制，人数不限，靶子不断往外移，射程最远，打到靶心多者为胜。对空射击一般选用一棵大树，在其枝干画一圆圈，插上三支箭，选手要在 50 米外瞄准目标连发三箭，将插在树上的箭击落次数多者为胜。优秀的射弩手不仅受寨人敬佩，年轻者更是深得姑娘青睐。

三、荡秋千

荡秋千，俗称“荡秋”，是拉祜族青少年喜爱的一种体育活动。

（一）由来

民间流传着一个传说。拉祜山每逢过年，村村寨寨都要扎一个架子，将大肥猪吊起来宰，俗称“杀年猪”。宰时，大肥猪噘着大嘴，高声怪叫：“不合，不合。”意思是这样太不合理。人们不理会它，每年过年仍旧照杀不误。大肥猪不服气，跑到天神那里告状人把它吊起来任意宰割，请求天神每年也照样把人吊起来一次，以示惩罚。主宰吉凶祸福的天神，欣然同意了大肥猪的祈求。他向人们宣布：在过大年的时候，你们可以照旧吊杀年猪，但是在过小年的时候，你们也要把自己吊起来，以示认罪。大肥猪一听，张着大嘴，嘻嘻地笑了起来：“这个状我告赢！你们做人的也等着尝尝被吊起来的滋味吧！”它忽扇着两只大耳朵，洋洋得意。人们听后，非常愕然，认为天神的决定违背人情。大家默默无语，都在思考对策。最后，有人想出了办法。每年人们杀了年猪，过了大年后，在过小年的时候，各村寨的年轻人在宽阔平坦的场地上，搭一个架子，拴上两根绳索，拴上坐板，男女老幼聚拢在一起荡起秋千来，忽而悬空，忽而向下，拉祜山寨充满欢声笑语。人们凭着智慧，将天神的惩罚变成了欢快的娱乐。这就是拉祜族每年过小年都要荡秋千的缘由。①

其实，荡秋千一定程度上应该与拉祜族先民的游猎生活方式有关。为了谋生，拉祜族先民不得不在深山密林中追猎野兽和采摘野果。在攀缘和奔跑中，他们需要抓住粗壮的蔓生植物，依靠藤条的摇荡摆动爬树或跨沟，这可能是秋千最原始的雏形。

（二）玩法

拉祜族从深山砍来铁藤拴在两根树干上，在藤子上拴一木板，便制成简易的秋千。拉祜族村寨大人、小孩均喜欢荡秋千，以青年男女最突出。荡秋千，主要看荡的距离、时间及姿势，荡得越高越远，荡得时间越久，姿势越优美，花样越多者胜。年节时，晴空下，大家聚在一起，随着秋千不停荡起，欢笑声、喝彩声此起彼伏。坐在木板上，荡起来会更平稳更长久。

荡秋千有单人荡、双人荡、坐荡、立荡等几种玩法。坐荡的方法是人坐在藤条或木板上，双手抓紧藤条，用脚点地轻轻向后挪动，幅度至脚尖时惦脚，后快速抬平左腿，其他人在背后推，乘势右脚使劲蹬地，即可荡起来。推力越大、蹬力越大，秋千就会荡得越高。往前荡时，要缩腿，弓着身子；往后荡时，身子坐正，腰挺直，腿要伸直。立荡的方法是人先将秋千拉开一段距离，然后

① 石云霄：《荡秋千的由来》，载《山茶》，1982（3）。

迅速踩上秋千，蹲下，待秋千摆到最低点时迅速站起，然后慢慢下蹲；当秋千荡到最高点时，再猛然站起，过了最高点后再慢慢下蹲，这样不断重复，秋千就越荡越高。立荡要求双腿的爆发力要好，站立前身体稍前倾，双脚要间隔一脚的距离。双人荡秋千需要双方配合默契，内侧脚与外侧脚的用力要均衡。

四、跳绳

跳绳是一种在环摆的绳索中做各种跳跃动作的体育游戏，深受南美乡拉祜族特别是青少年喜爱，当地俗称“跳索”。当地跳绳用的绳子多用山上砍来的铁藤，也有少数用麻绳。跳绳人数不限，可一人、三人或多人，有单脚跳、单脚换跳、双脚并跳、双脚空中前后与左右分跳等多种方法。跳时，摆绳与踏跃动作要合拍，可以锻炼弹跳力，训练平衡感和节奏感。

（一）单人跳

单人跳即摆绳和跳绳均由一人独立完成，单人跳有单脚跳、单脚换跳、双脚跳、双臂交叉跳等多种玩法。单脚屈膝跳是右腿屈膝，向上抬起，摆绳时即左脚跳，一摆一跳。也可跳若干次，换左腿屈膝抬起，重复上述动作，即为单脚换跳。双脚并跳即双脚并拢，待绳子摆至地面时，双脚并拢跳。双手正常握绳，当绳子甩到空中时，交叉双臂，待跳过交叉的绳子，双臂即反向恢复原状，为双臂交叉跳。

（二）双人跳

双人跳分为并排跳和一带一跳。并排跳是两人并排站立，用各自靠外侧的手握住绳子的一头，后同时甩动绳子，待绳子至地面时，同时跳绳，两人可单脚也可双脚。一带一跳是两人可一前一后站，也可面对面站立，个子高的负责握绳甩绳，另一人仅负责跟着节奏跳即可。双人跳更多的是考验两人的默契程度。

（三）多人跳

三人以上的人一起跳绳，一般选用较长的绳子，多由两人甩绳，一人或多人负责跳绳。跳绳的人待绳子甩得稳定后趁机进入跟着甩绳的节奏跳起来。若是跳绳的人多，一般依次适时进入，否则容易乱了阵脚。还有一种是跳绳的人先整齐地站成一条线，一般高个在中间，较矮的在两头，不能离绳子太近，待绳子甩起时，有经验的一个人负责跟着甩绳的节奏喊口令，众人跟着口令跳，步伐一致且要双脚落地跳方能完成。集体跳绳有助于培养团队协作意识，同时氛围浓厚，可以获得双倍的乐趣。

五、老鹰抓小鸡

老鹰抓小鸡，俗称“鹞鹰抓鸡娃”，是一种传统的民间团体游戏，可小孩玩也可大人小孩一起玩，多在户外进行。一人扮老鹰，一人扮母鸡，其余多人扮小鸡。小鸡依次在母鸡后面抓住前一人的衣角或搂住前一个人的腰，组成一列，与老鹰对站。老鹰不停攻击，试图抓住最后面的小鸡，站在最前面的母鸡张开双臂极力左右移动，避开老鹰保护小鸡，身后的小鸡们也随着母鸡的节奏来回奔跑躲避。老鹰抓住中间的小鸡，该小鸡淘汰出列，游戏继续。若老鹰抓住最后面的小鸡，则为胜，该论游戏结束。该游戏有助于锻炼手、眼、脑、四肢的协调统一，培养团队合作意识。

六、徒手爬树

徒手爬树是南美乡拉祜族大人、小孩都喜欢的一项运动。拉祜族住在高山中，有狩猎、采集的习惯，日常生活中自然练就了一身爬树的好本领。树皮较粗糙的树种较树皮光滑的树种好爬。爬树是一项综合技能，既要手脚腿腰协调用力，还要会用巧劲，会借助树枝、空洞等搭脚，节省力气。

爬树要依个人手臂长短选择合适大小的树，树干太粗太细都不好爬。徒手爬树常用的方法有手脚并用式、手扒脚蹬式、两手抓爬式三种。

（一）手脚并用式

两只胳膊搂抱树干，双腿盘住树干，身体贴在树上，然后腰部发力，像蜗牛般向上爬。手脚并用式是最普通的一种爬树方式，操作简单且中途可以悬停，适合较高的树，但速度不够快。

（二）手扒脚蹬式

双手扒住树干，两脚蹬住树皮，交替移动手脚往上爬，这种方法适合粗细适中的树，对臂力要求较高，攀爬的速度较快。

（三）两手抓爬式

两手抓住树干，双脚快速往上蹿，这需要较高的爬树本领。该方法要求爬树的人臂力大且树干小，爬树速度快，但体力消耗大，常在比赛的时候用。

七、打转跷

打转跷是南美乡拉祜族青少年喜爱的一种体育游戏。

（一）制作

在地上栽一根一米左右的高木桩，上横搭一根三四米长的竹竿。竹竿正中间凿一洞卡套在木桩上，竹竿两端凿洞，插一短木棒做扶手，即为简易的转跷。转跷即为简易的跷跷板，运用了杠杆原理。

（二）玩法

打转跷时，两人对坐竹竿两端，手握扶手，双腿分立于竹竿的两侧。双方轮流用脚蹬地，交替用力，使跷竿跷起、下落，如此反复。转跷即旋转跷跷板，既能上下运动，也能旋转运动，比普通的跷跷板更好玩。

八、打水枪

打水枪是拉祜族青少年喜爱的一项娱乐性体育活动。

（一）制作

截一段当年生且竹节稍长的竹筒，一端留有竹节，另一端削掉竹节。将竹筒表面削光滑，削清竹节处的张结，在留有竹节的一端的中心钻一小孔，将一节长度比竹筒长约 10 厘米的小木棍或小竹筒的一端用布包裹，制成与竹筒大小相同的活塞插入竹筒。简易的竹制水枪制作完成。

（二）玩法

打水枪活动不限人数，可一对一，也可分组进行。该游戏没有严格的规则。双方在河里或有水处，游戏开始后，双方以最快的速度给水枪吸水并互相对射，规定时间内被射水多者败，一轮游戏结束。另一种玩法是一对一，各自用自制的水枪吸水，轮流射水，射出的水多、射程远者获胜。

九、抹锅底灰

抹锅底灰是拉祜族青年男女在年节或闲暇时喜欢的一种体育游戏。大家互相追逐打闹，并以互相在脸上抹锅底灰取乐。互抹锅底灰期间，双方不断地蹦、跑、跳，甚至爬树、攀岩等，既要身手敏捷又需要有好的体力。婚礼中的新娘给新郎洗脸、洗脚环节，闹新房的人会不断往新郎脸上、脚上抹锅底灰，还会往洗脸盆里倒锅底灰、火塘灰，新娘只得反复打水、反复给新郎洗脸、洗脚，以此取乐新人。拉祜族认为抹锅底灰有驱病辟邪的作用，清洗锅底灰则象征着洗掉一切的烦恼。

十、打水仗

打水仗是南美乡拉祜族插秧时节常见的一种集体性的游戏。气温较高的栽秧时节，人们利用劳作的间隙进行短暂娱乐，有助于活跃气氛、消除疲劳。

人数相等的两队在河里、田中站定，游戏开始后各自用手捧水泼向对方，被泼水多的一方战败。还有一种玩法是两队分站在河岸上，游戏开始后，抛石头、土块等使劲砸水以溅湿对方，规定时间内被水溅湿多的一方战败。

十一、捡石子

捡石子，也称抓子、捡子，是南美乡拉祜族年轻人喜欢的游戏，简单易学，小孩子也喜欢玩该游戏。

捡石子用的石子多取大小一致、圆润光滑的石头，以河里经过冲刷如拇指大小的白色碎鹅卵石为佳，光滑且质硬，不易砸裂。找不到现成的，就用有些小棱角的石头，经过不断打磨，玩一段时间就逐渐光滑了。初学者用 3 颗石子练习，熟练后可用 5 至 8 颗石子。

捡石子可一人单独玩，也可多人一起玩。将若干个石子在地上撒开，捡起一颗上抛至头顶左右的高度，在石子下落过程中及时捡起地上的一颗石子并接住上抛的这颗石子。用此方法，依次顺利捡起、接住所有的石子，即赢得游戏。未捡起、接住石子或捡石子时碰到地上摆着的其他石子，则游戏终止，换另一个人开始玩。通过捡石子游戏，能够锻炼人的手眼协调及快速反应的能力。

十二、扔石头

扔石头是南美乡拉祜族青年男子喜欢的一种游戏活动。几个小伙子相约进行扔石子比赛，看谁扔得最远。有时，他们也会相约到河边玩打水漂游戏，看谁扔的石头在水面弹跳的次数更多、飞得更远。

第五节　神话传说

南美乡拉祜族在历史发展过程中，创造了优秀的民间文学，主要分古歌和传说故事两大类。

一、古歌

远古时期，拉祜族人民为了躲避战乱，多次大迁徙，加之没有文字，拉祜族先民便将迁徙历史记录在雄浑悲怆的古歌当中，通过传唱得以代代传承。拉祜族古歌是在传说的基础上逐渐发展起来的，是拉祜族先民在长期的生产劳动中创造出来的史诗。拉祜族古歌，属于民间文学中的一种形式，是劳动人民集体的口头诗歌创作，能够咏唱，多为韵文，格律鲜明。

拉祜族古歌中，记录了大量的拉祜族社会习俗，如迁徙、婚嫁等，不仅对拉祜族的社会生活产生了广泛而深刻的影响，而且生动地展示了一幅幅拉祜族先民认识自然、征服自然的壮丽画卷，处处表现了拉祜族先民不屈不挠的进取精神和实现美好理想的献身精神，具有重要的审美价值。古歌，是对拉祜族先民战胜自然的礼赞，也为人们了解拉祜族传统文化提供了生动的材料。

流传在南美乡一带的拉祜族古歌主要为迁徙史诗《根古》和结婚时唱的《古调》，已详细收录在《临沧南美拉祜族古歌》[①]书中，其中迁徙史诗《根古》有19节，有关婚俗的《古调》有17节，共50万字。全书按照拉祜文、国际音标、汉语译文、英语译文的顺序进行展开。《根古》是流传在临沧南美的拉祜族迁徙史诗，主要讲述了拉祜族先民从青海湖畔迁徙到大理，一路追赶马鹿进而发现牡缅密缅，再迁徙并定居临沧南美一带的历史过程。《根古》对临沧南美拉祜族的迁徙历史作了生动描绘。这些内容，对于研究临沧南美拉祜族先民的迁徙历史具有重要价值。依照古歌中提到的一些古地名，我们可以勾勒出一幅拉祜族先民西迁线路图。《古调》则是拉祜族婚姻习俗类古歌，主要讲述了早先居住在南美一带的拉祜族为了筹办结婚物品一路跋涉到牡缅密缅并返回原地的过程。讲述如何筹备婚礼、结婚仪式等，为研究拉祜族婚姻史提供了难得的资料。古歌的具体演唱内容在此不再赘述。

拉祜族古歌是一种韵文体长篇叙事诗，其中包含很多的四音格词和古语词，是拉祜族民族精神的智慧结晶，是拉祜族传统文化的一座宝库，也是展示拉祜族精神文化的标本。拉祜族迁徙史诗《根古》在2012年被列入云南省非物质文化保护名录民间文学类目。从记载内容来看，澜沧拉祜族自治县境内流传的《根古》对拉祜族祖先从青藏高原青海湖畔至洱海或滇池这一段的迁徙历史叙述较为详细清晰，而流传临沧南美乡一带的《根古》则对大理到临沧至南美这一段的叙述特别详细。鉴于牡缅密缅在拉祜族迁徙历史上的重要地位和意义，加之已有的拉祜族古歌很少涉及临沧至南美乡这一段的内容，南美乡拉祜族古歌对丰富和补充拉祜族传统古歌的内容以及研究和探讨整个拉祜族的历史和文化有一定的价值。

二、民间故事

民间故事是拉祜族民间文学的重要组成部分，是拉祜族创作并传播的、具有虚构内容的散文形式的口头文学。在文字还不普及的时代，民间故事承担了

① 杨云燕：《临沧南美拉祜族古歌》，423页，昆明，云南民族出版社，2018。

培养人生观、道德观、伦理观的职能，听故事是人们学习传统文化、自然知识、人生哲学等的重要渠道。流传在南美乡一带的民间故事是当地群众智慧的结晶，其来源于拉祜族的生活又反映拉祜族的生活，蕴含着拉祜族特有的民族文化。

（一）南美乡民间故事概况

按照传说讲述内容的性质，南美乡拉祜族传说故事分为人物传说、历史事件传说和地方风物传说三个类别。

南美拉祜族乡人民政府编写的《南美拉祜族民间故事》中收录了二十余个故事，其中人物传说有《扎努扎别造天地的传说》《拉祜族放歹和射太阳传说》《龙的传人》《葫芦里出来的拉祜人》《拉祜族诞生的传说》《扎倮吧拉曾到过小人国》，山川地名传说有《发现临沧坝的传说》《南美白石岩的传说》《南美乡石臼的传说》《仙人山的传说》《白水河营竹山刺通树下金矿，坝鹅田鹿群的传说》，节日传说有《拉祜族"祭竜"传说》《搭桥节的传说》《南美乡拉祜族"扩塔节"的传说》，生活传说有《住木掌楼及天狗吃月亮的传说》《男女青年互赠火镰包和响篾的传说》《老鼠梁的传说》《鸡角和狗角的传说》《人类分成不同民族的传说》《拉祜族女人戴包头的传说》《芭蕉树传说》，动植物传说有《小兔和老虎》《小猫和老虎》《种子的传说》。其中《芭蕉树传说》《扎努扎别的传说》为区级非物质文化传承项目。

（二）经典民间故事

1. 拉祜族的祖先

远古时候，世间只有厄莎（天神）和其他动物，没有人类。厄莎在仙湖边种了一棵葫芦，在葫芦成熟之时葫芦藤被动物们绊断了，葫芦掉进仙湖里。厄莎种葫芦就是种人类。一天，厄莎去查看却发现葫芦不见了。厄莎询问好多种动物，都说没看见葫芦，只有小蜜蜂回来说："仙湖里有只大葫芦，里面有人类的声音。"葫芦被捞上岸后，厄莎让动物们救出里面的人类，都没有成功。最后，厄莎请老鼠咬通了葫芦，救出了人类。葫芦里出来的是一男一女，男的叫扎迪，女的叫娜迪，是兄妹。厄莎让他们结为夫妻，他们开始不愿意，后来厄莎用了很多办法，终于劝说成功了。后来，他们生下了九节胎儿，厄莎将其剪开，每一节胎儿就是一个姓氏："布腊、娜米、土扎、扎朵、发皆（分别发展为罗、李、王、赵、铁姓)”。葫芦孕育了拉祜族，拉祜族自称为“葫芦里出来的民族”。①

2. 扎努扎别造天地

很早很早的时候，没有天和地，到处混沌一片，看不清楚。人们生活和劳动都很不方便。

拉祜族天神扎努和扎别见人类生活如此辛苦，决定要给人类造天和地。一天，他们聚在一起，商量由扎别负责造天，扎努负责造地，并约定天和地合拢的时间。之后，各自开始行动。

扎努憨厚老实，勤劳肯干，为了在约定的时间造好地，他一天也舍不得休息。扎别尽管也在努力地造天，但是他有时会耍小聪明，经常偷懒。不知不觉到了约定的时间，他们带着自己造的天、地再次聚在一起。因为扎别偷懒，造的天比扎努造的地小多了，天和地根本无法合拢在一起。扎别见状，尴尬又内疚，不停地自责。善良的扎努见扎别已认识到错误了，就赶紧开导他：“扎别，别自责了，我们还是赶紧想想补救的办法吧。”

两人想啊想啊。扎努最终想到了一个办法，就是把自己造的地折叠一些皱褶出来，这样地就变小了，就能与天合拢在一起。于是，未发生变化的天还是像原来一样平整宽广，而大地却因为皱褶出现了山川河谷，富于变化。

有了天和地，世间豁然开朗，拉祜族人欢天喜地，安居乐业。但为拉祜族造天和地的英雄扎别和扎努却因过度劳累而倒下了。造天的扎别倒下了，他的身体化成了天上的日月星辰、风云雷电、雨露霜雪；造地的扎努倒下了，他的身体化成了山川河流、花草树木。

扎努和扎别为拉祜族奉献了一切，他们是拉祜族世世代代敬仰和感激的英雄。②

3. 老鼠是拉祜族的恩人

天神厄莎将拉祜族人种种在葫芦里。葫芦成熟，人种却出不来。厄莎请啄木鸟来啄，啄木鸟累得嗉子都歪了，也没有啄开葫芦。厄莎又请老鼠来咬，老鼠竭尽全力，终于将葫芦的腰部咬成细细的，成了上下两半。葫芦里面的两个

① 参见临翔区南美乡教育办公室、临翔区南美乡九年制学校编：《我是南美拉祜人》，23 页，内部资料，2015。

② 参见临翔区南美拉祜族乡人民政府编：《南美拉祜族民间故事》，21—22 页，内部资料，2020，何文贵搜集改编。

人种撑开上盖，从葫芦里出来。拉祜族祖先得以诞生，得益于小蜜蜂和老鼠的帮忙，老鼠更是拉祜族的大恩人。为了感谢小蜜蜂和老鼠，拉祜族做蜂桶给蜜蜂住，盖房子时专门搭一根悬梁，俗称“老鼠梁”，专门留给老鼠进家里吃粮食，方便老鼠与人同住家里。

4. 龙的传人

很久很久以前，拉祜族的寨子里生活着一对母子。母亲名叫娜姆扎倮玛，已 70 岁了。儿子名叫扎尼娜姆倮，30 多岁了。因扎尼幼年丧父，母亲年老多病，家里一贫如洗，没有姑娘愿意嫁给这个拉祜族穷小伙，只有母子俩相依为命。为了给母亲治病，扎尼娜姆倮起早贪黑，辛苦挣钱，到处请医生。

一天晚上，扎尼娜姆倮梦见一个白发老人。白发老人对扎尼娜姆倮说：“明天会水漫天漕，世间将要被大洪水毁灭了，你母亲年老多病，我要把她先带走了。你不要伤心也不要惊慌，我给你一颗葫芦籽，明天清晨，你只要把它种在院子中央，它就会三分钟发芽，三分钟开花，三分钟结果。你记得要在葫芦上凿一个小洞，带上一只公鸡钻到里面躲起来，最后用挂蜂蜡把口封起来就行了。记住，公鸡叫，才可出来。”

第二天清晨，醒来的扎尼娜姆倮惊讶地发现自己的手里攒着一颗葫芦籽，母亲也闭上了眼睛，离开了他。可怜的扎尼娜姆倮边哭边料理完母亲的后事，然后他依照白发老人的嘱咐把葫芦籽种在院子中央，葫芦籽果然很快就发芽、开花、结果了，最后长成一个金光闪闪的大葫芦。扎尼娜姆倮小心翼翼地在葫芦上凿一个小洞，带上一只公鸡钻进去，并用蜂蜡将洞口封住。

洪水到来，躲在葫芦里的扎尼娜姆倮跟着大葫芦在洪水中不断沉浮，他庆幸多亏有白发老人的指点，才得以幸存下来。不知过了多久，公鸡终于“喔喔喔喔”地打鸣了。扎努娜姆倮战战兢兢地从葫芦里出来，眼前的一切让他惊呆了，经过滔天洪水的肆虐，世间万物都不存在了，除了泥沙还是泥沙，他感到孤单、无助。扎尼娜姆倮叹了一口气，又安慰自己，至少自己作为拉祜族人种幸存下来了，这是值得高兴的事啊。

一天，扎努娜姆倮在河边寻找死鱼填饱肚子，忽然发现一条红色的小金鱼在快要干涸的水坑里拼命地摆尾挣扎。扎尼娜姆倮见状，心生怜悯，赶紧小心翼翼地捧起小金鱼，并把它放回大河。这天晚上，睡在大贝壳中的扎尼娜姆倮做了一个梦，梦见一位漂亮的小仙女对他说：“大哥哥，谢谢你救了我，我是龙王的小女儿，为了报答你的救命之恩，我要嫁给你。”第二天，扎尼娜姆倮正在为这个奇怪的梦感到疑惑时，梦中的小仙女实实在在地站在了他的面前，甚至比梦中还要美丽动人。她对着扎尼娜姆倮说："大哥哥，不要发呆了，我就是你救起的那条小金鱼，我是龙王的小女儿，以后我俩就是一家人了。"说完，小仙女右手一挥，他们的面前顿时出现一座漂亮的大房子。扎尼娜姆倮和龙王的小女儿就幸福地生活在一起了。

从此，拉祜族一代代繁衍下来。故此，拉祜族认为自己是龙的后代，龙的传人。①

5. 拉祜族葫芦笙的由来

传说拉祜族早先过着游猎采集生活，吃的是生肉、野果，穿的是树叶、树皮。厄莎看了很同情，就给了他们种子，叫他们种粮、种棉。拉祜人依照厄莎的吩咐，把种子撒在地上，头一年就得到好收成。他们很高兴，十分感激天神厄莎，大家要举行盛大的庆祝活动，来报答厄莎的恩情。他们派了五兄弟去请厄莎，厄莎在石洞内沉睡不醒。五位兄弟用力敲门，把手都敲肿了，厄莎依然不醒。五兄弟想了想，就一起吹手中的竹棍，五根竹棍发出不同的声音，一下把厄莎惊醒了。厄莎不知是什么声音，觉得很好听，就开门出来看。五兄弟说明来意，就将他请去了。在欢迎会上，五兄弟又吹起他们的竹管，拉祜人欢天喜地，尽情欢跳。三天之后，他们认为拉祜族是从葫芦里出来的，把竹管装在葫芦里就会更好听，制作了芦笙。此后，每逢佳节拉祜族就用芦笙欢度节日，用芦笙表达他们的思想感情。芦笙也成了拉祜族的民族乐器。②

6. 芭蕉树为"竜树"的传说

传说，拉祜族在追赶马鹿的时候发现了牡缅密缅坝子。这里土地肥沃，水草丰美，适合耕种，周围森林密布，适合狩猎，真是生活的好地方。于是，大家回到云县，告知头人。经过商量，拉祜族决定将寨子搬到牡缅密缅坝子。为了不让其他人知道，他们派人告知其他民族头人："这一个月我们拉祜族要过节，按照习俗，请你们不要来我们寨子。"于是，他们牵着三条老水牛，带着土锅，准备迁往牡缅密缅。临走之前，让寨内柴火足足烧了近一个月。待柴烧完，烟雾散去，旁边其他民族才发现拉祜族寨子的人都迁走了，他们就开始追，追至头道水（在今云县境内）时，他们发现拉祜族开路而砍倒的松树都死

① 参见临翔区南美拉祜族乡人民政府编：《南美拉祜族民间故事》，25—26 页，内部资料，2020，由罗成文搜集整理。

② 刘辉豪主编：《拉祜族民间文学集成》，135—136 页，北京，中国民间文艺出版社，1988。

了，但是被拉祜族砍倒的野芭蕉树已长出约 50 厘米的嫩芽。他们误以为拉祜族早已走远，就放弃追赶，拉祜族才得以顺利搬到牡缅密缅坝子。自此，这些拉祜族将芭蕉树视为能救命的神树，也是保护村寨的寨神树。拉祜族栽种芭蕉树，搭建竜坛，每年年节时都要举行盛大的祭竜仪式。现在南美乡的拉祜族还一直保持这一传统。①

7. 搭桥节的传说

很久以前，拉祜族部落里发生一件奇怪的事情。拉祜族部落连续几年颗粒无收，森林里看不到任何猎物，拉祜族的日子十分艰难。部落首领扎拉很苦恼，不知如何才能带领族人摆脱困境。

一个电闪雷鸣、风雨交加的夜晚，漆黑一片，不时传来族人的惊叫声、呼救声。突然，地动山摇，夜空中出现一位美丽的天神。她对扎拉说："这次灾难是上天对你们的一次考验，如果你们能经受住这次考验，你们族人将会过上好日子。"扎拉问："天神，我们怎样才能渡过这次灾难？"天神说："你们还有一劫，只要躲过了，这次的灾难也就结束了。"说完，天神就消失了。扎拉拔腿就追，"咚"的一声，脚后跟磕到楼板上，扎拉醒了，发现是在做梦。

天亮了，扎拉走出木掌楼，眼前的一切让他惊呆了，河对面的山林竟然一夜之间全变绿了。想想昨夜的梦，他赶紧召集族人并将梦里的一切告诉众人。按照天神的指点，族人将面临一场劫难。经过商量，大家决定搬到河对面去。

大家带上谷物粮食来到河边，经过一夜的暴雨，河水暴涨，根本无法过河。有人准备回到原来的寨子，可原来的寨子已是尘土飞扬，大地开始摇晃。扎拉让大家不要犹豫，拿好谷物，快速过河。由于洪水太猛，大家带的谷物都被洪水冲走了。没有谷物种子，族人无法耕种，大家很焦急。这时，有人发现，身边的大白狗尾巴里竟然裹有几粒种子，大家喜极而泣。扎拉小心翼翼地将狗尾巴里的种子取下来放进背袋子里。

族里的老人说："世间万物都有魂，河水太大，种子的魂无法过河，需请龙神把种子的魂送过河。种子的魂过河了，来年这样的种子才会发芽。"于是，扎拉让族人砍来大树，在属龙日搭桥，杀猪、牛请磨巴祭神，给种子叫魂。

从此，南美乡拉祜族就有在农历四月第一个属龙日和六月第一个属龙日过搭桥节，举行搭桥祭祀仪式，分别为毛稗和苦荞叫魂，也给人、畜等叫魂。这

① 相关内容根据 2021 年 4 月 6 日在李昌明家的访谈材料整理。

就是南美拉祜族特有节日搭桥节的由来。[①]

8. 白石岩的传说

南美乡的东面有座山，名为白石岩，山的海拔为2835米，到处悬崖峭壁。山顶上云雾缭绕，山中树木茂盛、植被丰富，动物种类繁多。耿马县境内也有一座高山名叫“白石岩”，与南美乡的白石岩相对而立。

传说，拉祜族大头人布倒幕（拉祜族的领导者，村寨的管理者）率众追捕马鹿发现牡缅密缅，众人在圈腊（今临翔区青华村）居住，这里前有平畴，可种豆麦；背靠旗山，适合打猎。后来，其他民族也来到牡缅密缅坝子，生活在缅翁（今临翔区凤翔镇缅翁巷）一带。不知过了多少年，人渐渐多了，开始争夺土地，牡缅密缅坝子不再安宁。

拉祜族有个名叫扎谷的小伙子，父母早亡。他不仅擅长狩猎，犁田耙地、栽秧打谷、砍树盖房，样样都会。而且心地善良，经常照顾孤寡老人，乐于帮助邻里。

明子山寨子的扎发家有个姑娘叫娜袜，乖巧伶俐，天生一副好嗓子。扎谷和娜袜在一次打歌中一见钟情。扎谷来到娜袜的木掌楼下吹芦笙，娜袜吹起响篾。后来，情投意合的两人结婚了。结婚当天，扎谷舂米，娜袜簸米，他们做饭招待寨人。

不久，大头人布倒幕接到线报，有人准备攻打圈腊，拉祜族不愿意打仗。布倒幕同其他头人商量后决定连夜拔寨，寻找新的家园。可是，扎谷陪娜袜回明子山娘家还没有回来，来不及通知他们。待扎谷和娜袜回来，寨子已经人走楼空了。娜袜急得直哭，扎谷说：“赶紧追，来得及。”娜袜边哭边往挎包里装东西，扎谷背上弩箭、芟刀、葫芦灌满水，带着娜袜往南追。他们一路穿过泰恒、勐疏、小勐准、户有一带的深山老林，走到大田河后山，娜袜渴得嗓子冒烟，实在走不动了。扎谷让娜袜歇着，自己拿着空葫芦去找水，翻了几道箐沟都找不到水，正在焦急之时，突然瞧见箐底有一只马鹿正在舔一块长满青苔的石头。扎谷下到箐底一看，石头上的青苔居然湿漉漉的。他觉得很奇怪，用耳朵贴着石头听见下面像水在汩汩流动的声音。扎谷找了根木棍来撬石头，石头并不大，但他敲了半天，费了好大的劲才挪开石头。一股泉水冒了出来，水流越来越大，扎谷双膝跪地，捧起泉水喝了一肚子，用袖子揩揩嘴，把葫芦装满

① 参见临翔区南美拉祜族乡人民政府编：《南美拉祜族民间故事》，46—47页，内部资料，2020，杨明好改编。

水，高高兴兴地回到娜袜身边。娜袜接过葫芦咕噜咕噜地喝着水，嘴里不停地喊“iqkat gwal”（意为“水真凉”）“iqkat miel”（意为“水真甜”）。扎谷无意中触犯了山神，挖开了泉眼，取水的地方已积水成塘，形成了一个大水潭（今马鹿坑水库）。

两人继续向南美山方向赶路，愤怒的山神决定施法惩罚这两个人。娜袜的脚磨破了，扎谷让娜袜先歇着，自己去找点吃的。扎谷找到吃的刚转身就听到雄鸡的叫声，两人受到山神施法渐渐地化作了两块巨大的岩石，就是南美乡和耿马县的白石岩。

现在，不管站在哪座白石岩山顶，都可以看见对面的白石岩。有人说，夜里有时还会听到白石岩山上响起的葫芦笙和响篾的乐音，甚至还会听到男女的窃窃私语声呢。[①]

9. 南美乡石臼的传说

传说，扎倮和扎莫两兄弟身材高大魁梧，擅长打猎。在迁徙的时候，他们就把水牛扛在肩膀上，把石臼夹在腋窝里。每到一处歇息的地方，就用携带的石臼舂谷子、玉米、荞麦等做饭。到了南美，发现这里深山密林水源好且多猎物，是个适合居住的好地方。拉祜族一部分年老多病和有身孕的人不愿意继续迁徙，希望留在这里。头人认为这是一个好主意，就让娜莫、娜科、娜霍和娜迫留下照顾他们，把一部分水牛、毛驴等牲口及生产生活用具留下来给他们，石臼也留了下来。大部分拉祜族继续向南迁徙，到达勐海后，因遇战乱，扎倮和扎莫两兄弟失散。哥哥扎倮同老头人迁徙到缅甸东部定居，弟弟扎莫跟随新头人迁徙到泰国定居。娜袜（扎莫的妻子）则领着一些人到老挝西北部定居，一部分留在勐海的深山老林定居。

留在南美山区的拉祜族，利用丰富的森林资源狩猎采集、刀耕火种，建房盖屋，繁衍生息。南美村旧称娜莫寨，南华村旧称娜霍寨，户肯寨旧称娜科寨。南美乡过去传下来的石臼有四个，其中三个留在了南美村，一个在南华村忙冈山的户肯。南美村箐口寨的石臼呈圆形，直径约 60 厘米，厚度约 20 厘米；南美村境内的另外两个石臼在南美乡政府东约两公里处，均为椭圆形，长约 80 厘米，宽约 60 厘米，厚度约 25 厘米；另一个长约 65 厘米，宽约 35 厘米，厚度约 25 厘米。南华村户肯的石臼为圆形，直径约 60 厘米，厚度约 20

① 参见临翔区南美拉祜族乡人民政府编：《南美拉祜族民间故事》，5—7 页，内部资料，2020，由何文贵搜集整理。

厘米。[①]

10. 拉祜族酿酒的传说

有个寡妇的儿子砍了一串野芭蕉果，将芭蕉果捂熟后准备献给天神。生病的母亲躺在火塘边，想尝一个芭蕉果，儿子怕亵渎神灵，不愿给。他举着芭蕉果献给天神，天神却说："我不是你的天神，你的天神就是你自己的母亲。"儿子羞愧难言，遂把芭蕉扔进了一个红毛树洞里面。不久，芭蕉果在树洞里融化成水，散发出阵阵香味，引得林中的飞禽竞相来吸。而后，个个东倒西歪地睡在树洞旁。人们见状都说此水不能喝，遂用篱笆在洞外围栅一圈。一天，来了一个挑着米担的汉子，他又渴又饿，直接翻越篱笆喝水。喝完后，大汉不省人事。当他醒来，却顿觉神清气爽，浑身是劲。他如获至宝，将所挑的一担大米倒进树洞里，后将浸泡过的大米捞出来挑回家，熬成米粥。这种米粥不仅味道甜美，喝后让人精神振奋。他先将粥分给全寨的老人们喝，剩下的米分给寨人作酒药（即酒曲），拉祜语称"did"，汉语音译为"第"。从此，拉祜族能制出香甜的酒水。在南美乡拉祜族的心中，那位挑大米的汉子就是神圣的酒神。[②]

11. 响篾和火镰包定情物的由来

从前，有一个高大英俊的小伙子，名叫扎谷，爱上了一个漂亮聪慧的姑娘娜希。小伙子因为害羞，一直不敢向娜希表白。有一次，他到大箐去打猎，夜里在箐里宿营。早上醒来，听到阵阵清脆悦耳的声音。出于好奇，他寻着声音找去，原来是被动物啃撕成的一片茨竹篾子经风吹着不断颤动而发出来的响声。扎谷回到寨子，赶紧砍来茨竹照着样子制成了能发出同样悦耳声音的乐器，取名为"响篾"。傍晚，他见娜希到水槽下面喝水。含蓄内向的扎谷就试着用响篾吸引娜希的注意。于是，他悄悄地把响篾放在水沟，响篾顺着水槽流到娜希的面前。娜希捡起响篾，抬头望见扎谷，心里美滋滋的。她一时也想不出该用什么回赠扎谷。突然，她看见水槽边的一片片刺通树叶好像一颗颗爱心。回到家，她就用布料和五颜六色的丝线仿照刺通树叶的形状，缝制了一个精致的布包，里面装上火绒、火镰和烟叶等信物，取名为"火镰包"。在月光下的竹林里，娜希把火镰包交给扎谷。扎谷握着火镰包，知道娜希也喜欢自己，两人开始对歌。一番对歌后，两人互诉衷肠，最终结为一对恩爱的夫妻。

① 参见临翔区南美拉祜族乡人民政府编：《南美拉祜族民间故事》，9—10 页，内部资料，2020，由何文贵搜集整理。

② 曾庆芳：《乡土临沧》，162 页，昆明，云南人民出版社，2012。

从那以后，响篾和火镰包就成了南美乡拉祜族男女青年首选的定情信物。[①]

12. 小猫和老虎

传说作为森林之王的老虎请猫教它爬树的本领，猫不敢不教。但猫心里一直有一个愿望，觉得自己的花纹跟老虎一样，总想代替老虎成为森林之王。于是，它只教给老虎如何爬上树却不教老虎下树的本领，想老虎只得从树上跳下摔死，自己正好可以坐上森林之王的宝座。

一天，猫领着老虎练习爬树，爬到高高的树梢，猫故意在上面撒尿，紧跟着的老虎想躲避，却不懂如何下树，只得纵身一跳，重重地砸在地上，差点摔死了。

从此，猫为了躲避老虎的报复，躲到人类的房子里。老虎见人类收养了猫，就吃掉人类养的鸡、猪、牛、羊来报复，而猫为了报答人类的救命之恩，就主动为人类看守粮仓，捕捉老鼠。[②]

① 微南美：拉祜族定情物——响篾和火镰包的传说，https://www.sohu.com/a/156725239_289636，2017年7月12日。

② 参见临翔区南美拉祜族乡人民政府编：《南美拉祜族民间故事》，86页，内部资料，2020，罗成文政编。

第七章
临沧南美乡拉祜族的传统伦理教育

拉祜族在长期社会生活中形成了一系列人与自然、社会及他人之间共同相处的道德观念和行为准则。在日常生活中，拉祜族通过言传身教等教育方式让晚辈树立正确的道德观念、掌握社会礼仪并形成良好的行为习惯，使村寨形成良好的社会风尚和精神风貌。

第一节　传统教育

教育是一种社会现象，产生于生产劳动和社会生活的需要。南美乡拉祜族传统的教育形式以民间教育为主，学校教育为辅。

一、民间教育

拉祜族处于原始社会的历史阶段较漫长，向封建社会过渡的时期极为短暂，因此，拉祜族民间教育的早期形态既没有从意识形态的各类学科中分离出来，更没有脱离其生产劳动和社会生活，也没有专门的教育场所和专门的人员。受教育者是为谋求生存的全体民众，教育内容主要是生产生活知识及日常行为准则、做人的道理等。教育者为有经验的长者，通过口耳相传和实际教授进行教育。民间教育主要分为家庭教育和社会教育。全民性和传统性是拉祜族民间教育的主要特点。[①]

（一）家庭教育

家庭是拉祜族传统家庭教育最重要的场所，也是拉祜族社会组成的基本单位。马凌诺夫斯基强调："一家的文化特征与其屋内的物质设施是密切关联的。一人从襁褓而孩提，从发育及青春，以至求偶及早期的婚姻生活，以至于老年，他的一生中和家庭间各分子的亲密接触，深受住宅形式的影响。"[②]家庭教育是在家庭日常生活中通过家庭生活行为自发地传输生活常识的一种原始教育形式。拉祜族历史上无文字，家庭教育的一个重要特点就是言传身教，即子女在家庭生活实践中潜移默化地受到长辈和其他成人思想和行为的影响。

南美乡拉祜族从出生到死亡的所有仪式、生产生活及礼仪规范都是在木掌楼里习得。木掌楼里的火塘不仅是拉祜族家庭的生活中心，也是传授生产、生活经验，灌输民族伦理道德和传承民族传统文化的重要场域。在火塘边，拉祜族长辈会向后辈传授生产生活知识，讲述本民族的历史、神话、故事，吟唱本民族史诗、民歌，示范各种民族礼仪。孩子们则向长辈学习煮饭、炒菜、烧水等家务知识以及制作工具、纺织箩筐、纺线织布、缝补衣服等技能。

1. 言传

在传统的刀耕火种、狩猎、采集等生产劳动过程中，集体的团结协作非常重要。在日常生活中，拉祜族老人和长辈常借助谚语俗语教导小辈要懂得团结互助，

① 杨春编著：《中国拉祜族》，92页，银川，宁夏人民出版社，2012。

② ［英］马凌诺夫斯基：《文化论》，费孝通译，43页，北京，华夏出版社，2002。

如“一个巴掌盖不住天”①“一个巴掌拍不响，一根筷子夹不来”②“一只脚难跳，一根柴难烧”③。夫妻同心、家庭和睦也是拉祜族家庭教育的重要内容，老人常用俗语“独竹不成桥，独人不成家”④“独柱盖不了房，独指抓不住犁耙”⑤“纺车好，好拉线；家和睦，人心欢”⑥“水不满竹筒响，人不和常争吵”⑦“弩架不平稳打不中靶，离心离德成不了家”⑧等教育子女一家人要和睦相处。

谦虚谨慎是拉祜族的传统美德。在家庭教育中，教导子女养成谦虚谨慎的习惯也是必不可少的一项内容。老人们教育小辈“做人要看秧草蓬”，启发后人做人要谦虚谨慎，像秧草蓬那样经得起千人踩、万人踏。真正有本事的人反而不自夸，如“大江大河无响声，造诣深的人不自夸”⑨；只有不懂得谦虚的人稍有点本事就好显摆、张扬，要牢记“一瓶不满，半瓶晃荡”⑩“爱叫的母鸡不下蛋”⑪“爱叫的鸟不肥，爱吹的人不富”⑫的教训，做到含蓄内敛、谦逊低调。此外，还要学会讲道理、明是非。俗话说，“进别人家要知礼节，跟别人说话要找道理”⑬“不怕三只眼的老虎，怕的是人不讲道理”⑭，否则“牙硬易虫蛀，竹硬易折断”⑮，飞扬跋扈、蛮横无理的人最终会处处碰壁。

长辈常用俗语“老人讲话要和气，小孩从小要礼貌”⑯“碎米让好米，后辈敬长辈”⑰教育小孩子从小养成尊敬师长的好习惯，“虎老识山峰，人老知根

① 彭志清、王正华、李嘉：《拉祜族谚语俗语集》，148页，昆明，云南民族出版社，1993。
② 彭志清、王正华、李嘉：《拉祜族谚语俗语集》，146页，昆明，云南民族出版社，1993。
③ 彭志清、王正华、李嘉：《拉祜族谚语俗语集》，296页，昆明，云南民族出版社，1993。
④ 彭志清、王正华、李嘉：《拉祜族谚语俗语集》，135页，昆明，云南民族出版社，1993。
⑤ 彭志清、王正华、李嘉：《拉祜族谚语俗语集》，328页，昆明，云南民族出版社，1993。
⑥ 彭志清、王正华、李嘉：《拉祜族谚语俗语集》，133页，昆明，云南民族出版社，1993。
⑦ 彭志清、王正华、李嘉：《拉祜族谚语俗语集》，122页，昆明，云南民族出版社，1993。
⑧ 彭志清、王正华、李嘉：《拉祜族谚语俗语集》，136页，昆明，云南民族出版社，1993。
⑨ 彭志清、王正华、李嘉：《拉祜族谚语俗语集》，315页，昆明，云南民族出版社，1993。
⑩ 彭志清、王正华、李嘉：《拉祜族谚语俗语集》，285页，昆明，云南民族出版社，1993。
⑪ 彭志清、王正华、李嘉：《拉祜族谚语俗语集》，131页，昆明，云南民族出版社，1993。
⑫ 彭志清、王正华、李嘉：《拉祜族谚语俗语集》，130页，昆明，云南民族出版社，1993。
⑬ 彭志清、王正华、李嘉：《拉祜族谚语俗语集》，275页，昆明，云南民族出版社，1993。
⑭ 彭志清、王正华、李嘉：《拉祜族谚语俗语集》，144页，昆明，云南民族出版社，1993。
⑮ 彭志清、王正华、李嘉：《拉祜族谚语俗语集》，69页，昆明，云南民族出版社，1993。
⑯ 彭志清、王正华、李嘉：《拉祜族谚语俗语集》，101页，昆明，云南民族出版社，1993。
⑰ 彭志清、王正华、李嘉：《拉祜族谚语俗语集》，55页，昆明，云南民族出版社，1993。

古”[①]“老树根多，老人智多”[②]“老人点子多，老鼠根根多”[③]“长辈的话值钱，爹妈的话是良药”[④]等等这些俗语也是教育人们要尊重老人，多听长辈的意见。否则，不听老人的告诫，自己一意孤行，则“违老人教诲，灾难在眼前”[⑤]；“不听父教要闯祸，不听母劝要遭殃”[⑥]。

家中老人和父母常常教育年轻人不图外人之财、不贪小人之礼、不捡拾他人遗失的东西等。他们常用通俗易懂、简洁明了的谚语俗语对晚辈进行教育，如用“贪多背袋破，贪吃肚子胀”[⑦]告诫年轻人不要贪婪，适可而止；“狗馋常挨打，人馋毁名誉”[⑧]告诫年轻人贪欲过多会毁掉最值得珍视的名誉而得不偿失，提醒年轻人要经得起财物的诱惑，不是自己的绝对不能据为己有；用“宰猪莫忘全寨人，打得野猪莫独吞”[⑨]教导众人要有乐于分享的意识。

家庭父辈或成人通过谚语培养小辈勤于劳动、热爱劳动，重视实践的意识。如用谚语“人不哄地皮，地不哄肚皮”[⑩]，强调懒惰是穷困的根源，只有勤劳耕种才会有好收成，才能不饿肚子，富有的生活要靠自己的劳动去创造。“妇女懒家乱，男人懒家空”[⑪]，教导大家只有夫妻同心、共同奋斗，家庭才会幸福美满。

拉祜族传统社会崇尚勤俭节约，禁止铺张浪费，形成健康的消费心理。家中老人、父母会劝告人们不要铺张浪费，“别用尽所有的钱，别说尽所有的话”[⑫]。传统拉祜族家庭物质匮乏，大人们平时都是将就着穿旧衣服，仅有的新衣服只有出门串亲戚或重大节日时才偶尔拿出来穿一下，即“在家不穿旧，出门无新衣”[⑬]。长辈们也常劝导年轻人要养成学会精打细算、勤俭持家的好习

---

① 彭志清、王正华、李嘉：《拉祜族谚语俗语集》，142页，昆明，云南民族出版社，1993。
② 彭志清、王正华、李嘉：《拉祜族谚语俗语集》，259页，昆明，云南民族出版社，1993。
③ 彭志清、王正华、李嘉：《拉祜族谚语俗语集》，90页，昆明，云南民族出版社，1993。
④ 彭志清、王正华、李嘉：《拉祜族谚语俗语集》，85页，昆明，云南民族出版社，1993。
⑤ 彭志清、王正华、李嘉：《拉祜族谚语俗语集》，84页，昆明，云南民族出版社，1993。
⑥ 彭志清、王正华、李嘉：《拉祜族谚语俗语集》，11页，昆明，云南民族出版社，1993。
⑦ 彭志清、王正华、李嘉：《拉祜族谚语俗语集》，303页，昆明，云南民族出版社，1993。
⑧ 彭志清、王正华、李嘉：《拉祜族谚语俗语集》，228页，昆明，云南民族出版社，1993。
⑨ 彭志清、王正华、李嘉：《拉祜族谚语俗语集》，296页，昆明，云南民族出版社，1993。
⑩ 彭志清、王正华、李嘉：《拉祜族谚语俗语集》，75页，昆明，云南民族出版社，1993。
⑪ 彭志清、王正华、李嘉：《拉祜族谚语俗语集》，320页，昆明，云南民族出版社，1993。
⑫ 彭志清、王正华、李嘉：《拉祜族谚语俗语集》，233页，昆明，云南民族出版社，1993。
⑬ 彭志清、王正华、李嘉：《拉祜族谚语俗语集》，14页，昆明，云南民族出版社，1993。

惯，否则“不愁吃不愁穿，只怕浪费穷一世”[①]，最终陷入贫穷的囹圄之中。“一日省一分，三年变成千”[②]教导年轻人要坚持节俭的好习惯，积少成多，到一定时候会有惊人的积累。为了应对艰苦的生存条件，拉祜族长辈除了注重节俭外，还教育子女要懂得未雨绸缪，否则“急吃会噎脖子，急找会生邪念”[③]。告诫人们平时不懂得提前准备，等到急用的时候就容易慌不择路。

对拉祜族来说，偷盗行为为古理古规所不容。拉祜族家庭会教育子女禁止偷盗，偷盗是令人害羞的行为，常说：“饿得偷不得，饿了讨吃不害羞，偷吃才害羞。”穷不丢面子，讨饭也不会被人看不起，即使再饿也不能去抢他人的碗，再冷也不能去偷他人的衣服。拉祜族长辈们还常用“偷别人财物手要断，偷吃别人食物嘴要烂”[④]“摸柴块，当心碎片扎手；偷人物，当心损失钱财”[⑤]来教育年轻人要管住自己的手和嘴，乱拿别人的东西是最没面子、最招人恨的行为。这在拉祜族的民俗物象中也有体现，拉祜族在外面见到遗落的钱物，是绝对不会去碰的。他们认为，捡走别人的东西，自己后来赔进去的会更多。家中大人还会告诫小孩子：“只有人不偷，哪有人不见”[⑥]，即使别人看不见你偷东西或做坏事，但天神或神灵会看得见，也不会饶恕。家里若有小孩子有偷东西的苗头，大人一旦发现就会严厉训斥和及时教育。拉祜族除了教育子女禁止有偷盗行为，还应尽量避免产生自己偷盗的嫌疑，告诫“别打开别人的火镰袋，别摸别人的刀把”[⑦]等，这些与汉语中的“瓜田不纳履，李下不整冠”如出一辙。至今，拉祜山寨民风淳朴、和谐文明的良好氛围也离不开家庭教育潜移默化、润物无声的熏陶。拉祜族对欺骗行为深恶痛绝，骗子在拉祜山寨如同“过街老鼠”，人人生厌。家里人常用俗语：“骗子没人迎，盗贼没人爱”[⑧]“靠骗为生的人，饱一顿饿两顿”[⑨]“孵不出小鸡的蛋莫打烂，肮脏的钱要不得”[⑩]等，提醒晚辈要诚

① 彭志清、王正华、李嘉：《拉祜族谚语俗语集》，61页，昆明，云南民族出版社，1993。
② 彭志清、王正华、李嘉：《拉祜族谚语俗语集》，285页，昆明，云南民族出版社，1993。
③ 彭志清、王正华、李嘉：《拉祜族谚语俗语集》，130页，昆明，云南民族出版社，1993。
④ 彭志清、王正华、李嘉：《拉祜族谚语俗语集》，271页，昆明，云南民族出版社，1993。
⑤ 彭志清、王正华、李嘉：《拉祜族谚语俗语集》，258页，昆明，云南民族出版社，1993。
⑥ 彭志清、王正华、李嘉：《拉祜族谚语俗语集》，250页，昆明，云南民族出版社，1993。
⑦ 彭志清、王正华、李嘉：《拉祜族谚语俗语集》，274页，昆明，云南民族出版社，1993。
⑧ 彭志清、王正华、李嘉：《拉祜族谚语俗语集》，116页，昆明，云南民族出版社，1993。
⑨ 彭志清、王正华、李嘉：《拉祜族谚语俗语集》，115页，昆明，云南民族出版社，1993。
⑩ 彭志清、王正华、李嘉：《拉祜族谚语俗语集》，310页，昆明，云南民族出版社，1993。

实，不可有欺骗言行。还有“盗贼不会富，被偷穷不死”[①] 的俗语，也是告诉大家靠小偷小摸致富是不可能的事情，只有辛勤劳动才能过上好日子。

拉祜族自古以来就十分看重个人的名声，视名誉为生命。拉祜族父母经常用谚语“老树贵在皮，世人贵在脸”[②]“孔雀美丽靠尾巴，人得好评靠名声”[③] 等，教导子女要珍惜名誉、注重脸面。好名声是一个人在社会群体中的隐形的财富，也是一个人的自足之本。相反，坏名声会给个人的生产生活带来不可估量的负面影响，因此失去好名声会让人感到恐惧和不安。

此外，在拉祜族传统家庭生活中，父母还经常教导孩子禁止赌博和吸毒，经常用谚语“赌博者家空，吹烟（鸦片）者卖儿”[④] 劝诫子女。

2. 身教

身教是南美乡拉祜族家庭教育的重要方式。父母或长辈在家庭生活中通过身体力行将生产技能、处世原则、家庭伦理、生活习俗等基本常识展示给孩子，让孩子在潜移默化中接受教育。

（1）技能教育

拉祜族通过家庭教育获得生产生活知识和技能。对于传统游猎农耕社会的拉祜族来说，掌握必要的生产生活技能是他们利用自然和改造自然、实现自我生存和家庭发展的前提。

在传统拉祜族家庭中，父亲及男性长辈主要教导男孩子生产技能，母亲及女性长辈主要负责女孩子的教育。如：平时，男孩子在家跟着长辈学习劈柴、杀鸡、烤肉、编织、制弩、做芦笙等技术；父亲和男性长辈带着男孩子上山打猎，示范教授如何祭祀猎神，如何查寻野兽的足迹，如何掏鸟蛋、如何瞄准射击等，教授狩猎技能；农耕时节，又实地传授选地号地、砍伐树木、点火烧荒、翻地、犁地、点穴、收割以及泡谷种、铲埂糊埂、犁秧田、耙秧田育秧苗、栽秧、割稻、脱粒、收藏谷、保存谷种等，让他们在参与生产劳动过程中学会基本的农耕技术和生存技能。母亲及女性长辈向女孩传授种植、养殖等生活技能时，孩子们看着长辈亲手操作，一边模仿一边请教。女孩从八九岁就开始学习纺织、缝制、绣花等手工技能，十五六岁就能熟练掌握刺绣技艺，会缝制简单

① 彭志清、王正华、李嘉：《拉祜族谚语俗语集》，250 页，昆明，云南民族出版社，1993。

② 彭志清、王正华、李嘉：《拉祜族谚语俗语集》，258 页，昆明，云南民族出版社，1993。

③ 彭志清、王正华、李嘉：《拉祜族谚语俗语集》，2 页，昆明，云南民族出版社，1993。

④ 彭志清、王正华、李嘉：《拉祜族谚语俗语集》，226 页，昆明，云南民族出版社，1993。

的拉祜族服饰了。在生产劳动中，母亲主要负责教授采集、挖沟、撒种等，在拉祜族家庭生活中孩子们从小就观摩和学习女性长辈或成人生火、做饭、煮菜、扫地、舂米等家务。通过系列实践教育，也让小辈懂得亲身实践的重要性，只有现场观摩、实践操作才能真正学到生产技能和生存技巧。

（2）生活习俗教育

生活习俗教育是拉祜族传统家庭教育的重要内容。如父母或比自己年长的人会讲述自己的对歌技巧、恋爱过程和婚嫁习俗，年幼者逐渐习得本民族的基本婚俗礼仪。在日常礼仪方面，父母常常教育孩子要礼貌待人，学会做人的基本道理和处事原则。

南美乡拉祜族家庭老人和长辈是晚辈模仿学习的对象，在日常生活中对晚辈的影响很大。因此，长辈都会自觉地给小辈做好表率，规范自己的言行。拉祜族传统社会崇尚勤俭节约，禁止铺张浪费，形成了健康的消费心理。

家庭生活中，拉祜族子女对老人关怀备至，有好吃的留给老人；老人生病要不惜一切为其求医，老人要睡在屋梁根部的东方，象征着老人是社会和家庭的中心。平时吃饭时第一碗饭要先盛给老人，烤茶第二道最香最浓的茶也要先敬给老人。给老人敬烟、敬酒、敬茶要双手，单手是失礼的。年轻人结婚必须要在家中老人的木掌楼举行，由老人亲自主持。

拉祜族家族崇尚男女平等，没有传宗接代观念，妇女在家族中享有重要地位，多数家族都是妇女当家。提亲时，是否同意女儿嫁给男方，由女方女性长辈说了算。但恋爱自由，婚姻自由，无包办婚姻。

（二）社会教育

在传统拉祜族社会，开展社会教育是代际传承各种民间习俗和生活知识的有效方式。

集体祭祀活动是南美乡拉祜族进行社会教育的重要方式之一。凡遇年节或各种重大节日，当地拉祜族均要举行隆重的祭祀活动。年节期间，吟唱拉祜族古歌《根古》让人在身临其境中领悟到拉祜族的悠久历史与习俗，特别是了解拉祜族祖先如何发现牡缅密缅，学习祖先艰苦的奋斗历史和顽强的奋斗精神。在重要场合，拉祜族都要穿上艳丽的盛装，拉祜族女性服饰斜对襟高开衩长袍、艳丽的包头等均生动展现了拉祜族的历史文化。衣服袖口处缝的七条彩色布条记录了拉祜族祖先迁徙过程中的“七山七水”，有利于拉祜族后人铭记祖先的迁徙历程，了解本民族的历史文化。

南美乡拉祜族村寨团结互助的氛围很浓厚。寨中有产妇生孩子，全寨老少都会去帮忙，有经验的妇女进去帮助分娩，其他人则在门外一起给产妇喊号子鼓劲。拉祜族村寨还普遍存在互帮互助、相互依存的习俗。村寨中一家有婚丧，全寨家庭有菜的拿菜，有米的拿米，都鼎力相助。寨子里建新房，全寨男女老少齐出动，各司其职，一天内即可建成。上街赶集、上山打猎、耕种收割等过程中，邻里之间都会相互帮助，形成和谐温馨的邻里关系。寨中的孤寡老人和孤儿，全寨人都会照顾。拉祜族村寨一旦有人缺粮或突遇变故，寨人都会免费捐粮或提供力所能及的帮助使其渡过难关。他们认为一家的困难就是全寨人的困难，不能坐视不管。在这种文化氛围中长大的拉祜人，自然容易养成乐于助人的美德。

拉祜族选择恋爱对象主要看对方是否勤劳善良，双方是否投缘，而不注重外表长相和经济条件，形成朴素务实的爱情观。由于生活条件较差，拉祜族自古就不太注重物质财富，没有互相攀比的习惯。拉祜族结婚不置办家具，不要彩礼，不讲排场，只是全寨人在一起吃顿饭。受这些习俗的影响，拉祜族形成内敛、务实的个性，保持知足常乐的积极心态。

拉祜族在社会教育中重视感恩教育。为了感恩狗帮助拉祜族先民保存了谷种而在衣服、屋檐板条上展现有狗牙图案；为了感恩拉祜族先民从葫芦里诞生而在衣服、房屋上设计葫芦图案；房屋山墙镶上鸟和老鼠咬葫芦的图案是为了感恩鸟和老鼠咬开葫芦，拉祜族先民得以从葫芦里出来。因为老鼠是第一功臣，拉祜族的传统木掌楼留有一根楼楞专门供老鼠来吃粮食，俗称“老鼠梁”。南美乡拉祜族竜林跟其他拉祜族聚居区的树林不同，是芭蕉林。在迁徙历史过程中，因砍倒的芭蕉树芯长得快让牡缅密缅的拉祜族得以幸存，为了感谢芭蕉树的救命之恩，拉祜族将芭蕉树视为神树，祭“竜”就是祭芭蕉。至今，南美乡拉祜族每年都举行祭祀芭蕉的祭竜仪式。

拉祜族村寨注重行为规范教育。临沧南美乡一带，在中华人民共和国成立前规范和约束当地拉祜族民众行为规范的“最高法律”仍是传统习惯法，一旦违反，将受到惩罚，轻则罚款、扫寨子、游街示众，重则逐出寨子。拉祜族先提出离婚的一方，要向村寨缴纳罚款，是为了教育夫妻间形成相互尊重、互谅互让、不离不弃的观念。若是男方先提出离婚，罚款更多，充分体现男女平等、尊重女性的传统思想。很多拉祜族村寨的村规民约中都有禁止吸食鸦片、禁止赌博、禁止婚外情的条文。

拉祜族民间教育以口耳相传、示范引导为主，对规范人们的行为、促进家庭和村寨的和谐稳定均起到积极的作用。

二、学校教育

中华人民共和国成立前，南美乡拉祜族大多数处于文盲的状态，接受过文化教育、能识文断字的人极少。1950年，当地政府在坡脚村开设坡脚小学。1951年，在南华村开设南华小学，在竹笆山开设南美小学，在多依村开设多依小学。1954年，在户肯开设户肯小学。20世纪60年代，又增设了西山小学、烂笆寨小学、南楞田小学、大窝铺小学和团山小学。20世纪70年代，又开设了山背后小学、河边寨小学、平寨小学和朱栗树坡小学。20世纪50年代，南美乡拉祜族才开始接受正规的学校教育。因拉祜族与外界联系较少，学生的语言基本限于母语拉祜语，当地小学教师多为当地人，小学起始阶段多用拉汉双语教学，后期除了汉语，也常用拉祜语进行辅助教学。拉祜语在学校教育中得到很好的传承和利用。

1968年，在多依小学开设过附设初中班，由于办学条件不具备而无法坚持。1991年10月，当地政府在南美村竹笆山建成“南美拉祜族乡九年制学校（初中部）”，1995年改名为“南美中学”。目前，南美乡共有学校3所，即多依小学、南美拉祜族乡中心幼儿园和南美拉祜族乡九年制学校校本部。[①]

为了更好地传承和发扬拉祜族文化，南美乡学校利用思想品德课讲南美乡的发展史、南美的民族文化；语文课上让学生讲解当地拉祜族民间故事；音乐课上教授拉祜族传统民歌、弹奏乐器；美术课上教授学生拉祜族手工艺品的制作技艺；体育课上教授学生拉祜族打歌和拉祜族传统体育运动项目；劳动技术课上教授核桃、烤烟、茶叶、中草药等种植技术，加强科技教育，提升农业技术水平。

除了借助课程进行教育，学校还加强对拉祜族传统文化的研究，何文贵等教师在2020年开展“临翔区南美拉祜族民间故事”课题研究，共搜集整理南美乡拉祜族民间故事27个，作为学生的课外读物。

通过学校教育，让学生了解拉祜族文化，传承民族技艺，掌握科学技术，

---

① 临翔区南美拉祜族乡政府编：《南美拉祜族乡志》，125—127页，内部资料，2017。

增强学生对家乡的热爱，激发学生建设家乡的热情，提高建设家乡、发展经济的能力。

第二节　社会礼仪

礼仪是人们约定俗成的，为维系社会正常生活而要求人们共同遵守的最起码的道德和行为规范，它是人们在长期共同生活和相互交往中逐渐形成，并且以风俗、习惯和传统等方式固定下来。礼仪是个人道德修养、交际能力的外在表现，也是社会道德的外在体现，更是维持良好社会秩序的保证。礼仪包括礼节和仪式，礼节一般是个体的行为，而仪式大多是集体性的，并且一般需要借助他物来完成。

临沧南美乡拉祜族在历史发展过程中，经过民间约定俗成形成了一套较丰富的礼仪体系。个体若要有效地融入社会，被其他人所认可，首先要了解传统礼仪，并在社会生活中遵守礼仪。鉴于礼仪的重要性，南美乡拉祜族也十分重视对社会礼仪的教育和传承。本节更多地描述个人的礼仪，因集体性的社会礼仪在节日文化和民间信仰部分都提及，不再赘述。

一、火塘礼仪

村寨搬迁时，由头人抬着火种走在前面，其他人跟随其后。建新房和分家时搬新家都要有安置神桌、火塘和叫魂箩等仪式，其中安置火塘、点火等是最重要、最隆重的贺新房仪式。火塘位置一旦确定，就不再移动。火塘在家中具有重要的地位。禁止人跨过火塘，每逢年节要献祭火神，忌向火塘吐痰、在火塘边小便、把脚蹬在燃烧的木柴上、敲打火塘的锅庄石或三脚架以及在火塘上方烘烤衣物等。火塘中的火要常年不息，若火种不慎熄灭，就要用一点茶和米去献祭邻居家的火神，才能讨回火种。向火塘内添柴，要从三脚架的正面添入且将木柴的根部先塞入，即讲究从根部烧到树梢。

二、敬老礼仪

若长辈在堂屋就座，小辈不能上堂屋的楼上，更不能在长辈面前讲粗话、脏话，否则视为犯上；长辈说话时，小辈不可随意插话，也不能在长辈座位前来回走动，否则视为不懂规矩；长辈忌在晚辈面前讲粗话、脏话，否则视为没有长辈样子；家中老人的床铺必须设置在最暖和的火塘附近；吃饭时，老人要坐在正中位置；即使是头人，也要向老人敬酒、敬茶、敬烟；新米节时，第一碗新米请天神厄莎先尝，而人世间最先吃新米的一定是老人。农历新年初一早上家人抢回的“新水”先要为老人们洗脸、洗脚，祝福老人健康长寿。子女打猎回来，要将猎物分给老人一份；集体狩猎，也会留一部分肉专门请寨中老人享用。另外，小辈居住的房子，不能遮挡住老人的住房。

三、婚俗礼仪

每年火把节过后，拉祜族男女青年才可开始恋爱活动，否则视为懒人的行为，会受到寨中老人和卡些的责骂、干涉以及寨人的耻笑；对歌场上，避免兄弟姐妹、堂姊妹等同在一起对歌。男子抢走心仪姑娘的包头，若对方讨要抢走的包头，男子应无条件积极归还；在两人相恋后，小伙子不可抢其他姑娘的包头，姑娘的包头也不能再让其他人抢去。媒人去女方家提亲时，必须带上茶叶、酒等礼品，否则视为不懂理；未征得女方家长同意，媒人不可自行落座、不能主动喝水，更不能自己打开带来的茶叶泡茶及打开酒瓶倒酒。男方送给女方的财物经双方家长约定后，必须足额备齐，不可打折扣。婚礼当天，新娘要理光头，新婚夫妇要按照礼节，依次给老人、亲戚敬酒、敬茶、做饭等。寨中及家里的老人要给新人拴魂线，唱祝福词。婚后，夫妻双方要互敬互爱、不离不弃。婚外性行为为众人所不齿，将被头人处置罚扫寨子、游街甚至会被抄家。父母去世当年或忌日不可操办喜事。

四、社交礼仪

进入木掌楼时，要请长辈、老人、客人先上并落座。无论是居家还是做客，拉祜族都严格遵守座次礼仪，按照习俗，选择老人座、男主人座、女主人座、儿童座、客人座等对号入座。木掌楼内以火塘为中心分为四个方向，火塘靠墙一方是火神居住的地方。进门左边挨着火塘的一间为老人和父母的卧室，右边一间为子女的卧室。几人结伴外出赶集或进山打猎，要同出同归，互相帮助、相互关心。与人交往，待人真诚，正直坦荡。禁止欺负弱小，否则遭寨人唾弃。富人若不懂得接济穷人，则会遭寨人鄙视。归还别人的刀具时，应将刀把朝前，禁止刀尖对着主人。在寨中不可随便追打家养的狗，否则被认为是对狗主人的不尊重。寨中有人建房，全寨人都要帮忙；寨中有人去世，全寨停止生产一天，集中帮助料理后事。

五、饮食礼仪

拉祜族讲究先长后幼、先客后主、先尊后卑。新米节时，第一碗米饭要先盛给在座的老人。平时吃饭时，晚辈要备好饭菜，先给老人和长辈盛饭，待老人、客人动筷后晚辈才开始吃饭，也要先给年长者敬酒、茶、烟。老人或长辈递给的烟、酒、茶，晚辈或年轻人必须双手接着并鞠躬致谢。杀鸡时，都会把鸡头、鸡心、鸡肝、鸡血等拿给老人，鸡翅膀、鸡腿等拿给小孩。长辈或年长者使用烟锅不受限制，但晚辈在长辈面前不能使用长烟锅，否则视为不礼貌。

六、待客礼仪

拉祜族热情好客，客人来家，主人先以酒、茶招待。敬酒之前，主人先倒一杯酒，自己喝完，以示无毒。第二杯酒才敬给客人，主人敬给客人的酒要斟满，有“酒满敬客”的习俗。主人敬酒前要唱敬酒歌。唱毕，双手端酒杯将酒敬给客人。除了酒，主人必会泡茶款待客人。第一道烤茶较为苦涩，由主人自己喝且示意客人无毒，可以放心饮用；第二道茶浓淡适宜，味道最好，敬给客人饮用。按照习俗，主人敬给客人的茶一般斟半杯，即“酒满茶半”。主人敬酒、敬茶时要将酒杯、茶杯握在右手，左手展开朝上，平举在酒杯、茶杯的下方，将杯子递给长辈或客人。给客人敬茶、敬酒时，不可用有裂缝或缺口的杯子。客人到家，主人会想尽办法给客人提供最好的招待，如在茶内放入红糖、蜂蜜等以丰富茶的味道，或在火塘边烤核桃、烤土豆、炸玉米花等给客人吃。

酒、茶之后，视情况准备饭菜，条件好的家庭还会杀鸡招待客人。主人家招待客人的鸡不能是白毛鸡，因白毛鸡是专门用于祭祀雷神的，若杀白毛鸡招待客人，则表明要与客人绝交。家里有腊肉的，会煮腊肉招待。即使没有条件杀鸡、煮肉，主人也会多做几个小菜且精心烹饪，让菜美味可口。席间，要注意观察，适时给客人添加。给客人添饭夹菜，量要适中，要整理好衣袖，双手递给客人。若客人是长辈，给其敬茶、敬酒、夹菜时还要起身以示尊重。主人要陪着客人一起吃饭，不能提前放碗筷。接受赠送的礼物时，要整理服饰、用双手接过并道谢。若客人是长辈，接受礼物时要起身，弯腰道谢，单手接受礼物或不说感谢的话被认为不礼貌。在客人面前不能放屁，否则客人会认为不被尊重。

七、做客礼仪

年节期间，拜访亲戚要带上一些糯米粑粑、甘蔗等礼物；其他时间走亲戚，也要带些自种烟丝、小锅酒、新米、松鼠干巴、糯米面（俗称“腊面”）、松明子等做伴手礼。上楼梯之前，要在洗脚槽将脚涮洗干净再光脚上楼。进门前要整理衣服，将衣服袖子、下摆放下来。客人在进入木掌楼前要将随身携带的弓箭等竖着置于木掌楼的楼梯口，不可带上楼。进入木掌楼，不可坐门槛或在门槛上削东西，不可进入主人内室，更不能将行李衣物放在神桌上，也不能将脚尖对着主人的神桌，以免触犯家神。主人倒给的酒，客人接酒时，右手接酒杯，展开左手掌表示谢意，并将第一杯酒转敬给在场最年长的人，第二杯酒必须饮完。若没有比自己年长的，就要喝完。即使因身体欠佳或过敏等不能饮酒，也要象征性地抿一点，以示礼貌和对主人的尊重。主人敬茶时，客人要双手接过茶杯并把接到的第一杯茶转敬主人家中的最年长者和座中长辈。客人饮酒、喝茶时，要不时地夸赞主人家的酒味道好，称赞主人烤茶的技术好，有时也夸奖主人茶杯制作精巧。在主人家吃饭，客人不可主动拿鸡头吃，以示对家神和主人的尊重。若主人拿给客人鸡头，客人必须接受并吃完，不得推辞或转让给他人。主人拿给客人的饭菜，客人要吃完，不可剩下或丢掉。若是在祭竜日进入村寨做客，必须主动向寨内的头人交纳一定数额的钱，用于买礼物供奉寨神。外来男女来家做客，即使是夫妻，也不得同住一室，否则会冲犯家神。到别人家做客，临走时要对主人说一些感谢或其他客套话，并邀请主人改日来家做客。去女方家串姑娘[①]时不能放屁，否则姑娘不再理你。

八、服饰礼仪

男子不可穿妇女的衣服，也不可穿用妇女穿过的衣服布料缝补过的衣服，忌从晾晒的女子衣物下走过。叠衣服时，要将衣领翻在外面，包头要放在衣物的最上面。不可将衣物特别是包头随意摆放。祭山神、供猎神及外出狩猎时，不可穿红、白色服装，否则会惊吓猎物或导致猎手神志不清、迷失方向等情况发生。在办丧事的场合，不可穿红、白色服装，妇女不能穿缀有银泡的服饰。

表 7–1　南美乡风俗礼仪传承人情况表

姓名	所属村寨	传承人级别	备注
罗光向	南美村一组（竹笆山）	市级	已去世
罗扎夺	南美村二组（竹笆山）	区级	已去世

① 串姑娘，俗称“串婚”，是男女青年恋爱的方式。云南省的拉祜族、佤族、傣族、景颇族、哈尼族、阿昌族等均有“串姑娘”习俗。

第八章
临沧南美乡拉祜族的传统科技与工艺

南美乡拉祜族在探索自然和改造自然的生产生活实践中不断积累经验，形成了医药、天文历法等传统科学认识。同时，当地拉祜族还掌握了具有地域特色和民族风情的民间技艺，并手工制作生产、生活用品。

第一节　传统医学

南美乡四周高山环绕、植被茂盛，一些植物的根、茎、叶、花、果均可入药。成年人都会认识一些草药，懂得一些草药的药性，掌握几副草药单方和偏方，甚至有人能懂得几十副草药方，日常生病都是自己找草药自行治疗。

一、民间草药

拉祜族村寨里擅长用药的人被寨人称为“民间草医”，除治疗常见的内科疾病，民间医生还懂得如止血、消炎、接骨、骨折复位及刮痧、掐、蒸熏、拔火罐等外科技术。① 南美乡拉祜族常用药物大多以就地取材的野生植物药材为主，也有少量的动物药材，这些民间中药有清热解毒、消炎止痛、舒筋活血、发汗退烧、止咳化痰、接骨复位等疗效。用药有内服、外用、内外兼用等方法，其中内服有生嚼、水煎服、泡酒服、肉食炖服，外用有擦、揉、包扎、垫坐、蒸熏、烫疗、拔毒等。蒸熏最常用的就是洗月子澡。拉祜族民间草医用药讲究使用药引，配上不同的药引，就有不同的药效。降火理气、舒经镇痛类草药常用丁香、木香、草果、胡椒等做药引，治肠胃疾病类药方常用木香、草果做药引，妇科疾病类草药常用丁香、胡椒做药引，治风湿、外伤疾病类草药常用酒做药引。

二、民间药方

经过长期实践，南美乡拉祜族逐渐认识到几种药物配合会达到更好的疗效，也积累了一些经典的药方。

（一）外用药方

拉祜族在长期的生产生活实践中，积累了一些外用的中草药药方，有熏蒸、外包、外擦、外敷等多种用药方式。

1. 助孕药方

南美乡拉祜族民间流传，采来益母草、扁柏树枝、九里光、木通、吸风草、桃树叶、松树尖、山胡椒树皮、钻地风、鸡血藤、辣蓼、蒲公英、臭灵丹、何首乌藤、接骨草、大将军、蔓荆子叶、石菖蒲、艾蒿、灯芯草、白花蛇舌草、蓖麻叶、伸筋藤、狗响铃、杨柳叶等草药，洗净晾干。将这些草药熬煮1小时后，用药水进行熏蒸，可主治妇女宫寒宫冷、不孕不育、妇科炎症等，达到温宫散寒、舒经活络的助孕效果。

① 张绍云主编：《中国拉祜族医药》，1—19页，昆明，云南民族出版社，1996。

2. 产妇蒸澡药方

南美乡拉祜族民间有采草药给产妇蒸药水澡的习俗，该药方的配料主要有木通全草、鸡血藤、双钩藤、接骨草、冰片叶、青蓬草、茅草根、半节观音、杨柳叶、水冬瓜树皮、杨梅树皮、多依树皮、山胡椒树皮、伸筋草、解放草、钻地风、臭灵丹、香樟树皮、艾蒿、棉花尖、冬瓜叶、松毛尖、金竹叶、打风藤、灯芯草、刺麻、桃树叶、青蒿子、黄泡刺尖、桉树叶、吸风草、小铜锤叶、扁柏叶、冰片叶、菟丝子、威灵仙、杈杈草、蔓荆子、叶子兰、朱栗树叶、辣蓼等几十种中草药。从医学角度看，产妇身体虚，湿毒风重，用药水进行熏蒸起到除湿祛风、发汗排毒的功效。

3. 治肌肉酸痛药方

民间常取适量通气香、大力丸、小浆子叶、叶子兰、芦子藤、香樟树根、老贯藤、吊吊香等混合，加水熬制。用药水针对关节炎、类风湿、骨质增生或肌肉酸痛的地方或全身进行熏蒸，发汗后即可缓解。熏蒸的过程中忌吹风受凉。

4. 治疗增生药方

治疗颈椎、腰椎、乳腺、膝盖、脚跟等因增生产生的疼痛，可取一些鲜蒿子叶置于烧烫的石头上，用纱布包住后用有蒿叶的一面轻擦或熨烫，能缓解疼痛。

5 治眼病药方

治疗沙眼、结膜炎、角膜炎、眼睛干涩等眼部疾病，可用鲜野葡萄藤切断后流出的汁液擦洗或滴眼睛。

6 外伤止血药方

民间常用的外伤止血的中草药主要有野葡萄叶、地母草、小芋、藤仲、贯众、蒿枝、紫荆泽兰、大叶紫藤等，舂细外包。

7. 跌打接骨药方

当地常用的跌打接骨草药主要有鱼子兰、龙爪树皮、细青树皮、接骨丹、小五爪金龙等，一般舂细并研成粉末加水外敷。

（二）内服药方

1. 催奶药方

南美乡若有产妇奶水没有或奶水很少的情况，家人就会上山找来当地俗称“土锅”的一种草药煎水给产妇吃，给产妇催奶。

2. 治消化不良药方

取锅底的糊饭与天冬、盐酸树根、山红稗等草药一起熬水内服，可治消化不良及因消化不良引起的腹胀、腹泻。

3. 治小儿腹泻药方

鸡内金、陈皮、茶叶加糖水煎服治小儿腹泻。

4. 治小儿尿床药方

将食盐微炒至发黄与当地一种俗称“狗响铃”的草药一起煎水内服，可治小儿尿床。

5. 治肠胃炎药方

取等量的桃树皮、梨树皮、樱桃树皮混合分成两半，一半炒熟，再将生、熟树皮混合煎水内服，用于治各种肠胃炎。

6 治胃疼药方

生嚼当地一种俗称“水橄榄”的中草药或煎水内服可治胃疼。

7. 调经补血药方

用山上砍来的中药“鸡血藤”，取其根、茎切片煎水内服可调经补血。

三、民间医疗

对于长期跟山林打交道的拉祜族来说，野外受伤是不可避免的，人们也积累了简易有效的外科医疗知识。

（一）止血

拉祜族在野外受伤，若是伤口较小就用手紧紧按压住伤口约 10 分钟进行止血，后就地找草药包扎。若是伤口较大，流血较多，一般是用绳子或草藤扎紧伤口上端，后用地母草等草药简单包扎，回家再请草医进行处理。

（二）接骨

寨人遇有摔倒或外伤导致扭伤、骨折、错位等情况，请当地专门会接骨的草医将伤者的受伤部位拽直，复位后用三块木（竹）夹板固定，将鱼子兰、龙爪树皮、细青树皮、接骨丹、小五爪金龙等中草药舂细后加水做成药包，包扎一个月至自然愈合。

(三)扎火罐

当出现脓肿、淤血、蜂子叮咬、毒蛇类咬伤等情况，就需要尽快挤出脓血或排出毒液，常见的办法是“扎火罐”，用一截砍来的新鲜金竹筒，用开水煮几分钟进行消毒，在红肿的地方用刀片划一小口，将金竹筒吸在上面拔毒，待到竹筒自行掉落清除毒液，反复拔罐几次，直至清除毒液为止。此方法选材简单，是民间常用的拔脓排毒方法。

四、民间医药传承人

南美乡民间医药使用较广泛，掌握医药知识的人被称为“草医”，有的还被评为“传统医药传承人”。如表 8–1：

表 8–1　南美乡民间医药传承人一览表

姓名	所属村寨	传承人级别	备注
罗扎谷	南美村十组		民间草医，擅长治疗跌打骨折。
罗乔木	南美村十组	区级	传统医药传承人，罗扎谷之子。
罗扎保	南美村十组		民间草医，罗扎谷之子。

第二节　传统历法和节令

一、传统历法

在长期的狩猎迁徙和农业生产实践中，拉祜族形成了依天候和月亮绕地球运转的一定周期来区分日、月、年的朴素的岁时历法观。南美乡拉祜族属拉祜纳支系，其岁时历法以年、月、日计算，与汉族的基本一致，一年有 12 个月，每个月有 30 天，无大小月之分，也无闰月，共 360 天。

拉祜族民间的历法是按照月亮绕地球的规律制定的，俗称“月亮历”。月亮出至月亮落再到月亮出的一个周期为一天，拉祜语称“ni”，汉语音译为

“呢”，也称“tedni”，汉语音译为“底呢”。

每 12 天为一轮，分别以十二属相计日，以属狗日开始，依次是猪、鼠、牛、虎、兔、龙、蛇、马、羊、猴、鸡、狗。一轮一轮地数，上个月一轮未计完，则下个月接着往后计满一轮，这样循环来计属相日。南美乡拉祜族将一天分为四个时辰，即早上、中午、下午和晚上。天亮至 10 点前称为早上，拉祜语为“naraq”，汉语音译为“拿阿”；11 点至 14 点为中午，拉祜语称“tadval”，汉语音译为“大瓦”；15 点至 18 点为下午，拉祜语称“teddor”，汉语音译为“底东”；19 点至第二天天亮前都为夜晚，拉祜语称“mudhaq”，汉语音译为“牡蛤”。其中，天亮至傍晚天黑前这段时间统称为白天，拉祜语称“mudnawqqaw”，汉语音译为“牡拿锅”；天黑至第二天天亮前这段时间统称为夜晚，拉祜语称“awlmudkheud”，汉语音译为“阿牡克”。以某个月的第一天为属狗日为例，该月的农历日对应的属相日如表 8–2：

表 8–2　拉祜族农历日对应属相日举例一览表

农历日	属相日	农历日	属相日	农历日	属相日
初一	属狗日	十一	属猴日	二十一	属马日
初二	属猪日	十二	属鸡日	二十二	属羊日
初三	属鼠日	十三	属狗日	二十三	属猴日
初四	属牛日	十四	属猪日	二十四	属鸡日
初五	属虎日	十五	属鼠日	二十五	属狗日
初六	属兔日	十六	属牛日	二十六	属猪日
初七	属龙日	十七	属虎日	二十七	属鼠日
初八	属蛇日	十八	属兔日	二十八	属牛日
初九	属马日	十九	属龙日	二十九	属虎日
初十	属羊日	二十	属蛇日	三十	属兔日

月亮绕地球转动出现的月亮盈缺的一个周期为一月，拉祜语称“hapa”，汉语音译为“哈巴”。天刚放亮，不见有月牙，这天便是该月的初一；月圆的那天，便是月中，月亮再由满月逐渐到残月，便是月底。上半月，月亮的亮面在西边，由缺到圆。下半月，其亮面在东边，由圆到缺，整个周期为一个月。

南美乡拉祜族一年中的 12 个月的表述如表 8–3：

表 8-3 南美乡拉祜族一年 12 个月的表述

月名	拉祜语	汉语译音	月名	拉祜语	汉语译音
一月	qhawrsiqhapa	扩斯哈巴	七月	hapa silmal	哈巴斯麻
二月	hapa nidmal	哈巴尼麻	八月	hapa hiqmal	哈巴嘿麻
三月	hapa shietmal	哈巴些麻	九月	hapa kawdmal	哈巴果麻
四月	hapa awdmal	哈巴窝麻	十月	hapa tedchimal	哈巴的斯麻
五月	hapa ngadmal	哈巴阿麻	十一月	peudni hapa	伴尼哈巴
六月	hapa khawrmal	哈巴科麻	十二月	qhawrpil hapa	扩毕哈巴

又以月亮的月牙期、月圆期和月消失期将一月分为月初、月半和月底，拉祜语分别称“ hapa siq”“ hapa tawl”“ hapa chet”，汉语音译分别为“哈巴斯”“哈巴夺”“哈巴切”。

12 个月的一个周期为一年，拉祜语称“ qhawr”，汉语音译为“扩”。因拉祜族没有精准的历法，只得通过观察自然物象确定过年的时间，即“花批树换叶待过年，樱花盛开想过年，松树起苔来拜年，李花盛开正过年，桃花盛开过完年”。这些自然现象不出现，他们绝对不会过年。[①] 拉祜族过去没有闰月的岁时观，也没有大小月之分，几年下来就会出现年节与自然现象不吻合的情况，依习俗就提前或延后一个月过年。直至汉族进入拉祜族聚居区，拉祜族才参照汉族的岁时历法，三年闰一个月。

二、节令

历史上拉祜族游猎游耕的生产方式长期不断地变化，无具体的季节之分，也无二十四节气的概念。他们在日常生活中通过观察气候和自然物象的变化来区分季节和农事节令。

史诗《牡帕密帕》记载：“拉祜族先民居住在诺海察厄波（今青海湖）时，一年分温季和寒季”“从三月起，太阳骑猪走，月亮骑马走；八月后太阳骑马走，月亮骑猪走”。这些描述体现了拉祜族先民对季节和昼夜长短形成了初步

① 《民族问题五种丛书》云南省编辑委员会：《拉祜族社会历史调查（二）》，93 页，昆明，云南人民出版社，1981。

的认知。

迁至“七山七水”一带后，一年开始有四季即温季、雨季、凉季、寒季，且季节分明。温季即春季，拉祜语称“ mud liel yad”，汉语音译为“牡来亚”。年后听到第一声春雷，气候变暖，报春花开放，表明春天来了，要准备春耕下种了。雨季即夏季，拉祜语称“ mud yel yad”，汉语音译为“牡页亚”。当天气闷热，昆虫鸣叫，小动物来河边戏水，听到“下雨雀”叫，榕树叶子深绿油亮，雨虫（也称飞蚂蚁、大水蚁）也飞出来，说明夏季已到，可以蓄水插秧了。凉季即秋季，拉祜语称“mud gawl yad”，汉语音译为“牡稿亚”。青蛙叫声稀少，树叶翻白，说明秋季已到。寒季即冬季，拉祜语称“ mud kat yad”，汉语音译为“牡嘎亚”。青蛙停止鸣叫，桦皮树叶落光，说明冬季来临。拉祜族民间有“青蛙歇叫入凉季，桦皮树叶落是冬季”的俗语。

元末明初，拉祜族迁徙到澜沧江东西两岸的亚热带地区后，这一带雨季特别长，干、雨季分明。此时，已进入农耕为主、狩猎为辅的时期，在农事实践中积累了一些农时节令的常识，懂得根据自然物象来安排农时。如当看到白花树普遍开放或听到布谷鸟在山中啼叫，就可以开始下种了。

过去，南美乡拉祜族将一年分为三季，即暖季、雨季和冷季。暖季，指农历一月到四月中旬这段时间，拉祜语称“ mud liel that”，汉语音译为“牡列踏”，意为“天暖时”；农历四月下旬至十月下旬为雨季，拉祜语称“ mud yel that”，汉语音译为“牡叶踏”，意为“雨水时”；农历十月底至十二月为冷季，拉祜语称“ mud kat that”，汉语音译为“牡嘎踏”，意为“天冷时”。这三个季节中，雨季最长。相较于其他地方，这里的雨水较多。

后来，又将原来的三季细分为四季，即干、热、雨和冷季。农历正月至三月为干季，拉祜语称“ tedvi”，汉语音译为“喋付”；农历四月至六月为热季，拉祜语称“ tedha”，汉语音译为“喋哈”；农历七月至九月为雨季，拉祜语称“ mudyelxeul”，汉语音译为“牡叶科”，也称“ tedkultedpai”，汉语音译为“喋谷喋拜”，意为“六七月的雨水天”；农历十月至十二月为冷季，拉祜语称“tedcir”，汉语音译为“碟息”。

第三节　传统工艺

在生产劳动和日常生活中，拉祜族民众为了满足物质需要和精神需求，创造出多种民间工艺品并形成相应的传统工艺。这些传统工艺技术多具有稚拙的艺术风貌，但仍采用多样的艺术手法，不仅具有实用功能，还具有丰富的艺术审美作用和特殊的精神含义。①

拉祜族传统工艺主要体现在服饰、生产生活用具的装饰以及打铁技术等方面。

一、纺织工艺

南美乡拉祜族在使用棉布前普遍用自家生产的麻布，妇女们则普遍都掌握纺织技艺。

（一）纺车的构造

纺麻用手摇纺车或纺轮。纺轮由圆轮和捻杆构成。圆轮为石制或木制，中间有一个圆孔，用于穿插捻杆。捻杆为一根细竹棍，下端削尖，距离圆轮为3—6 厘米；上端有一铁质倒钩，距圆轮约 20 厘米。捻杆的长短与纺轮的大小相对应，太短太小均无法实现纺轮的有效旋转。纺轮是利用自身重量和旋转时产生的力矩做功，使其在加工纤维时同时具备加捻和牵伸作用。

（二）纺麻

早先，南美乡拉祜族各家各户都种植火麻，成熟后收获麻子，剥下麻皮，经过撕细、搓纺、漂白、拉直等工序，加工成麻纱。纺麻线时，左手握住要纺的散乱纤维，先搓捻出一段麻线头缠绕在捻杆上端，再穿到捻杆上端的倒钩上，用右手拇指、食指搓动捻杆，使之立于地上。当一只手用力旋转纺轮时，另一手握持的杂乱麻纤维在人力牵伸和纺轮自身重力作用下被牵伸拉细，通过

① 钟敬文主编：《民俗学概论》，275 页，北京，高等教育出版社，2010。

纺轮的旋转而被加捻扭合成一股细纱。在不断旋转中，人力也不断牵伸，麻纤维牵伸和加捻的力不断沿着捻杆的方向向上传递，这样加捻和牵伸也不断进行。待纺到一定长度，将加捻过的麻纱卷绕在捻杆上即完成“纺纱”过程。纺好的麻团放在水里加草木灰熬煮，将软化后的麻丝洗净晾干，搓成麻线。

（三）织布

南美乡拉祜族织布用的织机非常简陋，仅用几截竹竿和一根木片即可，不用梭，将麻线挽成团，卷布轴的一端系于腰间，双足蹬住另一端的经轴并张紧织物，俗称“腰机”。这种织机竹竿相当于提综杆和分经棍，木板为打纬刀，通过开启织口、穿引纬纱和打紧纬纱将线织成布。这种古老、构造简单的织机织布速度很慢且布幅很窄，约30厘米。20世纪60年代以后，随着棉布的普及，当地拉祜族家庭仅纺少量麻布，用于缝制布袋、做面筛以及裹尸等。

二、服饰工艺

过去，南美乡拉祜族所穿服装均为家中妇女亲手缝制，拉祜族女孩在七八岁就开始学习穿针引线，年节期间的打歌场成为年轻姑娘展示服饰手艺的好机会。

（一）服饰工艺

服饰手工技艺是南美乡拉祜族传统文化的重要组成部分。从纺织、染色、裁剪、手缝、装饰、熨烫等环节均极富民族特色，在实现实用功能的基础上，体现拉祜族的生活情趣与审美智慧。拉祜族服饰颜色以黑、蓝为主，辅以红、绿、黄、白等颜色，色彩绚丽，其中黑、蓝色布为自染，体现高超的浆染技艺。拉祜族女式长袍、短裤、绑腿、包头、腰带等所用的对称、大小比例、开衩等方面均体现了传统的裁剪技术和审美艺术。男式圆领短衫和蜂筒裤看似简单，但仍需一定的裁剪技巧才能做到朴素大方、美观实用。拉祜族服装均采用纯手工缝制，讲究针脚细密、结实平整，其中葫芦图案、狗牙以及太阳花、月亮花、扁担花等图案设计到纹样缝制均体现高超的刺绣工艺，服饰上的银泡、银坠、线穗、绒球、穿绳、彩色布条的拼接等均体现了精湛的工艺技法和设计理念，展现独具特色的装饰工艺和精神追求。因服装装饰繁琐、工艺复杂，在基本成型后还需对衬布、衣襟、衣角、袖口、裤边等处进行熨烫，最终定型。因此，传统服装是技术性和艺术性的完美结合。

（二）服饰技艺传承人

南美乡拉祜族传统服饰制作工序复杂，技术精湛，其中一些掌握服饰技艺的女性被评为服饰制作技艺传承人。

表 8-4　南美乡服饰技艺传承人一览表

姓名	所属村寨	传承人级别	备注
罗娜茶谢	南美村十组	省级	1997 年被授予“云南省民族民间艺人”称号
李娜若	南华村七组（西山）	区级	罗娜茶谢的徒弟
罗娜体	南美村五组（南楞田）	区级	罗娜茶谢的徒弟
李娜戈	南华村八组（西山）	区级	罗娜茶谢的徒弟
李娜妥	南华村四组（河边寨）	区级	罗娜茶谢的徒弟
罗娜姆	南美村五组（南楞田）	区级	罗娜茶谢的徒弟

三、木掌楼建造技艺

拉祜族传统民居为木掌楼，建造木掌楼从选材、建造等都有不少讲究。

（一）选材

木掌楼的柱、横梁、檩条、楼梯、楼板等均用木料，一般选用附近林中的白花树（白叶安息香），黑朱栗树，有时也会选择黄心楠树、桂花树；外墙、隔墙以及楼板、檩条、屋顶的网状骨架、家具等的辅助构件都可用竹料，以竹竿、竹条、竹篾为主；铺搭屋顶一般选用茅草或栅片，相较于茅草，栅片更厚实耐用。

（二）建造工艺

建造一间木掌楼需要找木匠、备材料、选房址、夯地基、造屋架、铺楼板、置火塘、编篾墙、铺屋顶、添构件等 10 道工序。建造木掌楼之前，需要用米卦占卜选址，后平整场地、夯实地基、定轴放线、打水平、挖基槽。制作构件包括砍削柱子和房梁。柱子有上中下三行，上下两行各5根檐柱，楼板以下的位置带有天然分叉以搭放地板梁。中间一行是中柱，柱头带凹槽，以承接楼板梁。还有三根柱子，分别为舂米桩柱、火塘柱和晒台柱。房梁分横梁和竖梁。传统木掌楼有4根横梁，竖梁有4根，依次为中梁、老鼠梁、银梁、金梁。金梁和老鼠梁落在八字屋架上，支撑着屋顶。八字屋架落在银梁上，银梁落在横梁上，横梁落在柱上。木掌楼为八字梁架，由一根梁架中柱和两根对称的八字脊檩组成，形成较为稳定的屋面支撑结构。依据屋架搭接的不同方式，将木掌楼分为叉柱式木掌楼和穿斗式木掌楼。楼面分为楼棱层、廊席层和楼板层三层。火塘由一整套火笼架架构起来，由木板围合形成的一个凹槽镶嵌于地板之中并落在中梁上，由火塘柱支撑，内放土和草木灰。轻盈的竹篾外墙主要有“人字纹”“粗纹人字纹”和“十字纹”等编织方法。屋顶的茅草或栅片要用细篾条扎好固定，再按照从下往上一层压着一层的方式铺在廊席上，利于排水。晒台部分的茅草铺设顺着木掌楼的长边方向，以实现美观与防雨。木掌楼的大门开在山墙面，朝东，向南。南美乡木掌楼的建造工艺体现了拉祜族特有的崇尚自然、因地制宜的建造理念。

（三）建造技艺传承人

南美乡木掌楼建造需要较高的技艺，并产生一些建造技艺传承人，如表8–5：

表8–5　南美乡建筑技艺传承人一览表

姓名	所属村寨	传承人级别	备注
罗开发	南美村二组（竹笆山）	区级	擅长建造木掌楼
李扎袜（大）	南美村五组（南楞田）	区级	擅长建造木掌楼
罗扎袜（小）	南华村八组（西山）	区级	擅长建造木掌楼

四、编织工艺

南美乡拉祜族日常生活的编织用具较丰富，依材料分为竹编和草编两种。所有编制用品均体现较高的编织技艺。

(一) 竹编技艺

编织器具，成年男子均会编制竹器，掌握基本的竹编技艺。个别竹编艺人，更是技艺精湛，制作的竹编器具还用于交换或售卖。《拉祜族社会历史调查（二）》也记载："编织是郭周人（金平县茨通坝乡大寨黑苦聪的自称）家庭的主要手工业，主要编织各种竹器，包括背箩、背包、背篮、雨帽、席垫、饭桌、饭盆、箱子和凳等。"[①] 以上记载说明拉祜族很早就有很好的编织技术。

1. 选材

南美乡拉祜族竹编一般选用毛竹、茨竹。毛竹坚硬强韧，纹理平直，劈篾性能好，是编织竹制品的好材料。茨竹竹竿笔直，竹壁薄，竹节较长，材质柔韧，劈篾性能良好，是我国西南地区普遍运用的竹编用材。夏至至立冬，人们挑选生长期为 2—3 年的竹节平、竹体薄、无虫蛀的竹子，砍倒后用锋利的弯刀剖开竹节，劈出粗细不等的篾条。竹子最外面带表皮的一层叫竹青，不带表皮的叫竹黄。竹青刮成的青篾弹性大，表面光滑，抗拉、抗压能力强，俗话说"皮筋吊千斤"，就是指竹青层。黄篾又以离竹皮的远近而分为头层黄篾和二层黄篾。青篾最适合编织细密精致的篾制品，黄篾柔韧性较差，难以剖成很细的篾丝，故多用来编制大型的竹篾制品。依照成品要求，还要剖出厚薄粗细不等的篾片和篾丝。

2. 竹编用品

南美乡拉祜族日常生活常见竹编用品，主要有饭盒、刀笼、篾席、簸箕、圆箩、谷篮、篾笆、背篮、筛子、囤箩、竹笆、碗筷箩、背篓绳以及竹桌、竹椅、竹床、竹篾墙等。

3. 竹编技艺

一件竹篾制品一般要经过选竹、破竹、泡竹、破篾、起篾、划篾、盘篾踏底、分篾（捻篾）、编织、收口、烘烤、捏圆等十几道工序才能完成，其间需要篾匠有很好的砍、锯、切、剖、拉、撬、编、织、削、磨等基本功，做到眼手一致，编出的竹器才会疏密有致、实用美观。竹编艺人还会运用竹篾的颜色、粗细等编出各种精美的图案和丰富的外形。以竹篾饭盒为例，有长方形、圆形、椭圆形、腰子形等多种形状，其大小以装够一人一天吃的食物为限。竹

① 云南省编辑组、《中国少数民族社会历史调查资料丛刊》修订编辑委员会：《拉祜族社会历史调查（二）》，103 页，北京，民族出版社，2009。

编制品最有特色的是竹篾饭盒及鱼尾刀别篓。

竹篾饭盒，拉祜语称“awfkaq hot”，汉语音译为“哦嘎哄”，系竹篾制品，用藤篾、实心竹等制作，有长方形、圆形、椭圆形、猪腰子形等多种形状，大的能装一人一天的饭食，小的能装一人一顿的食物。篾丝粗细均匀，编织紧致精细，可达到滴水不漏，盒身和盖子也严丝合缝，令人惊叹，是拉祜族日常生活中的必需品之一，也是拉祜族传统的特色竹编器具。

鱼尾刀别篓，拉祜语称“aqthawpe”，汉语音译为“阿掩北”，意为“刀笼”，是南美乡拉祜族男性外出劳作、放牧时斜挎在肩上用于装拉祜砍刀的竹编生活用品。别篓长 40—50 厘米，口部呈椭圆形，直径 8—10 厘米，纽丝锁口，紧致光滑，12 根竹篾经线在中部均匀劈开成 24 根，中上部为细篾条、下部用稍粗篾条作纬线细密地编成。别篓从锁口处往下逐渐向里收紧，至尾部后又逐渐变宽变扁，形似鱼尾，也称“鱼尾别篓”。中部与尾部结合处的外部特用一根细黄竹篾紧紧缠绕数圈以突显鱼尾外形。在靠近竹篓口的 10 厘米处拴上一根用细青竹篾编成的背带，俗称“别篓索”。整个刀别篓美观实用、光滑别致。

4. 竹编工艺传承人

家住南美拉祜族乡南华村河边寨四组的拉祜族竹编民间艺人李扎发出生于竹编世家，其祖父、父亲均是编篾席、海簸、簸箕、篾箩的民间手艺人。其祖父的竹编技艺精湛，所编织的竹篾饭盒有方有圆，篾条均匀密实，精致耐用，能滴水不漏。李扎发 15 岁就跟随祖父、父亲学习竹编工艺。他最擅长编花篾箩，经过选竹、破竹、破黄篾、刮篾、打底、锁口、织席、锁兜等工序，编织的篾箩美观大方、结实耐用。此外，他还会编织各种生产生活用具，如篾席、簸箕、背箩、谷篮、筛子、篾桌等。编织的竹质鱼尾刀别笼，锁口紧致，劈篾均匀，造型独特美观，深受民众喜欢。

表 8–6　南美乡竹编技艺传承人一览表

姓名	所属村寨	传承人级别
李扎查	南华村四组（南楞田）	区级
罗成和	南美村七组（南楞田）	区级
李二叭	南华村四组（河边寨）	区级

（二）草编技艺

因银质饰品很贵，一般拉祜族家庭无力购买，日常生活中拉祜族女子多佩戴草编饰品，主要有手箍、脚箍、项圈等。拉祜族年轻男女都掌握一定的草编技艺和技巧。先从野外挑选、收集适合编织、韧性好的野生秧草或牛筋草，野生秧草要晒干后才能编织。依佩戴者手腕、脚腕、颈项的大小编好合适的饰品。草编制品讲究接头平整光滑、表面细密紧致、粗细宽窄均匀，好看耐用，质量高的草编饰品可以佩戴八九个月之久。

五、乐器制作工艺

南美乡拉祜族乐器制作技艺主要体现在葫芦笙、牛腿琴、小三弦、响篾等的制作上。因小三弦等前面已介绍，这里不再赘述。

（一）葫芦笙制作

芦笙是拉祜族男子喜爱的乐器，制作葫芦笙是拉祜族传统的民间工艺，以家庭为单位代代相传，传男不传女。制作葫芦笙有严格的季节性，一般是每年火把节即农历六月二十四日至第二年春耕开始前这段时间可以制作。

1. 葫芦笙的制作技艺

葫芦笙由音箱、音管、簧片及吹管四部分组成，制作工艺十分精细考究。制作葫芦笙的原料包括金竹、泡竹、葫芦、酸蜂蜡等。收集的葫芦和竹子材料要放于火塘的炕笆上慢慢烘烤一年以上才可用来制作芦笙。

制作芦笙主要有摘葫芦、修葫芦（修整外形和掏孔）、截竹管、安簧片、粘音管、调音等6道工序，还讲究公母配对，即分别高低8度音制作。先准备长把葫芦、竹管、金竹、蜂蜡。选成熟、晒干、挖去瓜瓤的直径5—10厘米的长弯把小葫芦做音箱；依葫芦的大小选5根长短、粗细合适的野生泡竹做音管，这五根音管紧挨在一起，长度各不相同，象征从葫芦里诞生的拉祜子孙紧密团结、永不分离。挨着葫芦上部的两根较长，右手握着下部的那根最短，左手握着下部的两根较短。将一段手指宽的老金竹作成薄且富有弹性的簧片，用蜂蜡粘在音管上。将葫芦上开5个梅花状孔，将5根音管依次插入葫芦，用蜂蜡加以密封；葫芦的把口处套一个木制吹管。葫芦大小不同，音色也不同。南美乡拉祜族芦笙音阶独特，音域相对较宽，吹和吸均能发音。

2. 葫芦笙技艺传承人

南美乡南华村西山九组的李文忠擅长制作葫芦笙，其制作的芦笙不仅美观大方，且高音笙清脆悠扬，中音笙圆润柔和，低音笙浑厚低沉，为临翔区区级芦笙制作技艺传承人。

（二）牛腿琴的制作

1. 牛腿琴的制作技艺

传统的牛腿琴，琴体用一整段木料制成。拉祜族牛腿琴都是自制自用，所用木料和规格尺寸均无统一标准，一般全长 30—40 厘米，多用当地所产桂花树、椿树、楠树、西南桦等木料，更以纹理结构细而匀的椿木及桂花木为佳。共鸣箱系在半边原木一端挖凿出长瓢形腹腔，其上蒙以木薄板为面，琴背呈船底形，琴箱长 22—36 厘米、宽 8—12 厘米、厚 5—6 厘米，面板中部右侧（或左侧）开有一个圆形出音孔，可插入音柱。琴头方柱形，平顶无饰，长 7—12 厘米、宽 4—6 厘米，弦槽后开，两侧各设一个硬木弦轴（左上右下）或两轴同设右侧，琴头正面下方开有两个弦孔以穿弦。琴颈前平后圆、上窄下宽，长 22—38 厘米，上与琴头相接，下与琴箱相连为一体，正面用于按弦，不设指板和品位。在面板下方三分之二处置竹或木制桥形琴马，下端设有牛皮缚弦用以系弦。两条琴弦最初用细棕绳，后改为丝弦，现多用钢丝弦。琴弓用细竹为弓杆，两端系以棕丝或马尾而成，弓长 55—65 厘米。①

2. 牛腿琴技艺传承人

南美乡南美村竹芭山二组的罗扎夺擅长制作牛腿琴，是当地很有影响的民间艺人。

（三）响篾的制作

1. 响篾的制作技艺

竹制口弦一般是用锋利的篾刀将质地坚硬的老金竹的竹片刮薄，削成一片长 15 厘米、宽约 2 厘米、厚约 0.2 厘米的长条状竹片，两头有竹节。在竹片尾部一端砍削整齐做弦柄，较尖的另一端的内侧削长 4 厘米的凹槽，距凹槽 2 厘

① 刘劲荣主编：《中国少数民族大辞典》（拉祜族卷），785 页，昆明，云南民族出版社，2019。

米处刻长 3 厘米、宽 1 厘米的梯形槽。从凹槽到梯形槽中间三面镂空刻 7 厘米长的薄片即簧舌。

2. 响篾技艺传承人

南华村西山九组的李文忠，响篾制作技艺高超，为当地公认的响篾艺人。

六、其他技艺

（一）酿酒工艺

南美乡拉祜族酷爱喝酒，特别喜欢自酿的玉米酒、荞麦酒，俗称小锅酒。将谷子、玉米等原料倒入大锅烧煮，再用木制酒甑蒸出水汽，取出摊开晾干，拌上自制酒曲，使其在酒坛中发酵数日，再放入木甑中蒸，酒便从甑槽中流出。

自酿酒在选材、蒸煮、加曲、温度、水分、蒸酒等环节均有严格把控，对生产环境和设备也有讲究，否则会造成发酵差，影响成品品质和产量。因传统的自酿酒没有相应的甲醇处理工序和除杂过滤等设备，容易造成甲醇超标。

（二）打铁技艺

按照《牡帕密帕》的记载，拉祜族炼铁已有 400 多年的历史。铁制用具一直是拉祜族农耕生产最紧缺的农具。打铁是南美乡拉祜族的一门传统手艺，各村有一两户人利用农闲时间从事打铁，原料从外地购入。

1. 打铁技艺

铁匠是拉祜族村寨重要的手艺人，能生产锻造犁头、锄头、砍刀、芟刀、长刀、尖刀、菜刀、锯子、凿子、刨子、斧头、铁钉、镰刀、纺轮的弯钩等，有的还会打制银质饰品如银镯、银耳环、银项圈、银手链、银泡等，受寨人尊重，打到的猎物也要分块好肉给铁匠。打造一件好的铁器，要经过拣料、烧料、锻打、定型、抛钢、淬火、回火、择油等 8 道工序。现在，也用铝打制手镯、耳环、项圈、银泡等。

2. 打铁技艺传承人

南美乡南美村五组 70 多岁的罗扎保，是当地有名的铁匠，有 50 多年的打铁经验，是南美乡民间打铁艺人。南美乡南华村一组（南华大寨）的赵国忠为区级民间制铁工艺传承人。

打铁在拉祜族民间是一项非常重要的技艺，掌握这项技艺的人很少。这些人被称为制铁艺人，如表 8–7：

表 8–7　南美乡制铁技艺传承人一览表

姓名	所属村寨	传承人级别	备注
罗扎保	南美村五组		民间打铁艺人
赵国忠	南美村一组（南华大寨）	区级	制铁工艺传承人

第九章
临沧南美乡拉祜族的民间信仰

民间信仰是人类社会客观存在的一种历史现象，它与人类的物质文明、精神文化生活的各个领域和层面有着千丝万缕的联系。以虚幻方式反映社会现实生活为特征的民间信仰文化，在拉祜族社会发展过程中总是附着在某种文化实体上，通过道德、文学、艺术、习俗等载体影响人们的思想情趣，成为拉祜族社会精神文化的一个重要组成部分，与其物质文明也有着不可分割的联系。

从社会意识看，拉祜族民间信仰观念的许多内容也是其社会客观存在的反映，是历史和时代生活的投影，属于拉祜族社会的上层建筑。从道德范围看，民间信仰意识中的重要内容就是伦理道德规范。民间信仰具有一整套约束其信仰者的思想行为准则和规范，对特定地区的社会生产生活产生了深刻的影响。

拉祜族崇尚泛灵论，“万物有灵”是其民间信仰的主要特点。泰勒认为，作为对灵魂和精灵普遍信仰的万物有灵观，是原始人类的最显著特点。它不断演化流传，在此过程中虽然发生深刻变化，但自始至终保持着一种完整的连续性，并进入现代文化之中。[①]因此，人类便对自然物、自然力如天体、大地、日月、星辰、山川、雷电、风雨等作为人格化的神灵加以膜拜，并企望以祈祷、祭祀、舞蹈、音乐等形式对它们施加影响，由此产生了对大自然的崇拜。[②]他们将与其生产、生活有着密切关系的自然物和自然现象神灵化、人格化并加以崇拜。正如恩格斯所说："在历史的初期，首先是自然力量获得了这样的反映，而在进一步的发展中，在不同的民族那里又经历了极为不同和极为复杂的人格化。"[③]

拉祜族对诸多的神灵信仰有两种不同的祭祀与崇拜方式，即郊野式祭祀崇拜和村落庭院式祭祀崇拜。南美乡拉祜族祭祀山神、竜神、寨神等自然神灵大多是在山林、河边等郊野，通过杀鸡、杀猪、点挂蜂蜡祭祀，以磕头念经、拴魂线等形式祈祷，祈吉化凶。这种郊野式祭祀仪式只是单纯地祭祀神灵。祭祀家神、猎神等神灵，则是在自家供神的篾箩处或自家庭院中进行。年节期间，拉祜族崇拜神灵的民间信仰活动是在村寨歌头（年节期间带领众人打歌的人）家的院子里举行。参加打歌祭祀的人基本包括村寨男女老少。这种村落庭院式的祭祀活动将娱神与娱人合为一体。

第一节　灵魂信仰

泰勒认为万物有灵观是一个完整的体系。第一，相信所有生物的灵魂在肉体死亡或消灭后，仍能继续存在。第二，相信各种神灵可以升格，进入威力强大的诸神行列。神灵可以影响和控制物质世界和人的今生来世。但是，神灵和人又是相通的，人可能引起神灵的高兴和不悦。这种信仰自然会发展成为对他

① ［英］爱德华·泰勒：《原始文化：神话、哲学、宗教、语言、艺术和习俗发展之研究》，连树声译，10页，上海，上海文艺出版社，1992。

② 林耀华主编：《民族学通论》，460页，北京，中央民族大学出版社，1997。

③ 中共中央马克思恩格斯列宁斯大林著作编译局：《马克思恩格斯选集》（第三卷），354页，北京，人民出版社，1995。

们的崇拜。[①]

南美乡拉祜族信仰万物有灵，他们认为有的灵魂神力无比或有护佑作用，如天神、地神、雷神、寨神、山神、火神、水神、家神、树神、谷神等，有护佑作用，需虔诚崇拜、祭祀供奉；有的灵魂不可丢掉，如人魂、植物魂、动物魂等，需要认真守护和管理；有的灵魂则具有破坏、伤害作用，如各种各样的鬼，需想办法破解和攘除。

南美乡拉祜族相信灵魂的存在。他们认为，灵魂主要分为两大类，第一类是神和魂。神，拉祜语称“sha”，汉语音译为“莎”；魂，拉祜语称“ha”，汉语音译为“哈”；第二类是鬼，拉祜语称“ned”，汉语音译为“内”。其中人为的鬼，俗称“放鬼、放歹”，拉祜语称“jutper”，汉语音译为“蛊派”，意为“戳破、挑破”。神和魂常会护佑人，只有被冒犯、没有安抚好、保护好时才会作祟祸害人，但鬼却一直会害人。

一、受崇拜的灵魂

南美乡拉祜族在万物有灵观的哲学影响下，在生产生活实践中将受崇拜的灵魂转化为实际的崇拜，如厄莎崇拜、葫芦崇拜、竜神崇拜、山神崇拜、家神崇拜、火神崇拜、猎神崇拜、祖先崇拜等。

（一）厄莎崇拜

最大的天神，拉祜语称“xeulsha”，汉语音译为“厄莎”，是拉祜族人民心中的最高神灵。厄莎具有无穷的智慧和力量。厄莎掌管天地万物，其他的天神都由它来支配调遣。厄莎洞察人世间一切善恶行为，是无时不有、无处不在的造物主和守护神。通常情况下，拉祜族认为，神有天神、地神、雷神、寨神、山神、火神、水神、家神、树神、谷神等，会护佑人。对于神，拉祜族会虔诚地祭祀、供奉。拉祜族将天神统称为“mudsha”，汉语音译为“牡萨”；拉祜族称地神为“milsha”，汉语音译为“密萨”。雷神，拉祜语称“mud thiet paf”，汉语音译为“牡台巴”。天神、地神和雷神代表厄莎管理天下。雷神时刻巡视人间，平时的雷声就是对想作恶的人的警告。若有人不听警告还继续作

① ［英］爱德华·泰勒：《原始文化：神话、哲学、宗教、语言、艺术和习俗发展之研究》，连树声译，7页，上海，上海文艺出版社，1992。

恶，雷神就会劈它。地神同山神、水神等一起管理地上一切动植物，包括人。山神是村寨的保护神。

南美乡拉祜族在扩塔节即年节、尝新节等重大节日都会祭祀天神厄莎。每逢年节，农历正月初二后有跳芦笙舞传统的各村寨都摆上粑粑、茶、籽种等举行祭祀仪式，吹奏葫芦笙，跳起芦笙舞，祈求天神厄莎给他们带来风调雨顺。“火把节”“新米节”等节日期间也都要举行祭厄莎的仪式。拉祜族日常生活中遇有人畜疾病、灾害等特殊情况也需要祭献天神。他们在对厄莎极度虔诚的同时，还将厄莎的意志物化到自然界，认为万物有灵，自然万物都有相关的神灵来掌控，人类对这些神灵都要虔诚敬奉，否则会招致灾难或麻烦。

南美乡拉祜族所说的厄莎除了指神通广大的天神外，还指村寨中懂得巫术和草药知识的人。在日常生活中，这种被称为“厄莎”的人会受到寨人的尊重，他们也会尽力为寨人提供帮助。

（二）葫芦崇拜

人类将自然界物种作为崇拜对象从而产生图腾信仰是一种民间信仰形式。图腾这一词来源于印第安语，意为亲族。杜尔干认为图腾崇拜是宗教的最原始形式。“所谓图腾制实际上只是一般分类问题的一种特殊情况，在进行社会分类时往往赋予特定项目的作用的一个例子。”[①]“一个很简单的转换就能使一个系统过渡到另一个系统，……图腾制度要求在自然生物的社会与社会群体的社会之间有一种逻辑等价关系。”[②]

列维－斯特劳斯认为：“在形象和概念之间还存在着一个中介物，即符号”，“符号作为形象是一种具体的实体，但由于它具有的指示能力而与概念相像：无论概念还是符号都不仅与本身有关，每一个都能用其他东西替换”。[③]正是在这种思维下，他们常常把在逻辑上毫不相关的事物联系起来，使它们之间存在着某种想当然的关系。在初民社会，人们除了对自然物、自然力或自然神灵的崇拜外，还流行图腾崇拜，相信本氏族与某些动植物或自然物间有一种超自然的血缘关系，因而某些动植物被认为是与本氏族有联系的共同祖先或亲族加以神化、崇拜。图腾崇拜的起源可追溯到旧石器时代中期。当时血缘婚向

① ［法］列维－斯特劳斯：《野性的思维》，李幼蒸译，73页，北京，商务印书馆，1987。

② ［法］列维－斯特劳斯：《野性的思维》，李幼蒸译，119页，北京，商务印书馆，1987。

③ ［法］列维－斯特劳斯：《野性的思维》，李幼蒸译，24页，北京，商务印书馆，1987。

族外婚过渡，氏族开始形成，为实行族外婚制，避免血亲婚配，氏族与氏族间既要联系又要能够区别，因此每个氏族都要有自己独立的标志。最容易作为标志物的是该氏族经常接触或起过特殊作用的自然物，这反映了图腾崇拜的产生有其社会的和认识的根源。这样，“图腾制度的实在被还原成了作为某些思维模式之特例的实在”。[①]

拉祜族的图腾崇拜集中体现在葫芦崇拜。拉祜族创世史诗《牡帕密帕》有述葫芦孕育了拉祜族始祖，得以繁衍生息。民间还有葫芦救了人种的洪水神话。拉祜族把葫芦当作图腾，这与原始人类最关心的两项生产活动有关：一是物质资料的生产，即获取食物以保证自身的生存；二是繁衍子孙，以保证人类整体的生存和发展。拉祜族先民在原始狩猎采集过程中，逐渐发现葫芦具有适应性强、果实圆润饱满、腹中多籽的特点，均赋予了葫芦极为强大的生殖力，从而与人口繁衍、族群兴旺联系起来，成为拉祜族崇拜的图腾。从侧面说明以葫芦为载体的母体崇拜起源于原始的采集经济时期。

拉祜族先民由游猎社会过渡到农耕社会，如何储存好谷物的籽种成为需要解决的首要问题。他们已经认识到保管好谷物的籽种是保证谷物丰收的前提，有利于生命的维持和种族的延续。葫芦作为大自然对人类的一种恩赐，不仅可以食用，还可用来储存籽种。在拉祜族村寨，随处可见挂于墙壁上储藏有籽种的干葫芦。籽种存放在葫芦里，既不易受潮又能防虫。此外，拉祜族有葫芦生殖崇拜，他们相信用葫芦储存农作物的种子能保证来年的谷物不仅长势好，还会像葫芦籽一样保证谷物丰产。拉祜族先民正是充分利用了葫芦可以储存谷物种子的功能，在生产力和生产方式极其落后的时代，实现了农耕生产的有序传承。

南美乡拉祜族扩塔节（即年节），打歌场中央篾桌上的篾箩里装满各类谷物的籽种。众人围着桌子吹葫芦笙，跳芦笙舞。芦笙舞结束后，各家各户都要从篾箩里抓一把籽种带回家拌在自家的籽种里。据说，经过吹笙祭献的籽种是吉祥的种子，能保佑来年庄稼丰收。[②]拉祜族在年节过后到谷物成熟期间禁止吹笙跳舞，否则芦笙响起会吓跑谷物的魂，导致谷物无法静心生长，影响谷物丰产。拉祜族与其他农耕民族一样，农耕礼仪多与祭祖同时进行，祖灵与谷神一体的信仰凸显谷物的丰歉与人的生命同等重要。换句话说，他们所感兴趣的

① ［法］列维－斯特劳斯：《图腾制度》，渠敬东译，135页，上海，上海人民出版社，2002。

② 政协澜沧拉祜族自治县委员会编：《拉祜族史》，376页，昆明，云南民族出版社，2003。

不是超自然本身，而是祈求人与谷物生命的延续和繁衍。和谷种一样，葫芦具有死亡与再生的功能，是生命转换的载体。谷物虽死，生命保存在谷种之中，来年又可长出新生命。[①]

拉祜族农耕文化中对葫芦的图腾崇拜也是对谷种的信仰，对生命母体的信仰，对诞生于葫芦的祖先神的信仰。因此，拉祜族葫芦的图腾崇拜是生殖崇拜和祖先崇拜的集中体现。

（三）竜神崇拜

拉祜族一般都将寨神供奉在村寨上方的竜林。竜神即寨神，是村寨的保护神。竜林，拉祜语称“ milkeul”，汉语音译为“密科”，意为祭祀土地神、寨神的地方。“竜”是借自傣语的“ long”，“ long”在傣语中意思是“森林”，汉语通常将其音译为“竜”。自从桑木底创立寨神勐神之后，傣族先民就把供奉祖先神灵的水源林敬奉为“竜林”。南美乡拉祜族将“竜林”称为“ long liel”，为傣语借词；称竜林的祭坛为“ long liel qhat vawl”，意为“村寨保护神”。拉祜族先民认为只有虔诚祭“竜”，“竜”才会庇佑全寨人在新的一年里风调雨顺，五谷丰登，六畜兴旺。

南美乡拉祜族的竜林包括 kawmod（嘎目）、ghatvawl（嘎袜）、cedvawl（遮袜）、shiedkeul（些格）、khawdjikhawdniel（卡吉卡列）等。竜林被视为神林，禁止砍伐里面的一草一木、猎取一鸟一兽。平时，竜林禁止人畜进入，更禁止有人在里面放牧、采摘果子、大小便等行为。拉祜族守护竜林，敬奉竜神，每年都举行隆重的祭竜仪式。

立于寨子中的最大的寨神，拉祜语称“ kawmod”，汉语音译为“嘎目”，为男性，拉祜族认为他可以镇住村寨的鬼怪、保护村寨的龙脉、保佑人畜平安和五谷丰登。每年祭竜日，拉祜族来到竜林要先祭 kawmod（嘎目）。祭祀当天，村中男子砍新竹篾笆将 kawmod（嘎目）围栅两层，以防人畜进入破坏。kawmod（嘎目）面积约 2 平方米，内有一小堆河沙，沙堆上搭建一个用柏树或朱栗树做成的高 66 厘米的刻有七层台阶的塔台，四周插上四根高约 1 米的茨竹竿，顶端夹着长约 60 厘米的白纸幡（代指军旗）；四个内装糯爆米花、茶叶的茨竹漏斗；四个内装清水的茨竹筒（代表水源）；另插若干个小旗子

① 刘锡诚、游琪主编：《葫芦与象征》，289 页，北京，商务印书馆，2001。

（代表兵将）。茨竹，拉祜语称“mawdciel”，汉语音译为“麻节”。[①]祭祀竜神需要用糯谷做成的爆米花祭神，苦荞的爆米花只能用来送鬼。因此，南美乡拉祜族村寨各位负责祭神的竜头家每年都要种糯稻。将各家带来的白线全部连接成一条白线把上述祭祀物品统统围起来。然后，竜头点蜡，众人祭拜。

排在第二位的拉祜族村寨保护神，拉祜语称“ghatvawl”，汉语音译为“嘎袜”，是栽在村中的芭蕉丛，为女性神，主管万物生长。供奉ghatvawl（嘎袜）的地方也是用木桩、竹笆围栅成里外两层，面积比嘎目大，有100多平方米，内部设施及祭祀用具与嘎目相同。传说，拉祜族分寨时卡些和卡列分别各栽一棵芭蕉树，男人们砍树桩和竹笆，每年围栅两次竜坛，第一次为年节时的祭竜日，第二次为农历六月搭桥节。嘎目护佑寨子，要先祭拜；嘎袜养育寨人，在后祭拜。

还有一位拉祜族村寨的守护神，拉祜语称“cedvawl”，汉语音译为“遮袜”，也位于寨子的中心，是保佑庄稼生长和牲畜兴旺的神，也是年节时排在村民祭拜第三位的寨神。供奉cedvawl（遮袜）的地方面积约6平方米，被竹木围栅起来，其内部祭祀供品与嘎目和嘎袜一样，但无需用白线拴围起来。

另外，守护寨子的四方神，拉祜语称“khawdjikhawdniel”，汉语音译为“卡吉卡列”，是保护嘎目、嘎袜、遮袜的神，立于寨子四周，围栅两层，内插木塔、漏斗及茨竹筒等，与嘎袜、遮袜同时更换，但年节祭竜时不祭拜。[②]

南传佛教传入拉祜族村寨以后，逐渐与拉祜族民间信仰相结合。这种宗教的相互渗透和融合在拉祜族村寨祭祀文化中的体现就是村寨的神舍同时又是村寨佛房。

（四）山神崇拜

山神，拉祜语称“mud mil shiel phad”，汉语音译为“牡密协帕”，意为“土地神”“森林神”。拉祜族认为每一座山都有一个神灵守护，该神灵就是山神。山神是森林的保护神，也是土地的保护神。拉祜族敬畏山神、祭祀山神，不敢冒犯山神。人若敬奉、祭献山神，山神就会保佑人们五谷丰登；若冒犯、激怒山神，山神就会大发脾气，让野兽攻击冒犯它的人。南美乡流传着一个有关山神惩罚赶马人的故事：有一次，一个马帮的领队（俗称“锅头”）带

① 用茨竹代表水源，源于拉祜族认为茨竹筒可以装水，代表竜林里守寨神兵的兵营里的水源。

② 上述有关寨神的内容根据采访罗忠和、罗成文和龚德书的录音材料整理而成。

着10个赶马人，每人赶5匹马。为了方便放马、割马草，这群人住在野外的山林里。夜晚，他们一起寄住在山神庙里面。半夜，有个赶马人起来上厕所，但偷懒，直接在庙里小便后又接着睡觉。但他的所作所为是对这座山的山神的大不敬。被冒犯的山神大发雷霆，它在这个赶马人的身上放一片叶子做记号并打算派老虎来吃掉他。经验丰富的马帮领队半夜醒来发现了这个赶马人身上的叶子，马上明白这是山神要派猛兽来吃这个人了，赶紧将这片叶子藏在这人的被褥下面。不一会儿，一头老虎进来了，它转了几圈却怎么也没有找到那片叶子，最后只得离开了。第二天天一亮，马帮的领队就质问该赶马人是不是做了什么冒犯山神的事，惹得山神派老虎夜里来吃他。这个赶马人只得说出自己在山神庙里小便的事。马帮领队责令他赶紧向山神赔礼谢罪，又带领众人一起祭献山神。一番祭献之后，这群人才继续赶路。①

南美乡拉祜族在农业生产的砍树、烧地、播种、收割等环节，都要祭祀山神。他们相信，若是未征得山神同意就圈地开荒或播种、收割之前不祭献山神，被冒犯激怒的山神会派野兽、鸟雀等前来糟蹋庄稼，让人白忙活一场。当地拉祜族建新寨选址时也必须先祭祀山神，得到山神许可的授意方可建寨。否则，寨人不仅得不到山神的庇佑，反而会遭山神降罪，不得安宁。个体家庭建新房前也要通过抛鸡蛋的占卜方式来选址，在确认得到山神的默许后才着手建房。

有的地区的拉祜族在大年初五（有的是初四）这天全寨男子要祭祀猎神，举行狩猎仪式。②拉祜族人认为山上的猎物都是山神养的，山神是猎物的守护神，称“shaf hu shiel phad”。拉祜族打猎之前必定要先敬献山神、猎神。祭猎神是为了祈求山神放一些猎物出来，打猎的时候猎手和猎狗不会迷路；请求猎神让自己打猎时眼力好，有力气。如果得不到山神的允许，不能贸然去打猎，否则轻则空手而归，重则在山上迷路甚至遭遇野兽袭击而受伤。

南美乡拉祜族祭祀山神、猎神的地方，拉祜语称“shiedkeul”，汉语音译为“些格”，意为“堆沙子的地方”。当地拉祜族的祭祀仪式多有堆沙子的环节。历史上南美乡一带有两个祭祀山神的祭坛。一个在南华村原村公所旧址，户肯、西山、小南美等寨的拉祜族都要来此祭拜，未能到场的人也须面向该方向磕头祭拜。后来，南美乡成立南华大队（现为南华村委会），山神树被砍掉。

① 根据作者访谈李昌明的材料整理。

② 政协澜沧拉祜族自治县委员会编：《拉祜族史》，377页，昆明，云南民族出版社，2003。

另一个设在西山寨的后山，据说是为了让玉米、旱谷能颗粒饱满而建。西山一带的拉祜族每年农历四月、七月，在自家地里的一棵树下杀一只公鸡来祭拜山神，祈求山神保佑谷物丰收。

(五) 家神崇拜

家神，拉祜语称“ yiel ned”，汉语音译为“叶尼”，也就是祖先神。南美乡拉祜族各家庭均在传统木掌楼火塘左边的家中最年长的女主人睡觉的墙根处的桌子上摆放两个（俗称一公一母）竹篾箩（也称“叫魂箩”）供奉家神。叫魂箩内平常各放一碗净水，一对挂蜂蜡，一块石头，一些沙子。南美乡坡脚村户肯的拉祜族家庭一般在祭竜日当天祭祀家神；多依村、南美村、南华村的拉祜族在建新房安家（俗称“进新房”）、修葺木掌楼、年节、新米节、搭桥节、农历每月十五和三十日以及家人生病叫魂时都要先祭祀家神。祭祀家神时，由家中最年长的女主人带领家人祭祀，点一支挂蜂蜡，念诵祭词，磕头叩拜。年节时的除夕夜，每个叫魂箩内还要供一对糯米粑粑以祭祀天神厄莎。此外，在火塘的墙根处靠近叫魂箩的地方过年过节时还需摆一碗净水，用一块木板盖着，旁边点一根挂蜂蜡，用来祭祀家神，这些祭祀用品不许其他人触碰。拉祜族认为，供奉好家神，才能家庭和睦、岁岁平安。否则，家神动怒，家人不得安生。

(六) 火神崇拜

火神是拉祜族生活中较为重视的神灵之一。火神，拉祜语称“ almifni”，汉语音译为“啊迷尼”。火塘的三个锅庄石（或铁三脚架）是火神的象征，禁止用火钳子等敲打及用脚蹬踏。火塘是神圣的地方，严禁人或其他动物从上面跨过，火塘边禁止摆放脏东西及在火塘边吐痰，也禁止在火塘煮狗肉。

祭祀火神分为家庭祭祀和村寨祭祀。修葺木掌楼或新的木掌楼建好后，安家时首先必须由家长在木掌楼内中柱旁边确定火塘的位置。火塘的位置一旦确定，就不可轻易移动。拉祜族认为火塘是火神居住的地方，火塘内的火种要长久不熄灭。一旦火种熄灭，须准备一点茶叶和大米去邻居家祭祀火神，讨来火种。据说，借出火种会散失自家的好运，故前来借火种者必须先祭祀主人家的火神，才能将火种借出去。在年节、祭竜日、搭桥节、新米节等节日，各家各户要在火塘边点上一支挂蜂蜡以祭献火神。拉祜族搬新家时也要先祭火神，房主亲自放置三脚架，点燃火塘里的火，点上香、挂蜂蜡，供荞粑粑并洒酒祭献火神。家中发生火灾，也要举行祭火神仪式，将火塘里的火熄灭，点上挂蜂蜡请火灾星赶快离开，同时将火塘的火灰清理后送到寨外倒掉，还要在寨门和房门上拴上一个四周散开的竹篾笆，防止火灾星再次闯入家中。

拉祜族认为野鸡、麂子、马鹿等山禽野兽闯入村寨是火灾来临的不祥之兆，全寨要举行祭祀火神仪式以免除火灾。祭祀活动由磨巴主持，全寨杀牛、杀猪，各家将自家火塘的火熄灭，点上挂蜂蜡，祈求火灾星不要降临，并清理一些火塘中的火炭灰送到磨巴家中。磨巴摆好茶叶、大米等祭品，点上挂蜂蜡，边唱祭词边向四周撒米，后将各家送来的火炭灰等全部拿到寨子外面的河对岸丢掉，表示彻底送走火灾的灾星。

（七）祖先崇拜

原始公社后期，随着父权制家族的建立和灵魂、精灵观念的发展，还产生了对祖先和氏族领袖的崇拜。在鬼魂崇拜基础上，人们进一步把同自己有血缘关系的祖先灵魂，特别是对本氏族、部落有过贡献的氏族、部落首领的亡灵，看成是本部落氏族的守护神加以崇拜，从而形成原始宗教的祖先崇拜。[①] 这种崇拜在民间信仰中占有很重要的地位。祖先崇拜属典型的鬼魂崇拜，其理论依据是灵魂不灭。祖先崇拜依赖于血缘关系和灵魂（鬼魂）观，相信人死后灵魂不灭，亲族死者的亡灵与活人继续在世上有着这样或那样的联系。[②]

南美乡拉祜族认为人死后，其中一个魂魄飘散走了，一个魂魄转世投胎去了，一个魂魄则一直守在火化场。基于灵魂不灭的观念，南美乡拉祜族认为祖先死后，其灵魂还会继续护佑着族人和家人，故大加推崇和敬仰。但祖先的鬼魂除了可保护人也会加害于人，如祖先的鬼魂若在未得到主人的邀请的情况下回家探望或因后代疏于祭祀而招致祖先的作祟和惩罚，就会导致家人莫名地生病，需祭献祖先才会痊愈。祖先人虽死，但其魂还会影响着生者的祸福。拉祜族对祖先的鬼魂充满崇敬和畏惧，平时极其重视对祖先的安抚和祭祀。对守在火化场的那个魂魄，其家人每年都要祭拜，祈求其保佑家人，不要随意回家探望而导致家人生病。

南美乡拉祜族在节日、喜事、丧事时都要举行献饭仪式，祈求神灵和祖先

---

① 赖永海：《宗教学概论》，175 页，南京，南京大学出版社，2004。

② 金泽：《宗教人类学导论》，111 页，北京，宗教文化出版社，2001。

保佑家人及牲畜平安。当地拉祜语称祭祀祖先、神灵的活动为“ awf tie”，汉语音译为“哦呆”，意为“供斋”“献饭”。祭献祖先的仪式要在家里举行，祭品及饭的份数均须为双数，另献上茶和酒。祭献完祖先，另做一碗浆水饭（将献饭的饭菜各取一点泡在冷水中制成）拿到木掌楼外倒掉，给那些不能请进家的孤魂野鬼吃。

（八）猎神崇拜

猎神，拉祜语为“ shaf ned”，汉语音译为“莎内”。猎神住在山上，也是山神，民间素有“山神不开口，豹子不抬狗”的说法。历史上，拉祜族是游猎民族，狩猎是传统的生计方式之一。南美乡一带周边大山环绕，多原始森林，过去当地拉祜族靠打猎获得肉食或用猎物毛皮等换取日用品。拉祜族认为山里的动物由猎神饲养和掌管，打猎就要供奉和祭祀猎神。南美乡一带拉祜族过去在家里或野外供奉猎神。野外通常是在西山桥（现鹿鸣山庄）进山路口的石头或选一棵大树为猎神，有的猎户在野外经常下地弩的地方供猎神（因为草林茂密，外人不易发现）。猎头及个别猎户会在自家木掌楼内供猎神，在放碗筷篓旁边的地上放一块木板，上堆已猎的老虎、马鹿、麂子等头骨，弩箭也摆在篱笆墙的墙边，严禁外人和妇女靠近，避免打扰猎神。据猎户讲，听见弩弦作响，是山神送信，要赐给猎人猎物，第二天进山打猎必有收获。

出猎前，要祭拜猎神。拉祜族认为，只有把猎神哄高兴了，它才会将其饲养和看护的动物赶到猎手的枪口下，并保佑猎手的安全。如果不祭献猎神，猎神就会作怪，并且猎手上山后会产生幻觉或迷路，不仅猎不到猎物，甚至还会遭遇危险或误伤别人。

祭祀猎神是反映拉祜族原始狩猎传统的一项重要宗教活动，分为集体祭祀和个人祭祀。集体出猎前，由寨中的猎头带领众猎人祭祀猎神。猎头摆好茶叶、食盐、米等供品，点挂蜂蜡，口念祷词：“山神啊！猎神啊！明天我准备带大家进山打猎，我将家里养的大公鸡献给您做礼物。我知道您在山上养着几千头公猪，箐里养着几千头母猪，还有无数的野牛、岩羊、马鹿和麂子。我们已经好长时间没有吃肉了，请您大发慈悲，把您养得猎物赐一点给我们。今天，我们想向您讨要一头公猪和一头母猪；还要一头公鹿和一头母鹿。请您不要为难我们，保佑我们平平安安进山，顺顺利利回来，让我们猎得的猎物又大又多。我们有肉吃了，也一定会敬献给您。”拉祜族猎人独自上山打猎时还要举行祭祀猎神仪式。猎手在山中特定的大石头上放上一个生鸡蛋供奉猎神，并念祷词："我今天要进山打猎，请猎神保佑我的安全，将猎物赶到我和狗的跟前，将猎物赶入豹夹、铁夹和扣子，让我得到又多又大的猎物。"

猎人打到猎物，将头、脚骨及煮熟后各部分肉取一点摆在家中供猎神的柱子边，点挂蜂蜡祭献山神、猎神，以示感谢，还要给猎狗一块，以示慰劳。

二、受保护的灵魂

南美乡拉祜族认为自然界万物均有魂，即人有人魂，拉祜语为"chawha"，汉语音译为"搓哈"；猪有猪魂，拉祜语为"varha"，汉语音译为"袜哈"；鸡有鸡魂，拉祜语为"xatha"，汉语音译为"啊哈"；牛有牛魂，拉祜语为"nudha"，汉语音译为"努哈"；谷有谷魂，拉祜语为"calha"，汉语音译为"咱哈"等。

同样，拉祜族认为魂对维系生命和身体健康至关重要，平时极其注意守护好魂，避免被鬼神伤害。一旦人有气无力或久病不愈，就推断是其丢了魂，要设法通过叫魂仪式把丢掉的魂找回来，用魂线系住。因此，同其他地区一样，南美乡拉祜族也盛行叫魂、拴魂线等活动。

其他动植物也离不开魂，一旦丢了魂，也会影响谷物的生长或牲畜的健康。拉祜族忌讳属马日下种，首选属虎日下种。他们认为马的体型最大，食量大，属马日这天撒下的籽种的魂会被马吃掉，导致玉米等作物长势不好，而老虎不吃谷物庄稼还能吓走鸟雀、捕杀其他野兽，庄稼的魂不会被惊扰、吃掉而有好收成。

每年收割之前，南美乡拉祜族为了把河对岸地里的荞麦、毛稗、谷子、玉米等一切谷物的魂，还有人的魂、牛马等牲畜的魂以及遭老鼠、松鼠、小鸟等其他动物吃掉的自家的庄稼等的魂都叫回家来，要在农历四月和六月过搭桥节，到河边搭桥并为谷物等叫魂。后来发展为也给其他牲畜等叫魂。所有人都要在这天拴上新的魂线。

三、需攘除的灵魂

南美乡拉祜族认为，恶的一类灵魂为"鬼"。拉祜族将鬼称"ned"，汉语音译为“内”。鬼没有具体的形象，但会害人。南美乡拉祜族将鬼分为五类，为自然界中的鬼、村寨或家中的鬼、非正常死亡者的鬼魂、人为制造的鬼、其他类型的鬼。

（一）自然界中的鬼

这类鬼有很多，如天鬼，拉祜语称“mudned”，汉语音译为“牡内”；房子鬼，拉祜语称“yielned”，汉语音译为“叶内”；树鬼，拉祜语称“sitned”，汉语音译为“四内”；水鬼，拉祜语称“xeulned”，汉语音译为“厄内”；人鬼，拉祜语称“chawned”，汉语音译为“搓内”；路鬼，拉祜语称“yarqawned”，汉语音译为“呀郭内”；山鬼，拉祜语称“qhawned”，汉语音译为“锅内”等。天鬼（mudned）会害人也会害动物，如白虎、邋遢鬼等。传说白虎、邋遢鬼是脏鬼、烂鬼，它们会飞，专门在夜晚出来找死牛、死马吃，还最爱舔小孩、害小孩，所以这一带的小孩一出生就佩戴一种很臭的名叫阿味的饰物来辟邪。天鬼（mudned）和地鬼（milned），类似阎王爷，管理天地神鬼和人魂。

地方鬼，拉祜语称“mudmilned”，汉语音译为“牡密内”，意为各个地方的鬼。人偶然得病，若认为是带着这种鬼，就要请磨巴用泥巴捏些小人、小马，编一个竹箩，内置沙子、水、芭蕉、蜂蜡、茶、食盐、米、烟等，点上蜂蜡，念几遍“我们这里不是你待的地方，你回到你自己的地方去，走了！走了！”才能将其送走。

土地鬼，拉祜语称“milgeolned”，汉语音译为“米格内”。认为一家人的地里有一个土地鬼，由家长负责祭祀这个鬼，保证农耕顺利。

（二）村寨或家中的鬼

“家神”是在一个“大屋”之内，即一个家长管理的所有人的共同的“神”。当地人认为“家神”若被敬献得好就会保佑家人平安，但若是冒犯了家神，家神就会成为不同的“鬼”来惩罚或害家人。如南美乡拉祜族称“cui”，汉语音译为“摧”，是由家中世世代代死去的人变成的鬼，即“祖先鬼”。父母鬼，拉祜语称“chawsined”，汉语音译为“搓司内”。家中孩子生病或食欲不振，即认为父母鬼作怪，就要杀鸡献饭给父母鬼吃。老人鬼，拉祜语称“qhawpheudned”，汉语音译为“锅迫内”。家人如有颈脖或咽喉疼痛等病症，则认为是欺骗或不孝敬父母等老人，家中的“老人鬼”为老人打抱不平所致。

据说，驱赶老人鬼只要杀一只鸡给父母等老人吃，再由老人看鸡卦，若是吉卦就算解决了。若是凶卦则要再杀一只鸡给老人吃，再看鸡卦。最后，将清水淋在老人的衣襟，滴下来的水用碗接着并喝掉可赶走老人鬼。

护家鬼或守家鬼，拉祜语称“yielned”，汉语音译为“叶内”。拉祜族认为护家鬼能保护家庭不让其他的鬼来害家人，且家里送鬼活动时必须请护家鬼去帮助送才能有效。送房子鬼是南美乡拉祜族常见的一种驱鬼活动。送房子鬼，拉祜语称“yielnedqol”，汉语音译为“叶内古”。拉祜族认为，房屋也有鬼，家运不好的时候房子鬼就会作怪，使家人有病痛，要请磨巴择日安抚或送走。寨子里会赶房子鬼的一般是老人或磨巴。磨巴是拉祜族中威望高、负责祭祀、与鬼神打交道的人，南美乡当地也称“厄莎”。磨巴等人会占卜看卦、会念经超度、会看病治病、会赶鬼消灾、会放咒放歹，是拉祜族社会中不可缺少的神职人员。请磨巴送房子鬼，主人家需事先准备一只母鸡。磨巴用一根线穿在鸡鼻子上在堂屋念经，后将鸡牵出，顺木掌楼的墙脚逆时针、顺时针各绕几圈，边绕边念经。最后，将鸡牵到村外的河边打死，用火燎去鸡毛，将鸡拿回主人家收拾干净后切碎，熬成鸡肉烂饭。然后，磨巴又简单祭拜一遍，除房主外的其他人分食鸡肉烂饭。未吃完的鸡肉烂饭须倒掉或送到村外。拉祜族禁止触碰送鬼的祭祀物件或饭菜，担心遭到鬼害。

（三）非正常死亡者的鬼魂

非正常死亡的人形成的鬼魂，拉祜语为“mir”，汉语音译为“咪”，意为“没有好名声的鬼”“凶死鬼”。拉祜族认为非正常死亡者为凶死者，凶死者的魂不能在阴间正常与祖先团聚并转世，只能变成恶鬼在野外四处游荡，伺机害人，还会迷、勾走人的魂，让人生病。因此，mir会设法引诱魂来顶替自己，以求能进入死者世界与众魂在一起，活人的灵魂是这类恶鬼首选的侵害目标。南美乡拉祜族认为，凶死者最喜好拉本家族人的魂做替身。因此，家人会在死者死后的一轮时间（12天）内找到一只白肚皮老鼠，祭祀死者。据说，咬开葫芦的是白肚皮老鼠，只有白肚皮老鼠知道与祖先团聚的路。死者在白肚皮老鼠的带领下，不会迷路更不会被凶死者的魂拉走，能顺利与祖先团聚。遭到凶死鬼攻击的人会生病。家人生病，若认为是其灵魂被恶鬼勾引走了的话，家属会请来磨巴驱逐恶鬼。若仍不见好转，则认为是魂不附体，要请磨巴举行叫魂仪式。家属备好一只清一色（一般都用纯黑色）的鸡、一个内放一碗米和食盐的竹篾篮子，一些叫魂线，两对香，拿到病人被惊吓过的地方，点燃四炷香，砍一节朱栗树的杈枝做成魂树，再砍一支约 20 厘米长的朱栗树干刻成七级的木台阶，俗称“魂梯”，一端搭在竹篾箩上，再把叫魂线沿着地面一边牵出一边念“叫魂调”，指引病人丢掉的魂顺利回到家中归附肉身。磨巴来到木掌楼下，大声问家里人：“魂回来了吗？”家人大声答：“回来了！回来了！”磨巴上楼后将叫魂线拴在病人手腕上，表示魂已经被叫回来了。而后，煮鸡看鸡卦，磨巴根据卦象判断叫魂的效果。至此，叫魂仪式结束。若鸡卦显示病人的魂没有被叫回来或病人没有好转，还要择日杀更大的牲畜作祭品并再次举行叫魂仪式。

南美乡拉祜族除了人生病时举行叫魂仪式外，还有因叫魂而产生的重要节日即搭桥节。

此外，拉祜族认为，饿鬼和冷鬼分别是由饿死和冷死的人死后变成的鬼。饿鬼，拉祜语称“meorned”，汉语音译为“摸内”；冷鬼，拉祜语称“katned”，汉语音译为“嘎内”。人一旦被饿鬼或冷鬼所害，就会出现发冷、发热等症状。风箱鬼，拉祜语称“yolqofned”，汉语音译为“哟嘎内”，如乱动风箱、炉子和工具就会犯风箱鬼。毛发鬼，拉祜语称“phatpafned”，汉语音译为“帕巴内”，也是一种很脏的鬼。如果病人出现心惊胆战、坐卧不安等症状，则认为是被毛发鬼所害。驱除毛发鬼，要将病人全身各处的毛发都拔下一根，用破布或笋叶包好后在身上擦一遍，后将其烧成灰给病人闻味道。

（四）人为制造的“鬼”

拉祜族民间相传还有人为的鬼，拉祜语称“jut”，汉语音译为“蛊”，意为“挑破、戳破”。认为这种鬼是由磨巴等人掌控着，如果寨人之间发生了纠纷，难以调解时就放“蛊鬼”去害对方，俗称“咒验、放鬼”，拉祜语称“jutper”，汉语音译为“蛊派”，是拉祜族人最害怕的一种民间巫术。放鬼的方法是将一只养了三年的公鸡（多为白色）和一只黑猫交给磨巴，其他的祭祀物品由磨巴准备。选好日子后，磨巴到深山的石岩或刺丛中，摆好用蕨类或木棍做成的杖、矛、凿子、荆棘刺和用盐酸果树刻成的模拟仇人形象的物件等，加上一些盐酸果树的树皮、果实等。摆好后，即举行放“咒验”仪式。

扑寺鬼，拉祜语称“tawr”，汉语音译为“哚”。人们认为扑寺鬼（tawr）是一种附在某个特殊家庭的人身上的一种恶鬼，被其附体的人有七十二变的本领，能害人、咬人和吃人，是最为恐怖、最为凶恶的鬼。

在拉祜语中，“tawr”的本义是“毒药”，拉祜族常说的“tawrphied”，汉语音译为“杜派”，意为“放要药、放歹”。过去拉祜族把会放歹的人看成家中养有扑寺鬼的人。据说，扑寺鬼多为妇女所变。被扑寺鬼所害的人，高烧不止，胡言乱语，身上青一块紫一块（特别是小孩）。只有磨巴等知晓咒语者念咒语可使该妖魔现出原形，寨人就可群起而捉之，或烧死或将其全家逐出寨子，烧毁房子并永远不许返回寨内。① 因此，诅咒巫术具有浓厚的宗教神秘色彩，没有人公开咒语的内容，相关的咒语和念咒语的过程鲜为人知。② 据拉祜族民间流传，供养扑寺鬼的人多是女性且为母女相传，传内不传外。民间还流传有养扑寺鬼家里的姑娘会利用“放歹”行为来找到心仪对象的说法，说是会放歹家庭的女儿若是看上哪个男人，只要悄悄地施法放歹，对方就会乖乖地跟她结婚，并死心塌地，永不变心。认为家有扑寺鬼的姑娘有时也会把扑寺鬼分给关系要好的伙伴，所以一般家庭的父母为防止自家招来扑寺鬼，都极力阻止自家姑娘与有扑寺鬼人家的姑娘来往，更禁止接受其给的任何东西。

（五）其他类型的鬼

南美乡拉祜族还惧怕以下几种鬼，如猴子鬼，拉祜语称“ mawrned”，汉语音译为“嘛内”；杜此鬼，拉祜语称“ tawrchar”，汉语音译为“杜此”。猴子鬼（mawrned）是拉祜族最怕的鬼，据说它会附在活人的身上。人若得罪了它，就会被它害，继而生病甚至会威胁生命。一旦寨人认为哪家养有猴子鬼，就会避之不及，断绝往来。

随着社会的进步和民族间的文化交流日益增强，南美乡拉祜族的民间信仰还受到南传佛教的一些影响。16 世纪后期，拉祜族开始或已定居在澜沧江东西两岸的广大地区，这些地区当时都属于傣族封建领主土司的领地。明末清初，来自大理鸡足山的明朝遗老杨德渊和尚，以行医为名，游方传教，经大侯（今云县）、临沧、耿马、岩帅进入拉祜族居住区传教。杨和尚精通佛学，医术精湛，拉祜族群众视其为神灵，称其为“佛祖帕”“厄莎爷”。清朝嘉庆年前后，杨和尚的弟子铜金和尚（张辅国）在拉祜族居住区建南信、忙糯、谦糯、南扎、西盟“五大佛房”，传播佛教思想，后来拉祜族起义失败，铜金和尚被

① 政协澜沧拉祜族自治县委员会编：《拉祜族史》，244 页，昆明，云南民族出版社，2003。

② 苏汉林、杨元美、李红军编著：《临沧南美乡拉祜族发展研究》，59 页，昆明，云南民族出版社，2007。

杀，南信佛房等被焚毁，南传佛教亦被禁绝，但是一部分南传佛教思想在拉祜族中保存下来。《西南边城缅宁》也记载，“佛教思想的皮毛固然深入民间，但在形式上崇奉佛教的，却只有傣族、布朗两族。凡傣布聚居的处所，无不建着壮大辉煌的缅寺……乡间缅寺较大者则当数勐准、勐托、平村、细戛、蛮拱等处。”① 也说明了佛教在缅宁地区有一定的影响范围。南美乡紧邻南传佛教传播重地勐托，又曾长期受傣族土司的统治，傣族土司在拉祜族村寨传播佛教思想。因此，南美乡拉祜族的一些祭祀仪式仍保留有南传佛教的一些痕迹。另外，南美拉祜族乡户肯、竹笆山及南楞田等地都有拉祜语称叫“ pharyiel”的地名。pharyiel，汉语音译为“帕叶”，意为“佛寺”。如前所述，南美乡拉祜族把缅寺叫 qhatvawl，意为寨庙，汉语音译为为“嘎袜”。因此，以上这些拉祜语地名从地名语言学的角度也再一次印证了历史上南传佛教曾对南美乡的拉祜族产生了一定的影响。

第二节　占卜和神判

一、占卜

拉祜族称占卦为“ tawdther”，汉语音译为“搭忒”。家里有人生病或有异常情况，就会请来竜主、磨巴等帮忙掐算是因什么神在作怪或是招什么鬼所害。主要的占卜法有布卜法、谷粒占卜法、鸡卦占卜法、鸡蛋卦占卜法等。

布卜法　竜主或磨巴占卦的方法是用一块干净毛巾或布，先是用手指一拃一拃地量好布的尺寸，双手握住举过头顶，然后念一遍鬼神、祖先及已故家人或族人的名字，让害人的神或鬼来上卦。念一遍后，停下再用手指一拃一拃地量原来量好的布，看是否变长了。如果没有变长，就再念一遍，直至量出的布变长为止。在推算出是什么东西作怪后，磨巴就施法帮助受害的人驱鬼祭神。民间也流传一些常见的驱鬼办法，如家人遇鬼害，就在门外泼一碗浆水饭② 将其哄走或用柳枝从家里到处甩一遍至门外，也可拿刀之类的利器从家里一直砍

① 彭桂萼：《彭桂萼诗文选集》，291 页，芒市，德宏民族出版社，1998。

② 用冷水泡的剩饭剩菜。

至门外，意指将其驱走；若认为是祖先、神等作怪的话，就杀鸡、点蜡等供茶、饭进行安抚，祈求不要怪罪，让病人快快好起来。

谷粒占卜法 磨巴依据病人的情况推断出假想的鬼神，后从神龛上抓一把谷粒来数。若数得的谷粒总数为单数，则需再假设，再数谷粒的总数，直至总数为双数为止。数得的谷粒总数为双数，则表示该推断正确，遂用相应的方式进行祭祀或驱赶。

鸡卦、猪卦占卜法 鸡卦主要有鸡股骨卦、鸡头卦和鸡脚卦。用于占卜的鸡必须是公鸡，杀鸡前先点上挂蜂蜡进行许愿，祈求神灵在鸡卦上显灵。处理好的鸡用清水煮熟后，剔除鸡腿肉，取出一对鸡股骨，在股骨的孔里插上细竹签，以签的数量、形状等卦相来判定占卜的凶吉。鸡头卜主要是看鸡的头盖骨和鸡舌筋。节日祭祀用的鸡头卦，若鸡头盖骨呈现白亮为吉，暗黑无光则为凶；鸡舌筋上翘为吉，向下倒卷为凶；用于叫魂的鸡头卦，若鸡头盖骨为白色，则预示病人的魂魄还未附体，需重新杀鸡叫魂。鸡脚卜主要是献饭祭祀时鸡脚爪煮熟后看鸡爪是否张开，若鸡爪缩在一起勾有肉则预示来年财运好，爪子张开而无肉则预示财运一般。南美乡拉祜族过节献饭时杀鸡都要看鸡卦，一般一年要献饭五次，分别是农历除夕、正月初二、正月十六、二月初八、六月二十四。这五次杀鸡献饭、看鸡卦，除农历除夕是在晚上杀鸡看卦外，其他四次都是在早上。民间认为，每一次鸡卦卦相只显示本次献饭至下次献饭期间的吉凶。猪占卜则多看猪肝卦，主要看胆汁多少，肝叶是否有断陷来判定吉凶。胆汁多、肝叶无断陷者为吉。

鸡蛋卦占卜法 鸡蛋卦主要在叫魂送鬼、上山狩猎和选择地基时用。占卜病人是否丢魂，磨巴拿一个生鸡蛋，点燃挂蜂蜡许愿后在病人前胸后背触碰数次，后将鸡蛋煮熟并观其蛋白，若蛋白上有坑，即认为魂仍附在肉体上，无需叫魂。反之则视为丢魂，需举行叫魂仪式。送鬼时，磨巴用一个净水碗，念完咒语将一枚鸡蛋在病人身上反复滚动后放入水碗，依其在水中的浮起状态推断病人是遭何种鬼神所害，后采取相应的祭祀方式。狩猎占卜也常用鸡蛋卜。猎头领着一众猎手举行祭祀猎神仪式，先向猎神祈愿赐给猎物后将用于祭祀的鸡蛋磕开，依蛋清多少推断即将猎到多大的猎物，蛋清越多猎到的猎物越大。除了集体占卜，单个猎手狩猎前占卜用的一个鸡蛋要从邻居家拿来，后在自己的猎枪上轻轻磕开，依蛋黄的多少来推断将猎到多大的猎物，蛋黄越多，预示将猎到的猎物就越大。拉祜族建新房也常用鸡蛋卜来选址，主人在预选的地块上许愿后，将生鸡蛋抛起，依鸡蛋落地后的状况推断山神的旨意。若蛋破，则视为山神同意其在此建房。反之，则需另选地块抛蛋，直至蛋破为止。

二、神判

过去，村寨内出现的纠纷一般由头人按照习惯法进行裁决，对过错方常见的处罚方式为罚款、令其赔偿或服劳役等，后为其洗清罪名。若甲方控告乙方有罪，乙方坚决否认，双方都拿不出证人、证据时，头人只得借助神灵来进行判决。这种由神灵判断是非曲直的做法俗称“神判”。南美乡拉祜族常用的神判方法有：嚼谷粒、喝咒水等。

嚼谷粒 头人主持仪式，磨巴具体操作。在村寨外搭一个简单的祭坛，栽好两根树丫杈。树杈上挂着竹片扎成筛洞状图形，象征太阳和月亮。头人事先安排好够全寨人吃一顿的一头猪，猪的费用由最后认定有错的一方承担。神判当天，将猪拉到现场。头人命当事人各站在栅栏的一边，各向天空放一枪表示请神明来作证。头人在栅栏上悬挂天平，磨巴捧一捧谷粒，掺上缝衣针拌匀后放在天平上，两边重量相等。接着，磨巴点燃挂蜂蜡并呼喊：“各路神灵、太阳月亮都来见证这个仪式。”头人将重量相等的拌有针的谷粒拿给双方，宣布开始后双方即同时开始嚼谷粒，头人宣布停止双方即同时停止。双方将嘴里的咀嚼物分别吐在叶子上，嚼细者为无罪，未嚼细者为有罪，有罪者将接受惩罚。

喝咒水 存在纠纷的双方在头人家中当着众人的面举行仪式。磨巴从头人家火塘里拿出一根燃着的柴火棒浸入装有水的盆里，念咒语后命声称无错受冤的一方捧一些盆里的水立即喝下。拉祜族相信若是此人真的被冤枉，就会没事；若是明明有罪却还假装喊冤，一旦喝了咒水就会像被水浇灭的柴火棒一样死掉。

参考文献

一、专著

［1］（清）朱占科，修，周宗洛，等纂．顺宁府志．清光绪卅年刊本（影印）．

［2］［德］恩格斯．家庭、私有制和国家的起源．张仲宝，译．北京：人民出版社，1957．

［3］［苏］普列汉诺夫．普列汉诺夫哲学著作选集（第一卷）．北京：生活·读书·新知三联书店，1959.

［4］［法］拉法格．思想起源论．王子野，译．北京：生活·读书·新知三联书店，1963.

［5］（南朝宋）范晔．后汉书·西羌传．李贤，等注．北京：中华书局，1965.

［6］（清）曹春林．滇南杂志．台北：华文书局，1969.

［7］中共中央马克思恩格斯列宁斯大林著作编译局．马克思恩格斯选集（第一卷）．北京：人民出版社，1972.

［8］中共中央马克思恩格斯列宁斯大林著作编译局．马克思恩格斯选集（第二卷）．北京：人民出版社，1972.

［9］中共中央马克思恩格斯列宁斯大林著作编译局．马克思恩格斯选集（第四卷）．北京：人民出版社，1972.

［10］中共中央马克思恩格斯列宁斯大林著作编译局．马克思恩格斯全集（第四十二卷）．北京：人民出版社，2012.

［11］［德］恩格斯．家庭、私有制和国家的起源．北京：人民出版社，1972.

［12］任继愈．中国哲学史．北京：人民出版社，1973.

［13］（南朝梁）沈约．宋书·文帝纪．北京：中华书局，1974.

［14］（后晋）刘昫，等．旧唐书·韦仁寿传．北京：中华书局，1975.

［15］（宋）欧阳修，等．新唐书·西南蛮传．北京：中华书局，1975.

[16]（元）宋濂，等 . 元史 · 宪宗本纪 . 北京：中华书局，1976.

[17][美]摩尔根. 古代社会. 北京：商务印书馆，1977.

[18]《云南各族古代史略》编写组 . 云南各族古代史略 . 昆明：云南人民出版社，1977.

[19][德]黑格尔 . 美学（第三卷上册）. 朱光潜，译 . 北京：商务印书馆，1979.

[20]（明）钱古训 . 百夷传校注 . 江应樑，校注 . 昆明：云南人民出版社，1980.

[21]汪宁生 . 云南考古 . 昆明：云南人民出版社，1980.

[22][法]列维 · 布留尔 . 原始思维 . 丁由，译 . 北京：商务印书馆，1981.

[23]郭沫若 . 郭沫若全集 · 历史编（第一卷）. 北京：人民出版社，1982.

[24]《民族问题五种丛书》云南省编辑委员会 . 拉祜族社会历史调查（二）. 昆明：云南人民出版社，1981.

[25]《民族问题五种丛书》云南省编辑委员会 . 拉祜族社会历史调查（一）. 昆明：云南人民出版社，1982.

[26]杨知勇 . 云南少数民族婚俗志 . 昆明：云南民族出版社，1983.

[27]《民族工作》编辑部 . 民族工作手册 . 昆明：云南人民出版社，1985.

[28]《拉祜族简史》编写组 . 拉祜族简史 . 昆明：云南人民出版社，1986.

[29][法]列维 - 斯特劳斯 . 野性的思维 . 李幼蒸，译 . 北京：商务印书馆，1987.

[30][法]列维 · 布留尔 . 原始思维 . 丁由，译 . 北京：商务印书馆，1987.

[31]田继周 . 先秦民族史 . 成都：四川民族出版社，1988.

[32][美]魏勒 . 性崇拜 . 史频，译 . 北京：中国文联出版公司，1988.

[33][美]霭理士 . 性心理学 . 潘光旦，译 . 上海：三联书店，1988.

[34]刘辉豪 . 拉祜族民间文学集成 . 北京：中国民间文艺出版社，1988.

[35]覃光广 . 中国少数民族宗教概览 . 北京：中央民族学院出版社，1988.

[36]费孝通，等 . 中华民族的多元一体格局 . 北京：中央民族学院出版社，1989.

[37]澜沧拉祜族自治县文化局 . 拉祜民间诗歌集成 . 昆明：云南民族出版社，1989.

［38］思茅地区民委，文化局．拉祜族民间故事．昆明：云南民族出版社，1990.

［39］云南省思茅行政公署民委．思茅少数民族．昆明：云南民族出版社，1990.

［40］［英］爱德华•泰勒．原始文化神话、哲学、宗教、语言、艺术和习俗发展研究．连树声，译．上海：上海艺术出版社，1992.

［41］靳之林．生命之树．北京：中国社会科学出版社，1993.

［42］思茅行署民族事务委员会．思茅拉祜族传统文化调查．昆明：云南人民出版社，1993.

［43］李扎约．拉祜族民间舞蹈．昆明：云南民族出版社，1993.

［44］彭志清，王正华，李嘉．拉祜族谚语俗语集．昆明：云南民族出版社，1993.

［45］（宋）苏颂．本草图经．尚志钧，辑校．合肥：安徽科学技术出版社，1994.

［46］中共中央马克思恩格斯列宁斯大林著作编译局．马克思恩格斯选集（第三卷）．北京：人民出版社，1995.

［47］中共中央马克思恩格斯列宁斯大林著作编译局．马克思恩格斯选集（第四卷）．北京：人民出版社，1995.

［48］吕大吉，等．中国民族原始宗教资料集成（总序）．北京：中国社会科学出版社，1995.

［49］（西汉）司马迁．史记・西南夷列传．长沙：岳麓书社，1995.

［50］田继周．秦汉民族史．成都：四川民族出版社，1996.

［51］［德］尼采．偶像的黄昏．周国平，译．北京：光明日报出版社，1996.

［52］娜朵．拉祜族民间文学集．昆明：云南民族出版社，1996.

［53］张绍云．中国拉祜族医药．昆明：云南民族出版社，1996.

［54］［美］摩尔根．古代社会．杨东莼，译．北京：商务印书馆，1997.

［55］林耀华．民族学通论．北京：中央民族大学出版社，1997.

［56］晓根．拉祜文化论．昆明：云南大学出版社，1997.

［57］［英］詹姆斯・乔治・弗雷泽．金枝．徐育新，等译．北京：大众文艺出版社，1998.

[58]（清）赵学敏．本草纲目拾遗．闫冰，等校注．北京：中国中医药出版社，1998.

[59]（明）李时珍．本草纲目．刘衡如、刘山永，校注．北京：华夏出版社，1998.

[60] 彭桂萼．彭桂萼诗文选集．芒市：德宏民族出版社，1998.

[61] 李修生．全元文．南京：江苏古籍出版社，1999.

[62] 张增祺．云南建筑史．昆明：云南美术出版社，1999.

[63] 王正华，和少英．拉祜族文化史．昆明：云南民族出版社，1999.

[64] 雷波，刘劲荣．拉祜族文化大观．昆明：云南民族出版社，1999.

[65] 佟新．人口社会学．北京：北京大学出版社，2000.

[66]［美］吉尔滋·克利福德，地方性知识——阐释人类学论文集．王海龙，张家瑄，译．北京：中央编译出版社，2000.

[67] 和少英．逝者的庆典——云南民族丧葬．昆明：云南教育出版社 2000.

[68] 杨兆麟．原始物象——村寨的守护和祈愿．昆明：云南教育出版社，2000.

[69] 刘怡，芮鸿．云南民族采集渔猎．昆明：云南教育出版社，2000.

[70]［美］保罗·康纳顿．社会如何记忆．纳日碧力戈，译．上海：上海人民出版社，2000.

[71]［英］戴维·莫利，凯文·罗宾斯．认同的空间：全球媒介、电子世界景观和文化边界．南京：南京大学出版社，2001.

[72] 刘锡诚，游琪．葫芦与象征．北京：商务印书馆，2001.

[73] 金泽．宗教人类学导论．北京：宗教文化出版社，2001.

[74] 王振复．大地上的“宇宙”——中国建筑文化理念．上海：复旦大学出版社，2001.

[75]［法］克洛德·列维－斯特劳斯．图腾制度．渠敬东，译．上海：上海人民出版社，2002.

[76]［法］马塞尔·莫斯．礼物：古代社会交换中的形式与理由．汲喆，译．上海：上海人民出版社，2002.

[77]［英］马凌诺夫斯基．文化论．费孝通，译．北京：华夏出版社，2002.

[78] 纳日碧力戈．姓名论．北京：社会科学文献出版社，2002.

[79] 刘景华．文化社会人类学卷．广州：花城出版社，2003.

[80] 政协澜沧拉祜族自治县委员会．拉祜族史．昆明：云南民族出版社，2003.

[81] 郑显文．心中的拉祜山．北京：中国城市出版社，2003.

[82] 任兆胜，李云峰．稻作与祭仪——第二届中日民俗文化国际学术研讨会论文集．昆明：云南人民出版社，2003.

[83] [韩] 郑在书．山海经的文化寻踪．叶舒宪，箫兵，译．武汉：湖北人民出版社，2004.

[84] 杨昌鸣．东南亚与中国西南少数民族建筑文化探析．天津：天津大学出版社，2004.

[85] 黄淑娉，龚佩华．文化人类学理论与方法研究．广州：广东高等教育出版社，2004.

[86] 赖永海．宗教学概论．南京：南京大学出版社，2004.

[87] 马翀炜，陈庆德．民族文化资本化．北京：人民出版社，2004.

[88] 施惟达，段柄昌，等．云南民族文化概说．昆明：云南大学出版社，2004.

[89] [英] 爱德华•泰勒．原始文化：神话、哲学、宗教、语言、艺术和习俗发展研究（重译本）．连树声，译．桂林：广西师范大学出版社，2005.

[90] 郑杭生．民族社会学概论．北京：中国人民大学出版社，2005.

[91] 杨志新，杨永建．民族传统节庆．昆明：云南科技出版社，2006.

[92]（南朝宋）范晔．后汉书·南蛮西南夷列传．罗文军，编．西安：太白文艺出版社，2006.

[93] 田雪原，陈胜利．生育文化研究．北京：中国财政经济出版社，2006.

[94] 邓启华．清代普洱府志选注．昆明：云南大学出版社，2007.

[95] 临沧市文化局．临沧市非物质文化遗产保护名录．昆明：云南人民出版社，2007.

[96] 苏汉林，杨元美，李红军．临沧南美乡拉祜族发展研究．昆明：云南民族出版社，2007.

[97] 杜杉杉．社会性别的平等模式："筷子成双"与拉祜族的两性合一．赵效牛，刘永青，译．昆明：云南大学出版社，2008.

[98]《拉祜族简史》编写组 . 拉祜族简史 . 北京：民族出版社，2008.

[99]（清）伯麟 . 滇省夷人图说 . 揣振宇，主编 . 北京：中国社会科学出版社，2009.

[100]《中国少数民族社会历史调查资料丛刊》修订编辑委员会 . 拉祜族社会历史调查（二）. 北京：民族出版社，2009.

[101] 钟敬文 . 民俗学概论 . 北京：高等教育出版社，2010.

[102][德] 阿斯特莉特・埃尔 . 文化记忆理论读本 . 冯亚琳，主编 . 北京：北京大学出版社，2012.

[103] 杨春 . 中国拉祜族 . 银川：宁夏人民出版社，2012.

[104] 曾庆芳 . 乡土临沧 . 昆明：云南人民出版社，2012.

[105] 吕大吉 . 中国各民族原始宗教资料集成・拉祜族卷 . 北京：中国社会科学出版社，2012.

[106] 丁春荣，林永，主编 . 拉祜族文化研究 . 昆明：云南大学出版社，2012.

[107]（清）董贯之 . 古滇土人图志 . 董路明，编 . 昆明：云南美术出版社，2013.

[108][西汉] 刘向、刘歆 . 山海经 . 任思源，主编 . 北京：中国华侨出版社，2013.

[109] 李资源，等 . 中国共产党与少数民族传统文化保护和发展研究 . 北京：人民出版社，2014 .

[110][芬兰] E.A. 韦斯特马克 . 人类婚姻史 . 李彬，等译 . 北京：商务印书馆，2015.

[111][德] 扬・阿斯曼 . 文化记忆：早期高级文化中的文字、回忆和政治身份 . 金寿福，黄晓晨，译 . 北京：北京大学出版社，2015.

[112] 高文德，主编 . 中国民族史人物辞典 . 北京：中国社会科学出版社，2015.

[113]（明）兰茂 . 滇南本草 . 苏国有，校注 . 昆明：云南人民出版社，2017.

[114]（春秋）李耳 . 道德经 . 许渊冲，译 . 北京：五洲传播出版社，2018.

[115] 中共中央宣传部 . 习近平新时代中国特色社会主义思想三十讲 . 北京：学习出版社，2018.

［116］杨云燕，编著．临沧南美乡拉祜族古歌．昆明：云南民族出版社，2018.

［117］刘劲荣，主编．中国少数民族大辞典（拉祜族卷）．昆明：云南民族出版社，2019.

［118］（清）阮元、王崧、李诚，等纂修．道光云南通志稿：点校本．苑鑫，等点校．昆明：云南美术出版社，2021.

［119］E Jamieson. Description of habits and customs of the Muhsois (black and red) also known as Lahus (Ethnographical survey of India), Office of the Superintdent publishing,1909:6.

［120］Julian. H. Steward, Theory of Culture Change: The Methodology Multi-Linear Evolution, University of Illinois Press, Urbana, 1979.

［121］J. George Scott. Gazetteer of Upper Burma and the Shan States. Rangoon: Government Printing, 1990.

［122］Anthony R. Walker. Merit and Millennium: Routine and Crisis in the Ritual Lives of the Lahu People. New Delhi Hindustan Publishing, 2003.

［123］Gabrielle Vom Bruck and Barbara Bodenhorn(eds.)：The Anthropology of Names and Naming，Cambridge University Press，2006.

二、期刊论文

［1］钱穆．周初地理考．燕京学报，1931（10）．

［2］钱穆．再论楚辞地名答方君．禹贡半月刊（第七卷），1937（1—3）．

［3］罗常培．再论藏缅族的父子连名制．边政公论，1944（9）．

［4］凌纯声．东南亚的父子连名制．大陆杂志（特刊），1961（1）．

［5］陈启新，杨鹤书．略论拉祜族的母权制及其向父权制的过渡．中山大学学报（哲学社会科学版），1979（1）．

［6］徐中舒．夏史初曙．中国史研究，1979（3）．

［7］徐中舒．西周史论述（下）．四川大学学报，1979（4）．

［8］顾颉刚．从古籍中探索我国的西部民族——羌族．社会科学战线，1980（1）．

［9］陈启新．论拉祜族一夫一妻制家庭的出现．中山大学学报（哲学社会科学版），1981（2）．

[10] 石云霄 . 荡秋千的由来 . 山茶，1982（3）.

[11] 杨鹤书 . 澜沧拉祜族的母系大家庭 . 思想战线，1982（4）.

[12] 史继忠，龚佩华 . 金平“拉祜西”的“卡”——论苦聪人父系家庭公社的性质和特征 . 云南社会科学，1982（2）.

[13] 黄淑娉 . 拉祜族的家庭制度及其变迁 . 新亚学术集刊，1986（6）.

[14] 胡鸿保 . 略说拉祜西家庭制度中的母系制原则 . 云南社会科学，1987（3）.

[15] 杨毓骧 . 拉祜族“奥者奥卡”双系制家庭剖析 . 云南民族学院学报，1988（3）.

[16] 刘远东 . 拉祜族的葫芦文化 . 民族艺术研究，1992（2）.

[17] 田惠刚. 对外汉语教学中的东西方文化背景. 外语教学，1993（2）.

[18] 晓根 . 拉祜族“屋吉屋卡”制度探析 . 云南民族学院学报（哲学社会科学版），1993（2）.

[19] 张蓉兰 . 从古歌谣中的地名探溯拉祜族先民迁徙路线 . 民族语文，1994（4）.

[20] 晓根 . 拉祜族厄莎神的形象塑造 . 云南民族学院学报（哲学社会科学版），1994（4）.

[21] 何盛永 . 镇沅县拉祜族（苦聪人）丧葬祭祀记实 . 云岭歌声，1994（6）.

[22] 王正华 . 拉祜族服饰文化概述 . 云南民族学院学报，1995（1）.

[23]辛克靖 . 原始粗犷的拉祜族民居 . 建筑，1995（2）.

[24] 晓根 . 拉祜族巫术文化现象探析 . 云南社会科学，1995（3）.

[25] 晓根 . 拉祜族“卡些卡列”制度的产生与变异 . 云南民族学院学报（哲学社会科学版），1996（1）.

[26] 晓根 . 拉祜族传统节日文化特点浅析 . 云南师范大学学报（哲学社会科学版），1996（2）.

[27] 李根 . 拉祜族传统宗教文化特点 . 云南民族学院学报（哲学社会科学版），1996（4）.

[28] 杨光平 . 浅谈黔东南苗族传统居住方式对婚姻的影响 . 贵州民族研究，1996（4）.

［29］钱宁．厄莎・佛祖・耶稣——拉祜族的宗教信仰与社会变迁．思想战线，1997（4）．

［30］王亚南．口承文化与民族迁徙．民族文学研究，1998（1）．

［31］晓根．拉祜族迁徙游动原因剖析．西南民族学院学报，1998（5）．

［32］苍铭．民族迁徙与云南地名．中国地名，1998（1）．

［33］刘劲荣．论拉祜族"芦笙舞"及其文化功能．云南民族学院学报（哲学社会科学版），1999（3）

［34］晓根．拉祜族传统居室文化特点演变．云南民族学院学报（哲学社会科学版），2000（3）．

［35］张晓松，晓根．拉祜族"班考"现象的文化阐释．学术探索，2000（6）．

［36］姜颖．试析拉祜族原始宗教与伦理道德的关系．思想战线，2001（5）．

［37］楼嘉军．休闲文化结构及作用浅析．北京第二外国语学院学报，2002（1）．

［38］朱士光．西北地区历史时期生态环境变迁及其基本特征．中国历史地理论丛，2002（3）．

［39］王金萍．本色与创新——拉祜族舞台服饰设计点滴．民族艺术研究，2003（1）．

［40］张建萍．中国古代女性休闲方式及其特点分析．社会科学家，2003（3）．

［41］王宗萍．高度集中的婚姻挤压最令人担忧．人口研究，2003（5）．

［42］李吉和．中国古代少数民族迁徙原因探讨．中南民族大学学报（人文社会科学版），2004（1）．

［43］彭兆荣，等．口述 / 书写：历史的叙述与叙述的历史．广西民族研究，2004（1）．

［44］彭立春．试析拉祜族的原始宗教与习惯法的互动．昆明师范高等专科学校学报，2004（2）．

［45］马健雄．性别比、婚姻挤压与妇女迁移——以拉祜族和佤族之例看少数民族妇女的婚姻迁移问题．广西民族学院学报（哲学社会科学版），2004（4）．

［46］罗承松．拉祜族岁时节日民俗的变迁．思茅师范高等专科学校学报，

2005（1）.

[47] 张哲乐，何佳. 道教文化与女性休闲. 天府新论，2005（6）.

[48] 刘劲荣. 论拉祜族舞蹈的表现形式及其文化功能. 中央民族大学学报，2006（1）.

[49] 苏翠薇，刘劲荣. 拉祜族厄莎信仰与基督教的互动整合. 云南社会科学，2006（1）.

[50] 张志刚. 宗教是什么？. 北京大学学报（哲学社会科学版），2006（4）.

[51] 罗承松. 试述拉祜族“扩”的社会功能. 思茅师范高等专科学校学报，2006（5）.

[52] 马健雄. 宗教运动与社会动员：木嘎拉祜族神话、历史记忆与族群身份认同. 思想战线，2007（1）.

[53] 刘向政.“混沌”创世神话的原始象征意义与宇宙观. 求索，2007（2）.

[54] 葛剑雄. 从地理看长时段环境变迁. 陕西师范大学学报，2007（5）.

[55] 庄融. 男性生殖崇拜与中国原始器物装饰艺术初探. 艺术百家，2007（7）.

[56] 王铭铭. 口述史 · 口承传统 · 人生史. 西南民族大学学报，2008（2）.

[57] 韩俊魁. 拉祜西是母系社会吗？——一项基于社会血缘的考察. 中国农业大学学报（社会科学版），2008（3）.

[58] 龙先琼，杜成材. 存在与表达——论地方性知识的历史叙述. 吉首大学学报（社会科学版），2008（3）.

[59] 付金锋. 拉祜族传统婚姻家庭习惯法的变迁及其功能. 红河学院学报，2008（3）.

[60] 张劲夫，温美珍. 拉祜族神灵信仰与占卜习俗初探—— 一个拉祜族村落的宗教人类学考察. 思茅师范高等专科学校学报，2008（4）.

[61] 陈刚. 安东尼 · 沃克的拉祜族研究及对中国人类学研究的启示. 云南民族大学学报（哲学社会科学版），2008（6）.

[62] 纪仁春. 从非传统到传统——澜沧拉祜族传统音乐保护、传承和发展现状的思考. 思茅师范高等专科学校学报，2009（1）.

[63] 张惠勇，王鹤立. 拉祜族音乐舞蹈文化——一项非物质文化遗产的传承与保护. 电影评介，2009（4）.

[64] 林永，吴茜. 谷黄歌狂，醉饱歌舞——论拉祜族民族民间舞蹈的独

特个性．思茅师范高等专科学校学报，2009（5）．

［65］管彦波．民族大迁徙的地理环境因素研究——以中国古代民族迁徙为考察的重点．西北民族大学学报（哲学社会科学版），2010（3）．

［66］杨云燕．拉祜族传统服饰的文化内涵——以临沧市临翔区南美乡为例．思茅师范高等专科学校学报，2011（5）．

［67］朱思红．拉祜族婚姻观念变化的社会学思考．新西部（下旬·理论版），2011（5）．

［68］朱力平．拉祜族传统节日中的生态利用．沧桑，2011（6）．

［69］杨元美，李建华．人类学视阈下的少数民族服饰文化传承——以临沧南美拉祜族为例．牡丹江大学学报，2011（7）．

［70］郭军，高振云．拉祜族节庆活动中的传统体育文化．体育博览，2011（7）．

［71］朱力平．拉祜族传统宗教生活中的生态利用．怀化学院学报，2011（10）．

［72］杨云燕．拉祜族亲属称谓及其文化内涵探微．怀化学院学报，2011（10）．

［73］杨云燕．试论拉祜族搭桥节的文化内涵．楚雄师范学院学报，2011（11）．

［74］傅金泉．中国少数民族酿酒史料．酿酒科技，2011（12）．

［75］朱力平．拉祜族传统丧葬习俗中的生态利用．社科纵横（新理论版），2012（1）．

［76］杨云．拉祜族芦笙舞的民俗意蕴．北京舞蹈学院学报，2012（4）．

［77］杨云燕．从人类学视角解读拉祜族葫芦文化．鸡西大学学报，2012（4）．

［78］张锦鹏．拉祜族跨境迁徙与互动中的宗教因素．云南社会科学，2012（5）．

［79］闫川．谈拉祜族南段老寨佛堂的艺术特色．大众文艺，2012（5）．

［80］苏美玲．浅析普洱澜沧县拉祜族“葫芦节”的文化内涵．群文天地，2012（22）．

［81］白世梅，刘坚，等．拉祜族传统体育文化保护、传承和发展的村落社会型模式研究．体育科技文献通报，2012（7）．

［82］施吉良，雷国飞．拉祜族传统体育文化传承与发展的影响因素的探讨．攀枝花学院学报，2013（2）．

［83］金悦．拉祜族传统民居建筑文化变迁．普洱学院学报，2013（4）．

［84］王一宏．社会变迁中的拉祜族婚姻家庭研究——以云南省澜沧县云山村为例．普洱学院学报，2013（5）．

［85］杨云燕．拉祜族传统民居的文化解读．牡丹江大学学报，2013（8）．

［86］洪艳玲，施吉良，等．试论生态文化变迁对云南澜沧拉祜族妇女参与民族传统体育的影响．科技信息，2013（12）．

［87］纳日碧力戈，左振廷，毛颖辉．姓名的人类学研究．民俗研究，2014（4）．

［88］周宁宁．新疆民族传统文化的社会功能初探．新疆社科论坛，2014（6）．

［89］黎明春．论羌族火葬的成因．文史杂志，2015（5）．

［90］董健丽．中国古代葫芦形陶瓷器鉴赏．文物天地，2015（5）。

［91］于敏．创世史诗《牡帕密帕》与拉祜族信仰体系的建构．大理大学学报，2017（1）．

［92］杨云燕．以女性主义关怀伦理学视角解读拉祜族婚姻习惯法．山东女子学院学报，2017（4）．

［93］王俊，王昌志．婚俗文化变迁中婚姻动机失衡的影响研究．湖北经济学院学报（人文社会科学版），2017（11）．

［94］李东徽，徐聪聪，杨磊，阮彦蓉．基于聚落量化分析下澜沧县拉祜族村落空间形态研究．云南农业大学学报（社会科学），2018（6）．

［95］耿虹，李彦群，吕宁兴，况易，闫慧鹏．自然生态与文化生态的交织——基于南美拉祜族人居生态智慧的跟踪调查．上海城市规划，2018(6).

［96］赵旭东．互惠人类学再发现．中国社会科学，2018（7）．

［97］张传运，朱兴涛．集体记忆的社会建构路径：土家族葬礼的民族志研究．三峡论坛，2019（1）．

［98］王海燕，张晶香，李玉琼，李丹．基于文化生态学的聚落文化发展与保护策略研究——以澜沧拉祜族自治县老达保为案例．普洱学院学报，2019（2）．

［99］杨昌国，李宁阳．马克思主义实践论视域下人类学的知识生产与

文化实践 . 湖南科技大学学报（社会科学版），2019（3）.

［100］张玉祥 . 论少数民族传统节日文化的社会功能 . 新疆社科论坛，2019（3）.

［101］黄彩文，张继梅 . 危险、洁净与秩序：云南孟连拉祜族的“送玛”仪式及其文化逻辑 . 青海民族研究，2019（4）.

［102］习近平 . 坚定文化自信 建设社会主义文化强国 . 求是，2019（12）.

［103］张天文，杨大禹 . 浅析滇南拉祜族文化及其民居建筑 . 城市建筑，2019（12）.

［104］李宁阳，杨昌国 . 传统的延续与现代的糅合——文化变迁视域下西江苗族婚姻文化的社会人类学考察 . 地方文化研究，2020（2）.

［105］王丹 . 传统节日研究的三个维度——基于文化记忆理论的视角 . 中国人民大学学报，2020（1）.

［106］郑航 . 山地起源与自然意趣——台湾高山族休闲文化研究 . 贵州民族研究，2020（3）.

［107］李硕 . 云南拉祜族传统服饰色彩研究 . 艺术研究，2020（4）.

［108］雷李洪 . 云南拉祜纳小家庭制度及其运作机制研究 . 北京社会科学，2020（9）.

［109］孔秀丽，罗康隆 . 乡村振兴背景下民间信仰的当代价值研究 . 贵州民族研究，2020（12）.

［110］李玥，耿虹，任绍斌 .“栅片房”的营造：南美拉祜族传统民居及其营造技艺研究 . 建筑学报，2021（1）.

［111］张又兮 . 简析澜沧班利摆舞的艺术特征及传承现状 . 民族音乐，2021（1）.

［112］李雄强，杨大禹 . 云南拉祜族传统聚落“卡”形态特征分析 . 南方建筑，2021（2）.

［113］杨雅雯 . 拉祜族火把节仪式的文化解读——以澜沧县竹塘乡罗扎母为例 . 文化创新比较研究，2021（3）.

［114］赵楠，许媛萍 . 拉祜族文化符号媒介景观的建构反思——基于《快乐拉祜》的传播实践 . 民族学刊，2021（8）.

三、析出文献

[1]恩格斯.共产主义者同盟的历史//马克思恩格斯选集(第四卷).北京:人民出版社,1958.

[2]王宁生,编.大理国三十七部会盟碑//云南考古.昆明:云南人民出版社,1980.

[3]墨子.节葬下//影印文渊阁四库全书.台北:台湾“商务印书馆”,1983.

[4](清)曹振镛,戴均之,等修.清实录·仁宗实录//清实录.北京:中华书局,1985.

[5](清)陈鼎.滇游记//大理行记(及其他五种).北京:中华书局,1985.

[6]宋恩常.拉祜族的家庭制度//云南少数民族研究文集.昆明:云南人民出版社,1986.

[7]宋恩常.苦聪人的原始社会残余//云南少数民族研究文集.昆明:云南人民出版社,1986.

[8]顾颉刚.徐和淮夷的迁留//文史(第三十二辑).北京:中华书局,1990.

[9]恩格斯.家庭、私有制和国家的起源//马克思恩格斯选集(第四卷).北京:人民出版社,1995.

[10]彭桂萼.西南边城缅宁//彭桂萼诗文选集.芒市:德宏民族出版社,1998.

[11][日]片冈树.基督教与跨境民族——泰国拉祜族的族群认同//中国西南地区跨境民族的文化及其变迁.昆明:云南大学出版社,2008.

[12]林永.拉祜族的建筑与居住习俗变迁//拉祜族文化研究.昆明:云南大学出版社,2012.

[13]马健雄.《牡帕密帕》与木嘎拉祜的双边非谱系亲属制//拉祜族传统与发展学术研讨会文集.昆明:云南民族出版社,2013.

四、学位论文

[1]孔丹.云南临沧南美拉祜族木掌楼营建技艺研究.武汉:华中科技大学硕士学位论文,2019.

［2］刘雄强 . 云南拉祜族传统聚落空间建构特征及历史价值研究 . 昆明：昆明理工大学硕士学位论文，2020.

五、报纸文章

［1］习近平 . 给中央民族大学附属中学全校学生的回信 . 北京日报，2013-10-7.

［2］潘普洲，袁晖 . 话说弄弄坪 . 攀枝花日报，2020-08-14.

六、电子文献

［1］李远国 . 原始初民的性崇拜，http://www.360doc.com/content/13/1127/07/276037_332462094.shtml.2013-11-27.

［2］非遗中国：拉祜族芦笙舞，http://www.360doc.com/content/19/0611/13/64659119_841735719.shtml.2019-06-11.

［3］微南美：拉祜族定情物——响篾和火镰包的传说，https://www.sohu.com/a/156725239_289636.2017-7-12.

［4］中国统计年鉴（2021），http://www.stats.gov.cn/sj/ndsj/2021/indexch.htm

［5］《左传》哀公九年，古诗文网，https://www.gushiwen.com/dianjiv/76006.html

七、会议论文

［1］尹绍亭 . 木文化散论——生态人类学的视野，2009 年中国木文化研讨会暨云南木文化展示会上的报告，2009 年 11 月 28 日。

八、内部资料

［1］中国科学院民族研究所云南民族调查组编 . 云南省拉祜族社会历史调查资料，1963。

［2］临沧县民族宗教事务局编 . 临沧县民族志，1998。

［3］临翔区南美拉祜族乡政府编 . 云南省临翔区地方志系列丛书 . 南美拉祜族乡志，2017。

［4］临翔区南美拉祜族乡教育办公室，南美拉祜族乡九年制学校编 . 我是南美拉祜人，2015。

［5］临翔区南美拉祜族乡人民政府编，南美拉祜族民间故事，2020。

后 记

南美拉祜族乡是临沧市临翔区唯一的拉祜族民族乡，其民间信仰、音乐舞蹈、服饰、饮食、节庆、婚姻、丧葬等均具有地域特色和文化特征。近年来，南美乡拉祜族传统文化吸引了一些学者的关注，但多限于某一方面的阐述。尽管当地以何文贵、罗成文为首的本土学者搜集整理了一些宝贵的材料并陆续编印成册，但遗憾的是未能正式出版，受众传播面较窄。迄今对南美乡拉祜族传统文化进行细致梳理和系统研究的成果还较少。

自 2010 年调查南美拉祜族乡的搭桥节习俗以来，笔者一直坚持到南美乡拉祜族村寨进行调研，希望能系统地搜集并梳理当地的拉祜族传统文化。在推进这项工作过程中，我逐渐认识到要做好民族文化研究仅凭一腔热情是远远不够的，必须有扎实的理论知识和丰富的调查实践。作为一位来自北方的汉族人，缺乏语言功底和文化积淀是我调研和撰写过程中遇到的最大挑战。很多次，一个在当地拉祜族人看来司空见惯的文化小细节，我都需要反复查阅资料或数次访谈才能弄明白；一个简单的名称，也要多次记音并认真核实才能确定；近 10 年不停地下乡调研，反复梳理、核实，其间感觉压力很大，甚至怀疑自己是否有能力或有毅力完成这本书稿。庆幸的是有诸多热爱拉祜族文化、关心拉祜族文化保护、传承与发展的领导、同行、拉祜族同胞的不断鼓励和热心支持，让我有勇气一路坚持，终于撰写完成。手握沉甸甸的书稿，我感慨万千，所有的辛苦和努力都值得。

本书以云南省临沧市临翔区南美拉祜族乡这一特定区域的拉祜族传统文化习俗为对象进行参与式观察，以切身体验理解其文化现象，获得第一手资料；对其民族文化具象进行全面详尽的叙事和客观理性的分析，并试图探寻文化习俗所蕴含的深刻内涵，以便更好地理解文化并获取解决复杂问题的方法。同时，随着南美乡实施乡村振兴战略及发展乡村旅游，深入挖掘拉祜族传统文化并将其创新转化为现实生产力，对提升文化软实力、激活民族文化旅游、助力地方社会经济发展均具有重要意义。

本书在对南美乡拉祜族传统文化进行民族志式的客观描述基础上，结合拉祜族的生活环境、迁徙历史和社会背景，注重描述文化现象并探索文化内涵。本书的特点为：一是注重田野调查，作者实地走访拉祜族村寨，亲自参与收集第一手资料并反复核实，历时10年才完成，丰富的文献资料和细致的田野调查是一大亮点；二是坚持宏观与微观相结合，已有的同类著作多为宏观叙述，本书既强调南美乡拉祜族传统文化的特点又兼顾其他地区的拉祜族文化，特别是尽量详尽地描述具体文化事象，做到微观具体；三是坚持历史与现实相观照，在注重对传统文化习俗进行共时性描述的基础上，兼顾历时性发展变迁，尽可能展示文化实践发展的全貌。

在调研和撰稿过程中，我越来越强烈地认识到开展少数民族传统文化研究的学术价值和现实意义，同时也深感其中的艰辛与不易。本书虽尝试进行了一些分析和论述，但学理性还远远不够。传统文化是一个复杂的系统，影响南美乡拉祜族传统文化形成的因素是多方面的，囿于学识和能力，尽管书稿多次修改，相信仍存在诸多缺陷，如调查不够深入细致、内涵阐释不够精准透彻等问题，特别是对南美乡拉祜族传统文化的时代变迁及在新时期如何有效地发挥其重要作用还缺乏专门且深入的论述，敬请各界专家学者批评斧正。在未来的研究中，需要加强对拉祜族传统文化变迁的分析力度，力求传统文化研究更全面。

在调研和撰写书稿过程中，得到了来自各方的帮助和支持。首先，衷心感谢南美乡党委和政府时任领导，他们一直热心关注书稿的推进情况并积极协调，在人、财、物方面给予大力支持。其间，还得到南美乡文化站及四个村委会工作人员的大力支持和热爱拉祜族文化的学者、教师、村干部、民间艺人等的帮助。感谢南美乡政府的龚德书、王恩东；南美村的李云、罗文华、罗文学；多依村的杨红华、李学忠、李扎发；南华村的董有仙、罗大明、龚世军、扎普；坡脚村的刘开明、王有民、罗有秀；南美拉祜族乡九年制学校的何文贵、何兴彩、罗成文；临翔区的退休干部罗忠和、李昌明等为本书无私提供材料。感谢云南民族大学的刘劲荣、张伟、扎拉、余文斌等专家对书稿给出宝贵的指导性意见！感谢临翔区审计局何兴富参与并支持田野调查！感谢杨其波、张金凤、杨文兰、李斯思、杨俊峰等提供翻译支持！感谢许琳为书稿录入乐谱！感谢罗金文、牟真贵、龚德书、何兴彩及南美乡政府为本书提供彩图！对于书中所参考的文献，也一一标注出处，感谢这些作者！

特别要感谢的是民族出版社的责任编辑杨蜀艳、黎莉女士为本书的出版付出了大量的心血。

最后，祝愿南美乡拉祜族文化之花越开越艳！

杨云燕
2024 年 4 月